瞿秋白与书籍报刊

——丁景唐藏书研究

丁言模　著

中国社会出版社

图书在版编目（CIP）数据

瞿秋白与书籍报刊：丁景唐藏书研究／丁言模著．－－北京：中国社会出版社，2013.9

ISBN 978－7－5087－4512－1

Ⅰ.①瞿…　Ⅱ.①丁…　Ⅲ.①瞿秋白（1899～1935）—人物研究　Ⅳ.①K827＝6

中国版本图书馆 CIP 数据核字（2013）第 198174 号

书　　名：瞿秋白与书籍报刊——丁景唐藏书研究

著　　者：丁言模

责任编辑：陈贵红

出版发行：中国社会出版社　　　邮政编码：100032

通联方法：北京市西城区二龙路甲 33 号

电话：编辑部：（010）66076941

邮购部：（010）66060275

销售部：（010）66080300　　传真：（010）66051713

（010）66051698　　传真：（010）66080880

（010）66080360　　（010）66063678

网　　址：www.shcbs.com.cn

经　　销：各地新华书店

印刷装订：中国电影出版社印刷厂

开　　本：170mm×240mm　1/16

印　　张：23

字　　数：360 千字

版　　次：2013 年 9 月第 1 版

印　　次：2013 年 9 月第 1 次印刷

定　　价：48.00 元

序言

丁景唐

“老来多新知，英彦终可喜。”这是我手书陆放翁的诗句，贴在我家石库门三楼的书橱玻璃门上，自赏自乐，心底宽广，安逸晚年。

一日，五儿言模谈起家里藏书，想撰写一本藏书版本研究之类的专著，我一听大喜，鼓励他早日写出来，这是对我半个多世纪搜寻鲁迅、瞿秋白等人物资料的小结之一，也成为言模和小中策划、合作的瞿秋白研究系列丛书的第 7 本。

查书、借书、买（淘）书、看书、品书、写书、审书、出书、送书、藏书，这是我大半辈子的主要生活乐趣。记得 17 岁在上海青年会中学读书时，我买不起书，就到申报图书馆（后改名量才图书馆）、蚂蚁社图书馆借书，饱览所喜欢的文学作品。以后，我又从图书馆跑到街头，到四马路（今福州路）望平街（今山东路）一带、北四川路横浜桥、爱文义路（今北京路）王家沙等上海滩旧书荟萃之地“淘”旧书。我翻得多、看得广，但买得少。今天想起来，我对新文学书刊和鲁迅、瞿秋白等人著译版本能有一些鉴别能力，大半得自那时的经历。到图书馆查书目、借书，是熟悉各种版本的好机会；到旧书店（摊）翻书、淘书，听听那些内行人的议论，更是增长知识的途径。偶尔遇到心爱的廉价书，也买得一两本，不久，倒也收集了一些鲁迅的著作。

1937 年冬天，我毅然投入抗日洪流，参加了中国共产党领导的上海学生界救亡协会（“学协”）。次年春天，担任“学协”的中学区干事，同年 11 月加入共产党。那时我们办了一个读书会，每人每月出几角钱，铢寸累积，陆续购买斯诺的《西行漫记》《战斗中的陕北》和生活书店的《青年自学丛书》

等。20 卷本《鲁迅全集》开始预约，但是哪里来的钱购买呢？我们读书会里一个同学郭锡洪（又名郭明，1939 年入党，王楚良调到“文委”工作后，组织上调郭明协助我编辑《联声》。新中国成立初，郭明任华东文化部副科长，1951 年积劳病故），家境条件比较好，我们怂恿他去问他父亲要钱，用 8 元钱预订了一部普及本《鲁迅全集》。当郭锡洪拿着红色封面布脊的 20 卷《鲁迅全集》时，我们真是喜出望外，竞相传阅。

20 世纪 40 年代，我与王楚良（1934 年参加左联，翻译 A. 托尔斯泰《保卫察里津》和辛克莱《不准敌人通过》等，“文革”后在中国外交学会工作）负责编辑上海基督教学生团体联合会会刊《联声》，我写诗歌、散文，写得最多的是短评杂谈之类文章。这时我再读鲁迅杂文，倍感亲切。

那时我设法弄到一部何凝（瞿秋白）编选并作序的《鲁迅杂感选集》，这是我第一次看到瞿秋白的文章，他对鲁迅杂文的精辟分析，使我受益颇多。1941 年 12 月 8 日太平洋战争爆发，日军侵占上海全部租界后，《鲁迅杂感选集》和其他一些马列主义著作、毛泽东著作及《西行漫记》等付诸劫火。

1946 年 10 月 19 日，文协等 12 个文化团体发起在辣斐大戏院（今长城电影院）召开鲁迅逝世 10 周年纪念会，周恩来、郭沫若、茅盾等在会上作了演讲。次日，举行鲁迅墓祭，我们上海文艺青年联谊会有不少会友参加了这两次纪念活动。我曾保存一位女青年（已忘了姓名）为鲁迅逝世 10 周年墓祭拍摄的一组珍贵照片。其中沈钧儒、郭沫若、茅盾、许广平在场的两张照片，1981 年冬天，我作为黄药眠为团长的中国作家团成员，参加香港中文大学举办“四十年代中国文学研讨会”时，赠送给香港中文大学中文系，并在 1982 年 1 月 5 日香港《新晚报》上刊登。

鲁迅逝世 10 周年纪念会期间，恰好 20 卷本《鲁迅全集》再版出书，我用当时得到的一笔稿费买下，还买了《鲁迅书简》，成为我以后有目的地搜集鲁迅著作不同版本的起点。

那时，我出于对烈士的敬仰之情，已经开始收集瞿秋白等人作品。但是在白色恐怖环境里，收集的材料有限。新中国成立后，随着革命文物大批发现，见到了许多过去渴望而见不到的革命报刊书籍和图片，逐渐积累了一部分资料。

1954 年，我在方行（上海市检察署副检察长，后任文化局副局长）家里聚餐时，首次认识了瞿秋白烈士夫人杨之华。当杨之华得知我和方行在编写

《瞿秋白著译系年目录》时，非常高兴。她回北京后，寄来了有关材料，并与我和方行经常通信，可惜这些信件在历次运动中遗失了。

认识杨之华之前，我已经开始阅读和收集瞿秋白著作和译文，陆续编成《瞿秋白文学著作翻译书目》。1955 年 4 月 1 日，上海市人民图书馆（后并入上海市图书馆）特地油印了 50 份，正文前附有我写的“前言”。这是我早年研究瞿秋白时编写的第一本小册子，见证了我那时的研究活动。但是，这珍贵的油印本我没有保存下来，以为再也见不到它的原貌。今年春节期间，“忘年交”金峰突然告知，已在网上花钱购得这油印本，并且特地送到我所在的华东医院。我惊喜不已，小心地翻开这油印本，看到我写的“前言”，记忆闸门猛然打开了……

1955 年至 1957 年，我有系统地整理、研究瞿秋白笔名、别名，最初编写的《瞿秋白笔名、别名集录》，分为两次发表于《学术月刊》1957 年第 8 期、第 9 期，并且着手编写《瞿秋白著译系年目录》。

1959 年 1 月，瞿秋白诞辰 60 周年之际，经华东局宣传部部长石西民批准，我和方行（文操）合编的《瞿秋白著译系年目录》由上海人民出版社出版。这是新中国成立后第一部研究瞿秋白的学术专著，长期以来一直是海内外学者研究瞿秋白和搜检有关资料的重要工具书之一。

我以鲁迅日记作为考证、研究鲁迅与瞿秋白之间关系的有力依据，以此顺藤摸瓜，进一步挖掘资料，触类旁通。我撰写的《学习鲁迅和瞿秋白作品的札记》，新文艺出版社（后改为上海文艺出版社）1958 年 8 月出版，以后多次再版。这是新中国成立后第一部研究鲁迅、瞿秋白及他俩交往的论文集，其中一些重要结论，至今仍有一些指导意义。随着我研究范围不断扩大，以后陆续出版《左联五烈士研究资料编目》（与瞿光熙合编）、《诗人殷夫的生平及其作品》和《殷夫集》（与陈长歌合著）、《鲁迅和瞿秋白合作的杂文及其它》（与王保林合著）、《瞿秋白研究文选》（与陈铁健、王关兴、王铁仙合著）等。我写的大量重要文章收录于《六十年文集——犹恋风流纸墨香》（上海文艺出版社 2004 年版）。

1958 年到 1962 年，我在上海市委宣传部（后调到上海市出版局）工作期间，得到当时上海新文艺出版社领导人李俊民、蒯斯曛等支持与周天合作，先后影印了两批 40 余种 20 世纪 20 年代末、30 年代初的革命文学期刊，其中包括已成为海内孤本的《前哨》《文学导报》《文艺新闻》以及其他罕见的珍贵文献。1962 年后，我又选定了第 3 批影印目录，范围较大，除了第二次国内革命战争期间的刊物之外，还有抗日战争时期国统区和解放区的文学期刊，另外一部分是解放战争时期的解放区刊物，可惜后来由于来自上面的“左”倾思想的重大干扰，第 3 批书目只影印了几种，不得不中止了。

丁景唐主持编纂 20 卷《中国新文学大系（1927—1937)》，上海文艺出版社 1987 年版

“文革”后，我复出工作，担任上海文艺出版社社长兼总编辑、党组书记，又主持影印《语丝》《光明》等刊物。1980 年为了纪念左联成立 50 周年，我以自己藏书作底本，影印当年瞿秋白编选并作长序的《鲁迅杂感选集》。重印《前哨》《文学导报》等这批影印书刊，不仅保留了已经在战火动乱中散佚无几的珍贵资料，为各层次的研究者和读者提供了一批极有价值的文献珍品，也为后人留下了一份宝贵的精神食粮。我还主持影印抗战前赵家璧主编的 10 卷《中国新文学大系（1917—1927)》，并主持编纂 20 卷《中国新文学大系（1927—1937)》。此后，我继续为编纂此大系奉献自己的力量。影印旧书刊和主持编纂《中国新文学大系》的艰辛工作成果，成为我一生编辑生涯中最为倾心的两件事。

我长期从事宣传、文艺、出版工作，坚持研究鲁迅、瞿秋白和中国现代文学史等，为保存、收集和研究中国现代革命文学资料作出了自己应有的努力。

我有一些珍贵的初版本，或是无意中淘到，或者朋友赠送，或者请朋友百忙之中留意买到的，或是与朋友交换的。凡是我中意的书籍版本，我都要盖上自己的章印，有时随手写上几句说明和时间，许多书籍中至今还保留着当初购买书籍的发票。这些都是搞版本学的一部分，为下一步研究提供一些旁证。果然，言模撰写此书时，不断向我汇报情况，他凭着这些不可多得的当年各种旁证和线索，依此查找，用“滚雪球”的办法，解决了不少重要问题。

我曾写过一文《搜集鲁迅著作版本的乐趣——兼谈建立鲁迅著作版本目录学的一点设想》（书目文献出版社1983年版），认为版本学目录学在我国有书以来的历史上有着极好的传统，版本目录、书籍校雠从来就得到学者的重视。新中国成立前，一本书的出版、再版、改版，公开的、私印的，乃至盗版的，都应该受到重视，搜集、研究鲁迅著作版本是研究鲁迅思想、著作、生平等不可缺少的方面，也是研究中国现代文化史、出版史的重要一面。这些同样适用于瞿秋白研究领域，言模已经在默默地开垦这块“处女地”，此书便是一个尝试。

言模与小中合作的《瞿秋白年谱详编》（中央文献出版社2008年版）已经显露端倪。这次，在我和方行合编的《瞿秋白著译系年目录》以及我写的论文集《学习鲁迅和瞿秋白作品的札记》的基础上，言模进一步扩大视野，挖掘众多新资料，运用考证、比较、分析和推理等各种方式，不仅阐述了瞿秋白一些重要著译版本的异同、变化和延伸，而且把不同版本的各种形式与内容变化相结合，改变了过去版本目录学的单一观念，注入新的活力，开拓新的研究方向，从不同的角度观审，得出一些令人耳目一新的重要观点，可喜可贺。

这本书基本上按照时间顺序排列，勾勒出瞿秋白著译活动的粗线条，以及他与不同时期人物之间的挚友关系和内在联系。另外还展示了人们以不同方式悼念瞿秋白烈士的一个个画面，揭示了不同评价的重要性和局限性。书中有许多史事鲜为人知，有些述说和新资料填补了局部历史空白，完全可以进一步深入研究。2015年6月18日是瞿秋白牺牲80周年，呈献此书便是一个很好的纪念。

1955年5月15日，在紫霞路68号原址合影，左起：修孟千、谢旦如、丁景唐。沈家儒拍摄。

由于篇幅有限，此书不能充分展示瞿秋白著译更多版本的形式和内容，还有一些问题尚需进一步探讨；有些只是初步结论，还需要进一步挖掘更多的资料佐证，才能令人信服。本书30多篇文章组成一个专题，牵涉到各种书刊版本，这只是我众多藏书中的极小部分。希望此书是一个良好开端，还能搞其他各种专题，继续研究下去，推出新的学术成果。

如今，物欲横流，名利泛滥，浮夸病毒犹如冬季雾霾，随时侵蚀人们的健康身心。搜集、研究瞿秋白著译版本，需要长期的执着努力，不断地充实文史新知识，开阔视野，建立新观念，杜绝花花绿绿的诱惑，甘愿与寂寞、清贫始终相伴，希望有更多的有志青年、中年学者加入瞿秋白研究行列。

衷心感谢所有关心我身体健康的新老朋友，也感谢所有支持和帮助言模、小中合作瞿秋白研究系列丛书的人们，祝大家工作顺利，健康快乐！

1956年鲁迅迁墓时，丁景唐（右）、魏金枝合影。

2013年初春

于上海华东医院

目 录

201 《文学季刊》发表瞿秋白文章

此刊物发表的一文与瞿秋白原文有不同之处：标题改动；被删除了原文后面的附记；一些词语或改或增或删；原文落款时间也被删除。

209 瞿秋白译作《解放了的董吉诃德》

鲁迅收到50本新书，质量比较差，很不满意，即使这样，瞿秋白生前也未能一睹为快；鲁迅转译“剧本”第一场，瞿秋白根据俄文版重译，两者有不同之处。

---

220 国内悼念瞿秋白烈士第一文

没有看到中共驻莫斯科代表发表悼念瞿秋白烈士的讣告，也没有收到党中央有关指示之前，《文艺群众》第1期刊登《悼瞿秋白同志》的评价很有分量。

228 《文报》发表《纪念两个国际的人物》

《文报》第11期同时刊登《讣告——纪念热烈的革命者瞿秋白、何叔衡》、《纪念两个国际的人物》两文。显然“文总”负责人或他人先看到前文，再起草后文。

232 鲁迅编校《海上述林》

鲁迅原本很讲究统一体例，这次却打破常规，全然不顾下卷与上卷的体例不同，执意如此编排。这番良苦用心，生动地体现了鲁迅对亡友瞿秋白的真挚之情，不知情的外人很难理解。

244 第一本纪念册《殉国烈士瞿秋白》

丁景唐珍藏中文版纪念册《殉国烈士瞿秋白》（莫斯科外国工人出版社编印），这是著名翻译家戈宝权赠送的。如今国内存世的纪念册极少，具有重要的历史价值。

259 《救国时报》纪念瞿秋白烈士专版等

1936年6月20日，《救国时报》第3版推出“瞿秋白先生殉难一周年纪念”专版，这是中共党史上第一次以专版形式纪念党的领导人。

丁景唐、文操合编《瞿秋白著译系年目录》

丁景唐和方行（文操）合编《瞿秋白著译系年目录》（上海人民出版社1959年1月初版）是新中国成立后第一部研究瞿秋白的学术专著，长期以来一直是海内外学者研究瞿秋白和搜检有关资料的重要工具书之一。

上海市人民图书馆油印本《瞿秋白文学著作翻译书目》

（一）

新中国成立前，丁景唐和方行出于对烈士的敬仰之情，已经开始收集瞿秋白等人作品。但是在白色恐怖环境里，收集的材料有限。新中国成立后，随着革命文物大批发现，他们才见到了许多过去日夜渴望而见不到的革命报刊书籍和图片，可以舒畅地学习、讨论和研究，逐渐积累了一部分资料。

1950年底，冯雪峰任上海文联副主席，在上海四川北路武进路309弄12号上海文协二楼工作，并受国家出版总署委托负责编辑和出版鲁迅著作。一天夜里，杨之华、方行穿着厚厚的呢子大衣，带来了两大包瞿秋白的手稿、书信等。冯雪峰转交给协助工作的王士菁（后任北京鲁迅博物馆馆长等职务），叮嘱把瞿秋白手稿和鲁迅、方志敏手稿放在一起，妥善保管。王士菁得到方行的帮助，租用外滩

银行的地下保险柜，把这些手稿珍藏起来。

1953 年 10 月至 1954 年 2 月，冯雪峰主编的第一套 200 多万字 4 册 8 卷《瞿秋白文集》由人民文学出版社出版了，其中主要是瞿秋白在文学方面的创作评论和译文（包括原先《海上述林》的内容），并收录了他的《新中国文草案》，但没有收录他的政治论述，“将另行处理”。

1954 年丁景唐在方行（上海市检察署副检察长，后任文化局副局长）家里聚餐时，首次认识了瞿秋白烈士夫人杨之华。当杨之华得知丁景唐和方行在编写《瞿秋白著译系年目录》时，非常高兴。她回北京后，寄来了有关材料，并与丁景唐、方行经常通信，可惜这些信件在历次运动中遗失了。

认识杨之华之前，丁景唐已经开始研究瞿秋白著作和译文，陆续编成《瞿秋白文学著作翻译书目》（以下简称《书目》）。1955 年 4 月 1 日，由上海市人民图书馆（后并入上海市图书馆）油印为小册子，文前有丁景唐写的“前言”：

这个书目，以文学的著作和翻译单行本为主，是我一九五四年五月以来，在阅读和研究瞿秋白同志文学著作和译文过程中陆续编集起来的。现在由上海市人民图书馆油印五十份，供有关同志参考，并希望大家补充、校正。

丁景唐

一九五五年四月一日

《书目》是丁景唐编写的第一本专题研究瞿秋白的小册子，见证了他那时的研究活动。《书目》是丁景唐“忘年交”金峰在网上购得的珍贵油印本，当时仅印 50 本，如今存世绝少。

《书目》22 页，6000 多字，16 开，竖排刻字，繁体行书，流畅美观，堪称典范，字体至今依然清晰。封面上刻有书名、编者、油印单位及时间，均为横排。“前言”右下方有长方形蓝色印章，即“上海革命历史纪念馆图书室”，登记号 5639。

第 2 页右上为书名，紧接着是正文内容，主要是介绍瞿秋白文学著译单行本。开头介绍《托尔斯泰短篇小说集》《新俄国游记》（《饿乡纪程》）、《赤都心史》、郑振铎《俄国文学史略》（瞿秋白为该书补写最后一章）、《俄罗斯文学》（蒋光慈、瞿秋白合著）等。后面书目有新中国成立初刚出版的第一套4册8卷《瞿秋白文集》，以及人民文学出版社出版的《茨冈》《高尔基创作选集》《爱森的袭击》。最后部分是“瞿秋白编选作序、译序书目者”的条目，如《俄罗斯名家短篇小说集》《萧伯纳在上海》《鲁迅杂感选集》《引玉集》等。

以上这些书目，丁景唐都作了详细介绍，包括书的版式、目录、出版时间和机构，并且摘录序言、跋的部分内容，介绍某些版本的变化，进行了必要的简略考证和分析。以后，他又继续扩大搜集范围，着手编写《瞿秋白著译系年目录》。同时，他在《书目》等有关资料基础上，进一步拓宽视野，不断地深入研究，撰写了有关论文，编入《学习鲁迅和瞿秋白作品的札记》（新文艺出版社1958年8月初版）。因此，《书目》标志着丁景唐研究瞿秋白的一个新起点，也是《瞿秋白著译系年目录》的一个“前奏”，或者说已显露后者编写的某些思路和框架。

《书目》油印面世的两个月后，1955年6月18日是瞿秋白殉难20周年忌辰，中共中央在北京八宝山革命烈士公墓为他的遗骨安葬举行隆重仪式。

1955年至1957年，丁景唐有系统地整理、研究瞿秋白笔名、别名，最初编写的《瞿秋白笔名、别名集录》，分为两次发表于《学术月刊》1957年第8期、第9期。经丁景唐修改、补充之后，把这个首创的研究成果编入《瞿秋白著译系年目录》。

1957年12月11日，广州起义30周年纪念日之际，丁景唐首次写下《瞿秋白著译系年目录·编后（记）》，谈了编辑此书的体例等问题：

辑录在本书中的著译系年，是依写作的年月日先后为次序的，发表的年月日先后为辅，因此，有些著译的发表日期在后，而写作、翻译日期在先的，就列入著译发表在先而写作、翻译日期在后的前面，有些著译因年月日不详或大致可以推测的，则另编入系年目录的补遗内。书目的编次是以每一种书的初版本出版先后为序排列的，而每种书的重版本则列在初版本之后。

1958年12月5日，丁景唐撰写《补记》，补充说明了修改此书的有关问题：

《瞿秋白著译系年目录》编就后，很快地将一年。上海人民出版社把排成的校样送来，也已半年多了。……在这半年多的时间内，我们由于紧张的工作，不得不把校样暂时搁下来。前些日子，我们欣幸地得到杨之华寄来的《瞿秋白同志著译年表》（后改为《瞿秋白同志年谱》未刊稿——引者），我们即与《瞿秋白著译系年目录》的校样作了一次校读，增补了好些著译目录。有些篇目，我们原先从刊载瞿秋白同志文章和译文的刊物上录下来的，凡有写作时间的，我们也都录下，有些没有署明写作时间的，只好暂缺，现在从杨之华同志所编的《瞿秋白同志著译年表》上，有好多篇又找到了著译的日期。因此，就将有关篇目的次序，按照著译日期，重新加以排列，并注明这些著译日期是根据《年表》而来的。在《瞿秋白同志著译年表》上，有些未经公开发表过的作品，这里没有列入。此外，在近一年来，我们又发现了一些原先所没有见到过的材料，现在也把目录辑在这本集子里。

1959 年 1 月，瞿秋白诞辰 60 周年之际，终经华东局宣传部部长石西民批准，几经波折的《瞿秋白著译系年目录》由上海人民出版社出版，引起学术界广泛关注。著名翻译家戈宝权遍觅此书不得，来函向丁景唐要了一本。不久香港某出版社未经同意翻印一版，改为平装，封面另行设计。

丁景唐珍藏一本初版本的精装本，他在扉页上感慨题写："初版本存世已很少了。"落款"景玉公（指丁景唐和夫人王汉玉的合称——引者），二〇〇一年八月九日汉玉大病后记"，盖有"景玉共赏"印章。他的夫人王汉玉这一天凌晨不幸脑梗住院，直至次年春病逝。

1959 年 10 月，《瞿秋白著译系年目录》再版，仍为精装本，32 开，正文 162 页（初版本正文 149 页），比初版本增加了不少内容。封面、封底硬壳，略大于里面正文纸张，这是当时精装本的一种简易模式。封面设计极为简朴，无图案，浅黄色底，只有书脊及两侧为深色，反映了当时设计者的审美观念。丁景唐又写了《再版后记》：

《瞿秋白著译系年目录》出版以后，又陆续发现一些新的材料。这次再版时，在《瞿秋白著译系年目录》中增加了十几篇文章。如现在所能见到的瞿秋白同志最早发表在报刊上的文章：《不签字后之办法》（1919 年 7 月 17 日的北京《晨报》），《中国共产党三中全会的意义》（1930 年 10 月 30 日的《实话》）等。瞿秋白同志1921年到1922年间为上海《时事新报》所写的旅俄通讯，也是最近期间的一个重要发见。原先认为《自赤塔至莫斯科的见闻记》未曾在报刊上刊登过。这次承（王）保林同志来信告知，才知道当时曾在上海《时事新报》和北京《晨报》上发表过。在《瞿秋白自编未刊书目》中也补充了两个书目——《落韛集》和《笑峰乱弹》。《笑峰乱弹》是瞿秋白同志自己编就交鲁迅保存的。现在的《笑峰乱弹》目录即由鲁迅收藏的原稿录下，和1938年霞社校印的《乱弹及其他》有所不同。在《瞿秋白笔名、别名集录》中也增加了两个笔名："华靖"和"卓乐欧"。这是从整理旧日阅读瞿秋白同志《海上述林》原稿的笔记本摘录下来的。……

丁景唐、方行做了大量的收集、整理、筛选工作，并得到王保林（后为内蒙古民族师范学院副院长，曾与丁景唐合著《鲁迅和瞿秋白合作的杂文及其它》，陕西人民出版社1993年版）等人的热情帮助，进行反复修改、核实，辑录了当时能够搜求到的瞿秋白政治理论和文学方面在内的篇目和书目。为了慎重起见，对于未获得确证的瞿秋白遗作，"概未录入"。编者认为"我们的事业是集体的事业。这本书目的编就，曾承许多同志长时间辛勤的帮助，我们只是做了一些整理和辑录的工作。我们向给予协助的同志们谨致谢意，特别是杨之华同志"。

"文革"后，温济泽主持出版14卷《瞿秋白文集》，包括"政治理论编"和"文学编"，弥补了原来冯雪峰主编的第一套《瞿秋白文集》的缺憾。据参与收集、整理、编辑14卷《瞿秋白文集》的瞿兴华生前介绍，最初收集资料时，正是按照30年前的《瞿秋白著译系年目录》——"按图索骥"，提供了很大的指导作用。

周永祥编写的《瞿秋白年谱新编》（学林出版社1992年版）正文第1页脚注，列出《瞿秋白著译系年日录》以及丁景唐写的《瞿秋白笔名、别名集录》一文（详见下文），作为瞿秋白笔名、别名的两个重要依据。丁言模与陈福康合写的《杨之华评传》（上海社会科学院出版社2005年版），以及丁言模与刘小中编写的《瞿秋白年谱详编》（中央文献出版社2008年版），继而合作编写或撰写的瞿秋白研究系列丛书等，都把《瞿秋白著译系年目录》列为第一本重要的参考书籍，从中受益匪浅。

（二）

《瞿秋白著译系年目录》再版本扉页上印着一行字："谨以此册纪念瞿秋白同志60诞辰!"

此后有10页铜版纸多幅图片，配有说明文字，首页为瞿秋白木刻像（第2页空白），作者戎戈。第3页至第10页，刊登《瞿秋白自编论文集》目录和自序的手迹；《新中国》第2卷第5期（1920年5月）刊登的瞿秋白《社会与罪恶》一文，其右上角刊有瞿秋白学生时代的半身照片；瞿秋白主编的《新青年》季刊创刊号封面，以及他主编的《前锋》第2期（1923年12月1日出版），左下角写有"秋白"手迹；瞿秋白主编《热血日报》第12期（1925年6月15日出版）；1933年瞿秋白翻译《爱森的袭击》手稿和写的后记；1933年3月5日，瞿秋白撰写的《王道诗话》手迹；1932年5月，瞿秋白翻译列宁《卡尔·马克思》的手稿；1933年瞿秋白与鲁迅编选苏联版画《引玉集》时，瞿秋白写的说明文字；鲁迅编校《海上述林》的样本。这些珍贵资料的原件，如今世人难以看到，即使费尽周折，也只能看到复印件。

《瞿秋白著译系年目录》正文目录分为3个部分：（1）瞿秋白著译系年目录；（2）瞿秋白著译书目；（3）瞿秋白笔名、别名集录。

第1部分内容主要辑入了1919年至1935年瞿秋白撰写的文章和译文目录，以年份为单元，开头都注明哪年，居中为标题，依此排列。每个单元里，先列出文章标题（黑体字），再列出写作时间以及发表的刊物。如果是发表于两种刊物，也都列出，加以说明（"按"），便于读者查找。例如"一九一九年"编目：

不签字后之办法

刊载7月17日北京《晨报》

闲谈（托尔斯泰作）

刊载9月15日《新中国》杂志第1卷第5期

按：本文在1920年收录于《新中国》杂志社出版的《俄罗斯名家短篇小说集》第1集内。

瞿秋白早年写的《不签字后之办法》，是他最早发表的一篇文章，如今仍然是一个重要定论，还未能找到比这更早的文章，足见当时丁景唐、方行坚持的严谨学风。用“按”加以说明的体例在《瞿秋白著译系年目录》里经常出现，其言简意赅，具有引导性和启发性。这以后加以发挥和延伸，体现在丁言模与刘小中编写的《瞿秋白年谱详编》、丁言模、黄明彦、张浩典编写的《张太雷年谱新编》（上海辞书出版社 2011 年版）等专著里，这是世人从未注意的事例。

编写第一部分后，丁景唐又发现许多瞿秋白诗文，便添写《补遗（杂文、书简、诗歌、旧体诗词）》，并写了一个说明：“收集在这里的著作、译作是年月不详的作品和译文，或属于早年的诗词等。有的虽能推测其年份，但又难于肯定。”

其中大部分以后确定为瞿秋白译著，而且有些并未收录 14 卷《瞿秋白文集》，如民谣、说唱作品《工人格福气》《十月革命调》《苏维埃歌》《可恶的日本》《五月调》《工人要求新唱春》《国民会议新唱春》《苏维埃新山歌》等。抗战胜利后，丁景唐已对民间文学产生兴趣，编写《怎样收集民歌》（上海沪江书屋 1947 年 5 月初版）写有《编后小记》。新中国成立初，丁景唐（丁英）与林冬白编选《南北方民谣选》（第 1 集、第 2 集，新华书店华东总分店 1950 年 11 月出版发行）。丁景唐曾担任中国民间文艺协会理事、上海民间文艺家协会副会长，因此，他致力于搜寻瞿秋白创作的民谣、说唱作品也在情理之中，这些作品都有瞿秋白手稿的复印件所证实。笔者“顺藤摸瓜”（与刘小中合作），并收集了其他有关材料，编写了一本关于瞿秋白佚文辨析之类的书，作为我们策划、整理、撰（编）写的瞿秋白研究丛书之一。

丁景唐暂未确证的诗歌中有“己未（1919）清明题画赠李子宽（画系秋白同志所绘），刊载 1957 年 6 月 21 日上海《文汇报》”。其实，此画原为清朝时期江苏武进（常州）画家汤贻芬所绘，瞿秋白背临此画赠给李子宽。画上题诗原有，瞿秋白凭记忆录下。此澄清之事已写入《瞿秋白年谱详编》，并另有专文述说。

第二部分内容比较繁杂，因此编者又列出具体目录：（1）瞿秋白著译专集书目；（2）瞿秋白著译选集、合集书目；（3）瞿秋白编选、校阅、作序、译序书目；（4）中华人民共和国成立后出版的瞿秋白著译书目；（5）中华人民共和国成立后出版的瞿秋白合集、编选、校作序、译序书目；（6）瞿秋白自编未刊书目。仅仅看这些清晰的目录，便可反映了编者考证严谨、研究细致、行文周密的学术作风。

以上每本著作都有详细目录，并介绍了基本内容和重要观点以及各种版本，以便不同层次的读者从中获得所需要的信息，为进一步查寻、阅读和研究打下基础，这是目前各种书籍编写者所忽视的——“心中有读者”的宗旨。例如：

东洋人出兵（时事新唱本）

64 开本

本书是一印发到工人群众中去的小册子，无出版年月，也未署作者姓名。出版的时间约在 1931 年 9 月 18 日日本帝国主义发动对中国东北的侵略战争后的不久。

本书封面作《时事新唱本：东洋人出兵》，左右两旁分书——“上海话乱来腔”和“欢迎翻印，功德无量。自己不看，送别人看”。

这篇通俗唱本最初曾在 1931 年 9 月 28 日出版的左翼作家联盟机关刊物《文学导报》第 1 卷第 5 期上发表，署名史铁儿。

此唱本已收录《瞿秋白文集》（文学编）第 2 卷（人民文学出版社 1986 年版），不过难以看到此唱本的原件。

编者列出瞿秋白著译书的各种版本时，还抄录有关前言和后记，其中有晋察冀新华书店翻印的谢旦如以霞社名义自费出版的瞿秋白遗著《乱弹及其他》，编者认为其《后记》（1946 年 6 月 18 日）“是一篇有纪念意义的文章，今照录如下”：

…… 现在，我们来翻印这本书，去秋白同志就义的时候，已经十年了。秋白同志被害的时候，还在壮年，正当他的革命事业的绚烂时代，倘使他至今还活在人间，在文化运动上，以他的卓越的思想，以他的丰富的革命经验，以他的深渊的社会科学和文学理论的造诣，以他的独特的文章风格，他将要写出多少有价值的著作呢！……

经张闻天研究专家程中原考证，初步认为此《后记》系张闻天撰写，但仍然引申出一些疑问（详见本书《瞿秋白遗著〈乱弹及其他〉》）。如果编者当初未能抄录这篇《后记》，那么很有可能无人再去关注，况且也很难找到当年晋察冀新华书店的翻印本。

第三部分内容翔实，见证了丁景唐是新中国成立后有系统地整理、研究瞿秋白笔名、别名的第一人。这项首创研究工作，丁景唐最初是从《鲁迅日记》影印本着手开始的，也包括杨之华、冯雪峰、谢旦如等人回忆中有关瞿秋白的笔名、别名等事情，都需要花费大量时间和精力，从浩繁的资料中查找、筛选，然后加以反复研究，进一步考证、辨别，最后才能确定。这是一项长期枯坐冷板凳的艰辛工作，可以从中发现大量重要的线索，有助于深入研究、分析和不断补充瞿秋白著译活动和探寻他的生平事迹，同时不断地修正原有的观点，从而得出新的重要结论。

丁景唐在此部分前面特地写了约 700 字的简要说明，其中谈到此单元的体例，“笔名、别名的排列次序，大致以时间先后为序，但间或也有笔名、别名相关而连贯先后的，如史铁儿、CTP、STR。每一个笔名、别名之下，都尽可能地列出一些例证”。落款时间为“1957 年 5 月 12 日第三次修正后记，同年 12 月 9 日第四次修正”。最后还写了有关补充说明，列出考证这些笔名、别名的重要依据和参考书目。

再版本共列出 60 多个瞿秋白的笔名或别名（包括未发表文章的笔名）：巨缘、秋藻、屈维它，维它、史维它、双莫、陶畏巨、双林、宋阳、维摩、斯特拉霍夫、林复、史铁儿（或史铁尔）、狄康、维嘉、林祺祥等等。每一个笔名或别名，都分别列出使用的情况，包括发表署名文章的标题、刊物、时间，以及旁证。有时使用同一个笔名发表的文章多达几十篇，引申出其他的问题，编者又作了脚注，“希有关同志告知”。

（三）

《瞿秋白著译系年目录》再版后，丁景唐在百忙之中继续执着地搜寻资料，进一步考证、研究，不断地修改该书中不足之处，并得到上海师范学院（后改为上海师范大学）年轻教师王关兴（后为该校学报主编、教授、著名瞿秋白研究专家）的热情帮助，补充了大量珍贵的资料。在学术界和编辑部的要求下，1962 年丁景唐又作了一次比较完整的补充修订，1965 年三校后打印

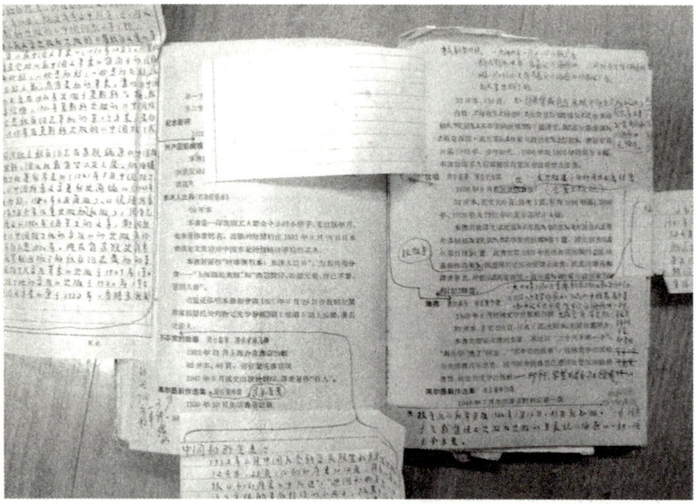

《瞿秋白著译系年目录》再版本里丁景唐和王关兴多处修改

了清样，准备印行《瞿秋白著译系年目录》第3版修订本。但是“文革”开始后，众所周知的政治原因，第3版修订本的清样和纸型都被毁弃，成为丁景唐未能实现的一个夙愿，一直延续到今天。

丁景唐珍藏一本《瞿秋白著译系年目录》再版本，留下当年用钢笔或毛笔（红墨水或蓝墨水）修改的众多之处，或增或删或改或点评。还有王关兴细心地粘贴的许多纸条，或者半页、整页纸，整齐地折叠，上面真实地记载了他四处认真查找的各种新资料（笔者曾去请教他，证实了此事），使得原来百余页的再版本变得很厚实，鲜明反映了当时不同年龄学者的严谨学风和执着精神。

王关兴纸条上记载：

《坟场》，高尔基著，署名瞿秋白译。1941年10月文学出版社三版，32开本，正文320页，目次1页。另刊1896年、1932年的高尔基照片2幅。本书内容以及封面装帧均与1936年8月《坟场》相同，为香港有利商务公司承印，光夏书店经售。实际上是香港的生活书店出版。

该纸条旁又粘贴一张丁景唐写的纸条：

1941年茅盾在香港编的《笔谈》第七期广告上有《坟场》瞿秋白译三版新书，光夏总经售。六期上有《俄国短篇小说集》，托尔斯泰等著，高滔等译。

前一纸条是王关兴查找资料后的一个补充旁证，后一纸条则是备用资料。瞿秋白、郑振铎早年曾分别为《俄罗斯名家短篇小说集》第1集（北京《新中国》杂志社1920年版）写了序言，其中收录沈颖等人翻译的普希金短篇小说《驿站监察吏》（《驿站长》），以及果戈理《射击》、《风雪》、《棺材匠》、《村姑》等作品。该小说集是中国最早的、直接从俄文版翻译的俄国优秀小说选集，成为中国较早论述俄国文学的重要文献。因此，丁景唐“旁通触类”，便顺手写下“六期……”的一个资料，以“滚雪球”的方式不断积累资料，扩大视野，便于以后进一步考证之用。

对于瞿秋白的笔名、别名，丁景唐也作了许多修正，如“瞿森”原误为瞿秋白的笔名，经过考证分析，便将此删除，一旁写上“错了”两字，并打上一个惊叹号。书前插页照片的说明，也写明“瞿森”（印章）是指“弟弟景白”，印章原来盖在瞿秋白主编《新青年》季刊创刊号的下方。

“文革”后，丁景唐特地重新整理了有关资料，撰写了《瞿秋白笔名、别名集录》一文（收入于丁景唐、陈铁健、王关兴、王铁仙合著《瞿秋白研究文选》，天津人民出版社1984年版），增补和删改了许多条目，列出瞿秋白笔名、别名为69个。丁景唐还专门写了“附记”，对当时学术界出现的瞿秋白笔名、别名一些问题作了辨别考证，最后写道：“《瞿秋白笔名、别名集录》曾收入我与文操同志合编的《瞿秋白著译系年目录》一书中，当时出版本有抛砖引玉之意。近年来，不少同志在深入研究的基础上，编写专文，又有新的进展。……这次重新修改时，吸收了他们的研究成果，还有茅盾同志关于瞿秋白同志使用‘犬耕’笔名的重要说明。又承王关兴同志帮助整理，在此表示感谢。”

如今许多学者很愿意引用这些成果，但是不大愿意提及丁景唐等人早年开拓性的研究成果，还把瞿秋白的笔名、别名混为一谈，令人遗憾。

丁景唐《学习鲁迅和瞿秋白作品的札记》

丁景唐撰写的《学习鲁迅和瞿秋白作品的札记》（以下简称《札记》），是新中国成立后第一部研究鲁迅、瞿秋白及他俩交往的论文集，打破了当时侧重于政治层面和回忆表述的模式，以研究对象的日记、著作等第一手资料为重点的学术思维方式，首次挖掘了大量新资料，变换视角，融会贯通，不断扩展鲁迅、瞿秋白之间关系的课题外延，积极开拓和丰富了其内涵，得出令人耳目一新的重要结论，至今仍有权威性的指导意义。

《札记》由新文艺出版社（后改为上海文艺出版社）1958 年 8 月出版，次年 7 月再版（“新一版”），作者已作了一些修改。1961 年 9 月又印行第 3 版（“新二版”），这次修改、增删比较多，内容质量明显提高。这三种版本印书量，除了再版本（“新一版”）是6500 本，其余两次均为 12000 本（以该书的版权页印数为准），在学术界产生较大影响，特别是在新中国成立初期瞿秋白研究史上占有开拓性的重要地位。

（一）

《札记》初版本，平装本，小 32 开，全书 149 页，近 7 万字。封面纸稍厚些，设计简朴，白底色，偏左上方有红黑两色的图案——喷发的火山，四周留出大块的空间，其下为作者姓名、书名、出版社，仅占据封面的三分之一，符合美学的黄金分割比例，此封面设计和火山图案均为戎戈精心构思和创作。

正文前有10页铜版纸印制的多幅图片，配有说明文字，前两幅为鲁迅、瞿秋白木刻像（背面均为空白，各占两页纸），作者戎戈。丁景唐称他为了创作瞿秋白这幅木刻作品，花了半年时间学习瞿秋白的作品，多次与丁景唐交换意见，不断修改，“他那种认真工作的态度是令人感动”。

其后图片有：（1）鲁迅书赠给瞿秋白一副对联的手迹：疑仌（仌是冰的古体字）道兄属　人生得一知己足矣　斯世当以同怀视之　洛文录何瓦琴句。（2）瞿秋白书赠给鲁迅的两幅旧体诗手迹，即“不向刀丛向舞楼……”“雪意凄其心惘然……”（3）鲁迅《选本》一文的手迹，此文是鲁迅应《文学季刊》主编郑振铎之约投稿的，同时寄去的还有瞿秋白《读房龙的地理》一文（原题为《房龙的“地理”和自己——读书杂记之一》）。（4）瞿秋白《乱弹》原稿手迹。（5）鲁迅日记中关于瞿秋白夫妇来访记载的手迹。（6）瞿秋白文学译著各种版本。这些珍贵资料的图片，在新中国成立初首次出现在公开出版的研究鲁迅、瞿秋白论文集里，让广大读者有幸目睹。同时反映了丁景唐整理、修改、编选此论文集的思路，他在后记中写道：

解放前后的几年中，因为忙于工作，对鲁迅和瞿秋白作品虽然也读了一些，但是很少写文章。1953年—1954年《瞿秋白文集》（指冯雪峰主编的4册8卷《瞿秋白文集》，由人民文学出版社出版——引者）陆续出版，自己也参加了开展工人群众文艺活动的工作，结合文艺工作的需要，比较有系统地学习了毛主席的文艺思想和文艺工作方针，也比较有系统地阅读了瞿秋白同志的文艺论文和鲁迅的杂文。同时，也常到鲁迅故居和鲁迅纪念馆去看有关鲁迅和瞿秋白交往的材料。1955年，为了纪念瞿秋白同志殉难20周年，先后写了《瞿秋白住在上海紫霞路的时候》和《从〈鲁迅日记〉看鲁迅与瞿秋白的友谊》。在瑞园（即上海市委宣传部驻地——引者）的一年间，因为有几位同志撰写上海革命报刊简史，有一个极好的机会，使我看到了许多珍贵的革命报刊。近二、三年来，在学习鲁迅和瞿秋白作品过程中，就陆续写下了一些文章，现在大部分都编选在这个集子里了。

《札记》初版本收录作者那几年在报刊上发表过的16篇文章，以及未发表的4篇，共20篇。其内容可分为4个部分：（1）关于鲁迅与瞿秋白的友谊。（2）关于鲁迅作品的拾遗等。（3）瞿秋白的版本、内容等问题。（4）批评右派分子的有关言论（《札记》再版时删除了这组文章的大部分内容）。此外，还有一个“附录”，即1931年至1958年1月书刊上《有关瞿秋白同志生平及其著译的参考资料目录》。

第一部分是全书最有分量的内容，共有4篇：《瞿秋白在上海紫霞路的时候》《从〈鲁迅日记〉看鲁迅与瞿秋白的友谊》《关于〈第十三篇关于列尔孟托夫的小说〉——鲁迅与瞿秋白友谊的一例》《关于〈引玉集〉——鲁迅与瞿秋白友谊的一例》。

首篇《瞿秋白在上海紫霞路的时候》，第一次比较具体地介绍这件事情的来龙去脉。如果以此作为研究的新角度，那么可以揭示更多鲜为人知的事情和重要结论，半个世纪后瞿秋白研究的大量成果充分证明了这一点。

1931年初召开六届四中会议之后，瞿秋白、杨之华夫妇被撤销党内职务，生活陷入困境。1931年6月至1933年2月期间，瞿秋白夫妇隐居上海南市紫霞路68号谢旦如家里，度过了最后较稳定的岁月，暂且避免了敌人的疯狂追捕。这期间，重返文学园地的瞿秋白撰写和翻译大量文章，较有系统地介绍马克思列宁主义文艺理论与苏俄文学作品，并孜孜不倦地研究汉字拉丁化等，留下一笔宝贵的精神财富，从而成为中国现代无产阶级文学奠基者之一。杨之华也开始学习翻译，并“破例”创作小说《豆腐阿姐》等。更重要的是瞿秋白与鲁迅交往也是从这时开始，促成他俩一起领导左翼文化运动，在中国现代文学史上留下光辉一页。

最初披露瞿秋白夫妇避难于上海紫霞路一事，来自杨之华《瞿秋白同志年谱》（未刊稿）、冯雪峰、谢旦如等人回忆。为此，1954年10月和1955年5月初，丁景唐等人由谢旦如（鲁迅纪念馆副馆长）陪同，两次前往南市紫霞路68号谢家遗址（原屋已在1937年被日军炮火炸毁），以及法租界毕勋路（今汾阳路）毕兴坊10号（1932年“一二八”淞沪抗战爆发后，瞿秋白夫妇随谢家迁移到此处）。随后丁景唐撰写《瞿秋白同志住在上海紫霞路的时候》，发表于1955年6月16日于戈阳编辑的《新观察》，同期还刊登郑振铎《记瞿秋白同志早年二三事》，以此纪念瞿秋白牺牲20周年。丁景唐在文后写道：“本文写作过程中，曾承鲁迅纪念馆谢旦如先生提供有关当年瞿秋白住在紫霞路和毕勋路时候的事实，特此表示谢意。”丁景唐具体描述了这两处的环境地理位置：

> 谢家的楼房坐落在紫霞路的中段，大门向北，东边是里弄市房和小商铺，两边是旧式住宅，后门在施家弄支弄生义码头街内。施家弄是条狭长的小弄堂，可以西通王家嘴角街，东到花衣街。这是一处很合宜于革命者秘密隐蔽的地方。……他们住在谢家的东边前厢房楼上。房间陈设简单朴素，家具都由谢家借用。东南面放着一张宁式双人床，北面靠阳台那边是一张旧沙发，西面后半端一排四扇窗户，窗前放着一张普通杉木方桌和三、两只凳子。对面的西厢房是谢家藏书的地方，保藏着大批文艺书籍和期刊。天井里有几盆花草，一缸金鱼。……
>
> 毕兴坊在旧法租界毕勋路（即现在的汾阳路）上。左边转角就是辣斐德路（现在改名复兴中路）。都是当时法帝国主义租界住宅区内的光滑而宽阔的柏油马路，人行道旁栽植着一行行的整齐的梧桐树。和具有内地小城镇风味的紫霞路形成强烈的对照。毕兴坊的弄口对面是法商电力公司办事处，弄口左边拐弯以前是美商美孚汽油站，现在已经拆毁了，仅留下一座六角形的亭子。周围的环境空畅而且清静，附近都是些花园洋房，间夹着一方方长着野草的荒地。行人稀少，除了间或有汽车飞驰而过的鸣声划破静寂的空气外，也很少其他车辆经过。……
>
> 毕兴坊总共只有十幢房屋，受地形的限制，使10号那座楼房象菱形似地斜出在里弄中间。正门安装着一扇小小的铁栅门，狭长的天井里靠外墙的泥土里种植着一丛花木。原先的后门在北墙上。现在后门旁边增建了一座平房，直对弄口，与正门同一个方向。1932年“一二八”时，瞿秋白同志夫妇住在三楼，谢家住了二楼和底层。从三楼的窗口向外伫望恰巧斜对着弄堂口，可以清楚地瞧见行人的进出。二楼的后端向西有一个洋台，墙外一大片荒地，蔓生着野草。

这些经谢旦如指点和实地调查的第一手资料至今仍具有权威性，有识者都很愿意依此转述。丁景唐还介绍了瞿秋白这时期所进行的译著活动，以及瞿秋白所处的艰难环境和译著的政治背景，首次为读者提供了一个“鲜活”的第一印象。

1932 年夏秋之际，瞿秋白到鲁迅家里首次见面之后，鲁迅夫妇到紫霞路 68 号回访，为紫霞路 68 号添上浓墨一笔。为此，丁景唐在《鲁迅日记》里找到可靠记载。1954 年底，丁景唐首次撰写《从〈鲁迅日记〉看鲁迅与瞿秋白的友谊》，这是当时他编写《瞿秋白著译年表》时的最初成果之一。1956 年夏天，应魏金枝约稿，丁景唐把此文交给他，他加了一个注解："泉"是"钱"的古体字。不久刊登于同年 10 月出版的《萌芽》半月刊"鲁迅逝世二十周年纪念特辑"。此文收入《札记》时，丁景唐作了一番修改。

以《鲁迅日记》作为考证、研究鲁迅与瞿秋白之间关系的有力依据，这是一个明智的研究角度，不仅可以避免武断的猜测，也有利于得出令人信服的结论。但是，在研究过程中，必须具备丰富的文史知识，查阅大量的报刊书籍，以严谨的学风，勇于大胆探索的精神，才能从只字片言中发现有价值的线索，顺理成章。《从〈鲁迅日记〉看鲁迅与瞿秋白的友谊》一文便是一个很好的例证，给后人造成比较大的影响，至今有识者继续沿用此类的思维方式。

首先，《鲁迅日记》中的瞿秋白夫妇一概不用真实姓名，而改用别名。丁景唐经过反复分析和认真研究，辨认出瞿秋白夫妇的一些别名：何家夫妇、何君、文尹夫妇、维宁（或作"惟宁"）、文它（文，即文尹；它，即屈委它）、何凝、疑冰（或作"疑仌"）、宜宾、萧参等。

其次，以此顺藤摸瓜，进一步挖掘资料，触类旁通，依此展现一个个研究新天地，大有作为。丁景唐写道：

> 在 1932 年到 1933 年的《鲁迅日记》中，记得最多的，是鲁迅为瞿秋白同志介绍稿子，编印校对有关的书籍（如《一天的工作》、《萧伯纳在上海》、《鲁迅杂感选集》、《被解放了的董吉诃德》等）和代为致送稿费等事。如 1932 年 9 月鲁迅替良友图书公司编苏联作家小说集《一天的工作》，瞿秋白夫妇用文尹的笔名译了绥拉菲摩维支作品二篇——《一天的工作》和《岔道夫》。……

最后，鲁迅与瞿秋白的交往事例可以在《鲁迅日记》中得到佐证，如鲁迅与瞿秋白互为赠送墨宝；或者把《鲁迅日记》与鲁迅书简等互相印证，也可以得出重要结论。瞿秋白牺牲后，鲁迅整理、编辑、出版瞿秋白译文集

《海上述林》的活动，在《鲁迅日记》中也有比较多的记载。为此，丁景唐文章里添加了一些脚注，以鲁迅书简中述说作为旁证，给读者一个完整的交代。

《关于〈第十三篇关于列尔孟托夫的小说〉》、《关于〈引玉集〉》两文，则是弥补冯雪峰主编《瞿秋白文集》的缺遗——没有版画插页及具体说明，而这又是反映鲁迅与瞿秋白合作之谊的生动例子。因此，丁景唐花费了很大精力和时间，查阅了许多材料，终于搞清楚事情原委。

《札记》初版本面世后，香港即有翻印本，封面改用铜版纸，喷发火山的红黑两色图案改为一抹套红，其余都一样，至于开本、版式、内芯、页码、版权页等完全和新文艺初版本一样，几可乱真。不过前面翻印的多幅图片比较黯色，不如原来初版本那样清晰。

丁景唐在香港翻印本的扉页上题写："这本一九五八年版初版本和《左联五烈士研究资料编目》一九六一年初版本，在香港都有翻印本。本人保存的初版本在史无前例的'文革'中被抄失。一九八〇年，经香港新华社李大达同志之助，从香港购得翻印本两种。景唐 一九八三年二月十二日壬戌除夕追记。"

2008 年 3 月 17 日，丁景唐意外地收到北京小友金欣欣寄来的《札记》初版本（在旧书店淘到的），发现扉页上写有原读者刘某于 1959 年"五一"劳动节购买此书的时间，封面上"瞿秋白的"四字被粗黑笔重重横画了四五道黑杠，显然历尽"文革"磨难。丁景唐欣喜地提笔写下收到此书的令人难忘的日子，并感慨万分地说："时距此书诞生刚满五十载矣！"

（二）

《札记》于 1959 年 7 月再版（"新一版"），与初版本基本相同，只是封面上的图案——喷发火山的细节略有不同，因当年经济困难，此书印刷时也使用未漂白的灰黑纸张。丁景唐对再版本"稍有增补和修正"，并在"再版后记"中写道："附录的《有关瞿秋白同志生平及其著译的参考资料目录》，这次增补较多。除补入 1949 年 6 月 28 日发表的叶圣陶和柳亚子先生的纪念文章和旧体诗等几篇目录外，还补入了 1958 年 2 月到 1959 年 6 月间报刊书籍中有关的参考资料目录。"

再版本的目录也与初版本相同，其中第3部分关于瞿秋白的版本、内容等基本上没有改动，共有4篇文章：《关于〈乱弹及其他〉的出版》、《瞿秋白同志两篇〈文集〉未刊的旅俄通讯——关于晨报〈游记第二集〉》、《〈三死〉、〈伊拉司〉、〈阿撒哈顿〉三文非瞿秋白同志所译》、《记两本悼念瞿秋白同志的书——〈民族解放先驱瞿秋白〉和〈纪念我们的民族英雄和人民战士〉》，内容很精彩，许多重要观点至今仍然具有权威性的指导意义。

1931年—1933年间，瞿秋白同志寄居在上海南市紫霞路68号谢旦如家中；《乱弹及其他》和《海上述林》中的大部分著译就是在这一期间辛勤劳动的成果。谢旦如先生在1938年以霞社名义出版了瞿秋白同志的《乱弹及其他》，即以纪念瞿秋白同志住在紫霞路时期投身文化工作的战斗业绩，而"霞"字又含有东方黎明、朝霞初升之意，因此，便选用了霞社的名义。《乱弹及其他》是霞社校印出版的瞿秋白同志遗著遗译中的第一种著作。……霞社选择了五月五日这个伟大共产主义导师马克思诞生纪念日，作为中国优秀的共产党人瞿秋白同志遗著《乱弹及其他》的第一版发行日子，有着深刻的意义。

当时流传着一种说法，误为鲁迅编印、出版瞿秋白遗著《乱弹及其他》，并与《海上述林》混为一谈，特别是冯雪峰主编的《瞿秋白文集》由人民文学出版社出版后，报刊上仍然有人撰文持有此说。因此，深知内情的丁景唐认为有必要撰文澄清事实，他查找了大量历史资料，找出此误说的根源，列举许多有分量的事实根据，理清《乱弹及其他》国统区和解放区的好几种版本，还原历史真面貌，凸显谢旦如应有的历史功劳。如今丁景唐还珍藏好几种版本的《乱弹及其他》，都是当时陆续购买或友人赠送的，以便研究之用。

冯雪峰主编的《瞿秋白文集》主要辑入文学作品和译作，并未收录瞿秋白第一次赴苏俄采写的许多新闻通讯。为了弥补此缺憾，丁景唐特地列举1924年9月北京《晨报》编辑出版的《游记第二集》，认为这是一本"难以觅得的稀见书"（详见本书《俞颂华〈游记第二集〉收录瞿秋白两篇通讯等》）。

（冯雪峰主编的）《瞿秋白文集》中有不少未曾收录的著作和译作。几年来，在学习《瞿秋白文集》的过程中，曾留意辑录佚文，日积月累，犹之乎在勘探宝藏的长途旅程中，也时或发现一些瑰丽的宝石，也见到书林深处的异草奇葩；由于觅到了“五四”前后出版的《新中国》杂志，证实了《瞿秋白文集》中所收的《三死》、《伊拉司》、《阿撒哈顿》三文非瞿秋白同志所译，而另外又发现了瞿秋白同志四篇早期作品和译文，这是最近书林中所涉猎的一个小小的收获。

这是丁景唐撰写《〈三死〉、〈伊拉司〉、〈阿撒哈顿〉三文非瞿秋白同志所译》一文的开头，喜悦心情跃然纸上。

1954年春天，丁景唐在上海鲁迅纪念馆见到一本1920年7月北京“新中国杂志社”出版的《俄罗斯名家短篇小说集》，由瞿秋白作序，收录沈颖、耿匡（耿济之）等译文。封面里页刊登北京新中国杂志社出版“短篇小说第一集”广告，其中有耿济之《阿撒哈顿的梦》《真幸福》等译文，立刻引起丁景唐的注意，产生了疑问，即冯雪峰主编的《瞿秋白文集》已收录4篇译文《三死》《伊拉司》《人依何为生》《阿撒哈顿》，很可能不是瞿秋白翻译的。但未找到好几种版“短篇小说第一集”，便在有关文章中作了若干说明，暂且留下一个尚待解决的问题。

3年后，丁景唐在好友瞿光熙家中意外地发现《新中国》杂志，其中刊登一些耿济之（耿匡）的译文，证实了《瞿秋白文集》收录《三死》等4篇译文中有3篇不是瞿秋白翻译，而是耿济之译文，除了《三死》标题相同，《伊拉司》原译题为《真幸福》，《阿撒哈顿》原译题为《阿撒哈顿的梦》。其实《人依何为生》也是耿济之所译，连载于《曙光》第2卷第1号、第2号（1920年、1921年3月），瞿秋白也有文章发表于《曙光》。其中还牵涉到其他问题（详见本书《瞿秋白、耿济之合译〈托尔斯泰短篇小说集〉》一文）。

丁景唐在《新中国》刊物上还查到瞿秋白3篇译文和1篇文章，即《闲谈》《祈祷》《论教育书》（原文作者均为托尔斯泰）以及《社会与罪恶》，都未收录冯雪峰主编的《瞿秋白文集》。以上这些新发现，丁景唐只是谦称为“一个小小的收获”，并希望《瞿秋白文集》再版时“适当选取一些重要的佚文”，删除《三死》等译文。直到30年后温济泽主持出版14卷《瞿秋白文集》，才实现了丁景唐多年的夙愿。

1935年6月18日瞿秋白牺牲后，出现大量的国内外追悼文章和纪念文集，其中《民族解放先驱瞿秋白》《纪念我们的民族英雄和人民战士》两本书，丁景唐认为是“保留下来的极其珍贵的悼念瞿秋白同志的书”（详见本书《第一本纪念册〈殉国烈士瞿秋白〉》《〈救国时报〉纪念瞿秋白烈士专版等》）。半个世纪前，丁景唐首次披露，介绍了具体的情况。这两本书的详细目录，丁景唐已辑录于《札记》附录《有关瞿秋白同志生平及其著译的参考资料目录》。如今许多瞿秋白研究者经常引用这些资料，但是不知道最初辛勤开垦者是丁景唐，也无法注明他的早年论文集《札记》。

丁景唐原珍藏《札记》再版本也在“文革”中遭失，现存另有一本，他在扉页上写道：“（上海社科院）潘颂德文友为我从七宝书肆淘得，二〇〇四年三月十一日。”一旁还有原读者华东师范大学王某于1961年8月29日购买此书时写的时间。

（三）

1959年冬天，上海文艺出版社通知丁景唐将印行《札记》第三版（“新二版”）。丁景唐因忙于工作，抽不出时间增订、修改。直到1961年炎夏来临，才断断续续挤出时间，加以修改、整理、补充。

《札记》第3版（“新二版”）改为大32开，页数也增加为238页（包括“后记”），比较厚实。封面设计极为简朴，删除原来的喷发火山的图案，整体底色仅为淡黄色，上端只有书名和作者名字。前面插图略有改动，删除原来的最后两幅，改用鲁迅介绍《海上述林》上卷出版的手迹和纪念柔石牺牲的七律墨迹，以及瞿秋白翻译《马克思》（列宁原作）的手迹。

除了修改原来文章之外，还增加不少新文章，其中第3部分增添4篇文章，即《“五四”初期的瞿秋白同志》《瞿秋白同志在介绍马克思列宁生平及其理论上的贡献——纪念瞿秋白同志六十诞辰》《读瞿秋白同志的〈美国的真正悲剧〉》《书评写作的一个范例——读瞿秋白对邹韬奋编译〈革命文豪高尔基〉的评介》。还有附录《鲁迅的一张“借书单”》，署名“上海鲁迅纪念馆”，实为丁景唐所写。

由于冯雪峰主编的《瞿秋白文集》没有收录政文类的文章，难以展现瞿秋白的光辉业绩，因此，丁景唐新写的这些文章在某种程度上弥补了这个缺憾。

五四运动促使瞿秋白思想发生重大变化。丁景唐列举大量史实和郑振铎等当事人的回忆，具体地述说瞿秋白代表俄文专修馆的学生团体积极参加北京五四运动。瞿秋白还积极参与创办《新社会》《人道》，发表许多论述社会改造和社会问题的文章，提出了改造旧制度、建立美好新社会的要求。丁景唐还评述了瞿秋白当时发表的许多文章和译文，指出当时马克思主义理论著作的中文版很少，瞿秋白直接从俄文翻译了德国著名社会主义活动家倍倍尔（伯伯尔）写的长达 6 万多字的《社会之社会化》，并写下《伯伯尔之泛劳动主义观》一文，将托尔斯泰和倍倍尔对于泛劳动主义和无抵抗主义的看法进行比较和分析研究。同时，瞿秋白是五四运动时期“从俄文将托尔斯泰、果戈理的作品翻译到中国来的优秀俄文翻译者之一”。这篇《“五四”初期的瞿秋白同志》长达万余字，首次从不同的角度评述五四运动前后的瞿秋白人生经历、思想变化、著译活动，特别是其中披露了大量史料，在当时类似题材文章中当属“第一文”。

丁景唐写的《纪念瞿秋白同志六十诞辰》一文，论述瞿秋白在不同时期译介马克思、列宁生平及其理论上的杰出历史贡献。指出瞿秋白《赤都心史》两次描述了列宁形象，让中国读者首先读到充满激情的描写文字；瞿秋白主编的《新青年》季刊首次推出“共产国际专号”，并首次发表他配乐翻译的《国际歌》；列宁逝世后，瞿秋白不仅撰写追悼文章，还在上海大学追悼列宁逝世大会上作了关于列宁生平报告；20 世纪 30 年代初，瞿秋白比较有系统地译介许多马克思列宁主义文艺理论，“对中国革命文学运动起了很大的推动作用”。并且密切结合文艺斗争的现实，撰写了指导革命文艺运动的文艺论文和杂文。这些反映瞿秋白一生不同时期的著译活动和闪光点，丁景唐首次将其串联起来，并以专题形式比较完整地展现出来，产生了较大的影响。

对于瞿秋白的两篇书评，丁景唐也作了有关背景的介绍，包括邹韬奋听取了瞿秋白的意见，作了较大的修订，删改明显的错误。

《鲁迅的一张“借书单”》首先披露一个史料，瞿秋白撰写文稿时，每写 1 页，都衬有复写纸，一式 3 份。完稿后一份寄出刊登，两份留下，以防遗失或遭意外，因此《乱弹》的稿本也遗留了两份，一份留存于谢旦如，一份保存在鲁迅那里。瞿秋白牺牲后，鲁迅整理、出版了瞿秋白译文集《海上述林》上卷，还想进一步核对查阅，便写了一张借书条，委托周建人向谢旦如借阅《乱弹》复写本和其他曾经发表瞿秋白的书刊，如《北斗》、《文学月报》、

《星海》、《俄罗斯文学》等 8 种，借用后即送还。不久，鲁迅病情日益加重，与世长辞，未能完成《乱弹》的出版工作。丁景唐在上海鲁迅纪念馆看到这张借书条，便联想起许多事情，最后写道："这是对鲁迅先生与瞿秋白同志一个珍贵的纪念。"

《札记》第 3 版有一些重要修改，丁景唐在后记中写道："即改正了原来以为鲁迅与瞿秋白第一次见面是在紫霞路 68 号的说法。现在根据杨之华和许广平两位同志的回忆，鲁迅和瞿秋白第一次会见应是在北四川路底川北公寓三楼鲁迅住处。"1961 年春，丁景唐曾在上海当面请教杨之华、许广平此问题，才有此说。

但是，首次会面的时间仍然不能确定，"大概在 1932 年夏秋之间"，并以许广平写的一文（景宋《留存于鲁迅先生处的几位友人的旧诗集录》，载《上海周报》1941 年第 2 卷第 8 期）作为一个旁证，特地说明"这篇文章没有说明月份或季节"，明确指出"这是记瞿秋白同志到鲁迅家去两人第一次会见的记载"。因此，在时间问题上，丁景唐仍然慎重地加上"大概"二字，表示将来出现新的资料，可以加以确认具体时间。迄今为止，这个重要观点仍然被公认。

丁景唐很看重《札记》中的一些重要文章，"文革"后又重新归纳整理，添加多年积累的资料，撰写了题为《鲁迅与瞿秋白的革命友谊》长文（详见本书《丁景唐、王保林合著〈鲁迅和瞿秋白合作的杂文及其它〉》)。此文与《瞿秋白在上海紫霞路的时候》《瞿秋白在介绍马克思列宁生平和理论上的贡献》等文经过一番修订，以后收录于丁景唐、陈铁健、王关兴、王铁仙合著《瞿秋白研究文选》（天津人民出版社 1984 年版)。其中一些主要文章又与《关于〈乱弹及其他〉的出版》等文收录《六十年文集——犹恋风流纸墨香》（上海文艺出版社 2004 年版)。

《札记》第 2 部分关于鲁迅作品的拾遗等，丁景唐则与后来另写的有关专题文章编成论文集《学习鲁迅作品的札记》（上海文艺出版社 1980 年 5 月初版)，印数高达 3 万册，1983 年 12 月再版，这些已是题外话了。

丁景唐、王保林合著《鲁迅和瞿秋白合作的杂文及其它》

丁景唐、王保林合著《鲁迅和瞿秋白合作的杂文及其它》（以下简称《合作》），陕西人民出版社 1986 年 10 月初版，1993 年 5 月第一次印刷（这前后时间竟有 7 年），这是一本出版“难产”多年的学术专著，深入探讨鲁迅、瞿秋白合作的 14 篇杂文等。其中凝聚了两位作者长期合作研究的大量心血，从而产生的一项重要成果，至今仍有重要指导意义。

丁景唐、王保林合著《鲁迅和瞿秋白合作的杂文及其它》

（一）

20 世纪 50 年代，丁景唐、王保林在搜寻瞿秋白遗文的过程中相识，不断地交换意见和信息。丁景唐和方行（文操）合编《瞿秋白著译系年目录》再版之际（上海人民出版社 1959 年 10 月），丁景唐特地在后记中提到王保林提供的帮助。

王保林（1933—2001），江苏省滨海县人，15 岁（1948 年 4 月）参加革命。新中国成立初，他作为南下干部，在上海的华东税务局任职，后被推荐到南开大学中文系就读。1961 年毕业，分配在内蒙古通辽师范学院（后为内蒙古民族师范学院），执教多年，后为副院长。他与他人合著《现代散文名篇欣赏》《现代杂文名篇欣赏》，并主编《中国少数民族现代文学》等。

丁景唐、王保林的共同志向和兴趣爱好，不约而同对鲁迅、瞿秋白合作杂文的课题发生了浓厚兴趣，见面商定进行研究，由于种种原因，被迫中断。“文革”后，王保林来沪进行注释鲁迅著作的工作，旧地重游，与丁景唐相见，开怀畅谈，欣慰无已，他俩决心重拾未完之课题，继续共同研究。

1980年秋天，丁景唐到北京西郊中央党校学习，邀约王保林从内蒙古民族师范学院驻地通辽市专程来京相叙，多次商谈写作提纲和需要查阅的参考书目。此后数年间，或见面商谈，或飞鸿往返，修改补充，数易其稿。其中《关于〈中国文与中国人〉》一文的写作，还得到郝铭鉴（后为《咬文嚼字》主编）的协助；《出卖灵魂的秘诀》等3文说明，吸取了朱正有关研究成果。1983年4月，丁景唐、王保林编写成书。一个月后，他俩分头均到北京一起参加郭沫若研究学术座谈会，又对全书作了一些技术性处理，最后定稿。但是好事多磨，出版一事因故拖延，最后才得到正式付印的消息，终于实现了长达30多年的夙愿。

《合作》封面底色呈深青蓝色，没有图案，书名横排，分为上下不规则的3行，放置于中间且往下，书名偏左交叉一条浅色竖线，贯穿整个封面，上下分别印着“鲁迅研究丛书”和丁景唐、王保林（以下简称丁、王），体现了封面设计的简洁风格。

《合作》前后有《写在前面》、丁景唐写的《鲁迅和瞿秋白的革命友谊（代序）》和《后记》。正文分为两（辑）部分，第一部分是研究鲁迅、瞿秋白合作的14篇杂文，第2部分有关鲁迅、瞿秋白之间关系的论文。

鲁、瞿合作的14篇杂文即《王道诗话》《伸冤》《曲的解放》《〈子夜〉和国货年》《迎头经》《出卖灵魂的秘诀》《最艺术的国家》《内外》《透底》《关于女人》《真假堂吉诃德》《大观园的人才》《“儿时”》《中国文与中国人》。除了《关于女人》《真假堂吉诃德》刊登在当时的《申报月刊》之外，其余均发表在《申报·自由谈》。

丁、王对此研究的大部分论文曾发表于兰州大学、黑龙江大学、内蒙古民族师范学院、上海师范学院等学报以及《艺谭》《奔马》《绿野》等文艺刊物，丁、王将其编入《合作》论文集时，则又作了一番修订，并且煞费苦心地添加瞿秋白原文与鲁迅修改文，分别分段列出（一左一右排列），每段后面列出若干条目说明，以便读者结合瞿、鲁两文参考之用，进一步品味瞿、鲁运用或修改文字的意图和微妙心态，从中可以悟出许多言外之意。

这些充分体现了丁、王严谨学风、深厚功底、周详布局，也展现他俩“一心为读者”的宗旨，甘愿自讨苦吃，不厌其烦仔细校对瞿、鲁两文，反复研究和推敲其中的“经营甘苦”；一旦有新发现，喜不自禁，这是局外人难以理解的。

同时丁、王坦陈书中列出瞿、鲁两文对照并作说明的思路，最初得到朱正专著《鲁迅手稿管窥》（湖南人民出版社 1981 年版）的启发，即把鲁迅手稿与改定稿加以对照并略作说明，叶圣陶对此加以肯定，“至有意味”。丁、王毫不掩盖自己构思的来源，坦诚相见，这是当今浮夸之风浸淫的某些人士根本无法企及的学术境界和思想情怀。

（二）

1933 年 3 月初，瞿秋白夫妇搬至施高塔路（今山阴路）东照里 12 号二楼，这是鲁迅委托内山夫人出面寻找租房的。4 月 11 日，鲁迅全家正式迁居到施高塔路大陆新村 9 号（今山阴路 156 弄 9 号），这是鲁迅晚年的最后居所，斜对面正是东照里，瞿、鲁交往方便、频繁。瞿秋白夫妇住在东照里的 3 个月里，暂时有一个稳定的住处，瞿、鲁有机会畅谈，开始合作杂文。其中有些杂文主旨都是在双方交谈中产生的，瞿秋白思维敏捷，有时一口气写上几篇，经鲁迅修改后，用自己的笔名投给报刊。

鲁迅看过瞿秋白写的杂文，评价为“尖锐，明白，很有才华”，同时，他也指出其中缺点，“深刻性不够，少含蓄”，第二遍读起来就有“一览无余”的感觉。对此，瞿秋白也承认。其实，鲁迅说的“缺点”，也是瞿秋白杂文的特点，便于鼓动和宣传，让通俗易懂的道理传播于人民大众之中。[1]他俩经过编辑《萧伯纳在上海》等的密切合作，在杂文构思和运用手法等方面都达成一种基本共识，以及互相配合上的默契感，这些成为他俩合作杂文的良好基础。

瞿秋白夫妇刚住进东照里，3 月 6 日《申报·自由谈》发表了《王道诗话》，署名“干”（鲁迅的笔名）。这是瞿、鲁合作的第 1 篇杂文，文后还有 4 首讽刺诗，与文章相得益彰。此文仅有 700 多字，但思想深刻，语言犀利，主要针对胡适的一些言论进行批判，其中牵涉到胡适的《人权论集》和《字林西报》登载他的言论等。鲁迅修改后，由许广平誊写，再寄出，瞿、鲁合作的其他杂文也有如此经历。

丁、王认为，鲁迅修改文有3个特点，一是语气更加肯定，文字更精练；二是使韵脚符合诗歌要求；三是保持行文风格统一。尽管瞿秋白已经模仿鲁迅的笔调，使人们不易区别，但有时还是透露出行文风格并不完全一致，因此鲁迅甚至细心修改语气词。这并不引人注意的细节之处，丁、王却注意到了，因为他俩很熟悉鲁迅的笔调和用词习惯。为了补充说明其中有关问题，他俩又增添一个附录《谈〈王道诗话〉中的一句引诗——关于“杀人如草不闻声”》，以便读者进一步理解作品。[2]

《伸冤》是瞿、鲁合作的第2篇杂文。瞿秋白把一些社会新闻材料巧妙地编排和评点，抨击列强企图瓜分中国的同时，也着重勾画出中国当局反共卖国的嘴脸。原题为《苦闷的答复》，直接点明文章的来由，即以此答复来华调查日军侵华的“国联”调查团长李顿的报告。鲁迅则改题为《伸冤》，更具有杂文的韵味，鲜明地突出文章的主旨。

丁、王认为，《伸冤》此后瞿、鲁合作的《曲的解放》《迎头经》《出卖灵魂的秘诀》《内外》等杂文都是《伸冤》的续文——补充和发展，都是取材于时事新闻，深刻地揭露反动政府的反动性质。丁、王由此梳理了瞿、鲁合作杂文的基本思路，让读者回过头来再看看丁、王对《伸冤》一文的解读——条理分明，旁征博引，深入浅出，饶有趣味。

1933年2月，《新时代月刊》第4卷第1期刊登“词的解放运动专号”，其中有该刊主编曾今可作的《画堂春》，什么“打打麻将……喝干杯中酒，国家大事管他娘”等，这引起瞿秋白的深刻反思。3月12日《申报·自由谈》刊登一则形式独特的杂文《曲的解放》，署名“何家干”。其文开头就说，“‘词的解放’已经有专号，词里可以骂娘，还可以‘打打麻将’。”接着却是《平津会》杂剧的一折戏形式，出场的角色有生、旦、丑，设计了不同的曲牌唱词，使用辛辣和诙谐的语言（巧用双关语、谐音语和歇后语），例如“‘曲’一解放，自然要‘直’——后台戏搬到前台”；“热汤（热河省政府主席汤玉麟——引者）混帐——逃亡！装腔抵抗——何妨”……以此抨击和讽刺反动政府“攘外期间安内忙”的反动本质。

这短小精悍的杂文充分显示了瞿秋白大胆丰富的想象力，以及鲜明的创作个性，也是对杂文形式的大胆创新。显然，他以大众喜闻乐见的有说有唱的戏曲形式进行宣传，扩大影响，有利于传播。这是瞿、鲁合作的杂文中唯一采用杂剧形式。此文刊登后，有些朋友还以为是鲁迅写的，鲁迅笑答：“我不会作曲，此乃一高手，暂不宣布。”[3]以后，鲁迅在《中国人的生命圈》、《文章与题目》等文中也揭露和解剖反动当局“安内始能攘外”的本质，与瞿秋白《曲的解放》等杂文相呼应。

3月18日，胡适对北平记者谈话时认为，日本“只有一个方法可以征服中国，即彻底停止侵略，反过来征服中国民族的心”（2月24日胡适在《独立评论》上也发表类似的言论）。对此，3月22日《申报》作了披露。

当天，瞿秋白和鲁迅见报后，立即商讨，瞿秋白便动笔写下千字文《出卖灵魂的秘诀》，以精练的语言揭示了问题的实质。

丁、王仔细核对瞿、鲁两文，认为鲁文更加突出杂文热嘲冷讽的特点。瞿文第1段最后一句，原文是“胡适博士对症发药——预备向日本帝国主义上条陈”。鲁文则把“日本帝国主义”改为“日本朋友”。并在瞿文的第2段引文中增加了“九世之仇，百年之友，均在觉悟不觉悟之关系上”一句，用胡适自己的话来说明他与“日本朋友”结成“百年之友”的关系。这里不用点评一个字，杂文的讽刺辣味跃然纸上。

1933年4月11日，晴天，鲁迅全家搬到大陆新村。这一天，瞿秋白很兴奋，一口气写了4篇杂文，即《内外》《真假董吉诃德》《透底》《关于女人》。这让鲁迅夫妇既惊讶又佩服，“如果没有丰富的生活知识，深厚的文学修养和高度的理论水平，哪能在短短的时期以内，有如是丰富而精美的文字见之于世？特别是《关于女人》等几篇文章，能在同一天里写作出来，真使人感到秋白同志的革命才华”[4]。

鲁迅把瞿文标题中的“董吉诃德”改为“堂吉诃德”，还修改了瞿文中其他一些文字。

丁、王认为：瞿、鲁都很善于借用著名文学作品中的典型人物来表达自己的见解，讽刺现实生活中某一类型人物。瞿、鲁杂文中大约有3种类型的堂吉诃德，即真的，新的，假的。“假吉诃德”成为瞿、鲁着重鞭挞和讽刺的对象，并且经过瞿、鲁艺术加工，注入新的含义。

“假吉诃德”故作傻相的目的，就是欺骗民众，愚弄民众，使民众上当受骗，瞿、鲁要剥去“假吉诃德”的各种伪装。明明是不抵抗，偏要说是“诱敌深入”；明明是为了“搜括一些杀猪经费”，却要说是“飞机捐”（发行航空奖券，强行募捐）；明知“中国固有文化”（报上曾刊登戴季陶等要人发起“佛法救国”活动）咒不死侵略者，偏要高喊恢复“民族精神”……尖锐地抨击反动政府欺骗和愚弄老百姓的言行。

鲁迅把瞿文最后一段中“你要认真和他辩驳”的文字，改为“你要是把假痴假呆当做真痴真呆”。这不仅与前文中的“假吉诃德是故意做些傻相给别人看”相呼应，并且进一步勾画了“假吉诃德”的本质特点。

1933 年 4 月 19 日，《申报 · 自由谈》发表《透底》，署名为“何家干”。曾是左联成员的祝秀侠看到此文后，发表《论“新八股”》，并写信给鲁迅，试图自我辩解。

原来《文学月报》第 1 卷第 3 期（1932 年 10 月）刊登瞿秋白翻译的苏联诗人别德纳依的讽刺诗《没功夫唾骂》。11 月该刊登载《汉奸的供状》，署名“芸生”（即邱九如），这是模仿瞿秋白的译诗写的，嘲讽胡秋源、苏汶等人，诗中充满了辱骂和恐吓等之词。“文委”书记冯雪峰认为不妥，要《文学月报》纠正，但被拒绝。冯雪峰与瞿秋白谈起此事，瞿秋白正在鲁迅家里初次避难，鲁迅知道后，认为此事应自己公开纠正为好。于是鲁迅出面写信给《文学月报》编辑周扬，该信发表在《文学月报》第 1 卷第 4、5 期的合刊上，题为《辱骂和恐吓决不是战斗》，批评了《汉奸的供状》的恶劣文风。此信发表时，编者加了按语，肯定了鲁迅的意见，并受到左联许多成员和读者的支持。但是，受到“左”倾思想影响的祝秀侠化名为“首甲”，与方萌、邱九如等联名发表《对鲁迅先生的〈辱骂和恐吓决不是战斗〉有言》，刊登在 1933 年 2 月《现代文化》第 1 卷第 2 期上，错误地指责鲁迅“带上了极右倾机会主义色彩”。

这时，第二次在鲁迅家里避难的瞿秋白看到此文后，撰写《鬼脸的辩护——对于首甲等的批评》，他指出“芸生和首甲等的错误，决不在于他们攻击胡秋源‘过火了’，而在于他们只用辱骂来代替真正的攻击和批判。”“‘恐吓决不是战斗’的鲁迅决没有什么右倾机会主义的色彩，而自己愿意戴上鬼脸的首甲等却的确是‘左’倾机会主义的观点。”瞿秋白认为，鲁迅的主张是“完全正确的”，“的确是提高文化革命斗争的任务的，值得我们的研究；我们希望首甲等不单在口头上反对‘左’倾关门主义和右倾机会主义，而能够正确的了解和纠正自己的机会主义的错误。”这与张闻天《文艺战线上的关门主义》（署名“歌特”）等文反对“左”倾关门主义的精神是相一致的。

由于种种原因，当时此文并没有发表，但是可以作为《透底》杂文的重要注解，或者说《透底》是将批判左翼文艺内部“左”倾问题进一步说开去，挖掘动荡不安社会中积淀的畸形“透底”心灵。这种“以小见大”的手法，也是作为“匕首”杂文的魅力之一。

对于祝秀侠的来信，鲁迅写了回信，进行驳斥的同时，重复了《透底》的言论主张，“八股无论新旧，都在扫荡之列”。以后鲁迅将《透底》编进《伪自由书》的同时，也把来信和回信作为《透底》的附录一起编入。

《透底》主要是针对一种“左”倾思潮，即要求绝对自由，貌似公正，却是大搞极端，最终走向虚无主义，这是文章要批判的“透底论”。

由于《透底》的含义丰富，可以从不同的角度去解释。毛泽东在《反对党八股》一文中指出，“有些党八股……空话连篇，言之无物，还可以说是幼稚；装腔作势，借以吓人，则不但是幼稚，简直是无赖了。鲁迅曾经批评过这种人，他说：‘辱骂和恐吓决不是战斗。’”他还说：“党八股也就是一种洋八股。这洋八股，鲁迅早就反对过的。”为此，《毛泽东全集》编者加了一条注解，并摘引鲁迅《伪自由书·透底》中的一段文字[5]。由于当时毛泽东并不知道《透底》是瞿秋白和鲁迅合作的杂文，只提到鲁迅的名字。其实反对新旧八股文，是瞿、鲁的共同主张。

以上的具体情况比较复杂，丁、王起草后作了反复修改，该文落款的时间就有3次，分为“初稿”、“二稿”、“三稿”，时间跨度为1981年4月11日至次年9月20日。

《关于女人》是瞿、鲁合作杂文中唯一专题论述妇女问题的，并且与1932年冬天瞿秋白翻译的高尔基《关于妇女》一文密切相关。瞿秋白不仅转引高尔基一文中关于阿拉伯诗人和美国百万富翁的话，而且将高尔基的一大段话进行改写，吸取精华，成为精辟点评。对此，鲁迅又作了一些修改，在第2个“修饰”后加上“到”；“一天天”改为“一天一天”；把最后一个“代价”删去，免得和前面的“代价”重复……

瞿秋白和鲁迅都很关注中国妇女问题，曾分别提出关于妇女解放的精辟观点。这篇《关于女人》为那些遭受各种指责的妇女“伸冤”，揭露反动势力把妇女当作替罪羊的卑鄙行径。

鲁、瞿合作的14篇杂文中有两篇未收录鲁迅自己的杂文集，即《〈子夜〉和国货年》《“儿时”》。

茅盾创作《子夜》时，瞿秋白曾提出不少重要意见。《子夜》问世后，瞿秋白、鲁迅都作了高度评价，同时从不同角度观审，也认为《子夜》有不足之处，这是瞿、鲁合作杂文《〈子夜〉和国货年》的基本共同点。该文是瞿、鲁合作杂文中最长一篇，比其他千字杂文字数多出一倍。而且此文还是一篇书评，兼有杂文和书评的特点。

丁、王仔细分析后，发现一个重要问题，即瞿、鲁合作的杂文，大多是鲁迅修改后很快就向报刊投稿，但是《〈子夜〉和国货年》从写作到发表时间相隔近 1 个月，这是什么原因呢？丁、王并没有武断下结论，而是认为“可能是瞿秋白写出后交给鲁迅，鲁迅将它放了若干时日”，这是该文的特点所决定的，鲁迅需要再思考一下；修改之处比较多，这可以看看瞿、鲁两文并列的比较结果，便可发现许多问题。

1933 年秋天，瞿秋白早已离开东照里，再次遭到党内“左”倾无情斗争，被迫写了长达 3000 多字的书面检查。第二天（9 月 28 日），瞿秋白难以抑制心中的复杂感情，提笔写了 400 多字的短文《“儿时”》，曲折地表达了真实思想感情，即置身于渴望与担忧、积极与消极、前进与后退等交织的思想感情旋涡里。

对此，鲁迅还能说什么呢？他仅仅改了一个标点，署上自己的笔名“子明”，投给《申报·自由谈》，3 天后见报（12 月 15 日）。鲁迅写给该报副刊编辑黎烈文的信中默认此文是自己写的，把瞿秋白“安全”地隐藏在身后，免得该文发表后引起某种后果。

新中国成立初整理出版瞿秋白文集时，人们才发现瞿秋白《“儿时”》的手稿，真相大白。丁、王还列举了许广平等人曾怀疑《“儿时”》不是鲁迅撰写等资料，认为此“疑”亦属有理。丁、王根据一些旁证，作出一个大胆的推理：瞿秋白写完《“儿时”》后，并没有马上寄给鲁迅。直到几个月后（1933 年 12 月），瞿秋白接到中央通知，要他去中央苏区工作，他才决定把《“儿时”》寄给鲁迅。

丁、王对于鲁迅、瞿秋白合作 14 篇杂文的研究分析，内容翔实，考证严谨，文风朴实，结论可信。丁、王则谦称：“我们只是作了初步研究，可以说，仅仅是开始，我们期待相识和不相识的友人给予匡正。”

（三）

《合作》第二部分有6篇文章，即《略论瞿秋白在中国现代文学史上的贡献》（以下简称《贡献》）《鲁迅与瞿秋白友谊的丰碑——鲁迅帮助出版瞿秋白著译的经过》《关于〈乱弹及其他〉的出版》（附录《鲁迅的一张“借书单”》，署名“上海鲁迅纪念馆”，实为丁景唐所写）《关于〈第十三篇关于列尔孟托夫的小说〉——鲁迅与瞿秋白友谊的一例》《书评写作的一个范例——读瞿秋白对邹韬奋编译〈革命文豪高尔基〉的评介》，这些大多是丁景唐撰写的，并经过丁、王多次修改定稿。

“文革”后，丁景唐根据多年积累的资料和成果，撰写了《贡献》。1979年4月，在西安召开的八省（区）17所高等院校现代文学教材定稿暨学术讨论会上，丁景唐宣读了此文初稿。他听取与会同志的意见后作了修改，文后落款“一九七九年六月十八日，秋白同志牺牲四十四周年纪念日于上海浦西岸”。经《文史哲》编辑部之约，此文发表于该刊1980年第1期。

丁景唐认为，20世纪20年代初瞿秋白是才华初露的散文家，以明快清新的文笔，最早报道了十月革命胜利后的苏俄情况，丰富了我国现代文学的宝库。30年代前期，他是多才多艺的文艺理论家、杂文作家、翻译家，在成长中的中国现代文学史上留下了许多杰出的著译作品，并获得了世界的声誉。如今这个评价仍然具有重要意义，已被大量史实所证实。当时因牵涉到许多复杂因素和敏感“禁区”，此文未能提及瞿秋白在五四时期和临刑前的诗文，这在情理之中。

《合作》代序是丁景唐撰写的《鲁迅与瞿秋白的革命友谊》的长文。此文可以追溯到1979年夏天，丁景唐参加中央纪委瞿秋白复查组（组长孙克悠和常凡、陈铁健等人）举办的一次座谈会，并陪同复查组几位同志前去瞿秋白家乡常州和南京等地。随后丁景唐“带着激情奋笔几天写下”此文，这是他在“文革”后重新执笔所写的第一篇关于瞿秋白的文章，发表于《社会科学》1979年第3期，成为当时比较完整论说鲁迅、瞿秋白之间关系的权威一文。

该文后有6个重要注解，几乎占据了两页。第1个注解是关于鲁迅题赠瞿秋白的一副联句的问题，即“疑仌道兄属　人生得一知己足矣　斯世当以

同怀视之　洛文录何瓦琴句”。“疑仌”和“洛文”分别是瞿秋白和鲁迅的笔名，鲁迅的书录出自清朝钱塘人何瓦琴（即何溱）的自集禊帖联句，原为清四明徐时栋书写。查看《鲁迅日记》便可得知，1933 年 2 月 2 日和本年书账中均有购买《烟屿楼笔记》、《烟屿楼读书志》两种共 8 种书籍的记载，鲁迅选用《烟屿楼笔记》中的记载，书写了这副联句。

新中国成立初期，丁景唐曾误为“何瓦琴”是瞿秋白本人，后来有位老同志与他“不谋而合”，“遂致以讹传讹”。对此，丁景唐回想起不免“汗颜无已”。他又指出，有些人却把这联句说成是鲁迅自作的，这也是错误的。因此，丁景唐摘录方行（文操）写的《谈何瓦琴》（载 1962 年 8 月 3 日《文汇报》）中的一段（此文的有关材料最初还是博学多才的上海图书馆馆长顾廷龙告知的），以示匡正。

第 6 个注解是纠正瞿秋白离沪赴中央苏区的时间。其原为 1933 年，出处为《毛泽东选集》第 3 卷附录的《关于若干历史问题的决议》的注解（五），以致《辞海》（1979 年版）和一些报刊也都循此注明。丁景唐根据《鲁迅日记》和书信等材料，认为瞿秋白离沪时间应该是 1934 年 1 月上旬（现在确认为 1 月 11 日晚上离沪）。这在当时是一个很重要的纠正，丁景唐还专门写了《对〈辞海〉（一九七九年版）“瞿秋白”词条的意见》一文（还指出“苏俄”与“苏联”之区别），发表于上海辞书出版社《辞海通讯》（内刊）1981 年 11 月 30 日第 10 期，以后收录《六十年文集——犹恋风流纸墨香》（上海文艺出版社 2004 年版）。

《合作》一书出版一事费尽周折，此书定稿校样因故在出版社“睡”了 7 年之久，经丁、王等人奋力论争，才得以印行 500 册，权作丁、王的稿酬。这 500 册书运抵僻冷的上海货站后，因故未有人前去认领，差点被“打道回府”。最后，年逾七旬的丁景唐和编辑张安庆、司机匆匆赶去，才将这“难产”多年的《合作》运回家，终于了却丁、王的夙愿。但是，《合作》未有资格进入各家书店，只有常州瞿秋白纪念馆曾销售了若干册，现世人收藏的一些《合作》书籍，还是丁、王当时陆续分别赠送的。

丁景唐专门留下一本《合作》，扉页上用毛笔饱蘸红墨水书写“校订之用”。多年来他想到什么问题，便在此书空白处陆续写了各种批阅文字和重要修改，这是他大半辈子读书、写书、出书、买书、藏书过程中养成的良好习惯。

［注］

［1］《雪峰文集》第4卷，人民文学出版社1985年版，第220页。

［2］学术界曾对于《王道诗话》有不同看法，可以参见王锡荣《宋庆龄冤枉胡适?》(2004年2月11日《中华读书报》)、陈鸿祥《“胡鲁之争”，还是“批瞿攻鲁”?》(《瞿秋白研究论丛》2005年第1期)、朱正《重读〈王道诗话〉》（北京《鲁迅研究月刊》2005年第8期）等文。

［3］丁景唐、王保林《鲁迅和瞿秋白合作的杂文及其它》，陕西人民出版社1986年版，第49页。

［4］许广平《瞿秋白和鲁迅》，载《忆秋白》，人民文学出版社1981年版。

［5］《毛泽东选集》(合订本)，人民出版社1967年版，第787—803页。

瞿秋白等人创办《新社会》旬刊

1919 年 11 月 1 日，瞿秋白、郑振铎、耿济之等创办《新社会》旬刊，北京社会实进会出版和发行，1920 年 5 月 1 日停刊，共出版 19 期。以后他们设法改名为《人道》，仅出 1 期又被迫停刊。《新社会》《人道》是研究五四时期新文化运动的重要资料，曾刊登瞿秋白一些早期文章。新中国成立后，最初收集、整理《新社会》《人道》里瞿秋白所有文章篇目，展现在丁景唐、方行（文操）合编《瞿秋白著译系年目录》（上海人民出版社 1959 年 1 月初版）一书里，丁景唐还进行了有关研究。

如今《新社会》原件不易查找，幸好 1981 年人民出版社出版影印本（新华书店内部发行，定价 5.50 元），可以静下心来研究一番。

新社會

The New Society

1

《新社会》创刊号

（一）

《新社会》创刊号为 4 开一张的小报样子，文字竖排，铅字印刷。版面设计简朴，整版上下分为 4 大栏，共有 4 版。头版右上角报头“新社会”为竖排印刷体，并非书写体，只是为了减少制作、排版费用，降低成本。刊头两端小字分别为出版时间和主办者，即“中华民国八年十一月一日出版”，“北京社会实进会刊行”。刊头下端为英文“The New Society”（新社会），从第 2 期开始改为大写的英文字母；英文字母下面还写有“1”，意即第 1 期，下期改为

“No. 2”。显然，这些是瞿秋白等人发现问题后及时纠正的结果，顺应惯例。最初，由瞿秋白、郑振铎、耿济之、瞿世英负责撰稿和编辑，郑振铎负责集稿、校对和跑印刷所。

刊头最下端有两组文字说明，“本报价目：每号铜元三枚，外埠大洋三分，邮费在内，半年五角，全年一元，会员定（订）报八折”。“总发行所：北京南弓匠营二号社会实进会，上海中棋盘街群益书社”。

群益书社是晚清时期创立的书店，为我国早期的现代化书店之一，总社设于上海，东京和长沙设有分社。它以出版陈独秀主编的《新青年》载入史册，还出版科教书和翻译小说。

1919 年 10 月 29 日，上海《时事新报·学灯》先行刊登郑振铎起草的《〈新社会〉出版宣言》（即《发刊词》）。“宣言”发表的两天后（11 月 1 日），《新社会》创刊号正式问世，再次刊登“宣言”。第 2 篇文章为《本报简章》（未署名，理应是瞿秋白等人讨论的结果）：

本报是北京社会实进会出版的定名新社会。本报每月出版三次，逢一日出版，每次一大张。定价每份铜元三枚，外埠三分，邮费在内。

内容不预分门类，以有关左列宗旨的著作为主：（一）提倡社会服务；（二）讨论社会问题；（三）介绍社会学说；（四）研究平民教育；（五）记载社会事情；（六）批评社会缺点；（七）述写社会实况；（八）报告本会消息。

对于一切投稿极表欢迎，但稿件登录与否须由编辑人决定。

五四运动之后的一年里，各地青年纷纷成立学习和宣传新思想的新社团，鼓吹新思潮的刊物多达 400 多种。迅速迫近的民族存亡、国家安危的重大问题势必改变大多数知识青年的思维。喜爱文学的瞿秋白、耿济之与郑振铎、瞿世英等人创办的《新社会》旬刊，像其他社会科学期刊那样宣称以改造社会为己任，热心地研究社会问题。以上《本报简章》最后谈及“稿件登录与否须由编辑人决定”，意味着采取“编辑人”——集体商议决定的方式，杜绝“一言堂”。为了进一步扩大稿源，该刊第 2 期中缝特地刊登“征稿”启事：

本报为公开的极欢迎本会会员及外界名哲的投稿，兹定投稿简章如左：（一）投稿的种类，以有关于社会的著作为限，如有以述写各地方的风俗，中外社会实况及批判中国式生活的缺点，有文章见解的，……（三）投稿人，须署真姓名。（四）来稿以浅近文言，及白话文为限，深奥简古的文章不收。（五）来稿须加新式句读，并须用二十一字一行的稿纸（稿纸可向本会索取）。（六）来稿无论登与否概不寄还。

这里透露了创刊号发行后瞿秋白等人检查、讨论稿源的有关情况，因稿源直接关系到刊物的质量、生存和发展的重要问题。同时希望规范来稿的形式，明确拒绝“深奥简古的文章”，大力提倡浅近的白话文，继续发扬五四新文化运动精神。瞿秋白等人体谅许多穷困读者的苦衷，甚至愿意免费提供“二十一字一行的稿纸”（由北京社会实进会提供），帮助解决现实问题，也便于审稿，及时发现问题。

1920 年 1 月 1 日在北京东城西石槽胡同 6 号郑振铎家里，瞿秋白、郑振铎、耿济之、瞿世英、许地山（新加入）等人举行北京社会实进会编辑部会议，讨论《新社会》旬刊的改革和发展问题。会议决议：（1）注重于社会学说的介绍，每期均应有一篇社会研究的著作（由瞿世英、许地山、郑振铎担任）。（2）注重于本会会务及服务成绩的报告（议决请本会书记及各部部长逐期送稿来）。（3）此后登载的论文，都应该有研究的态度、科学的根据。（4）社会上临时发生的重大事件，应该有严肃的批评与指导。（5）本报应该逐期尽力的改善，做到纯粹“社会研究社会批评”的地步（《北京社会实进会消息》，1920 年 1 月 11 日《新社会》旬刊第 8 号）。

同时，瞿秋白等人不断地改进刊物的形式，尽力做到美观大方，适应不同层次读者的需求。《新社会》第 7 号（1920 年 1 月 1 日）刊头放大好几倍，上下同栏，占据整个版面的三分之一，版面增大，排印的铅字也放大，便于读者阅读。刊物的版式也有些变化，舍去原来的围框，由原来上下 4 栏改为上下 2 栏。

《新社会》第 8 号，再次改进刊头，恢复原样，“新社会”刊名甚至比原来还要小，腾出空余之处，以增加井字黑粗框围栏，以示醒目。并在右边增加一行字，“中华邮政特准挂号认为新闻报纸类”，旨在提高刊物的权威性，扩大影响。在井字粗框围栏左边增加“本号要目”（目录），以及价格、发行所等有关内容，整整占据版面的上半部分，这是吸取其他类似刊物的长处。此形式一直保持到第 18 号，不过刊头井字围栏改为花纹形式，比原来单一的黑粗框要美观点。

1920 年 2 月 1 日，瞿秋白等人召开编辑会议，欢迎北大学生郭梦良和徐其湘加入编辑部，大家一起讨论刊物编例改进的问题。此后刊物版面大幅度增加，文章内容也有扩展，增色不少。

《新社会》最后一期（第 19 号），内容和形式大为改观，以下详谈。

（二）

以上谈及创刊号的第 2 篇文章为《本报简章》，其中有“报告本会消息”的职责。前两期连载耿济之编写的《“北京社会实进会”的沿革和组织》，介绍了有关情况。

北京基督教青年会每年都要举办夏令会，1913 年在北京西山举办几百名学生夏令会时，有几个热心的学生提出“为社会服务问题”，觉得社会如此腐败，非要组织一个有系统、有规模的机构。回京城后，在各校学生中间宣传鼓动，得到几百名学生的赞同，定名为北京社会实进会。是年 11 月召开正式成立大会，制定章程，筹集经费。次年夏天，才被政府有关部门正式立案承认。北京社会实进会起初在北京米市大街租赁几间房子，暂且作为会所，举行演讲、儿童游戏等活动。1915 年夏，实进会搬迁到史家胡同路北一座较大的房子里，开始设有学务、演说、游艺、调查部等，初具规模；并在西山设有分会，规模和史家胡同的总部差不多。1916 年夏间又创办“夏令工作”，举办露天学校、露天演讲、露天游戏和调查夏令卫生及各种临时慈善事业。实进会成员以中等以上学校的学生居多，也有教职员和各校毕业生。

1917 年夏，实进会再次迁移到南弓匠营 2 号即北京基督教青年会会所。这是一幢富有西方建筑特色的红楼，在一些部位上融入中国的建筑手法，其位于如今热闹的米市大街金鱼胡同口。这时的青年会不再以宗教活动为主，而是以慈善为名，服务社会。青年会大楼对普通民众开放，设有英文补习、英文打字、体育活动等，其中有一个小小的图书馆，摆放着几个玻璃书橱，其中有不少社会学方面的书籍和俄国文学名著的英译本。每逢星期天，瞿秋白、耿济之、郑振铎、瞿世英等人常常去那里，互相熟悉起来。

1918 年春，因经费拮据，关停分会。同年秋天，成立一个编辑部，设在青年会大楼里，但是编书不多，又因宗教气息太重，不受一般青年欢迎。五四运动席卷全国后，实进会为了扩大影响，便打算邀请经常来青年会看书的年轻学生来办一个专给青年阅读的刊物。

一天，青年会一位姓孔的干事找到相熟的郑振铎，谈起办刊物的事，引起郑振铎的浓厚兴趣。郑振铎立即去找瞿秋白、耿济之、瞿世英商量，大家欣然同意。经过几天商量，决定合编一份旬刊，定名为《新社会》。

实进会设有董事会和职员会。董事会有 13 人，其中有 5 名美国人，其余为曾在欧美留学和社会名流。董事会委任正副干事，授权管理实进会的各项重要事务。职员会设有正副会长、司帐（会计）、书启（文牍）、六部（学务、编辑、演说、调查、游艺、交际）正副部长，各部成员或多或少。他们任期一年（可以连任），每年 4 月召开职员大会选举。

《新社会》第 6 号（1919 年 12 月 21 日）刊登《社会实进会现在的职员与各部工作的现状》一文，披露了职员会会长是北京大学的梁栋材，副会长是北京法政大学毕业生王纶。罗忠源为会计，瞿世英任书启。起初，郑振铎把编辑部正部长一职推让给耿济之，自己担任副部长，负责实际编务，后来还是由他担任正部长。编辑部有会员 42 人，除了瞿秋白等人编辑出版《新社会》之外，还准备编辑通俗丛书、通俗周刊等，有一个庞大的出版计划。

《新社会》第 2 号（1919 年 11 月 11 日）刊登《本会征求会员消息》，声称“本会本有会员百余人，皆系学识超绝，行为诚洁之士。兹因会务扩张，实在需要人”。并透露 11 月 7 日，该会在青年会大楼召开庆祝成立 6 周年大会。《新社会》编辑部瞿秋白等人均为该会成员，他们可能也参加这次庆祝大会。瞿秋白等人还参加该会哪些活动，包括演说、调查、游艺等，却从未有人谈起过。

本月十七日晚上七点，我们在青年会楼上百零三号，开职员特别会。这个会是瞿世英、耿匡（耿济之）、祁大鹏、郑振铎四人，请求会长，特别召集的。到会的人很多。当时所讨论的，共有二件事：（一）演剧募捐事。旧剧委办报告，与各著名票友接洽，已有头绪，他们都很愿意帮助我们。旧剧方面，大概可以不再发生什么问题。新剧委员（办）杨（德全）君未到，因此不能商（量）出什么具体的办法来。但瞿世英君，已编就一个剧本，内容是讨论妇女问题的。对于妇女的贞操问题，父母主婚问题，生活独立问题等，都有涉及。各种演员，也都接洽好。无论杨君那方面接洽的成绩怎么（样），这出戏大概是可以成功的。中国的新剧，程度极是幼稚，还完全不能脱去旧剧的势力的支配。像这样的问题剧，实在可算是“破天荒”第一次！预料演唱时，必可引起听者多（很）大的注意。至于演剧的时间问题，当时也略有讨论，大约在阴历新年的时候；次序的分配，大约是新剧演在旧剧之前。（二）召登《新社会》旬刊广告事。此事编辑部的职员和正副干事在先已屡有讨论。数日来，来登广告的，已有数家银行。因此提出正式讨论。首由（董事会委任的副干事——引者）萧元恩君报告所拟的广告价目表，请求大家仔细审查。当时全体通过。并略商定对于广告的审查办法。一切虚伪有害的广告，已议决拒绝不登。讨论事毕。瞿世英起立质问交际部部长辞职事。会长答不能挽留，瞿世英提出顾文萃君补充此任，并略说明顾君的经历。全体一致通过。时已九时，遂宣告散会，并定于下礼拜三，在此处开讨论会。

这是《新社会》第9号（1920年1月21日）刊登的《一月十七日的职员特别会》消息，透露了许多情况。

瞿世英、耿济之、祁大鹏、郑振铎请求会长召开职员特别会议，其中祁大鹏、瞿世英向游艺部部长杨德全兼“新剧委员（办）”发难。瞿秋白是否参加此会，难以考证。或许他对演剧募捐一事不感兴趣，或许他另有想法，不想卷入其中（瞿世英、祁大鹏与杨德全之间有不同意见）。该消息透露《新社会》召登广告一事“已屡有讨论”（以下详谈），显然瞿秋白曾参加讨论。

1月31日，实进会会长再次召集会议讨论，但是，游艺部部长杨德全提出辞职，刚上任的“新剧委员（办）”瞿世英、祁大鹏未到场，因此，这次会议只好讨论其他事项。

2月20日，春节大年初一，实进会照例召开职员特别会议，讨论即将举办的游艺大会筹备事项，规定各职员“自由”售票之外，还要承担招待来宾的义务。

2月28日、3月1日，实进会春节游艺大会如期举行，《新社会》编辑部瞿秋白等人理应前去参加。

（三）

最初《新社会》刊登的广告是免费的，放置在中缝里，都是郑振铎、耿济之等人与其他刊物交换的结果——简要介绍有关刊物，这是当时众多刊物降低成本、扩大影响的惯例。

创刊号中缝刊有《介绍的新闻杂志》免费广告：《新青年》月刊，每册2角，上海群益社发行。《新潮》月刊，每册3角，北京大学出版部发行。《少年中国》月刊，每册1角，北京马神庙松公府七号苏甲荣发行。《解放与改造》，每月2册，每册1角，上海望平街时事新报馆代派。……《星期评论》周刊，上海爱多亚路新民里5号发行……这些看似简单的免费广告，却隐藏着与瞿秋白等人交往诸事，并引申出许多故事。

《新社会》创刊号问世后，郑振铎与耿济之带着创刊号，兴冲冲前去箭杆胡同陈独秀的住处，向这位五四运动“总司令”征询办刊物的意见。陈独秀认为，现在很需要有专门给劳动者和商界看的周刊和日报，以灌输新知识，希望郑振铎等人考虑将《新社会》调整内容，变成一种通俗的报纸，并且就社会改革问题发表了精辟的见解。

瞿秋白听到郑振铎、耿济之谈起陈独秀的意见，引起他的思考。在《新社会》第3期（1919年11月21日）上，他发表《革新的时机到了！》一文，综合陈独秀和郑振铎、耿济之的意见，并加以引申，进一步提出自己的主张，高举民主、科学旗帜，以启蒙教育为主导，唤起民众觉醒，提高救亡图存的思想意识。

次年元旦，陈独秀主编的《新青年》第7卷第2号刊登《新社会》广告：“最切实的周刊，总发行所：北京南弓匠营二号社会实进会，上海棋盘街群益书社。新社会，每号铜元二枚，半年大洋三角，并邮大洋二分，全年大洋六角。”这与《新社会》创刊号上刊登的“本报价目”略有不同，不知哪个环节出了差错。

1920年5月1日出版的《新青年》第7卷6号“劳动节纪念”，刊登更为详细的广告：

“社会研究”“社会批评”的旬刊——《新社会》他是现在一个最有进步最切实的杂志，他的定价是每份三分，半年五角，全年一元；他的总发行所是北京南弓匠营社会实进会；主要的代派处是北京大学出版部，天津、北京中华书局，上海、长沙群益书社及其他各地的书坊。

在现代世界、中国，大呼“社会改造”的时候，我们所要知道的有五件事：1. 社会底性质及其进化底法则和程序是怎样的？2. 现代社会的坏处在什么地方？3. 世界的社会改造问题是什么？他的进行程度怎样？4. 中国社会应该怎样改造？5. 将来的社会是怎样的？

《新社会》与《新青年》的交往，互为介绍对方——免费广告，由此拉开了瞿秋白与陈独秀“神交”的序幕，虽然他俩还未见面。

有意思的是陈独秀主编的《新青年》第7卷第2号介绍《新社会》刊物的同时，还介绍沈玄庐（沈定一）出资、主编的《星期评论》：“最有力的周刊，总发行所，上海爱多亚路新民里五号。”类似的介绍也出现在《新社会》创刊号中缝里。

谁也没有料到这其中隐藏着两个五四青年的名字瞿秋白、杨之华（时在《星期评论》里工作），“第一次”由《新青年》一左一右来牵手（《新青年》第7卷6号再次刊登这一组两则报刊广告，内容更为详细）。4年后，瞿、杨有缘成为“生命的伴侣”，也许无暇提及《新青年》这则广告，或许也未谈及《新社会》创刊号中缝的简要介绍。

以上《新社会》创刊号中缝里谈及《少年中国》月刊——李大钊等人，次年瞿秋白参加李大钊等人发起成立的“马克思学说研究会”。《解放与改造》——主编俞颂华，瞿秋白最初投稿该刊物，双方书信来往，引申出后来他俩同去莫斯科采访一事。《新社会》创刊号中缝里其他报刊，或多或少都与瞿秋白等人投稿与交往有关，折射出当时他们交友的地域与时空文化的特点。

《新社会》第8号刊登商业广告的价格表。继以上提及的《一月十七日的职员特别会》之后，该刊第9号（1920年1月21日）起正式出现商业类连载广告“美国友华银行特别通告”，接着出现北京花旗银行、北京美商茂生洋行、美国照像公司、英国邓禄普橡胶厂、中国电气股份有限公司、天津普丰洋行、福中公司等广告。

此类广告反映了《新社会》产生的社会影响逐渐扩大，引起董事会的重视，派人前去洽谈广告诸事。如果瞿秋白等人办刊指导思想“灰色”点，走上一条与其他刊物循规蹈矩的生存之路，那么这些财大气粗的洋广告将继续解决《新社会》的部分经济问题。但是，瞿秋白等人依然保留着五四青年的朝气、胆魄和理想，遵循办刊的初衷，大胆地竖起更为激进的旗帜，其标志为最后一期（第19号）纪念五一国际劳动节的特刊。

（四）

1920年五一国际劳动节来临，全国各个重要报刊纷纷出版纪念特号。陈独秀主编的《新青年》7卷第4号（1920年4月1日）特地提前在扉页上刊登“劳动节纪念号”特刊的预告，《新青年》7卷第5号刊登了陈独秀、李大钊、高一涵（高尚德）等人众多文章，内容精彩，牵涉面很广泛，实属“第一次”。《星期评论》推出超大号的纪念特刊，接连10期，展现了图案、诗歌、译介、评论等多种纪念形式。邵力子撰写《今天是什么日子》一文，作为自己主编的《民国日报·觉悟》纪念“五一”的首篇文章。

瞿秋白等人也不甘示弱，经过一番精心策划，隆重推出《新社会》第19号“劳动号”（1920年5月1日），并注明“劳动号（三）”，但是并未见到（一）、（二）。很可能是他们原拟搞一个超大号的纪念特刊，但是未能得到实进会负责人的同意，被迫取消，只好以标明“劳动号（三）”，以暗示读者——策划者的初衷。

这里引申出一个问题：瞿秋白等人与陈独秀等人之间是否有联系，是否统一行动推出“劳动节纪念”特号？尚需史料佐证，但至少有一点可以肯定，这与1920年春天维经斯基一行来华有关。他们作为俄共（布）海参崴远东局分局下属的外国处向中国派出的代表团成员，促使帮助创建中国共产党。此后陈独秀、沈玄庐、邵力子等人先后成为上海共产党早期组织成员，瞿秋白等人则是与北京共产党早期组织成员李大钊等人有各种联系。

《新社会》第19号“劳动号”头版焕然一新，上半部分为半圆形图案，中间为两个赤裸的少男少女沐浴在春雨中，少男伸出右手，捧着一幢建筑物，想递给还在思索的少女。整个画面象征意味很浓厚，既可理解为基督教青年会的教义，又可解释为憧憬美好未来——建设新社会，符合该刊物的宗旨。下半部分是“本号目录”，其中有郑振铎《“五一”的纪念》、朱谦之《劳动节的教训》、瞿秋白《世界底新劳动节——中国底新劳动节》、瞿世英《美国劳动团体略史》、高与伟《美国劳动者教育问题》、许地山《“五一”与“五四”》等文。这个版面显得很大气，一改过去局窄的感觉。

该期最后刊登郑振铎一则启事：“本报刊发十九号的要目。预告里，有我的一篇《劳动运动的历史的观察》。现在我过忙，恐怕不能做了。谨向读者告一个罪。在二十一、二期，或者可以赶做登出。”显然，瞿秋白等人也提前作了“劳动节纪念”特刊的预告。郑振铎还想在下面几期弥补缺遗，但是残酷的现实无情地摧毁了他们希冀建立“新社会”的理想，刊物被查封了。

瞿秋白、耿济之合译《托尔斯泰短篇小说集》

丁景唐珍藏初版、第4版的两种《托尔斯泰短篇小说集》，这是瞿秋白和耿济之早年合译的，曾产生动人的故事[1]。

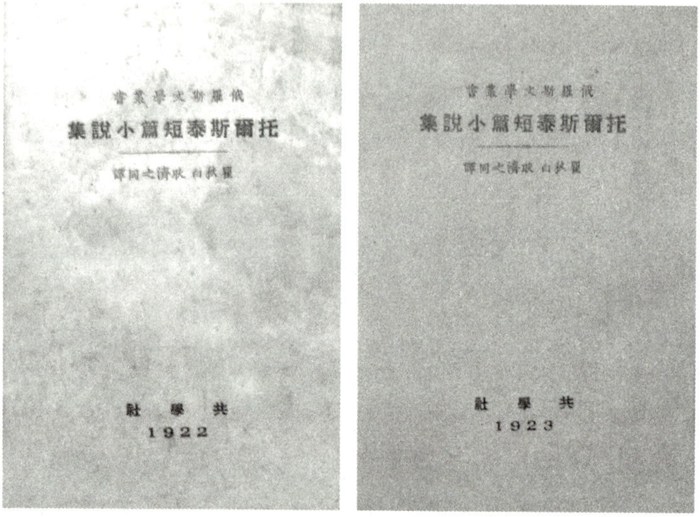

《托尔斯泰短篇小说集》初版本、再版本

（一）

瞿秋白和耿济之早年为北京俄文专修馆同窗，都是聪慧过人，非常珍惜学习机会，显露出学习语言的天赋，学习成绩总是名列前茅。五四运动爆发后，北京中等以上学校学生联合会宣告成立，瞿秋白、耿济之被俄文专修馆学生公推为“总代表”，担任学联评议部的评议员，共同参加五四运动。他俩与郑振铎等人创办《新社会》刊物（后改为《人道》）。

起初，瞿秋白、耿济之翻译俄国短篇小说与一些外来的社会进步思想，后来逐渐扩大到诗歌、独幕剧、长篇小说等，他俩与郑振铎等人形成了一个志同道合的翻译小圈子，大家互相帮助、互相促进、互相合作。此后，郑振铎、耿济之和瞿秋白先后翻译《国际歌》歌词，传为佳话。

瞿秋白、耿济之都喜欢托尔斯泰的作品，并受到他的人道主义复杂思想的影响。瞿秋白译介托尔斯泰的社会思想，如《托尔斯泰的妇女观》《告妇女》《论教育书》《宗教与道德（经验派的道德之矛盾）》等。

耿济之对于托尔斯泰思想及其文学创作很有研究，早年写的《俄国四大文学家合传》，即果戈理、托尔斯泰、屠格涅夫、陀思妥耶夫斯基的传略，弥补了瞿秋白译介托尔斯泰《妇女观》等原作有关背景，逐渐形成“托尔斯泰情结”，树立“为人生，勉为其难”的目标和理想，贯穿在他的30年俄罗斯文学翻译的艰难生涯里。

瞿秋白、耿济之等人译作大多发表在《新中国》《解放与改造》（后为《改造》）《曙光》《新社会》等杂志上。郑振铎经人介绍相识蒋百里，受邀组织文友翻译俄国文学作品，加入“共学社”丛书系列。瞿秋白与耿济之第一次合译《托尔斯泰短篇小说集》，作为“共学社”《俄罗斯文学丛书》出版。

《托尔斯泰短篇小说集》（商务印书馆1921年12月出版），32开，无扉页。封面设计极为简单，没有任何装饰。上端横排3行字，分别为“俄罗斯文学丛书”，“托尔斯泰短篇小说集”，“瞿秋白、耿济之同译”。下端居中两行字，分别为“共学社”，“1922”（出版时间有误）。全书竖排，目录1页，背面空白。耿济之写的序言2页，正文244页，每页数码用中文数字表示，即一、二、三、四……二百四十四，最后一页印有“完”字，这些都是当时书籍式样的特征。

书后的版权页写明“中华民国十年十二月初版”，“每册定价大洋陆角五分”。此版权页上半部分和此后4页都是商务印书馆的书籍广告，其中“共学社丛书”广告的书籍种类比较杂，如《马克思经济学说》《布尔什维主义底心理》《英国劳动组合论》《德国社会民主党》等社会科学类的书籍，也有《凡尔登战记》《辩论术》等译作。

《托尔斯泰短篇小说集》出版时，瞿秋白远在莫斯科采访，由耿济之作序：

我们把平素爱读的托尔斯泰短篇小说十篇，一一译成，刊为专集。托氏的短篇小说一生著得很多，自然不止这十篇，但是当我们立意从事翻译他的短篇作品的时候，曾下了一番选译的功夫；起初打算译二十篇，不过我们是抱着“宁缺毋滥”的宗旨的，所以结果竟减去十篇，只译了我们心目中认为最好的十篇，深信读者读后，一定能约略窥出托氏的艺术和思想演进之迹。

本来欲研究文学家的艺术和思想，应该从长篇小说中去寻求；关于短篇小说，不过是作者片断的经历，一时的感触，很难凭之作研究之资料。但是把多种短篇小说连缀在一起，其中因时代的关系，自然会生出一条线索，足以窥见作者的艺术和思想演进之迹，——这也是研究文学的人不可少的工作。

文学随思想以变迁，思想又随时代而演进。托尔斯泰的文学壮年时和老年时迥不相同。我们同时看他壮年时和老年时的两篇作品，竟如出二人之手笔，未免使我人深骇其变迁之大，但是这也是时代的关系。

托氏初期的文学，文笔轻倩美丽，感情又浓挚动人，最致意于艺术上的工夫；至于晚期的作品，却道貌岸然，手笔苍老简括，一字有一字的力量，一篇有一篇的哲理。初期所描写的是父子兄弟的爱情，英雄豪杰的生涯，偏于贵族方面；至于晚期所描写的却是社会的罪恶，农人的生活，偏于平民方面。

这篇小说集的内容虽只有十篇，但是托氏初期晚期的作品差不多应有尽有：如《三死》、《风雪》、《丽城小纪》是他初期的作品；《伊拉司》、《呆伊凡故事》、《三问题》、《人依何为生》等，又是代表他晚期的作品。所以说这本集子虽小，极足以窥见作者艺术和思想演进之迹。

在这里我也不愿意详叙作者的艺术和思想如何变迁，只希望爱喜文学的读者能自己加以研究；我不过要把我们选译这十篇小说的微意表白出来罢了。

十年五月十三日耿济之序

这里透露了瞿秋白与耿济之当初商量合作的情况。起初他俩打算翻译20篇，经反复商量，决定抱着“宁缺毋滥”的宗旨，只翻译他俩认为最好的10篇。

耿济之很低调，序言里没有提及这10篇译文哪些是自己或瞿秋白翻译的。据初步查找，其中有5篇是耿济之译作，即《伊拉司》（原译名为《真幸福》）《阿撒哈顿》（原译名为《阿撒哈顿的梦》）《三问题》《三死》《人依何为生》，除了最后一篇连载于《曙光》第2卷第1、2号，前4篇先后发表于1919年7月至1920年5月的《新中国》。

其余5篇译作即《风雪》《丽城小纪》《呆伊凡故事》《难道这是应该的

么?》《野果》。这些译文可能是瞿秋白翻译、修改，或者有些是瞿秋白口译，耿济之笔录，经瞿秋白修改定稿；或者瞿秋白、耿济之原拟的篇目可能还未全部完成，瞿秋白离京赴苏俄后，由耿济之继续补译、修改，因此有“同译”之名。

由于当时难以找到合适的出版机构，瞿秋白离京赴苏俄一周后，郑振铎、耿济之与商务印书馆张元济、高梦旦首次洽谈，才逐渐觅得出版机会。《托尔斯泰短篇小说集》上的署名，耿济之甘愿把自己的名字置后，而把瞿秋白名字推到首位，足见他俩之间友情之真挚。

瞿秋白去苏俄采访之前，打算翻译托尔斯泰长篇小说《复活》，1920 年 8 月 4 日北京《晨报》刊登“共学社启事”出版预告，将此列为《俄罗斯文学丛书》。瞿秋白未完成的心愿，由耿济之完成，译作分为 3 卷，凭此稿费，筹办了他的婚礼。

（二）

《托尔斯泰短篇小说集》刊登第一篇作品的标题旁还印着一行粗体字，“托尔斯泰短篇小说集”，其下再次出现“瞿秋白、耿济之同译”，他俩名字并列竖排，字体较小，“同译”字体较大。10 篇译作标题前都依次用数字和括弧标明，如（一），（二）……（十），与目录中各篇序号相对应。

该小说集的 10 篇译作排版顺序为《三死》《风雪》《丽城小纪》《伊拉司》《呆伊凡故事》《三问题》《难道这是应该的么?》《阿撒哈顿》《人依何为生》《野果》。根据《列夫·托尔斯泰文集》第 2 卷、第 3 卷、第 12 卷附录“题解”（人民文学出版社 2000 年版）等有关资料，以下作一些介绍。

《三死》初次发表于 1859 年俄国《读者文摘》杂志第 1 期，叙述一个贵妇、一个农民和一株白桦之死，揭露了统治阶级人物的虚伪和道德上的丑恶，表现了老百姓对死亡的态度方面也高于统治阶级，字里行间反映了作者向往自然和归真返璞的思想。

《风雪》，现译为《暴风雪》，初次发表于 1856 年《现代人》第 4 期。作者从高加索回来，于 1854 年 1 月 24 日在顿河草原上遇到暴风雪，作者“整夜在瞎跑”。当时他构思了这篇小说，两年后才动笔，1856 年 2 月 12 日完稿于彼得堡。初次发表于 1856 年《现代人》第 4 期。小说以高超的手法描写了大自然，深入细致地描绘了经受暴风雪考验的人们。

《丽城小纪——南赫留道甫亲王日记之一段》，现译为《卢塞恩——德·涅赫柳多夫公爵日记摘录》。此文是作者第一次出国旅行期间写的，发表于1857年《现代人》第9期。作者根据在瑞士卢塞恩旅游胜地亲眼目睹一件事情写成的，揭露了西欧资产阶级鄙视流浪歌手、吝啬钱财的自私本性。

《伊拉司》，旧亦译为《伊略斯》，现译为《伊利亚斯》，选自《俄语读本》第4册[2]，写于1885年3月。作者改编的这则民间故事，告诫人们不要为失去财产所痛苦，相信“上帝欲用真理来启示了我们”——什么是幸福。

《呆伊凡故事》，现译为《傻子伊万的故事》，选自《俄语读本》第4册，初稿成于1885年9月，故事没有具体来源，只是采用了民间故事中流传甚广的傻子伊万和他狡猾的哥哥们的形象。

《三问题》也是改编的民间故事，通过隐士回答皇帝3个问题，宣扬仁爱的力量，“勿以暴力抗恶”，体现托尔斯泰的人道主义复杂思想。

《难道这是应该的么?》，描写苦难工人与贵夫人的生活对比，最后感叹：“人类是为这样才活着的么?”表现了对于贫富不均的不满情绪。

《阿撒哈顿》述说阿西利王阿撒哈顿作为战争胜利者，由恶转为善的劝诫故事。

《人依何为生》，现译为《人靠什么活着》，选自《俄语读本》第4册，作者根据1879年记录的民间传说《天使长》，于1881年写成。此译作现有1.7万多字，分为12小节，通过自我忏悔，宣扬“人靠什么活着”——仁爱的力量。

《野果》通过在乡下避暑的绅士几个孩子吃野果的不同反应，透露了对社会某些事件的不同看法，小说标题具有象征意味。

对于可能是瞿秋白的5篇译文《风雪》《丽城小纪》《呆伊凡故事》《难道这是应该的么?》《野果》，因篇幅有限，难以一一分析，只能仅就《丽城小纪》略谈一下。首先将《丽城小纪》（以下简称“原译文”）与《卢塞恩》（载《列夫·托尔斯泰文集》第3卷，人民文学出版社2000年版）译文（以下简称“现译文”）相同内容进行对照。

（“原译文”）昨夜，我行抵丽城，即住于此间上等旅馆瑞柴郭甫中。

Murry说：“丽城（Luzern）是古代联邦的省会，位于湖岸旁四个联邦中间，是瑞士国中浪漫气息最重的一个地方；有三条重要的道路会集于此；从那里船行一小时，即可达利笳山，那地方可以见出世上最好的风景。”

……

那时候歌者脱下帽儿，摇着弦琴，便走近旅馆那里去。他先向那些站在窗旁和平台上的老爷太太们深深鞠了一躬，用那半意大利，半德国的口音说道：“我是苦人，请赏赐一点给我罢！”他说到这里，停顿了一会；后来他看见竟没有一个人肯给他钱，便又抬起弦琴，说道：“诸位老爷太太们，现在我再给你们唱《利笳山之空气》那支曲罢。”楼上的人都还继续站在那里，静默着，等着听第二支曲子，下面的人群里却都在那里加以讪笑，意思之间，仿佛笑那个卖歌人说话说得十分奇特，又仿佛笑大家都不肯给他钱。我就给他几个“桑丁”（法国银币合法郎百分之一）他很轻巧的用手数着，放在袴袋里面，戴上帽子，重又唱起极优雅可听的提洛尔歌曲，就是他所称为《利笳山之空气》的那支曲调。这支曲调他特地放在后面唱着，比以前那几支曲好得多，那时候在广阔的人群中只听见赞许的声音。后来他又唱完了，便又摇着弦琴，脱下帽儿，举在前面，又向窗那里凑近两步，重复着说那几句要钱的话，他自以为这几句话说得十分灵巧，……

（“现译文”）昨天晚上我到了卢塞恩，下榻在此地最好的旅馆瑞士旅馆。

“卢塞恩，这座瑞士州的古城，在四州湖畔，”默里说，“是瑞士的一个最富有浪漫主义色彩的地方；这儿有三条主要的公路交叉着；搭汽船只要一个钟头就可以到达里吉山，从山上可以看见世界上最壮丽的风景之一。”

……

那歌手摘下帽子，抡着吉他，走近了旅馆。他仰着头，面对站在窗子里和阳台上的绅士淑女们：“Messieurs et mesdames，”他用半带意大利，半带德国的口音和魔术家对观众讲话时所用的语气说：“si vous croyez que je gagne quelque chosse，vous vous trompez；je ne suis qu’un bauvre tiaple。”（注一）他停顿了，沉默了片刻，可是因为谁也没有给他什么，他又扬了扬吉他说：“A present，messieurs et mesdames，je vous chanterai l’air du Righi。”（注二）上面的听众默不做声，可是依旧站在那儿等听下一支歌曲；下面的人群都笑了，也许因为他的说法非常奇怪，而且谁也没把任何东西给他。我给了他几个生丁，他灵活地把它们从这只手里扔到那只手里，然后藏进坎肩的口袋里，接着，便戴上了帽子，又开始唱起那支他管他叫 l' air du Righi 的、优美动人的蒂罗尔歌来。他留着最后唱的这支歌，比所有先头唱的歌都更出色，因此，在逐渐增多的人群从四面八方传出了赞叹声。他唱完了这支歌，又抡着吉他，摘下帽子，把它向前伸去，然后，向着窗子迈了两步，接着又说了那句费解的话："Messieurs et mesdames, si vous croyez que je gagne quelque chosse,"（注三）显然，他认为这句话非常巧妙和俏皮……

以上"现译文"中的外文都是法语：（注一）先生们太太们，如果你们以为我是要挣点钱，那你们就错了；我是个穷人。（注二）现在，先生们太太们，我要给你们唱一首里吉民歌。（注三）先生们太太们，如果你们以为我是要挣点钱……[3]

以上"原译文"与"现译文"对比，至少可以说明以下一些问题：

首先，两者除了副标题，主标题明显不同，即《丽城小纪》与《卢塞恩》。瑞士卢塞恩，旧译为琉森，瑞士最大的夏季避暑胜地，又是一个历史悠久的古城。早在罗马时期只是一个几户人家的小渔村，后来为了往来船只的安全航行，修建了一座灯塔，因此得名卢塞恩，拉丁文意即"灯"。因此，以《卢塞恩》作为标题，是统一的音译惯例。采用《丽城小纪》作为标题，则是概括式"意译"的方式，通俗易懂，可以大致窥见译文的主要内容，让从未出国的广大中国读者容易产生"第一印象"。

瞿秋白、耿济之同为五四青年，敢想敢说敢做，是那个拥有热血和激情的时代特征。不过他俩性格还是有些区别，品学兼优的耿济之显得谨慎、持重，瞿秋白多才多艺，激情四射。因此，能够灵活地采用意译的方式，为自己敬佩的托尔斯泰小说大胆地改用新标题，瞿秋白的可能性大些。并且在10篇译文里，此译文意译的标题改动如此之大，可能是"独一无二"的。

其次，在10篇译文中此译文难度最大，主要指文中多次出现法语的翻译问题。当时瞿秋白在北京俄语专修馆学习时，寄宿在堂哥瞿纯白的家里，已经在自学英语和法语。瞿纯白为了多挣点钱养家，曾兼教一个法语补习班，并编写一套法文教材。瞿秋白利用这个机会，自学法文。几个月之后，他的法文水平，竟然远远超过了补习班的其他正式学员，这也是耿济之不具有的特长。

"原译文"的法语翻译与"现译文"相比，有的基本意思差别不大，有的译文完全相同。有的译文特地添加夹注，如“‘桑丁’（法国银币，合法郎百分之一）”，这主要是为读者着想，以后成为瞿秋白译文的一个鲜明特色。整篇的“原译文”有的地方处理得比较巧妙，“现译文”也未能如此处理；不过有时因难度大、时间紧等原因，“原译文”暂且放弃翻译一首歌词（以上没有引用），“现译文”则全部译出。

以上两点还不能完全确定《丽城小纪》是瞿秋白的译文，还需要挖掘资料佐证。如果换个角度来看，“原译文”是一次大胆的尝试，勇敢的挑战，公开的亮相，并不惧怕读者的各种反响。这种勇往直前的精神激励着年轻的翻译者，甘愿奉献毕生的心血，把翻译作为一项神圣的事业，从而作出卓越的历史贡献。

2006 年春天，俄罗斯作家代表团访华，其中著名作家瓦连京·拉斯普京创作的《伊万的女儿，伊万的母亲》，获得 21 世纪年度外国小说奖。他回顾中俄两国文化交流历史时说：中国人真正“阅读俄罗斯”是从 20 世纪初开始的。我们要记住两位最早也是最杰出“阅读俄罗斯”的中国人——瞿秋白和耿济之，他俩是中国最早的俄语学校——北京俄文专修馆的同窗。

（三）

商务印书馆初版《托尔斯泰短篇小说集》问世后，又几次重印，1924 年 9 月发行第 4 版，版式与初版本基本相同，封面颜色深些，下端时间误为“1923”。封底多个圆形标志即“商务印书馆出版”。

1927 年 7 月、1930 年 6 月，商务印书馆先后印行《托尔斯泰短篇小说集》第 5 版、第 6 版，版式均同初版本。封面上没有署译者名字，也没有出版年份，版权页上仍署译者瞿秋白、耿济之。1934 年 8 月商务印书馆印行《托尔斯泰短篇小说集》“新一版”，有棕黄色和灰蓝色的两种封面，为了防止反动当局查禁，封面上的译者署名仅列耿济之。

《托尔斯泰短篇小说集》中的《风雪》译作还被收录于各种翻印本的外国小说选集，如上海亚细亚书局（1933 年 12 月）出版的《现代世界小说选》。其后，周缦云选编同名小说选集，先后由上海亚细亚书局（1933 年 12 月）、中国文化服务社（1936 年 4 月）、上海百新书店（1947 年 1 月）出版，也收录托尔斯泰《风雪》译文，署名为“耿济之、瞿秋白同译”。

1945年4月，柳亚子的长子柳无忌选编《世界短篇小说精华》上册，由重庆正风出版社出版。书前有柳无忌写的序言，“本书各篇小说的选集是正风出版社主人陈汝言先生主持的，他的标准是‘名著佳译’，我不过集其大成，在某些地方略加补充而已”。此书收录鲁迅、巴金、胡适、王统照、胡愈之、傅东华、徐志摩等33篇小说译文，其中有托尔斯泰《风雪》译文（署名耿济之、瞿秋白同译）和瞿秋白翻译的《二十六个和一个》（署名陈节），后者文末编者注明“本篇原文不全，后经编者设法补足”。这可能是柳无忌“补足”的。他的父亲柳亚子当初因故未能营救监狱里的瞿秋白，新中国成立初与瞿秋白夫人杨之华重逢时，赋诗后悔感叹[4]。1948年8月，《世界短篇小说精华》再版时，删去序言，版式依旧。

有些版本还让瞿秋白、耿济之的译文同时“亮相”，如良友图书公司出版的汪仑编辑《高尔基作品选》（1937年2月出版，详见本书《瞿秋白译作〈高尔基创作选集〉》）。

1946年12月，铁流书店翻印《高尔基选集》，作为世界名著译丛第一种，封面设计简单。内收耿济之《我的旅伴》以及梅川、叶素、叶以群（华蒂）、宋桂煌等人12篇译作，其中有瞿秋白3篇译作《二十六个和一个》、《坟场》、《马尔华》。版权页注明译者为“耿济之等”，发行人张正之，铁流书店地址为“上海望平街一九六号”，发行者上海大华书报社（福州路山东路口）。

这时，耿济之因生活所迫只身远在东北工作，业余时间继续翻译心爱的俄罗斯文学。次年3月2日下午，耿济之突然脑出血，独自猝死于沈阳，不知他生前是否看到铁流书店版本——他与瞿秋白再次“重逢”。

[注]

[1] 参见丁言模《耿济之：秋白常来我家复习功课》，载《瞿秋白与名人往事》，中国社会出版社2012年版。

[2] 1872年，托尔斯泰写的4册《识字课本》问世，但是没有产生作者预期的效果。两年后，作者改写《识字课本》，称新版本为《新识字课本》，并将其中的俄语阅读材料分印成4册，即《俄语读本》第1册至第4册。1874年末或1875年初，作者开始修改《俄语读本》，并增写了一些故事。

《新识字课本》很受欢迎，作者在世时共印行28次。《俄语读本》第1册、第2册各印行28次，第3册印行25次，第4册印行24次。这两种书都由当时的人民教育部学术委员会推荐给小学校使用（《列夫·托尔斯泰文集》第12卷附录“题解”《新识字课本和俄语读本》，人民文学出版社2000年版）。

［3］《列夫·托尔斯泰文集》第3卷，第1页、第9—10页及脚注，人民文学出版社2000年版。

［4］参见丁言模《杨之华：感激亚子先生患难之情》，载《瞿秋白与名人往事》，中国社会出版社2012年版。

瞿秋白散文集《饿乡纪程》《赤都心史》

瞿秋白两本散文集《饿乡纪程》、《赤都心史》，1922年9月、1924年6月先后由商务印书馆出版，如今现存两书初版本已很少了。

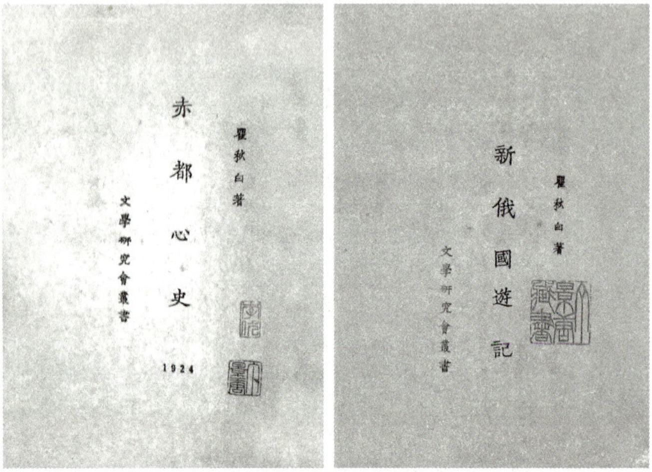

商务印书馆初版本《新俄国游记》《赤都心史》

（一）

1920年秋天，瞿秋白、俞颂华、李仲武作为中国记者第一次进入苏俄境内，在中国现代新闻史上翻开崭新一页，其中瞿秋白是坚持全方位向国人报道苏俄比较真实情况的先驱者之一。

离京北上期间，1920年11月4日，瞿秋白在哈尔滨写下《饿乡纪程·绪言》。次年1月下旬抵达莫斯科，同年11月23日，他在莫斯科住处的病榻上写了《饿乡纪程·跋》，其间历时1年。

瞿秋白取书名为《饿乡纪程》，至少包含两层意思：一是此书引用周初伯夷、叔齐不食周粟上首阳山的典故（清朝文学家管异之称首阳山为“饿乡”），“饿乡”也是理想之地，意喻苏俄。二是“饿乡”的危险之旅和困苦生活，是自我磨炼的良机，也是“舍身宁死”追求真理之地。

《饿乡纪程》初版时改名为《新俄国游记——从中国到俄国的记程》，列为郑振铎主编的“文学研究会丛书”之一。此书是瞿秋白生平出版的第一本散文集，也是五四新文学最早出现的散文集之一。

对于此书，瞿秋白自称是中国至苏俄路程中的见闻和经过，又是思想变化的心路历程。这“心程”与“路程”交融并进，随着“路程”见闻、事实而产生情景交融的感受、思考和评论，内容非常丰富。

书中分为16节，以序数表示，没有小标题。前面5节采用跳跃式的手法，把自己孩童时的玩耍、家庭悲剧、离家求学、五四运动前后思想变化等经历，时而穿插在准备赴苏俄的述说之中。从第6节至15节，按照时空进程和变化述说途中的采访和见闻，以及抵达莫斯科后最初情况。最后，瞿秋白以哲理散文诗的笔调，抒发了决心从“旧我”向“新我”转变的激情。书中既有中俄社会风云的重要记录，也有富于时代特征的社会现象的写实；既有连续不断的哲理思索、总结、评论和长篇内心独白，也有山林水色、社会场景和大自然的浓墨描写。

对于此书最早作出评价的是文学研究会发起人之一王统照，他曾与耿济之、郑振铎等人与瞿秋白话别（次日瞿秋白等人离京赴苏俄），首次记载了这个难忘的时刻。他写道：

我同我的朋友，有二年多没有见面了。他那个怯弱的身体，竟然有大无畏的精神与魄力，居然敢在一九二〇年危险的时期中，向人人视为畏途的苏维埃俄罗斯大踏步走去。而且他那一走，抱了深苦的绝对入世观，却用超越的出世观的烛光引导着走去。我还记得在那年秋末的时候，在西城我们的寓所中（耿济之家里——引者），C君去同我与S君谈起这回事，……到了今年，哦？果然有一本瞿秋白作的《新俄国游记》出现于中国的文坛之上。……

其实这本书，只不过是一九二〇年的秋日由中国起身到莫斯科的杂志罢了。说其为游记，为笔记，都无所不可。但我们要批评这本书的价值，……我以为这本小小的书中，第一应着眼到秋白的人生哲学，第二当知道他此去的动机何在，然后再看他的叙述。至于文学的兴味几乎处处涌现，这自然是他的天才的关系。如使换别个人，用别一种笔墨来作此书，或者也就索然了。所以我以为由这本游记，可以得到两种教训，就是：一个悲勇的少年人的人生观念的自述。在游记中为最赋有感动的文学兴味的作品。[1]

撰写《饿乡纪程》的同时，瞿秋白已着手写姐妹篇散文集《赤都心史》。前者在莫斯科脱稿时，后者的写作已完成一半以上的篇幅。序言写于 1921 年 11 月 26 日（即撰写《饿乡纪程・跋》的 3 天后），最后一篇落款时间为 1922 年 3 月 20 日。1923 年初回国后，他又补写引言（1923 年 8 月 4 日），前后时间跨度近两年。

《赤都心史・引言》说明："此本为著者在莫斯科一年中的杂记，继续于《饿乡纪程》之后，……叙莫斯科生活中之见闻轶事。"《赤都心史》分为 49 节，每节都设小标题，篇幅并不长，大多数注明了写作时间，类似于跳跃性的日记形式，可以独立成篇，也可以连缀成一个不可分割的整体。同时呈现出多种文体因素，如游记、传记、报告文学、新闻通讯、政论杂感、诗和散文诗等，体裁远比《饿乡纪程》丰富。

《赤都心史》描写的大多是日常生活事情，鲜明地体现"以小见大"的特色。作者善于把握社会趋势，以俯视的眼光审视人们的日常生活和街谈巷议，从不同侧面反映苏俄政治、经济、文化等方面的巨大变化和世态人情。书中有关"心程"题材，以直接抒写作者情志为主，如以假托梦境表明对人生观的抉择，严格地自我解剖，对自己家庭的剖析，抒写个人生活情趣之作，等等。

令人关注的是书中记述在共产国际"三大"期间采访托洛茨基的情形，描述了第一次遇见列宁及其演说形象。书中写道：

> 列宁出席发言三四次，德法语非常流利。谈吐沉着果断，演说时绝没有大学教授的态度，而一种诚挚果毅的政治家态度流露于自然之中。有一次在廊上相遇略谈几句，他指给我几篇东方问题材料，公事匆忙，略略道歉就散了。
>
> 安德莱厅每逢列宁演说，台前拥挤不堪，椅上，桌上都站堆着人山。电气照相灯开时，列宁伟大的头影投射在共产国际"各地无产阶级联合起来"，俄罗斯社会主义联邦苏维埃共和国等标语题词上，又衬着红绫奇画，——另成一新奇的感想，特异的象征。……列宁的演说，篇末数字往往为霹雳的鼓掌声所吞没。……

书中还介绍了去参观托尔斯泰家乡的详细情况，这是篇幅最长的一文。

1921 年 10 月 13 日，应托尔斯泰孙女苏菲亚多次邀请，瞿秋白、李仲武、嘉德琳随同莫斯科教育厅第一试验模范学校一班师生等，同车前往托尔斯泰故乡“雅波”庄园（瞿秋白翻译为“清田村”）。“雅波”，即雅斯纳亚·波良纳，俄语意为“明媚的林中空地”。“雅波”庄园位于莫斯科西南约 200 公里处，在图拉州的雅斯纳亚·波良纳小镇附近，那里是出身名门贵族托氏诞生地。1882 年之前，托氏一家都居住在庄园里。托氏在此完成《战争与和平》《安娜·卡列尼娜》等名著，1910 年，他逝世后，被安葬在庄园里。十月革命后，“雅波”庄园成为托氏庄园博物馆和文学纪念馆。

托氏幼女（陈列馆事务所主任）亚历山大出来迎接瞿秋白等人，讲解室内陈设。随后到托氏墓地。午餐时，瞿秋白与托氏妻妹、托氏幼女亚历山大和托氏媳安德莱夫人等人边吃边谈。饭后，安德莱夫人请瞿秋白一行游园。来到一户农民家访问，女主人原是托氏的农奴，屋里一客人是安德莱夫人原陪嫁的丫鬟。他们见瞿秋白等人来访很惊讶……

瞿秋白早年在北京俄文专修馆就读时，对托氏的文学作品及托氏人道主义的复杂思想产生了浓厚的兴趣，不仅译介了托氏社会思想，还与耿济之合译《托尔斯泰短篇小说集》。这次托氏家乡之游，终于完成了瞿秋白向往已久的美好心愿。

《饿乡纪程》《赤都心史》两本散文集在当时产生了一定的影响，奠定了瞿秋白在早期中国现代文学史上的地位。

（二）

沈雁冰曾在商务印书馆编译所工作，见到瞿秋白辗转寄来的《饿乡纪程》《赤都心史》原稿，认为作者的文章极为风趣，善于描写，觉得这两本书名就是一副对联，由此联想到作者的风流潇洒。

商务印书馆出版时，把《饿乡纪程》改名为《新俄国游记——从中国到俄国的记程》，以便读者一看就明白书的内容。

该书初版本 32 开，无目录，正文 131 页，序数以“一、二、三……一百三十、一百三十一”出现。封面设计非常简单，灰底色，仅有竖排的 3 行字，分别为“瞿秋白著”、书名、副标题，下端居中为“1922”。书后有版权页，注明“每册定价大洋叁角五分”。同页上半部分为商务印书馆出版《战后欧游见闻记》（庄启新著）广告。其后两页仍为书籍广告，一是《文艺研究会丛书》，包括鲁迅译作《工人绥惠略夫》《爱罗先珂童话集》，以及叶圣陶（叶绍钧）小说集《隔膜》等。瞿秋白两本散文集也属于这套丛书，与鲁迅译作同时“亮相”。二是徐曦编《东三省纪略》，声称“东三省为中国强弱之所系，数十年来因外交之失败，致战役迭起，主权起丧失，是皆由国人素未研究三省内容所致也”。对此，瞿秋白《饿乡纪程》等文已作了详细述说。

《饿乡纪程》面世后，受到广大读者的青睐，1923 年 5 月再版，以后两次再版。商务印书馆出版瞿秋白、耿济之合译《托尔斯泰短篇小说集》（1924 年 9 月第 4 版），封底里有一则新书广告：

> 文学研究会丛书
>
> 新俄国游记
>
> 瞿秋白著　一册定价三角五分
>
> 瞿君抱了积极的宗旨，冒风雪饥饿的苦困，奋往莫斯科，考察新俄罗斯之新气象，凡途中经过的见闻思想随感之论理等，汇为是记。凡有志于赤都实际者，不可不置一编（本），以资参证。
>
> 商务印书馆发行

《托尔斯泰短篇小说集》上刊登这则广告，便有“一石双鸟”之意，同时宣传了这两本书，也是一则颇有趣味的史料。1953 年 10 月人民文学出版社 8 卷本《瞿秋白文集》第 1 卷，恢复原书名《饿乡纪程》，改《新俄国游记》为副题。

> 秋白兄的书颇有价值，想必兄已看过。国人对于新俄，誉之者以为天堂，毁之者视为地狱，此皆不知社会进化为何物者之观察，秋白此书出，必能去掉世人多少误解，望早日介绍于商务，并催其早日出版为要。[2]

1923 年 4 月 7 日，陈独秀翻看《赤都心史》书稿之后，点头称许，提笔写了以上一信给胡适，大力推荐。胡适与商务印书馆的关系非同一般，与该书馆负责人高梦旦为至交，胡适倘若推荐瞿秋白的书稿，成功率很大。

瞿秋白回国工作，正是陈独秀邀请。陈独秀写信给胡适后，不久瞿秋白南下广州，与陈独秀一起筹备中共三大。6月下旬，中共三大结束后，瞿秋白前往杭州。7月上旬，由俞平伯陪同，瞿秋白首次去拜访在杭州烟霞洞疗养的胡适。胡适事后写信给商务印书馆负责人王云五，谈起陈独秀推荐一事，并介绍瞿秋白前去上海商务印书馆当编辑，搞一些学问。不久，胡适收到王云五的回信："瞿秋白译事，就照你的意思办理，请转致仲甫（陈独秀——引者）。我也和（郑）振铎等说过，等秋白来沪时，最好和我会面一次。"[3]

7月下旬，瞿秋白返回上海，与商务印书馆联系，并得到答复，为商务印书馆各杂志约稿，兼编辑小百科丛书和译著。这对于急需谋生的瞿秋白来说，已是一个不错的职业。但是，他写信谢绝胡适的好意，不愿走"整理国故"的学术之路，决定参与筹办新型的上海大学。

《赤都心史》也是《文学研究会丛书》之一，初版本式样与《饿乡纪程》相同，全书159页，封底里没有书籍广告，仅有版权页，中间贴有一枚刻有"文学研究会"文字和图案的朱印版权证印花，并注明"每册定价大洋五角"，比《饿乡纪程》稍贵点。

但是，《赤都心史》没有《饿乡纪程》那么幸运，以后没有再版本，也不见新书广告，据说被查禁，但未有资料佐证。新中国成立初辑入人民文学出版社8卷本《瞿秋白文集》第1卷时有所删节，包括删除《列宁杜洛次基》一节中有关托洛茨基的内容，并改题为《列宁》，这主要是托派的政治原因。"文革"后，人民文学出版社出版《瞿秋白文集》（文学编）第1卷，根据商务印书馆初版本辑入《赤都心史》全文。

（三）

瞿秋白撰写《赤都心史·引言》时说明：

（《饿乡纪程》、《赤都心史》）两本书均是著者幼稚的文学试作品，而决不是枯燥的游记，决不是旅行指南！——欲了解一国的社会生活，决不能单凭几条法律几部法令，而要看得见那一社会的心灵，况且文学的作品至少也要略见作者的个性。至于俄国革命之历史的观察，制度的解释，则我另有社会科学论文的体裁之《俄罗斯革命论》，在《世界丛书》里出版。

瞿秋白在莫斯科采访时很幸运，正好赶上苏俄“由军事时代过渡于和平时代”，以列宁为首的俄共（布）以马克思主义基本原理为准则，勇于探索适合苏俄实际情况的社会主义道路，以非凡的魄力制定了前所未有的重大改革措施，体现出世界上第一个社会主义国家进行伟大事业的强大动力和光辉前景。置身其中的瞿秋白感受强烈，萌发撰写《俄罗斯革命论》（《新俄革命史》）的想法，他想从各个方面来阐述苏俄新政权诞生、发展的深层次原因和复杂状况，给予国人一种启迪和引导。

《俄罗斯革命论》书名原拟为《现代的俄罗斯》，作为记录莫斯科时期“心路”内容的第1部分。《俄罗斯革命论》汇集苏俄革命前后的革命道路、方针、政策、策略，以及列宁创立的共产国际（第三国际）有关战略方针等，体现了以列宁为首的俄共（布）领导广大人民夺取十月革命胜利和巩固政权的决策思想和各种政治斗争。俄国十月革命前的国情和中国国情有许多相似之处，共产国际与中国革命逐渐发生重要关系，因此走俄国革命之路，积极夺取中国民族独立和解放斗争胜利，成为瞿秋白把此书介绍给广大中国民众的重要宗旨。在这之前，中国国内还从未出版较有系统介绍苏俄革命理论和历程的书籍，因而此书在马克思主义东渐史上占有重要意义。

瞿秋白回国后利用各种机会，热情推荐《俄罗斯革命论》。1923年1月30日北京《晨报》刊登他写的《赤俄之归途》，文末乐观地说：“……至于详细的论列，有拙著《俄罗斯革命论》，不日就要付印，那时再请教正罢。”

《赤都心史·引言》中提及《世界丛书》，是当时上海商务印书馆为提倡新文化运动而编印的一种综合性丛书。但是，《俄罗斯革命论》遭到反动当局的禁止，未能出版。瞿秋白曾想赎回，又遭到书馆老板拒绝。1932年“一二八”淞沪抗战后，该书稿与商务印书馆编辑部同毁于战火中，世人再也无法一睹其风采。

幸好，该书稿的一部分《世界社会运动中共产主义派之发展史》，曾发表于瞿秋白主编的《新青年》季刊第1期（1923年6月15日出版），故被保存下来。《新青年》刊登时，文前说明：“此篇为瞿秋白所著《俄罗斯革命论》中之一篇，原题为《世界革命之先驱》。那部《俄罗斯革命论》，本是秋白集所作关于十月革命的各方面之论文而成。他的体裁，是社会科学的论文，琐屑的史实不载。所以本篇也是如此，——所述至共产国际第三次世界大会止

（1921 年）。”

瞿秋白还撰写了《俄罗斯文学》和《俄罗斯革命论》（仅发表一节），产生的社会影响却远不如散文集《饿乡纪程》《赤都心史》。

［注］

［1］《王统照文集》第 6 卷，山东人民文学出版社 1984 年版，第 384—391 页。

［2］《胡适来往书信选》第 1 册，中华书局 1983 年版，第 146 页。

［3］耿云志《胡适年谱》，四川人民出版社 1989 年版，第 122 页。

俞颂华《游记第二集》收录瞿秋白两篇通讯等

丁景唐撰写的《学习鲁迅和瞿秋白作品的札记》(新文艺出版社 1958 年初版)，首次披露俞颂华《游记第二集》收录瞿秋白两篇旅俄通信（讯）《自赤塔至莫斯科的见闻记》《莫斯科之耶稣复活节及五一节》以及一信片段。这是丁景唐首次发现瞿秋白的佚文，并详细介绍和分析，还抄录了一信片段的全文。当时读者对于俞颂华很陌生，丁景唐花费了一番笔墨，增写两个较长的脚注（相当于 1 页文字之多），介绍俞颂华这位与瞿秋白同去苏俄采访的中国新闻界前辈有关情况，包括他采写的新闻通讯等，披露了鲜为人知的资料。如今，瞿秋白两文、一信片段已编入《瞿秋白文集》（政治理论编）第 1 卷（人民出版社 1986 年版）。

《晨报》社初版本《游记第二集》

（一）

……颂华又回报馆去了。张东荪要他暂时一同主编《解放与改造》半月刊。到 1920 年年底前后，北京俄文专修馆的学生瞿秋白投寄来两篇译文，一篇是托尔斯泰著的《告妇女》，另一篇是《答论驳〈告妇女〉书之节录》。颂华把这两篇译文发表在《解放与改造》1920 年 3 月 1 日出版的（第二卷）第五号上后，从此，就和秋白常有书信往返。[1]

这是俞颂华的夫人钱梅先写的回忆录，透露俞颂华与瞿秋白最初是在书信上“相识”，引申出后来他俩同去莫斯科采访一事。

俞颂华是著名新闻学家，拒绝高官厚禄的引诱，宁愿与颠簸困顿的生活相伴，从未放弃办报的志趣，被称为“新闻界之释迦牟尼”（黄炎培语）。

当初俞颂华进《时事新报》时，曾与张东荪谈起想去苏俄采访，经介绍与梁启超相识。原来梁启超旅欧期间，痛感西方国家垄断国际新闻，认为中国必须派自己的记者赴国外采访，他支持俞颂华赴苏俄采访的想法。1920 年夏天，俞颂华被岳父钱菊人推荐给北京政府派驻海参崴总领事李家鏊，担任日文秘书，不久因故不辞而别。返回天津时，俞颂华按照张东荪的指点，再去拜访梁启超，被介绍去北京。经与《晨报》总编辑陈博生商定，由《晨报》和上海《时事新报》合派俞颂华去苏俄采访，并允许他聘请译员同去。俞颂华通晓英语、日文，粗懂德语，却不懂俄语，需要物色精通俄语的译员，在俄文专修馆就读的瞿秋白便成为候选人之一，后来增添了李仲武[2]。

那时，苏俄内战硝烟弥漫，西伯利亚铁路不通。俞颂华打听到陈广平即将去莫斯科就任中国驻莫斯科总领事，便上门请求同行。陈广平不想多事，婉言拒绝。恰巧李家鏊从海参崴返回北京，复任北京政府外交部参事，后出任驻苏俄外交代表，执行公使职务。俞颂华得知后便与瞿秋白、李仲武商量，觉得只有硬着头皮去向李家鏊求援。他们去见李家鏊时，俞颂华原以为上次去海参崴不辞而别，可能会碰一鼻子灰，没想到李家鏊不计前嫌，满口答应帮忙，极力赞同“应该有人去苏俄作一次实地考察”。李家鏊带着俞颂华、瞿秋白、李仲武去找陈广平，陈广平一看心里就明白一大半，只好答应。

1920 年 10 月 16 日，俞颂华与瞿秋白、李仲武离京北上，作为中国记者首次赴苏俄采访。专车汽笛拉响了，瞿秋白等人开始了走走停停的艰难旅程，直到次年 1 月 25 日才抵达莫斯科。

俞颂华比瞿秋白年长 6 岁，1915 年赴日本留学，毕业于东京法政大学时，瞿秋白刚考进北京俄文专修馆。俞颂华搞新闻比较早，在“初出茅庐”的瞿秋白、李仲武面前显然是位“老大哥”。俞颂华与负责北京《晨报》、上海《时事新报》的研究系诸人关系密切，毕竟此后的采访和调查意向还要听从国内两家报社和研究系诸人的指导意见。因此，瞿秋白在火车上，请俞颂华

“负通信事务指导的责任”。

1921 年 5 月中旬，俞颂华原想离开莫斯科去英国采访，却未去成，只得改签证去德国。5 月 19 日，瞿秋白、李仲武特地去车站为俞颂华送行。

办妥了护照上的签字，于是我不得不和数月来朝夕相共的同伴仲武和秋白分离，因为他们都愿意留俄研究。……因一同游俄甘苦与共，彼此互助的缘故，情谊颇厚。当我们离别的时候，大家都有依依不舍的情绪。他们送我到车站，待车开了之后才回去。后来我回国，仲武曾于沪上晤见一次，当时因他急于回里，未及多谈，但知道他在哈尔滨某保险公司服务而已。……秋白则后来从未曾见过。有人说他为患肺病已去世了。我虽未敢深信，但我确知道他是有肺病的。我离俄时秋白尚表示相信唯心主义，不很相信唯物史观。后来他怎样信仰唯物主义，加入共产党，我全然不知道。假如我能遇到他，一定要和他叙叙离情别绪，问他一个究竟。不过倘使他已病故，则民国十年初夏在莫斯科车站上和他的一别，就是永诀，这岂是当年意料所及哉！[3]

俞颂华回忆中透露当时“秋白尚表示相信唯心主义，不很相信唯物史观”，这说的是实话，也说明了几个问题：一是张太雷介绍瞿秋白入党的具体时间，原来根据瞿秋白临刑前《多余的话》附录“记忆中的日期”记载为 1921 年 5 月，现在可以进一步确认为 5 月下旬。二是瞿秋白入党前后思想变化的复杂性和延续性，决不能一刀切。瞿秋白早期思想很复杂，已有多文阐述，即使在入党之前，他仍然是“不很相信唯物史观”，这可以理解。反之，则是早已被人抛弃的直线性思维。

（二）

《游记第二集》32 开，竖排，正文从第 2 页开始，共有 162 页，6 万多字。封面设计有特色，以夏季爬藤绿叶、果实为绿色图案，意喻生机勃勃，富有旺盛的生命力，中间只有竖排的书名，却没有署名。内封书面放在靠左边的中间，四周黑色围框，右边上端文字拐弯，即“晨报社丛书第二十一种”，下端靠边竖排“俞颂华著”。

1924 年 9 月 1 日，此书出版后深受广大读者青睐，9 月 25 日已印行第 4

版，实属罕见。每册 3 角，封底为《晨报》社新书广告，其中有《杜威五大演讲》《游记第一集》《自己的园地》等。当时还在国外的俞颂华也不知道国内《晨报》社已把他的通信汇编成书，他回忆说：

当我留俄时，曾写了好几节“赤俄见闻记”。1921 年夏间，我到了柏林，就把它寄交上海《时事新报》和北京《晨报》发表。后来北京《晨报》将它和我另外几篇通信（讯），辑成一册单行本，羼入他们的丛书中。（这单行本的出版，当初我并不知道，一直等我回国后二年，才于无意中在上海北新书局发见的，并且所发见的已是第三版的单行本了。）[4]

该书编辑《例言》（以下序数原均为“一”，现改之）：

一、是集系辑俞颂华君四篇通信（讯）而成，与俞君同时结伴入俄者，尚有瞿秋白、李仲武二君，而二君之通信（讯），则俟他日另辑成书。

二、《旅俄之感想与见闻》文中，曾言关于五一节之莫斯科情形，秋白君已有报告，故本集于是篇之末，附录瞿君通信（讯）一则，以便读者参阅。

三、第一集中鲍契胥、孙福熙、徐彦之三君游记，均叙由海道赴欧，是集《俄国旅程琐记》一篇，则述由西伯利亚铁道赴德，取道不同，更有可观。

北京《晨报》曾出版两种国外游记，以上提及“第一集”即《游记第一集》出版于 1923 年 6 月 10 日，一个月后再版。其中收录李雾初《游俄见闻纪实》、鲍契胥《北京——柏林》、孙福熙《赴法途中漫画》、徐彦之《从上海经过法国到伦敦》。

《例言》谈及“四篇通信（讯）”，即《旅俄之感想与见闻》《俄国旅程琐记》《劳农俄国之观察》《俄国之再造问题》；“秋白君已有报告”，即指本书附录所收的瞿秋白文章；准备将瞿秋白、李仲武的通信（讯）“另辑成书”，可惜未果。

第 1 篇《旅俄之感想与见闻》约有 4 万字，曾连载于北京《晨报》（1921 年 7 月 9 日至 9 月 5 日北京《晨报》），该文的小节标题在目录里全部列出：《引子》《赤俄之外交》《赤俄之经济》《赤俄之文化》《赤俄之政治》《农民问题》《赤俄社会实况之一斑》《欧俄粮食缺乏的原因》《结论》，附录《瞿秋白君莫斯科之耶稣复活节及五一节》。

俞颂华写了许多关于苏俄各方面的报道，该书收录主要部分，从不同视角、不同层面揭示了苏俄政治、经济、文化等方面情况。俞颂华主要从新闻角度报道，比较客观、翔实，文风平稳，比较符合北京《晨报》编辑部的要求。瞿秋白的报道既有新闻角度，也有加入共产党后的激进眼光，不同于俞颂华的分析、判断和结论。

俞颂华和瞿秋白类似文章内容各有千秋，互为补充，相得益彰，如果两者作一番比较，那么便会得出许多很有意味的重要结论，至少有一个重要结论：他俩都是向国人比较真实地报道苏俄情况的先驱者。但是，瞿秋白比俞颂华在苏俄考察的时间更长，牵涉面更广，深度报道更多，更重要的是瞿秋白以第一次赴苏俄采访作为人生转折点，后来成为中国共产党主要领导人，历经坎坷，最后英勇就义，这是作为职业新闻人的俞颂华始料未及的。

俞颂华《旅俄之感想与见闻》一文最后直言不讳地坦陈，自己在思考两个问题：（1）“俄国实行共产主义的前途究竟怎样”，他认为“我将以世界革命的成否，卜俄国共产主义的前途”。（2）“中俄的关系究竟应当怎样”，他劝说国人不必产生“庸人自扰的恐慌”，也无须像日本、西欧那样仇视苏俄。“我以为我们应与俄国的政府结友谊的外交关系，与俄国的国民结密切的经济关系。”这是作为中国记者的友好愿望，向北京政府发出的呼吁。瞿秋白也表述了类似的美好愿望，但更为强烈，更富有激情。

该文后有两个附注，一是解释写此文的一些情况，二是透露了瞿秋白一信的片段：

我在利伽 Riga 匆匆做完了这篇报告，接到瞿秋白君从莫斯科的来信，他说：“列宁最近指出四种苏维埃制度中之国家资本主义（Governmental Capitalism）：（一）租借地，（二）协作社，（三）商人，（四）企业家（私家小工厂）。现第四次全俄职工联合大会及最高国民经济苏维埃已在讨论之中，此种过渡办法甚有味。”观此，可知俄国单独实行共产主义是不可能的，苟其世界的资本主义制度一天存在，俄国所能做到的恐（怕）仅仅是国家社会主义而已。俄国问题是一个世界的问题，世界的问题若一日千变，俄国的问题也一日千变。我这篇东西当读者寓目的时候恐怕已有明日黄花（之）嫌了。这是我要求读者注意的。

俞颂华的预见被历史进程所证实，他不愧为中国现代新闻界的前辈。当初，俞颂华告别瞿秋白、李仲武后，第4天（1921年5月22日）到达拉脱维亚首都里加，收到瞿秋白来信。幸好俞颂华做了有心人，保留了此信的片段。

俞颂华写《旅俄之感想与见闻·赤俄社会实况之一斑》一节时插进一句话，自己因办赴德国手续，五一劳动节时还留在莫斯科，“关于‘五一’节在莫斯科的大概情形因秋白君已有通信（讯）报告。（见后）故我不再赘述，以省篇幅。不过我希望国人注意的，就是俄国人民现在宗教上的惰性还是存在，不可轻轻看过罢了。”他在此先为瞿秋白之文作了一个小小的广告，“见后”即附录《瞿秋白君莫斯科之耶稣复活节及五一节》（现标题删去“瞿秋白君”），落款“一九二一，五，四。莫斯科”。

该文写道：“今年五月一日刚巧是礼拜日——大家都不做工——而且又是耶稣复活节（La Paque）。于是莫斯科城里‘新的五一运动’和‘旧的复活祭’同时举行。共产党人欢呼万岁声和着礼拜堂的钟声振动了这共产国家都城的空气。”这鲜明地反映了瞿秋白捕捉新闻的敏感性，以这“新旧”两种观念的碰撞作为契机，述说由此产生不同的画面和效应，生动地揭示了苏俄政治文化中心莫斯科各方面情形，折射出世界上第一个社会主义国家战后恢复建设时期的真实情况，令作者也感叹“不免发生一种奇异的感想呵”。

（三）

1921年5月28日，俞颂华到柏林。第二天把瞿秋白同年2月写的《自赤塔至莫斯科的见闻记》，加上跋文，作题为《俄国旅程琐记》，寄给北京《晨报》，当年9月连载，在《游记第二集》里列为第2篇。

《俄国旅程琐记》分为7小节，用（一）（二）……序数表示，第5小节开头，俞颂华写道：“附录秋白笔记的《自赤塔至莫斯科的见闻记》”，直到第6小节中间结束。接着写道：“出俄境与入境的大概情形，都如上述，只因中国人在大战后自西比利亚入俄，再从俄国到西欧的人太少，所以我们不惮琐屑把这一次长途旅行的情形记下，使国人知道出入赤俄的情形，不过秋白所记的入俄的情形，还是今年正月里的事情，现在当然有些不同，这是读者须得留意的。”

瞿秋白写的《自赤塔至莫斯科的见闻记》一文，连载于1921年8月26日至29日上海《时事新报》，以及9月中旬北京《晨报》。当时俞颂华、瞿秋白、李仲武写的文章，曾经刊登于北京《晨报》、上海《时事新报》，因为他们是这两家报纸一起聘约的记者，稿件当然由两家报纸“共享”。

《自赤塔至莫斯科的见闻记》犹如俞颂华所说的“笔记”——日记的形式写作，述说每天所见所闻，生动真实。瞿秋白多才多艺，有时笔下仿佛展现一幅水墨画，“这一站已在乌拉岭上，一望长林稠密，四山松杉如屏，峰峦低昂，白雪辉映其间，风景绝佳。晌午又过了一小站，有一个老人在铁轨旁掘雪，三个小孩约七八岁模样也帮着搬雪块”。无边的皑皑白雪覆盖了漫长的铁轨、寂寞的无名小站——“静”，与奔驰的列车、挖雪的老人和孩子——“动”，构成一幅异国雪景风光山水画。

俞颂华在柏林，担任北京《晨报》和上海《时事新报》驻德记者，与瞿秋白保持通信，仍然关心瞿秋白。钱梅先回忆说：“他在柏林和瞿秋白仍经常通信。有一次，秋白信中告诉颂华，他在莫斯科贫病交迫，颂华就去信请北京《晨报》，取消自己‘特派员’的名义而帮助秋白解决经济上的困难，得到了《晨报》的同意，改任颂华为《晨报》‘特约通讯员’，按稿件付酬了。这样，他固定的薪金仅靠上海《时事新报》提供。1924年春，支持他的张东荪离开了《时事新报》，他受这影响，不得不搭船回到久别的上海。”[5]

1933年春，俞颂华撰写《十二年前旅游苏俄的回想》，此后，外界传闻瞿秋白患病去世，俞颂华也听说了，但不相信。其实，遭受党内“无情斗争”、被撤销中央领导职务的瞿秋白也在上海隐居，躲避反动当局的疯狂追捕。如果他知道昔日“老大哥”仍然怀念他，还想“叙叙离情别绪”，那么他也会有同感，可惜没有“重逢”的机会。

[注]

[1][5]钱梅先《纪念颂华》，载《俞颂华文集》，商务印书馆1991年版。

俞颂华（1893—1947），江苏太仓人。毕业于复旦公学政治经济系，后留学日本。回国后任上海《时事新报·学灯》、《解放与改造》主编和撰稿人。1920年秋赴苏俄，次年转到德国采访，并在柏林大学旁听。1924年回国，任中国公学教务长，不久进入商务印书馆，编辑《东方杂志》，兼任暨南大学、持志大学等校教授。抗战时期，先后任香港、桂林《光明报》、《广西日报》等总编或主笔。

[2] 详见丁言模《李仲武：秋白说不要紧》，载《瞿秋白与名人往事》，中国社会出版社2012年版。

[3] [4] 俞颂华《十二年前旅游苏俄的回想》，载《苏联研究》（《申报月刊》社丛书第二种），1933年5月出版。

瞿秋白协助郑振铎两本书

1923年8月2日、3日，瞿秋白接连撰写《郑译〈灰色马〉序》《劳农俄国的新文学家》，前文为挚友郑振铎的译作《灰色马》作序，后文也是为郑振铎专著《俄国文学史略》补写的最后一章。

丁景唐珍藏了这两本书，其中初版本《俄国文学史略》还是郑振铎题赠叶圣陶的签名本，弥足珍贵。其上书“圣陶兄教政（正）郑振铎”，落款为“（民国）一三，五，二一”，即1924年5月21日。

商务印书馆再版本《灰色马》

（一）

瞿秋白早年在北京俄文专修馆就读时，经常去北京基督教青年会小小的图书馆，认识了经常来看书的郑振铎、耿济之（耿匡）、瞿世英等。郑振铎是北京铁路管理学校（今北方交通大学前身）学生，个子较高，浙江人，比瞿秋白大1岁。

瞿秋白与郑振铎等人都是各自学校的骨干分子，不约而同参加了北京五四运动。他们之间也常常激烈争论，但是“少年老成”瞿秋白的意见，让郑振铎等人感到很佩服，认为他说的话、出的主意都比较成熟，有许多事情看得比较远、比较深刻，显示了出色的策划、组织和宣传能力。

五四运动后，瞿秋白、郑振铎等人创办《新社会》旬刊，像其他社会科学期刊那样宣称以改造社会为己任，热心地研究社会问题，大家推定郑振铎起草《发刊词》。该刊被查封后，他们又酝酿出版《人道》刊物，仅出 1 期，被迫停刊。

这时瞿秋白对俄国文学的爱好，影响了郑振铎、耿济之等人。郑振铎回忆说："我们这时候对俄国文学的翻译，发生了很大的兴趣。秋白、济之，还有好几位俄专里的同学，都参加翻译工作。我也译些契诃夫和安德烈耶夫的作品，却都是从英文转译的。同时也看些用英文写或译的俄国文学史……秋白他们译托尔斯泰、屠格涅夫、高尔基的小说，普希金、莱蒙托夫的诗，克雷洛夫的寓言。"[1]

起初，瞿秋白等人翻译俄国短篇小说，后来逐渐扩大到诗歌、独幕剧、长篇小说等，青年会图书馆的俄国文学著作成为他们翻译或转译的来源之一。

瞿秋白等人对这些著名俄国作家和作品的背景都不甚了解，更缺乏俄国文学史方面的资料，这些是翻译时必备参考资料。懂英文的郑振铎自告奋勇设法寻找，终于在绿皮封面的英文版家庭丛书里，发现一本巴林写的《俄国文学要略》，记载了许多作家有关资料，他立即抄译下来，介绍给瞿秋白等人。大家都很高兴，感谢郑振铎"雪中送炭"，那本《俄国文学要略》成了大家怀中之宝。郑振铎还写信给在日本的田汉，希望他能介绍些俄国文学史的资料。

1920 年春，北京《新中国》杂志社拟定出版耿济之、沈颖等翻译的《俄罗斯名家短篇小说集》第 1 集。这是中国最早直接从俄文版翻译的俄国优秀小说选集，瞿秋白、郑振铎分别写了序言，成为中国较早论述俄国文学的重要文献。瞿秋白写此序言的前一天深夜，还为沈颖翻译的普希金《驿站监察史》写了序言。

经人介绍，文武双全的蒋百里认识郑振铎，很赏识他所写的关于编辑学问题的文章，并邀请他组织朋友翻译俄国文学作品，加入"共学社"丛书系列，其中就有委托他主编的《俄罗斯文学丛书》。郑振铎与瞿秋白等人商量，大家都表示同意。瞿秋白与耿济之合译《托尔斯泰短篇小说集》，耿济之等人翻译托尔斯泰《艺术论》等，先后交给郑振铎，作为《俄罗斯文学丛书》出版。

1920 年秋天，瞿秋白告别郑振铎等人，离京赴苏俄采访。在莫斯科采访期间，瞿秋白还撰写《俄罗斯革命论》（《新俄革命史》）、《俄罗斯文学》等，努力从各方面考察苏俄政治、经济、文化，告诉国人一个真实的苏俄。在这样的大前提下，回国后的瞿秋白应郑振铎邀约，撰写序言等。

1922 年夏天，瞿秋白还寄回译文。7 月上旬，上海《时事新报》连载他的译文《无产阶级运动中的妇女》。同月 10 日，该报还刊登他撰写的《海牙会议与俄国》。这时，郑振铎译作《灰色马》开始在沈雁冰主编的《小说月报》上连载。同年底，《灰色马》连载结束，沈雁冰因故辞职，但仍然为《小说月报・海外文坛消息》专栏撰稿。

郑振铎接任《小说月报》主编后，瞿秋白也回国工作。此后，商务印书馆同意出版《灰色马》单行本，郑振铎便邀请俞平伯写跋、沈雁冰写序言，分别刊登于《小说月报》第 14 卷第 10 号（1923 年 10 月 10 日）、《时事新报・学灯》（1923 年 11 月 5 日，同时刊于《文学》第 95 期）。瞿秋白也应邀写了序言，最后一个发表于《小说月报》第 14 卷第 11 号（1923 年 11 月 10 日），题为《〈灰色马〉与俄国社会运动》，以后编入《灰色马》译本卷首。

郑振铎一生著译活动和重要贡献，以及他的翻译理论建树等，上海学者陈福康对此研究很深入，已撰写专著《郑振铎论》（商务印书馆 1991 年版）作了全面论述，在此不赘述。

（二）

1924 年 1 月，上海商务印书馆出版《灰色马》，32 开，竖排。全书正文 208 页，分为上、中、下三卷。书前是瞿秋白、沈雁冰写的两篇序言，以及郑振铎《译者引言》，书后为俞平伯写的《跋》。瞿、沈、郑、俞都是文学研究会早期成员，先后执教上海大学，互相之间关系都不错。如果瞿秋白没有婉言谢绝胡适的邀请，那么他与郑、沈则成为商务印书馆的同事。

长篇小说《灰色马》作者萨文夸夫，现译萨文柯夫，笔名路卜洵，俄国社会革命党人，曾当过新闻记者。1917 年二月革命后曾参加资产阶级临时政府。十月革命后反对苏维埃政权，在监狱中自杀。对于作者，郑振铎也作了简短介绍，认为“他虽为社会党的暗杀执行者，而他对于社会主义却已根本怀疑。他的小说《灰色马》和《乌有的故事》（《莫须有的故事》——引者）叙写他这种心理极为详细。他的文学天才很好；他的著作除了内容以外，在艺术上也是极有价值的”[2]。

《灰色马》书名含义象征“死亡”，最初来源于《圣经·启示录》。该小说以日记形式述说了3次暗杀的经历，1909年初刊登于《俄罗斯思想》1月号，立刻引起各方面争议，有人称作者为“天才”，有人则严厉批评。郑振铎根据美国版本转译的，他谈了翻译此小说的两点想法，“一是我自己读这书时，极受他的大胆直率的思想与美丽真切的艺术所感动”。二是为具有浓厚虚无思想、漠视一切的青年读者提供反思“参考的地方”（《灰色马·译者引言》）。同时，郑振铎翻译此书的目的与鲁迅当时翻译阿志巴绥夫的《工人绥惠略夫》有相近之处，也希望引起青年读者对“爱与憎的纠纷”问题的讨论。《灰色马》出版后，1924年2月2日郑振铎寄赠一本给鲁迅，次日鲁迅收到，2月4日托周建人转郑振铎一信（已佚）表示感谢。书中瞿秋白写的序言，鲁迅也应看过，不过未留下文字记载。

瞿秋白以批判眼光审视《灰色马》，认为：

（该小说作者）所处的时代，正是那放过万丈光焰的“民粹派”渐起变态，日就颓废的中衰期，他自己又正是民粹派的政党——社会革命党——的实际运动者。社会革命党运动之唯一利器是“恐怖主义”（“La terreur”），暗杀劫掠等；——最初期，此种“恐怖主义”当然有政治上的意义，然而实行恐怖主义的党，其所取的手段不能不影响到自己的组织；此等影响能渐渐造成党员的新环境，因而及于其个人的人生观。此种时代此种环境，怎能不造成文学作品里的特殊“派调”（type）——如书中之佐治式的英雄呢？

瞿秋白进一步分析了小说主角佐治，认为他是冷酷深沉的秘密暗杀党的领袖，他不能顾及什么理想及大局，也不问政治主张，因此只是一个专断、严酷的“大师兄”。为了让读者了解俄国民粹派，瞿秋白特地写了一个较多文字的注解，大致介绍了民粹派四点主张，最后一点主张是“智识阶级为社会运动的原动力，而群众不过附和其高尚理想而已。民粹派处处与马克思主义相对待（峙），而实亦受其影响不少”。

小说作者与社会革命党的复杂关系，牵涉到《灰色马》描写的各种人物。因此，瞿秋白又作了一番述说，让读者明白小说作者其人其事。他最后指出：

一九二二年后，社会革命党差不多已成历史上的陈迹。萨文夸夫的《灰色马》真是此“社会革命党陈列馆”里很优美的成绩，——真是尽了他“艺术的真实”之重任。他确确实实能代表俄国社会思想史——文学史里一时代一流派的社会情绪呵！

以上错综复杂情况，瞿秋白说得比较清楚，反映了他研究苏俄文学执着精神和勤奋学习所积累的丰富知识。他写这篇序言时，已经是党内年轻的理论家和宣传家，运用了唯物论的思辨方式。他认为：

文学是民族精神及其社会生活之映影；而那所谓“艺术的真实”正是俄国文学的特长，正足以尽此文学所当负的重任。文学家的心灵，若是真能融洽于社会生活或其所处环境，若是真能陶铸锻炼此生活里的“美”而真实的诚意的无所偏袒的尽量描画出来，——他必能代表“时代精神”，客观的就已经尽他警省促进社会的责任，因为他既能如此忠实，必定已经沉浸于当代的“社会情绪”，至少亦有一部分。

沈雁冰撰写的序言主要谈论小说的主角，认为该小说是“俄国暗杀党——即所谓恐怖党的实录，并且是革命者心理变迁的写真，有俄国近三十年来思想界的混乱与剧变，做它的背景”。如果俄国革命小说中缺少了《灰色马》，那么失去了“一段极重要的革命的人生实录”。当时沈雁冰撰写了关于外国文学和作家的几篇较长文章，如《欧洲大战与文学》《匈牙利文学史略》《法国文学家录》，还与郑振铎合写《现代世界文学者略传》等。此后，他还撰写长篇论文《论无产阶级艺术》，以苏联文学为借鉴，探讨无产阶级艺术，清理自己过去的文学观点，以便用“无产阶级的艺术”来充实和修正“为人生的艺术”。在这前后两个阶段之中，他为《灰色马》写的序言，显露了“过渡时期”一些痕迹。他写的序言最后忠告青年读者：“社会革命必须有方案，有策略，以有组织的民众为武器；暗杀主义不是社会革命的正当方法。”

郑振铎写的《译者引言》与《灰色马》开始连载时一起发表，已经介绍了《灰色马》和作者有关情况。他强调该小说“表现俄国革命的精神的地方，只可算是一部分重要的恐怖党的叙述”[3]。

俞平伯写的《跋》开头就说：并不赞成一本书有几篇“颂扬式”序言，

但是这次破例，坦率地表露自己喜欢这本书。他认为："《灰色马》一书弥漫了现代的精神，故书中的人物，富于超越象气，而又不离平凡。这种表现底技术安得不令人惊讶呢？至于词句底美妙，简直如读了一篇散文诗，但在这里，又比较上是不很重要的属性了。振铎译文，忠实而明快，是能推广这书底传布，而无损于它底声（身）价的。这也是我敢确信的"。

《灰色马》一部译作里汇聚了瞿、沈、郑、俞之文，这是很难得的"盛会"，他们从不同角度、不同层面进行评析。如果说政治、文学之间有一条渐行线，接近——交叉——分离，他们的文章先后排列恰巧是一种象征，也意味着他们今后人生道路的不同轨迹。

沈雁冰曾抱怨《小说月报》连载《灰色马》时，没有读者来信讨论。其实有读者写信给文学研究会发起人之一王统照，大意说："近来看《小说月报》，最使我感动的莫过于某君所译的《灰色马》。"王统照立即回信说："可惜具有你这等眼光的太少。中国人不但少有实行《灰色马》中所代表的精神的人，即达然赏鉴这种书的人也过于少了。"他还认为：该译作"态度的严重与感人的深沉，求之于他国的小说，实少有此类。而且悲苦惨淡与兴奋激励的精神，反抗与作定价值的烛照，在俄国人当时曾受过伟大的影响，而在目前的中国社会中，尤为需要"[4]。

《灰色马》初版问世后，受到青年读者的欢迎，半年后（同年 7 月）再版。

封面灰底色，右上为竖排的"俄国路卜洵著"，"郑振铎译"。一旁为红字书名，左边印有"文学研究会丛书"，其下为骑马者驱赶败敌的插图。内封的书名、作者、译者等均为横排。

书后版权页中间贴有一枚刻有"文学研究会"文字和图案的朱印版权证印花，并注明"每册定价大洋柒角五分"。附有文学研究会丛书广告，其中有朱自清、俞平伯、郑振铎等人诗集《雪朝》、瞿世英译作《春之循环》、郭绍虞译作《阿那托尔》、郑振铎译作《飞鸟集》等，同时简要介绍瞿秋白《新俄国游记》（《饿乡纪程》），"瞿秋白君往莫斯科考察新俄罗斯之新气象，凡途中经过之见闻思想，均随笔记述，足以见新俄之实际。一册三角五分"（详见本书《瞿秋白散文集〈饿乡纪程〉〈赤都心史〉》）。

以后，曹聚仁在《文坛五十年（续编）》中谈到《灰色马》，认为"佐治式的青年，也正是巴金小说中人物的写照，也可以说是所有那一时代的青年的写照”[5]。革命烈士徐玮临刑前看过《灰色马》，化为不惧死亡的大无畏精神，留下一首诗：“前人去后后人到，生死寻常何足道；但愿此生有意义，哪管死得迟与早。灰色马儿门外叫，我的使命已尽了；出门横跨马归去，蹄声响处人已遥！”[6]表现了视死如归的豪迈气概。这是当初郑振铎翻译《灰色马》、瞿秋白等人作序时未曾料到的。

1931 年 8 月，瞿秋白已被撤销中央领导职务，还遭到国民党悬赏通缉，他隐居在南市紫霞路68 号谢旦如家里。这时商务印书馆印行《灰色马》第 3 版，版式依然相同，内封设计不同，书名、作者、译者等文字改为竖排。目录首篇序言下方仍然注明瞿秋白的名字，毫不回避。版权页上注明第 3 版出版时间，还注明初版本为 1924 年 6 月，这与再版本后注明的初版本时间 1924 年 1 月有所不同，与再版本时间也仅差 1 个月，不知什么原因。

1935 年 5 月，瞿秋白被俘，关押在福建长汀国民党三十六师师部监狱里。这时上海中学生书局印行删改译本《灰色马》，作为“通俗本文学名著丛刊”，封面重新设计，只署“路卜洵原著”，没有译者，内封添上“编述者叶树芳”。全书没有序言、后记，只有正文，内容比起郑振铎的完整译本大为减少。这套丛书由中学生书局邀请叶树芳等人将一些世界名著压缩为三四万字，书价一律 2 角，声称“全世界第一流的作品，全中国最便宜的书籍”。

（三）

当初瞿秋白离京赴苏俄之前，郑振铎已开始较有系统地研究俄国文学史与俄国文学理论，开始编写俄国文学史。1920 年 8 月 3 日，北京《晨报》刊登《共学社启事》（预告出版书目），其中第 2 本是郑振铎《俄国文学概论》。但是，郑振铎并不满足单一的资料汇集，还想进一步撰述。1921 年 5 月公布的《文学研究会丛书》出版预告中，郑振铎再次列上改名的《俄国文学史略》。经过几年的积累和思考，他修改完稿，1923 年 5 月 10 日在《小说月报》上开始连载《俄国文学史略》，同年 9 月连载结束。继《灰色马》出版的两个月后，《俄国文学史略》单行本也问世了（上海商务印书馆 1924 年 3 月出版），成为在中国出版的第一部俄国文学专史。虽然，瞿秋白早在旅俄期间，已经编写《俄罗斯文学》，但是因故未能出版，直至 1927 年 12 月作为蒋光慈《俄罗斯文学》下卷，由创造社出版部出版。

事前，郑振铎也邀约瞿秋白撰写《俄国文学史略》最后一章《劳农俄国的新文学家》，刊登于《小说月报》第 14 卷 9 号（1923 年 9 月 10 日出版），也是《俄国文学史略》连载结束时，并注明“本章为瞿秋白作”。

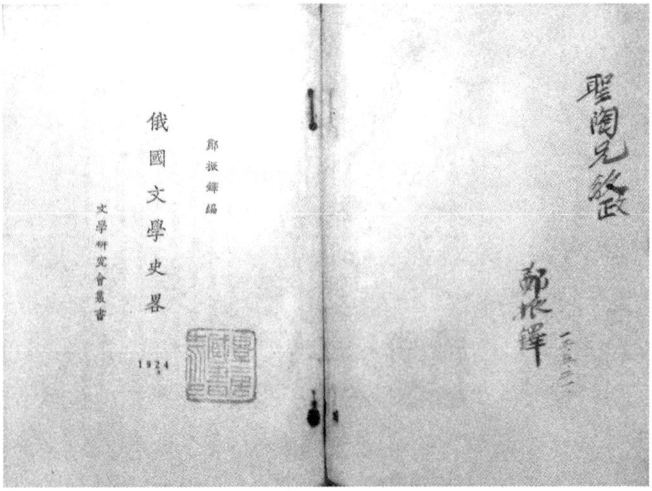

商务印书馆初版本《俄国文学史略》内封，右面扉页为郑振铎题赠叶圣陶

《俄国文学史略》初版本 32 开，竖排，正文和附录、跋共 189 页，书前有郑振铎自序，书后有全书“索引”，按照英文字母排列人物名字、书刊目录等，便以读者查找书中繁多的中外有关资料。灰色封面设计简朴，中间竖排 3 行字，即“郑振铎编”、书名、文学研究会丛书，下端居中为“上海商务印书馆发行”。书后有版权页，中间贴有一枚刻有“文学研究会”文字和图案的朱印版权证印花，注明“每册定价大洋陆角”。

全书分为 14 章，如《绪言》《启源》《普希金与李门托夫》《歌郭里》《屠格涅夫与龚察洛夫》《杜思退益夫斯基与托尔斯泰》等，还有两个附录《俄国文学年表》《关于俄国文学研究的重点书籍介绍》。这些列出的人物译名在当时通行，与如今译名有些不同。书中还有 51 幅作家图像，实属难得，郑振铎在书后《跋》里也特地提醒读者，这些人物图像“都是为了本书而特制的，有许多是外间向来没有过的”。

此书按照俄国每个时期代表性作家，以及写作体裁类别的重要作家进行简略介绍，为不同层次的读者提供了大量信息，体现了类似工具书的功能。此书的构思布局、观审视角、评述详略、美学趣味和价值等等，与瞿秋白撰写的《俄罗斯文学》有相似之处，更多的是不同（详见本书《瞿秋白、蒋光慈合著〈俄罗斯文学〉》）。1922 年 10 月 31 日，郑振铎在该书序言里写道：

我们没有一部叙述世界文学，自最初叙到现代的书，也没有一部叙述英国或法国、俄国的文学，自最初叙到现代的书。……如果要供给中国读者社会以较完备的文学知识，这一类文学史的书籍的出版，实是刻不容缓的。

我们一年以前，曾有出版文学小丛书的计划，我们也曾想在这个小丛书里面，把关于文学史的材料多包括些进去。后来虽曾陆续的收集了几部这一类的稿子，但因须加修改与继续工作之故，现在只能先把我的《俄国文学史略》发表。

每种文学史略，大概都附有《大事年表》及《参考书目》。我们觉得这两种东西，对于读者是很有用处的。《参考书目》里所举的书籍，大概以英文的著作为主。

关于这一类的文学史略的一切提议与错误的指正，我们是十二分的欢迎领受的。

文中透露曾陆续收集了几部类似的文稿，“须加修改与继续工作”，这理应包括瞿秋白《俄罗斯文学》；文中还时时以“我们”的口气谈论这部书稿，其中应有瞿秋白的意见。郑振铎在书后《跋》（1924 年 1 月 28 日）中明确写道：

本书的第十四章，为瞿秋白君所作，全书写成后，又曾经他的校阅。这是应该向他道谢的。

本书似乎太简单，又是匆匆的写成，一切的疏误之处，俱待以后再补正。瞿秋白君近亦编好了一部《俄罗斯文学》，将在商务印书馆出版（为《百科小丛书》之一），其编制与本书不同，读者很可以拿来参看。

瞿秋白校阅郑振铎书稿，这是他俩之间坦诚相待之事。这时瞿秋白以唯物史观审视俄罗斯文学史，对于郑振铎书稿有些不同意见，这很正常，因此就有了以上公开的一些意见。郑振铎还热情地推荐瞿秋白专著《俄罗斯文学》（因故未能交给商务印书馆出版），真所谓君子坦荡之胸怀。瞿秋白为郑振铎书稿补写最后一章《劳农俄国的新文学家》，理应是瞿、郑商量的结果，弥补书稿的缺憾。

俄国劳农时代的作家，足以继那光荣的俄国文学，辟这光荣的俄国时代，——将创造非俄国的，而是世界的新“伟大”……

这是瞿秋白补写最后一章中的一段，全篇约3000字，依照郑振铎《俄国文学史略》的体例，主要介绍俄国十月革命胜利后的文学新动向：一是“未来主义健将”马雅可夫斯基，认为“许多诗人之中只有他能完全迎受‘革命’”，他的“天才却在于他的神机，——他有簇新的人生观”。其二，“平淡中的真艺术”谢美诺夫，“比之于未来派或劳工派用字之僻奥杜撰，就大不相同，——所以非常之通俗”。其三，劳工派（苏联无产阶级文化协会成员）诗文，他坦陈“劳工派的文学尚在幼稚时代，——诗多，而散文小说还没有巨大的著作”。

写此文之前，瞿秋白刚刚谢绝了胡适的好意，没有进入商务印书馆，而是继续筹办新型上海大学。同时（7月底）文学研究会刊物《文学旬刊》改为《文学》周刊，瞿秋白等人为特约撰稿者。此后，他又赶到南京，参加中国社会主义青年团第二次全国代表大会，在那里第一次结识王剑虹、丁玲。在政治、文学和爱情交织时期，瞿秋白赶写文章的思路敏捷，但是无暇再去查找有关资料，留下匆忙思考的痕迹。

《俄国文学史略》的两个附录均为国内第一次出现，很有特色。首先，《俄国文学年表》参照1915年伦敦出版的《家庭大学丛书》中的巴林一书，原名为《俄国文学要略》。此书曾是瞿秋白、郑振铎等人早年翻译时的“怀中之宝”，郑振铎很熟悉此书，为瞿秋白等人提供了许多俄国作家的有关资料。他编写《俄国文学史略》时，在巴林一书的基础上又增补了大量资料，并非照搬。

其次，《关于俄国文学研究的重点书籍介绍》由郑振铎根据自己多年搜集而编写，分为三大类：一是一般研究所用的国外有关专史、理论著作；二是“英译的俄国重要作品”；三是“中译的俄国文学名著”，其中有瞿秋白、耿济之合译《托尔斯泰短篇小说集》（商务印书馆1921年12月初版），以及郑振铎《灰色马》等人译作。

《俄国文学史略》出版几个月后，王统照主编《晨报·文学旬刊》（1924年6月21日）发表的《新刊介绍》认为：“此书能用页数不极多的本子，将俄国文学的历史上的变迁，以及重要作家的风格、思想，有梗概的叙述。可谓近来论俄文学的最好的小册子。”

1928 年 8 月此书再版，封面焕然一新，上端为横排的书名，黑色繁体字，下面以黑红两色弧线为抽象图案，中间配以红色心形。内封也重新设计，改为围框内的竖排文字。全书版式照旧，甚至价格也未变。更重要的是书内序言和跋都未删除，被国民党通缉的“瞿秋白”名字赫然在目。

以后又有商务印书馆相同的版本，列为 1933 年 11 月“国难后第一版”（1932 年“一二八”淞沪抗战中商务印书馆被日军炮火炸毁），封面与再版本相同，内封则重新设计，改为素雅的花纹底，左上角细围框，其中为横排的书名、作者等。版式、序言、目录、跋和价格等一切依然照旧，商务印书馆不怕此书被查禁，郑振铎也不畏惧受牵连，尽力保存真实历史面貌，他并未忘却挚友瞿秋白曾积极相助之情。

［注］

［1］［2］郑振铎《记瞿秋白同志早年的二三事》，人民文学出版社 1981 年版。

［3］郑振铎《俄国文学史略》，商务印书馆 1924 年版，第 144 页。

［4］《王统照文集》第 6 卷，山东人民文学出版社 1984 年版，第 416—418 页。

［5］曹聚仁《文坛五十年》，生活·读书·新知三联书店 2011 年版，第 241 页。

［6］徐玮（1903—1928），江苏海门人，曾就读苏州东吴大学预科。1924 年加入共产党，曾任共青团江浙区委书记、团中央委员等职务。1928 年 5 月初，在监狱中被杀害（周赞明《徐玮》，载《上海英烈传》第 3 卷，百家出版社 1988 年版）。徐玮此诗有不同版本，本文暂且以该出处为准。

瞿秋白讲稿《社会科学概论》

1924 年 10 月，上海书店出版瞿秋白《社会科学概论》讲稿。以后各家出版社多次以不同形式出版《社会科学概论》，一直延续到 1949 年 8 月，成为瞿秋白著作中版本最多之一。

上海社会科学研究社出版的《社会科学研究初步》

（一）

1924 年 6 月 18 日，瞿秋白写就《社会科学概论》讲稿，准备在上海大学等高等学校联合举办夏令讲学会（7 月 6 日至 8 月 31 日）上讲授。《新青年》季刊第 3 期（1924 年 8 月 1 日）刊登瞿秋白《社会科学概论》出版预告：

社会科学概论

本书系瞿秋白先生一九二四年上海夏令营讲学会之讲稿。内容分为：（一）总论，（二）社会之意义，（三）经济，（四）政治，（五）法律，（六）道德，（七）宗教，（八）风俗，（九）艺术，（十）哲学，（十一）科学，（十二）社会现象之联系。全书约二万余字，实售大洋三角。上海书店

在该讲稿中，瞿秋白运用辩证唯物主义和历史唯物主义的原理，分析现代社会状况及其发展规律，论述社会科学的研究对象、社会现象与自然现象的差异及其相互联系、社会的意义等。其中《经济》一章和最后一章分别列

出两张表格（图表），形象化地显示普列汉诺夫“五项因素”的内容，揭示经济基础和上层建筑之间的辩证关系，以及社会结构各项之间的相互关系。此讲演稿的材料主要来自苏联俄文版各种书籍，瞿秋白根据自己的理解进行整理译述的。

《社会科学概论》初版本，32 开，全书竖排，目录 2 页，正文 88 页。白纸封面，无图案，右上为竖排的黑色繁体书名，一旁为“瞿秋白著”，红色印刷字体，左下角印着“上海书店一九二四年印行”的红字。有衬页，无内封书名。书后版权页注明“演说者瞿秋白”，“上海印刷公司”印刷，每册“实价大洋三角”。

目录列出 12 章标题，又标明各章每节小标题，成为一种提要。由于没有内封，正文旁再次出现书名，其下注明“一九二四年上海夏令讲学会稿，瞿秋白”。

出版该书的上海书店创办于 1923 年 11 月 1 日，继中共中央创办第一个出版机构（人民出版社）之后的又一个出版发行机构，先后由许白民、毛泽民等人负责，书店设在南市小北门民国路振业里口 11 号（新中国成立后曾为南市区人民路 1025 号），楼下是书店门市部，橱窗里摆满了各家书店出版物，兼售文具用品，以此作为掩护。楼上是办公室与宿舍，过街楼作排印工场和书库。

上海书店主要任务是出版发行中共所有对外宣传刊物，如瞿秋白一度参与编辑的党中央机关刊物《向导》，以及他主编的《新青年》季刊、《前锋》，还有团中央机关刊物《中国青年》等。并且出版了瞿秋白、恽代英、李求实、沈泽民、蒋光慈等人撰写的 30 多种书籍。上海书店另设沪东、沪西、沪北分销处，销售网点分散在长沙、广州、南昌、宁波等地，在巴黎、香港设有特约经销点。瞿秋白等人曾在上海书店里审订文稿，紧张地工作。

上海书店出版《社会科学概论》的同时，湖南长沙文化书社也在同一时间出版此书，也是 32 开 88 页，印刷者改为“长沙罗棣华印刷局”，分售处为“本省各大书局”，每册“实价大洋二角”，比上海书店版本便宜。封面与上海书店版本略不同，书名略大居中，其下为作者名字，书店名称在下端中间。书脊上印有书名、书店名称。其正文与上海书店版本核对一番，发现有不少错字，分别在第 2 页、第 38 页、第 70 页、第 82 页、第 84 页、第 86 页、第 87 页等。

此书怎么会在两地同步出版发行，其中内情不详，不过两家出版发行机构的关系有个旁证。

时为上海大学社会学系主任瞿秋白主编的《社会科学讲义》共4集（上海书店于1924年1月至4月出版，同年3月至6月再版），都是收录上海大学社会系教师的讲稿，第1集收录瞿秋白《现代社会学》、《社会哲学概论》和安体诚《现代经济学》、施存统《社会运动史》。

瞿秋白主编的《前锋》第3期（1924年2月1日）刊登《社会科学讲义》第1集的新书广告："每月零售一册，定价大洋五角。全年预定十册，定价大洋四元。特约经售处，上海亚东图书馆、长沙文化书社。总发行所上海书店，上海小北门外民国路振业里口十一号。"（原文是书店名称和地址前后颠倒）这时上海书店和长沙文化书社已有业务往来，况且后者是毛泽东、易礼容等创办的，曾是中共建党前后的秘密联络点，还曾召开著名的新民学会年会。

《社会科学概论》问世后，受到热血青年的喜爱。1925年1月上海书店再版《社会科学概论》，不过封面上依然印着"一九二四年印行"。1925年5月、8月接连印行第3版、第4版。已改为《新青年》月刊（1925年4月第1期）封底还特地作了广告：

社会科学概论

人类生活于社会中，自然要了解社会是什么。我们生活于这混乱不安的社会中，自然要明白他的原因和改造的方法。这本小册子，是瞿秋白先生一九二四年上海夏令讲学会底讲稿。他根据最新的最正确的科学智识，说明社会进化的原理，给与我们一条科学的道路，一个自救的方法。他对于社会、经济、法律、宗教、风俗、艺术、哲学、科学等现象，都给与一种科学的解释，使我们明白这些现象的真正意义及其互相的关系。更可贵的是，只要我们化很少的钱，在很少的时间，便能得到很多的正确的智识。青年学生，尤其不可不一读此书。定洋三角，批发从廉。上海书店发行

1926年8月，瞿秋白离沪抵达广州，参加共产国际执委会远东局和中共中央代表团联席会议，中共广东区委负责人陈延年、张太雷等人有时也参加有关会议。瞿秋白广泛接触各界人士，对当时形势及各方面情况进行深入调

查研究，为参加国共两党联席会议做准备。在广州期间，瞿秋白应劳动学院院长邓中夏等人邀请，讲演《什么是共产主义》。他还到农民运动讲习所讲演《国民革命中之农民问题》，9 月上旬返回上海，向陈独秀等人汇报有关情况。

一个月后，广州国光书店重版《社会科学概论》，这与事前瞿秋白来广州可能有关。国光书店与中共广东区委关系密切，“中山舰事件”发生后，广东区委委托国光书店经理黄国梁秘密租赁了广大路广大二巷 4 号 4 楼，作为区委领导的秘密落脚点，以后成为中共广东省委书记张太雷策划和组织广州起义的秘密住所。

（二）

1928 年 4 月底，瞿秋白离沪赴莫斯科，筹备中共六大。会议结束后留下来工作，担任中共驻共产国际代表团团长等职务，直到 1930 年夏返回上海。

这期间又出现了改书名的《社会科学概论》版本。

1929 年 12 月 10 日，上海社会科学研究社出版了《社会科学研究初步》，其实，内容还是瞿秋白的《社会科学概论》，改书名、假托“译者序”等技术处理，主要是防止反动当局的查禁。

该版本的封面灰黑色，无图案，右上为竖排“布浪德耳原著，杨霞青翻译”，中间为书名，右下为“上海社会科学研究社”。无内封，目录里除了 12 章的序号之外，小标题也依此列有序号即 1—55，而且小标题后多次添加问号。

书后版权页注明“一九二九年十二月十日初版”，每册“实价大洋二角”，比原来《社会科学概论》版本便宜。还竖印着几行字“原作者布浪德耳”，“翻译者杨霞青”。该版本 32 开，目录 6 页，正文 85 页。正文前面增加了假托的《译者序》：

高度发展的生产力，把山水遥阻的地球各部的人类联络成一个大社会，每一个人都是生长和生存在这个社会里，可是并不是每个人都能够认识和理解他所存在的社会。

现在的人类社会是非常复杂的集合体，中国尤其是这一整个社会中的结构最复杂的一员。现在是整个社会大流变的时代，中国正是处在大流变的怒潮中，每个中国的青年，都应致力于认识和理解整个社会以及整个中国的真实内容的工作。

青年们的责任，不但是在认识和理解社会，尤其是在改造社会，但有志于改造社会的青年，至少应当对现代社会有初步的认识。

现在有许许多多的青年，时常苦于摸不着寻找认识和理解社会的门径，以致更无法找到改造社会的方案。所以社会科学的研究，成为目前青年界之一般的要求。

德国布浪德耳的这本短短的著作，虽然不是什么包罗万象的大作，但他却能够给现代青年一个研究社会科学的门径。因为它曾把社会科学的各个方面都给以简明的注释和解答。

读过《社会科学研究初步》的青年，再进一步去研究社会科学中的较高深复杂的抽象理论，去认识和了解变化无穷的具体事实，则对于这一青年的造就，是有非常大的帮助的。

说完了这几句简单的话，谨将这本书贡献于活泼的青年们。

霞青。一九二九，双十节，柏林。

这是一篇号召青年们不畏强暴的战斗檄文，仅从文字风格来看，执笔者很可能是个热血青年，但无法考证是何人。

不久，又出现一个“同样”改名版本《社会科学研究初步》，华兴书局印行。该书局是中共上海地下党组织继无产阶级书店之后 1929 年创办的出版机构，1930 年至 1931 年被国民党查禁的书籍多达 49 种，1931 年该书局被查封后，曾用“上海启阳书店”、“春阳书店”、“浦江书店”等名义继续出版图书。

根据华兴书局出版书籍目录记载，其中还有瞿秋白翻译的《战术与策略》（斯徒夸夫著，每册 4 角）、《新社会观》（郭范仑科著，每册 3 角），以及大量马克思、列宁等经典著作，这些书籍都被列为上海社会科学研究学会丛书。显然社会科学研究社也是中共上海地下党组织托名“研究”的一个机构名称，如果说以上谈及的改名版本和增添的“译者序”是华兴书局（未正式署名）所为，那么也在情理之中。

华兴书局改书名版本的开本、页码均同初版本，不过整体正规些。封面浅青绿底色，四周有双线围框。上端为“社会科学丛书”，其下为书名（自右至左），下画一根花纹线，中间一大块空白，下端居中印着“1930”。

内封文字竖排，原作者、翻译者、书名、印行者排列方式均同初版本的封面，不过印行者中有衍字“学”，误排为“上海社会科学研究学社”。“社会科学研究初步目次”下面增加“杨霞青译”字样，各节小标题也有序号。后面版权页式样与初版本相同，依然注明“一九二九年十二月十日初版”（封面上则注明1930年）。不过“经销处”改为“华兴书局”，翻译者误排为“杨宵青”，而不是杨霞青。

此版本的“译者序”与初版本“译者序”校对，前者略有文字改动，如原为“现在有许许多多的青年”，删除“有”；“去认识和了解变化无穷”，删除“和”；最后“青年们”改为“青年界”；落款“霞青”后面标点改为“，”。

1930年5月10日，华兴书局再版《社会科学研究初步》，内封左下的印行者删除其中的衍字“学”，成为正式名称“上海社会科学研究社”。后面版权页的出版时间改为再版时间，增加了华兴书局的地址“上海康脑脱路东首”（现为静安区康定路）。其余均同以上版本，几乎没有增删文字。

1931年9月，中共北方地下党组织秘密成立的北方人民出版社，由王辛垦（亦名辛民、王光潜）等人负责，重新校订和编排地下党先后创办的上海人民出版社、新青年社、平民书社、中国青年社、上海书店等革命出版物，其中就有改名版本《社会科学研究初步》，署名为“布浪德耳著，杨霞青译”。

瞿秋白牺牲后，1938年上海社会科学研究社再次重印改名版本《社会科学研究初步》，全书竖排，64开本，比原来缩小了一半，巴掌大小。

封面设计别致，分为左右两部分，左部分左上端为书名，一旁印着“布浪德耳著，杨霞青译”，其下端印着并排两行小字：“上海社会科学研究社出版”，“中国文化服务社经售”。右半部分偏宽些，为红色竖长木刻图案，工厂烟囱冒着浓烟，行人匆匆路过，左下角有两个警察（若不是戴着警帽，还难以辨认），跟随上班的工人（提着饭盒），加之厂门口还有两个警察身影，画面的用意不言而喻。封底白色，上端印着拼音书名“Shexuikoxyo Langiu Chubu”，下端居中为“1938”。

翻开封面，开头便是“译者序”，但没有落款；前两页无序号，而是从第

3 页开始至第 5 页。目录标题为“本书内容”，实为目录，但是文字略有不同，一些小节标题后也有问号，与以上改书名版本相同。正文每节小标题放在花纹围框里，占据每节开头数行文字的一边位置，小标题的文字与目录相同也略有改动，但没有问号。正文从第 13 页开始，至 133 页结束。

（三）

1931 年 6 月至 1933 年 2 月，瞿秋白夫妇借居于紫霞路 68 号，与房东谢旦如[1]结下深厚友情。1932 年“一二八”沪淞抗战之前，瞿秋白夫妇随谢旦如一家迁移到法租界毕勋路（今汾阳路）毕兴坊 10 号。战争结束后，又搬回紫霞路 68 号，瞿秋白着手翻译《卡尔·马克思》等。

撤离紫霞路 68 号之前，瞿秋白曾将许多原稿交给谢旦如保存。瞿秋白牺牲后，谢旦如以霞社名义自费出版瞿秋白遗著，以纪念瞿秋白烈士。1939 年 2 月，霞社校印《社会科学概论》（3 月再版），恢复原书名，没有“译者序”。封面设计类似其他霞社书籍版本，右上以瞿秋白手迹制作为书名，竖排，套红，书名下印刷体为“附论马、列”，一旁并列为“瞿秋白著”，整个封面浅黄色，衬底为瞿秋白翻译《马克思》原稿的手迹。

内封有横排的书名、著者和出版者、出版时间。其背面为版权页，“一九三九年二月一日初版，定价二角五分，霞社校印”。该书 25 开，目录 3 页，基本保持初版本模样，正文和附录共 85 页，附录两文，即瞿秋白翻译的《马克思》和改译的《列宁的青年时代》。

其实第 1 篇译文为两篇翻译文，即《马克思》（传略）、《马克思的学说》（残稿），译自列宁重要著作《卡尔·马克思》。其中《马克思》（传略）译文则像是个草稿，显得比较仓促，文字没有来得及推敲（最后还漏了一些文字），准备以后斟酌修改。由于《马克思》（传略）、《马克思的学说》（残稿）未被收录以后各种版本的《瞿秋白文集》，以下有必要作一些介绍。

列宁写的《卡尔·马克思》是为格拉纳特兄弟百科辞典出版社撰写的词条。1914 年春，在加里西亚的波罗宁动手写，同年 11 月在瑞士脱稿。这时期正是列宁辩证法思想发展第二阶段初期。此后列宁继续阅读其他哲学著作，写下各种笔记，以后合编为《哲学笔记》。列宁研究辩证法等哲学，为了分析和解决俄国和第一次世界大战后急剧变化的形势，以及应当采取的战略和策略等。

1915 年《格拉纳特百科辞典》出版时，附有《马克思主义书目》，但被删去《社会主义》、《无产阶级斗争的策略》两节。1918 年“波涛”出版社出版单行本并附有列宁的序言，但没有《马克思主义书目》。1925 年此手稿全文首次发表于俄共（布）中央列宁研究院编的“论马克思恩格斯及马克思主义”文集。现在中文版《列宁全集》收录《卡尔·马克思（传略和马克思主义概述)》时，其中有《序言》、《马克思传略》（《列宁全集》中未有此标题)、《马克思的学说》、《马克思的经济学说》、《马克思主义书目》，最后附有列宁从黑格尔《逻辑学》摘出的《辩证法的要素》。因种种原因，瞿秋白只翻译《马克思传略》（《马克思》）和《马克思的学说》前面部分，即马克思主义简短提要、《哲学唯物主义》（未译完），这节后面还有《辩证法》、《唯物主义历史观》、《阶级斗争》数节原文内容。

1913 年 3 月，列宁发表《马克思主义的三个来源和三个组成部分》。而后撰写《卡尔·马克思》中的《马克思的学说》，首先直接指出马克思主义的三个主要理论来源：德国古典哲学、英国古典政治经济学和英法空想社会主义，以及现代唯物主义和科学社会主义。第 1 小节《哲学唯物主义》陈述列宁对马克思、恩格斯关于唯物主义的观点，对于“旧”唯物主义三个主要缺点：机械的唯物主义，非历史、非辩证的唯物主义，抽象地理解“人的本质”，而不是将它理解为“一切社会关系的总和”。所以“旧”唯物主义者只是“解释”世界，而无法能动地“改变世界”，更不能理解“革命实践活动”的意义。此后几个小节《辩证法》、《唯物主义历史观》、《阶级斗争》，分别作了阐述：马克思、恩格斯对于黑格尔辩证法的深刻理解；对于唯物主义历史观强调要运用于社会现象，揭示客观规律，考察群众生活的社会条件以及这些条件的变更，“以科学态度研究历史的途径”；马克思提供了用唯物主义观点研究和分析历史的范例，包括每个阶级以至每个阶级内部各个集团或阶层所处地位等情况。

《马克思的经济学说》分为《价值》、《剩余价值》、《资本积累》、《资本主义积累的历史趋势》、《平均利润率》、《地租论》、《农业资本主义进化》、《社会主义》、《无产阶级阶级斗争的策略》等小节内容。列宁分析马克思《资本论》主要观点及其内容，得出结论：“资本主义社会必然要转变为社会主义社会”，“马克思是完全而且仅仅根据现代社会的经济运动规律得出的”。《社会主义》一节说明资本主义高度发展为社会主义必然到来提供了“主要的物质基础”等；《无产阶级阶级斗争的策略》一节指出：“马克思是严格根据他的辩证唯物主义世界观的一切前提确定无产阶级策略的基本任务的。只有客观地考虑某个社会中的一切阶级相互关系的全部总和，因而也考虑该社会发展的客观阶段，考虑该社会和其他社会之间的相互关系，才能成为先进阶级制定正确策略的依据。”[2]

以上是列宁深入研究马克思与恩格斯通信集等之后阐述的简要内容和得出的重要结论，显示了列宁重视辩证法理论探究的特点：强调理论与实践相结合，积极适应社会历史的重大变动等。这些也是瞿秋白翻译《卡尔·马克思》的首要原因。当时他遭到党内“左”倾无情打击，被撤销中央领导职务，但是他主动为党工作，积极思考和探索中国革命理论，在列宁等经典著作里寻找理论根据。另外，为了完整地介绍马克思主义哲学。之前，瞿秋白已翻译《唯物论的宇宙观概说》、《马克思主义之意义》、《无产阶级之哲学——唯物论》、《历史的唯物主义》等，但是没有译介列宁关于马克思主义辩证唯物主义的著作。因此，有必要填补译介列宁哲学思想的“空白”，而且中国进步读者对于列宁的这些观点比较陌生，更有必要进行宣传。

翻译《卡尔·马克思》时，瞿秋白在译文中加了许多拉丁拼音，特别是人名、地名、政治术语等（收录此文的中文版《列宁全集》里是没有的），这与他当时认真研究和推广汉字拉丁化有关。另外，他还添加注解，即关于“辩证法”术语的翻译问题，便于读者借鉴参考。1923 年瞿秋白编写《社会哲学概论》时，已经出现“互辩律”（辩证法）。1927 年新青年社发行的瞿秋白译作《无产阶级之哲学——唯物论》（俄国郭列夫原著），也把“辩证法”译为“互辩法”。显然他对翻译哲学术语有自己的见解，一直在摸索通俗易懂的形式，能够为广大读者所接受。

当时瞿秋白参加左翼文学人士与胡秋原等关于“文艺自由”的论辩（胡秋原自称遵循普列汉诺夫的唯物史观艺术论），关注当时中国社会科学界大论战，即中国社会性质论战、中国社会史论战和唯物辩证法论战，并撰写《“自由人”的文化运动》、《唯物辩证法的合法主义化》（此文引用不少的列宁哲学见解）等文。另外，瞿秋白对于华岗《中国大革命史》、郑伯奇的大众文艺思想进行批评。在紧张思考和撰文过程中，促使瞿秋白意识到加强宣传马克思、列宁唯物辩证法的必要性，特别是译介通俗的宣传读物，以纠正人们各种误解和错误看法。可惜他未能把《卡尔·马克思》全部翻译出来，此后再也没有机会译介马克思主义哲学有关内容，转向译介其他内容了。

谢旦如不仅自费出版瞿秋白遗著，还冒着生命危险保留了瞿秋白翻译的《马克思》等遗文，功不可没，值得后人景仰。

（四）

1949 年春天上海解放后，有些出版社重版瞿秋白《社会科学概论》，也恢复原书名。

抗战胜利后，郭沫若夫妇等人集资创办的群益出版社（曾得到中共南方局支持）自重庆迁移到上海（经理吉少甫），接连出版郭沫若翻译的马克思《艺术的真实》和郭沫若著作《羽毛集》等。上海解放后，群益出版社出版瞿秋白《社会科学概论》，32 开，正文 68 页，竖排。封面四周为环状串纹和线框，上端书名横排，自右往左，其下第一次正大光明地署上“瞿秋白著”。中间红色图案主角为工人头像，下端为“群益出版社刊行”。

内封四周为红色花纹框，书名、作者、出版社和出版时间均为红色，与解放前同类书籍的装帧设计意图截然不同。版权页放在内封背面，仍然以红色为基调，四周是红色双线框，书名下注明“著者瞿秋白”，发行量 5000 册，这是解放前不可想象的。目录式样还是仿造以前改书名的版本，小标题后仍然有问号，也照样印着 1—55 的序号。正文里的小标题也放在花纹围框里，占据每节开头数行文字的一边位置。

群益出版社版本问世时，正是瞿秋白牺牲 14 周年纪念之际，天津联合出版社也不约而同印行《社会科学概论》（1949 年 6 月），小 32 开，86 页。封面右上角为“瞿秋白著”，该名字为瞿秋白生前的手迹，左下为“联合出版社印行”。内封的书名、作者、出版社均为横排，其背面为置前版权页，注明印行 3000 册。

目录式样恢复原来版本，小标题后没有问号，正文里的小标题仍然放在花纹围框里。不过正文最后保留了“一九二四年上海夏令讲学会稿”字样，这在 1924 年 10 月初版本中是放在书名的下面。

底封里为联合出版社广告：《列宁、斯大林论青年团底任务》、《论共产主义的劳动态度》、《人民革命领袖的故事》、《革命领袖（马恩列斯毛）的青年时代》、《斯大林论战后国际关系》。

上海私营平凡书局也选择瞿秋白牺牲纪念之际，出版《社会科学十二讲》，实为《社会科学概论》。该书局是高尔松、高尔柏兄弟于1929年创办，出版了许多社会科学和文艺等书籍。高尔柏曾担任上海大学党支部书记，与瞿秋白有接触，聆听过瞿秋白的讲演《国民革命与阶级斗争》（秦邦宪、崔小立记录）等。

高氏兄弟改书名的《社会科学十二讲》，曾是日本学者杉山荣的中文版（温盛光翻译）的书名（乐华图书公司1930年版），李达、钱铁如曾将此译为《社会科学概论》（昆仑书店1929年版）。因此，高氏兄弟改书名也并非无依据，况且此书正好为12章。如果将日本学者杉山荣的中文版与瞿秋白讲演稿作个比较，两者的主要观点和论述依据还是有相似之处，前者主要阐述马克思、恩格斯社会学，后者阐述更为通俗易懂，宜于中国青年读者所接受。

平凡书局版本的封面比较有特色，右半部分为大块橘红色底，斜夹着白色波纹，形成一种动感的效果，以此衬托右上的圆形瞿秋白头像（后来常见的标准像），这是解放后首次出现在书籍封面上，其下为“瞿秋白著”。封面左边部分仅占三分之一，白色底，繁体字书名竖排。无内封，目录中的章节仅以序数排列，并非出现“第一章”之类字样。小标题也没有序号。排印的字体比较小，正文后也注明“一九二四年上海夏令讲学会稿”。

底封里下半部分为版权页的内容。上半部分为平凡书局“恢复业务”广告：“本局创立于民国十八年，曾刊行社会科学及革命文艺新书数十种，后遭到当局查封，未能公开发售。及抗日军兴，本局存书及纸型等，又全被日军没收，以致数年来本版各书，完全未能公开与读者相见。现本局同人因有感于文化事业的重要，决定继续过去精神，恢复本局业务。希望全国读者多多指示乃幸!”一旁刊有列宁、斯大林译著和高氏兄弟著作《社会科学大纲》等。

1949年8月，还有两个版本，一是东北新华书店辽东分店印行《社会科学概论》，32开，正文67页。二是长江出版社改书名为《新民主社会科学》，列为“新知识丛书”，32开本，仅为44页。可能还有其他版本，请有识者明示。

［注］

［1］谢旦如（1904—1962），又名澹如、淡如、永淦，笔名元功、王了一。1924年参

加冯雪峰等组织的湖畔诗社，出版诗集《苜蓿花》。1930年参加中国自由运动大同盟，此后掩护瞿秋白夫妇达两年。抗战时期保存瞿秋白、方志敏烈士遗稿，以霞社名义出版《乱弹及其他》和《方志敏自传》等。上海解放后，担任上海鲁迅纪念馆副馆长等。谢旦如生平，详见钱云锦《忆谢旦如掩护党的秘密工作的片段》，《党史资料》丛刊1983年第3期；陈福康、丁言模《杨之华评传》有关章节，上海社会科学院出版社2005年版。

[2]《列宁选集》第2卷，人民出版社1965年版，第535—582页。

瞿秋白译作《无产阶级之哲学——唯物论》

1927 年 3 月，新青年社出版瞿秋白译作《无产阶级之哲学——唯物论》，产生较大影响。1943 年 12 月，毛泽东向刘少奇推荐此译作。

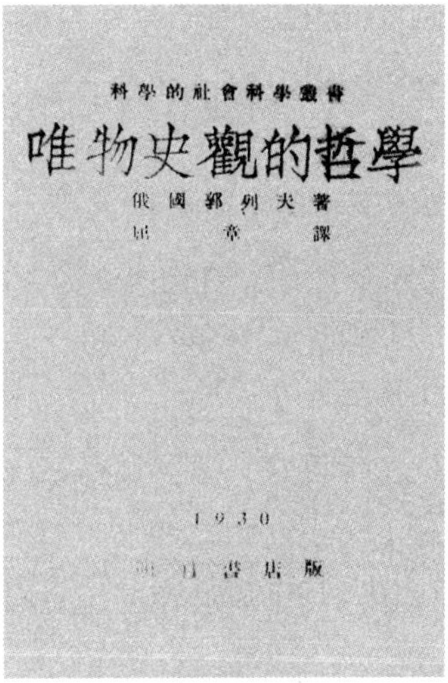

明日书店版本《唯物史观的哲学》

（一）

1927 年初，瞿秋白住在上海合肥路五丰里 5 号，除了外出参加党中央重要会议之外，其余时间都在家里因病休养。他抓紧时间翻译《无产阶级之哲学——唯物论》，同时整理、编辑自己过去写的各种文章，自题为《瞿秋白论文集》，这是他生前自编的唯一一部综合性论文集。在此基础上，他撰写《中国革命中之争论问题》，这是自中共建党以来第一次有系统地公开批评“彭述之主义”——陈独秀、彭述之等人右倾错误。这 3 件事情有时是交叉进行，互相之间有内在联系。

一天早晨，中共中央秘书长王若飞把郑超麟从被窝里拉起来，说是去看望生病的瞿秋白。他俩进门登上二楼，看见瞿秋白端坐在写字台前写文章。郑超麟回忆说：“我们进去时，他写的东西已经藏起来，此时他从抽屉拿出稿子来，说他正在翻译哥勒夫的《辩证法唯物论》……原来，他上午正在写反彭述之主义的小册子，下午才译哥勒夫或找人谈话。”[1] “哥勒夫的《辩证法唯物论》”，即郭列夫《无产阶级之哲学——唯物论》。郭列夫（1874—

1937)，原名戈尔曼德·波里斯·伊萨科维奇，苏联哲学家、历史学家。

在中国马克思主义哲学思想发展史上，瞿秋白作为中国早期传播马克思主义哲学的先驱者之一，处于承前启后的重要历史地位，作出了重要贡献。

1924 年初夏前后，瞿秋白在上海大学任教时编写了 3 部讲义，即《社会哲学概论》、《现代社会学》、《社会科学概论》，构成了“现代社会学”系列讲座，这 3 部讲义侧重点不同。《社会哲学概论》简要地介绍哲学发展史上的唯心论和唯物论，并围绕唯物主义与社会现象的关系，分为哲学和经济两大部分展开阐述。《现代社会学》在改译布哈林《历史唯物主义理论》的基础上，接受普列汉诺夫的唯物史观学说（布哈林也受到普列汉诺夫学说的影响），紧密结合中国思想界的实际情况加以评判，努力建立中国马克思主义社会学。《现代社会学》阐述社会发展的一般、特殊和个别动因及其内部、外部“互辩”（辩证）规律性等问题。《社会科学概论》是以普列汉诺夫“五项因素”[2]的理论作为框架和理论基础，运用社会系统论的新概念，发挥和阐述“五项因素”的整体性和各因素之间的辩证关系。

在大革命期间，瞿秋白作为中共党内高层次理论家和宣传家，面对复杂尖锐的斗争状况，不断地总结经验教训，并挤出时间学习马克思主义哲学，以理清思路，学以致用。1926 年初，他撰写《唯物论的宇宙观概说》、《马克思主义之意义》两文，以后作为附录收录于《无产阶级之哲学——唯物论》译作。对于加紧译著马克思哲学的重要原因之一，瞿秋白坦率地指出：

> 中国对于马克思主义理论上的研究，至今还是异常的贫乏，对于唯物史观的介绍往往不大确切和明瞭。通常对于唯物史观及马克思主义的译名，即如“唯物史观”一词都嫌疏陋，马克思的哲学学说决不能以唯物史观概括得了。所以，必须知道马克思主义的真切的意义。[3]

《唯物论的宇宙观概说》《马克思主义之意义》是继以上提及的 3 部讲义之后深层次的思考和理论上的升华。《唯物论的宇宙观概说》最后总结了 6 个重要观点，最后一个观点是“符合实际的认识便是真理”。他初步谈及认识与真理之间的辩证关系，还没有继续深入，但是他已敏感地意识到“以科学的宇宙观去观察一切事物”的重要性。次年，这成为他的批判武器之一，体现在著名长文《中国革命中之争论问题》里。

《马克思主义之意义》文字并不多，可以看作是一种笔记，为今后继续研究提供思路。该文最后列出“马克思主义的成分表”：“1. 第亚力克谛（辩证法）唯物论的哲学或马克思主义的总宇宙观；2. 社会学的方法论或唯物史观即历史唯物论；3. 社会经济的理论或经济学；4. 无产阶级革命斗争的理论，共产主义或科学的社会主义。”[4]这是当时瞿秋白所理解的马克思主义。1931年初，瞿秋白被撤销中共中央领导职务，继续研究马克思主义，翻译了《马克思的学说》（残稿）和撰写有关文章，但是，由于种种原因，他未能继续写下去。

1927年元旦，瞿秋白整理旧稿时，决定将以上两文收录《瞿秋白论文集》，以及附录于单行本《无产阶级之哲学——唯物论》里，还写下一段说明：

这附录之中包含两篇文章：（一）唯物的宇宙观概说，（二）马克思主义之概念——都是我一九二六年初自己研究唯物论哲学时所抄录的笔记，其中当然没有甚么独出心裁的地方。不过郭列夫原书上所叙的唯物论与科学，其行文的体裁比较松懈，所以我的第一篇附录，亦许可以帮助读者更有系统些了解唯物论的宇宙观及生物观。至于第二篇附录，亦不是多余的，因为它很可以帮助读者得到对于“马克思主义”一名词的正确概念，不至于认为马克思主义就限于唯物史观及其经济学说。[5]

显然，瞿秋白认为在中国传播的马克思主义哲学侧重于唯物史观及其经济学说，这是远远不够的，他早年就已经意识到这个问题，积极宣传马克思主义哲学的辩证法，成为他的重要贡献之一。以上引文提及“郭列夫原书”，即《无产阶级之哲学——唯物论》，他以前看过，产生翻译此书的想法并不是偶然的。

（二）

无产阶级之哲学——唯物论

哥勒夫著　瞿秋白译

研究唯物史观，在中国苦少著本，此书乃俄国著名的唯物史观教授哥勒夫所著的浅题易解的书，译者瞿秋白先生又是国内对于唯物史观有深刻研究的人。译文中于难解之处且加译者注释，书后并附有译者自著的二篇论文。

这是《向导》第187期（1927年2月7日出版）刊登的出版预告，同时刊登的还有陆定一译作《资本主义稳定与无产阶级革命》、王一飞译作《俄国共产党史》等书。

1927年3月，新青年社出版单行本《无产阶级之哲学——唯物论》，署名“瞿秋白译注”，32开，正文282页。其共有11章，最后两章是原著者写的两个附录，瞿秋白觉得意犹未尽，又增写几千字的附录，题为《社会现象之中的互辩法》，开头指出：“著者最后这一篇，说明社会现象和自然现象同有因果联系的规律性，同样可以做科学之对象，译者关于社会现象却还可以补充几句。这就是关于社会现象里的互辩法。”他得出一个重要结论，互辩法（辩证法）唯物论“是真正综合一切科学的最高的哲学真理”。最后，他还建议读者“可以参看：张伯简所译的《各时代社会经济结构原素表》（《新青年》月刊1925年第1期刊登该译表的广告——引者）；瞿秋白之《社会科学概论》”。1925年五卅时期，瞿秋白与张伯简（负责发行）等一起在《热血日报》编辑部工作，他俩互相比较了解。

出版《无产阶级之哲学——唯物论》时，新青年社已经不是原来的出版机构。1920年9月，《新青年》（即第8卷第1号）脱离群益书社，自行出版，新青年社由此成立，门市部设立在法大马路（今金陵东路）279号。《新青年》成为上海共产党早期组织的机关刊物后，大力宣传马克思主义，被法租界巡捕房查封，新青年社被迫迁移广州。1923年共产党创办的人民出版社在广州与新青年社合并，不久广州新青年社结束历史使命，其所有存书和各省代售处的欠账都转交给上海书店接办。

上海书店成立于1923年11月1日，是中国共产党早期出版发行机构，店址在上海南市小北门振业里口11号。后来上海书店以新青年社的名义出版丛书，如瞿秋白等人编著的《唯物史观》、《马克思主义浅说》、《关税问题与特别会议》等，均由中央出版发行部经理毛泽民负责发行。1926年夏天，毛泽民奉命赴武汉创办汉口长江书店，同时在上海和武汉之间往返，解决书源，调运书刊。

1927年3月，瞿秋白已经离沪赴汉口，主编《新青年社丛书》，包括

《共产主义ABC》、《劳动运动史》、《俄国革命运动史》（即瞿秋白撰写的《俄国革命运动史》之一《俄国资产阶级革命与农民问题》）等，这些书籍的发行任务仍然由毛泽民主持的长江书店负责，其中理应包括以新青年社名义发行的单行本《无产阶级之哲学——唯物论》。

1928年4月底，瞿秋白赴莫斯科筹备中共六大，同年夏天担任中共驻共产国际代表团团长等职务，在紧张工作中他仍然挤出时间，修改了《无产阶级之哲学——唯物论》译作，通过党组织，辗转送到明日书店编辑、中共地下党员许杰、巴克手里。

许杰《关于“明日书店”的回忆》、丁景唐《明日书店书目综述——并贺许杰先生九十寿辰》分别介绍了有关情况。[6]

明日书店筹建于1928年夏天，许杰、巴克是主要的编辑人员，分别负责文学和社会科学方面的书。林某、孟超（太阳社成员）、顾凤城当过明日书店短时期编辑。廖沫沙经中共地下党员李绍基介绍，也曾到该书店工作。1931年8月，廖沫沙出狱后，起初在共青团沪中区书业支部工作，后调到团沪中区委负责宣传，还参加“上海反帝大同盟”有关工作，该组织的办公室设在四马路（今福州路）东华里明日书店的半截房间里。明日书店仅存几年，关门前，林育青看管，他是浙江宁海人，与王育和、柔石是同乡。他曾对许杰、巴克谈起挽救书店的事情，请柔石出面，办个文艺刊物。但是，柔石被捕了，他还想证明自己是有固定职业的公民，便说是明日书店的编辑，随同巡捕来书店对证。以后柔石从监狱里送出来的信，转给王育和，再转告鲁迅。柔石等人牺牲后，鲁迅撰写《为了忘却的纪念》一文，谈到柔石被捕后的一些情况，提及明日书店。

1929年明日书店出版的书并不多，次年明显多起来，文艺书籍相对少些，有影响的都是社会科学书籍。除了瞿秋白译作《唯物史观的哲学》，还有巴克翻译的日本著名学者河上肇《唯物史观的基础》，以及他编写的《战后世界资本主义研究》上、下两卷；笛秋、朱铁笙合译的列宁《唯物论与经验批判主义》，这是最早从俄文译出的译本；董绍明（董秋斯）翻译的《马克斯论》，刘林平翻译的恩格斯《英国工人阶级状况》等。

巴克负责出版社会科学丛书，第1种为他翻译的日本河上肇《唯物史观的基础》（明日书店1930年3月初版），书后附有《科学的社会科学丛书缘起——对读书界的贡献》一文：

现在出版界对于社会科学丛书的出版，可谓盛极一时了。我们毋庸讳言的。在大家热闹的出版社会科学书籍时，可是读书界要感觉着下列几点极大的困难问题了，就是一，在经济方面，一般的读者，实不能容许购买所有的书籍；而选译的购买呢，因大家都说自己所出的书有价值，当然难于选择了；况譬如同一本“唯物论的辩证法”，有的详于辩证法而略于唯物论，有的全然的反于此，实致使你要选择亦无从选择了。二，在时间方面，一个读者要全般的读完现在所出版的书籍，不但事实有不能容许，亦是太不经济的事情；可是选择的读呢，则因现在所出的书籍，大半都无系统的，都无一贯的联系的，未免又要觉得对于自己的学问，无从整理起来。本店有鉴于此，特延请知名的学者，编译有系统的，一贯的科学的社会科学丛书，对于读者，在尽可能内，当避免上述的二大困难。譬如本店所出的“唯物史观的哲学”，不但选择世界的名著，且选择其较最精确的，最有系统的一书，致使读者除专门研究哲学的外，读此一书，就会了解真正的哲学是什么了。同此道理，关于社会科学有关系的经济，政治……等等，本店都各选译一本，万一遇某问题，找不到最善的本子，则请对于这问题有专门的研究者专著一书来补足之。本店对于读书界苦心谊诣，总括一句，无非是为读者节约时间与经济而已。今将已出版和印刷及选定的各书露布于下。

（1）唯物史观的基础（已出）巴克译（2）唯物史观的哲学（已出）屈章译（3）唯物史观的唯物论（4）唯物史观的认识论（5）唯物史观的辩证法（6）唯物史观与自然科学（7）唯物史观的社会学（8）唯物史观的经济学（9）唯物史观的政治学（10）唯物史观的伦理学（11）唯物史观的艺术论（12）唯物史观的社会思想史（13）唯物史观的经济思想史（14）唯物史观的政治思想史（15）唯物史观的社会史（16）唯物史观的经济史（17）唯物史观的政治史（18）唯物史观的社会进化史（19）唯物史观的社会主义史（20）唯物史观的社会运动史（21）唯物史观的世界革命史（22）唯物史观的社会问题

此文很可能是巴克起草的，其中提及改书名的瞿秋白译作《唯物史观的哲学》，并称之“不但选择世界的名著，且选择其较最精确的，最有系统的一书，致使读者除专门研究哲学的外，读此一书，就会了解真正的哲学是什么了”。

事前，1930 年 2 月中共中央“文委”筹备的左联正式成立，5 月正式成立中国社会科学家联盟（简称“社联”），推动马克思主义社会科学发展和繁荣。“社联”由彭康、李一氓、吴亮平、杨贤江等人筹办，他们与活跃的上海出版界有着直接或间接联系。巴克与许杰商讨以上“丛书缘起”的宏大出版计划时，是否得到中共地下党组织的指示和支持，这有待于挖掘资料佐证。

（三）

巴克，即戴介民（1902—1973），原名戴邦定，浙江黄岩人。1924 年巴克就读于上海大学时，听过该校社会学系主任瞿秋白讲课。次年，巴克加入共产党。因此，他编辑瞿秋白译作，也含有“尊师”之意。

1930 年 3 月，明日书店印行瞿秋白译作，书名改为《唯物史观的哲学》，译者改为屈章（瞿秋白曾使用“屈维它”笔名，“屈章”意即“屈维它”的文章），列为社会科学丛书第 2 种。其 32 开，正文从第 2 页开始，共有 257 页。版式方面，隔一页左上角为每章标题，页码在另一端；隔一页右上角为书名，左端为页码。封面设计简单，与河上肇《唯物史观的基础》相同，均为浅红底色，上端为“科学的社会科学丛书”，其下为深红色书名，以下两行小字“俄国郭列夫著”，“屈章译”。下端为“1930”，“明日书店版”。版权页上注明“1930，2，1 付印”，“1930，3，30 出版”；“每册实价大洋七角五（分）”。

如果把初版本的“原译作”与明日书店出版的“修改稿”作个比较，那么便会至少发现以下一些问题。首先，两者内容基本相同，但是“修改稿”至少有如下 4 处删除文字：

（“原译作”《绪论》开头）马克思、昂格斯的伟大学说科学的社会主义理论——世界的革命无产阶级已经在他旗帜下奋斗了七十多年，始终要解放人类于一切压迫和奴隶制度之下——这一学说是很深奥而复杂的。

（“修改稿”《绪论》开头）马克思、昂格斯的伟大学说科学的社会主义理论是很深奥而复杂的。

（“原译作”第2章《唯心论与唯物论》第12小节里的一大段）反对唯物论的残暴的压迫，继续了几百年；现时资产阶级社会所公认的所谓哲学界，直到现在还在继续这种压迫——不过现在不用大锅子烧杀人罢了。但是，人类智识的发展，科学的每一次新发见，总是违背学者自己的心愿——总是证明唯物论的真理。德谟克里德之后，就有他的弟子伊壁鸠鲁（Epicurus 纪元前341—前270），后来，到基督纪元前一百年便有罗马诗人鲁克莱齐嘉尔（Lucretius Car）——都是主持唯物论的哲学家。他们所主持的学说，虽然几千年来历受残暴的压迫，可是科学与事实，永久是在发扬光大这一学说呢。

（“修改稿”第2章《唯心论与唯物论》第12小节）删除此一大段文字。

（“原译作”第7章《唯物论与宗教及道德》结尾）事实上恰好相反，新的无产阶级道德及无产阶级理想之基础愈加巩固，愈加“物质些”，则无产阶级胜利的信心亦愈大，勇往直前去为这些理想而奋斗的勇气，也愈加来得果决。

（“修改稿”第7章《唯物论与宗教及道德》结尾）删除此一大段文字。

（“原译作”第9章《唯物哲学与阶级斗争》结尾）我们现在正在开始实行马克思的预言，这种预言是全靠历史唯物论而研究出来的；马克思预言资本主义必然崩败，——如今资本主义制度果然开始崩毁了。

无产阶级利用这一唯物论，便能
用强悍的手腕，永久
摧坏这厄运的压迫，
而后在地球之上，举起
那劳动之友爱的旗帜……

（“修改稿”第9章《唯物哲学与阶级斗争》结尾）删除这些文字。

其次，两者正文11章标题中有些改动，如“原译作”第5章标题《历史的唯物论》，改为《唯物论的历史观》；第6章标题《马克思主义之阶级论及国家论》，简化为《阶级观与国家论》；第10章标题《互辩法与科学》，改为《辩证法与科学》，而且文章里的“互辩法”基本上改为“辩证法”。还有第3章标题在正文里为《近代唯物论之发展》，目录里“之”改为“的”，这有可能是排版时误排，校对时忽视了。

再次，“原译作”每章里再分为若干小节，少则几十个，多则40个，每节文字并不多，有时仅为一大段。这可能是原著上就有的，便于讲课或演说，也可以作为提纲，即兴发挥。“修改稿”则把所有的小节标题全部删除，还删除了“原译作”中瞿秋白写的原注，以及书后瞿秋白写的两个附录《唯物论的宇宙观概说》、《马克思主义之概念》。另外，“原译作”中有些漏、错、衍字和标点符号，“修改稿”作了修改。

以上4处文字删除、标题等改动是瞿秋白所为，还是巴克修改，有待考证。

同年，明日书店出版的《唯物论与经验批判》译作后面有新书广告：

唯物史观的哲学

郭列夫著　屈章译

实价八角　赠券五分

此书曾轰动了全世界，并曾一时轰动了我国的出版界。就因为这本书“便是使社会里大多数的人明瞭理论的唯物哲学，了解他的意义，来源和发展，了解他在现代阶级斗争里的重要；以前这种理论是特种人所专有的，如今我们要使他为一般多数人，所了解。”所谓社会里多数人是什么？多数人同社会的关系是怎么样呢？再者，文化或所谓精神问题同社会的实践问题是有怎样关系呢？就这些问题一想，可知此书对于读书的重要以及他的价值了。此书译者是国内翻译界数一数二的学者，故其译笔的忠实和流畅，实其事余其吧。

“此书译者是国内……”此评价很高，并不过分；“赠券五分”，依照夹在书中的红色《明日书店优待券》（反面是《读者调查表》）第3条规定，即“此券剪下径寄本店可作书价五分”（以后增加为1角）；“轰动”一词实为广告语，不过《唯物史观的哲学》、《唯物论与经验批判》等译作影响还是比较大，半年后（1930年9月），瞿秋白译作再版，印书量达到4000册。

许杰回忆说，当时明日书店新出版书籍时，便去《申报》刊登广告，价钱很贵。1930年11月5日《申报》果然有“光明、明日、文艺、春秋、乐华”《五书店联合门市部开幕》的广告，其中有明日书店选登的两本书《唯物史观的哲学》、《唯物论与经验批判》。

(四)

霞社版本《新哲学——唯物论》内封

瞿秋白牺牲后，1939 年 4 月 1 日，谢旦如以霞社名义出版瞿秋白译作，再次改书名为《新哲学——唯物论》，28 开本，目录 2 页，正文 206 页。封面依然是霞社版的统一式样，右上为竖排的红字书名，浅黄色底衬瞿秋白翻译《马克思》的手迹小字。内封书名横排，署名“苏联 B. I. GOREFF 著”（封面上署名为音译的“可列夫著”），“瞿秋白译”。下端居中“霞社校印”，两旁分别是较小字体“1939”和“4 月 1 日”。版权页注明，每册定价 6 角。

全书恢复新青年社初版本的全部内容，并且根据瞿秋白修订过的原译作排印；整体版式规范，11 章里的小节标题不是随意排为一行，而是放在花纹围框内，占据每节开头数行文字的一边位置；瞿秋白的原注都作为脚注处理，以楷体小字区分于正文标宋体文字，显得主次分明，整洁明了。书后附录的瞿秋白两篇文章，也在标题下面说明“原著附录之一”，“原著附录之二”。

同年，巴克实现了瞿秋白来不及实现的深入浅出阐述辩证唯物论的心愿，撰写了《新哲学基础读本》，1939 年 10 月上海万叶书店出版。他大胆地提出新哲学——马克思主义哲学“中国化”的思路（希望以中国事例说明哲理），阐述了唯物主义辩证法。他指出：“我们正处在民族解放运动的大时代之下，自然需要一种正确的领导，由马克思斯和恩格斯发展出来又经列宁发展到更高的新阶段的辩证法唯物论（或唯物辩证法），是现代一切被压迫阶级斗争和谋解放的精神武器……它是认识世界的方法和革命行动的方法，它是世界观和方法的一致体。我们有了这种世界观，才能把自己锻炼成一个革命的战士，去完成中国的民族解放的革命运动。”这正是瞿秋白译作的初衷。

1943 年 12 月 14 日，毛泽东主持中共中央书记处会议，讨论高级干部学习党的路线问题，学习时间为半年。会议同意毛泽东提议，组成由任弼时、刘少奇、朱德、彭德怀等参加的政治工作委员会。12 月 24 日，毛泽东写信给刘少奇，认为“郭列夫的《唯物论》，瞿秋白曾有译本，我看过，还好……我正在找其他唯物史观的书看，看后再送你”[7]。

抗战胜利后，亚东图书馆印行郭列夫《辩证法易解》中文版（1947 年 4 月第五版），署名“西流”（王文元），转译日本著名学者藏原惟人的译本，译者认为，“郭列夫是苏联知名的哲学家，他很善于用平易的语言，解释高深的哲学问题，这本小书，是从他的演讲《唯物史观概要》当中第三讲翻译而成……”瞿秋白生前没有料到郭列夫的哲学思想还会继续在中国传播。

1949 年 4 月，原野出版社翻印霞社版本，25 开本，比前几次版本都要大，目录和正文页码均同霞社版本。封面重新设计，上下各有红色镶边，《新哲学——唯物论》书名横排，分为错开的两行，署名“郭列夫著”，“瞿秋白译”。封面里的前环衬对开一幅木刻版画是奋勇冲锋的战斗场面，这类似上海良友图书“良友丛书”的装帧。书后还有版权页，但未注明何地出版。

［注］

［1］郑超麟《史事与回忆》第 1 卷，香港天地图书有限公司 1998 年版，第 263 页。

［2］普列汉诺夫“五项因素”亦称“五项论”公式：（1）生产力的状况；（2）被生产力所制约的经济关系；（3）在一定的经济“基础”上生长起来的社会政治制度；（4）一部分由经济直接所决定的，一部分由生长在经济上的全部社会政治制度所决定的社会人的心理；（5）反映这种心理特性的各种思想体系。（《普列汉诺夫哲学著作选集》第 3 卷，三联书店 1962 年版，第 195 页）

［3］［4］［5］《瞿秋白文集》（政治理论编）第 4 卷，人民出版社 1993 年版，第 21 页、第 22 页、第 1 页。

［6］两文均载《古旧书讯》1989 年第 6 期。

丁景唐与许杰相识在 1945 年冬天，那时许杰从内地返沪，丁景唐正在协助魏金枝编辑《文坛月报》。后来在中共上海地下党组织的文委领导下，丁景唐主持上海文艺青年联谊会的工作，约请许杰和郭沫若、叶圣陶、沈雁冰（茅盾）演讲，并请叶圣陶、魏金枝、许杰为《文艺学习》会刊写稿。1989 年华东师大庆祝许杰 90 寿辰，丁景唐因病在安徽滁州的丁言模夫妇家中休养，未能应邀参加盛会。初冬，丁景唐回沪后到许杰家里贺寿，并合影留念。许杰与丁景唐“叙旧”，说是写关于明日书店的回忆文章，许多书名想不起了。

丁景唐回答说有明日书店的书目，可以补充，随后写了《明日书店书目综述——并贺许杰先生九十寿辰》一文。

［7］《毛泽东年谱》中卷，人民出版社、中央文献出版社1994年版，第484页、第488页。

瞿秋白译作《无产阶级斗争的战术与策略》

丁景唐和方行（文操）合编《瞿秋白著译系年目录》（上海人民出版社 1959 年 1 月初版）最早辑录瞿秋白翻译《无产阶级政党之政治的战术与策略》的条目，有详细目录。后由上海师范大学教授王关兴到图书馆查到初版本，并添写有关材料。

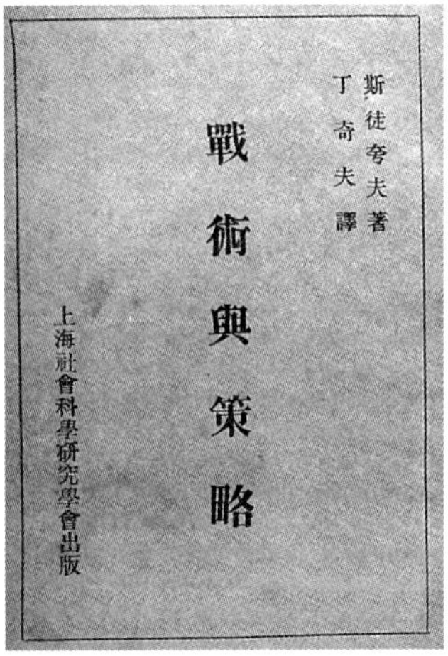

上海社会科学研究学会版本《战术与策略》内封

（一）

1927 年八七会议后，瞿秋白成为继陈独秀之后的中共中央主要负责人。1928 年 1 月 9 日，瞿秋白主编的中央机关刊物《布尔塞维克》第 13 期刊登一则书讯：

出版预告——《无产阶级斗争的战术与策略》斯徒夸夫著 瞿秋白译。战术与策略正确与否，乃是决定斗争胜败的条件。中国革命是以无产阶级为领导的革命，但究竟那几种阶级能为无产阶级斗争的同盟者，及此斗争的形式与方法又当如何？这一部书就是从理论上答复这些问题。

1928 年 5 月 1 日，新青年出版社出版此书，封面和版权页写明书名为《无产阶级斗争之战术与策略》，扉页上却写为《无产阶级阶级斗争之政治的战术与策略》，原著者为“俄国斯陀垮夫”（此译名不一，下同）。该初版本

32 开，原作者序言 1 页，目录 5 页，正文 182 页，分为上编、下编。

1928 年之前，瞿秋白已着手翻译此书。此书出版之前，他已离沪赴莫斯科，直到 1930 年夏返回上海。次年初，他被撤销中共中央领导职务，重返文学园地。1932 年 5 月，他发表“文艺自由”论辩的第一篇文章《“自由人”的文化运动》，批评胡秋原的有关言论。

这时上海社会科学研究学会出版《战术与策略》，即《无产阶级政党之政治的战术与策略》。其 32 开，竖排繁体字，使用灰暗的土纸印刷。封面四周细红线框，书名横排，只有“斯徒夸夫著”，无译者，下端居中为出版时间 1932 年 5 月。内封书名竖排居中，左下为“上海社会科学研究学会出版”，右上为“斯徒夸夫著”，“丁奇夫译”。“丁奇夫”理应是出版者为瞿秋白起的笔名，防止反动当局追查。

书后版权页的文字竖排，注明“一九三二年四月一日六版”（“六版”可能为托词），每册“实价大洋八角”，“著者斯徒夸夫”，“译者丁奇夫”，上海社会科学研究学会印刷，上海春耕书店发行。

此书可能与中共上海地下党组织于 1929 年创办的华兴书局有关，该书局 1931 年被查封后，曾用“上海启阳书店”、“春阳书店”、“浦江书店”等名义继续出版图书。根据华兴书局出版书籍目录记载，其中有瞿秋白翻译的《战术与策略》（斯徒夸夫著）等大量马克思、列宁等经典著作，这些书籍都被列为上海社会科学研究学会（简称“社研”）丛书。

1930 年 5 月，继左联之后成立的“社联”（中国社会科学家联盟）为了培养年轻的社会科学工作者，成立了“社研”，最初是以创造社傅克兴等人组织的“问学社”为基础的。“社研”第一任党团书记是王学文，党团成员有朱理治等人。“社研”成立后，在青年中宣传马克思主义社会科学思想。1932 年 1 月 18 日，左联外围刊物《文艺新闻》曾刊登有关“社研”召开第三次代表大会的消息。由于同“社联”工作有点重复，领导力量分散，1933 年下半年“社研”与“社联”合并，与左联等同属于“文总”（左翼文化总同盟），接受中共中央“文委”领导。但是，何人负责、校订出版《战术与策略》等上海社会科学研究学会丛书情况，还有待挖掘资料。

《战术与策略》目录 5 页，正文上编第 1 页至 44 页；下编页码重新开始，第 1 页至第 181 页，全书共 225 页。正文前面有短序：

这本书是想做苏联学校或共产党党校的教科书用的，本来有《无产阶级政党（共产党）之政治战术及策略》这门功课。因此，本书分为两篇，第一篇先论阶级及政党。著者很愿意自己的这部著作，多少能够得到成功。全书利用列宁及施达林的著作处甚多（注一），而且经过施达林同志预先审查过。杜洛茨基及蒲哈陵同志的某几种著作亦经引用。

施都夸夫

一九二三年八月二十一日莫斯科

（注一）第二篇论战术及策略之结构完全和施达林同志的文章是一样的（见一九二三年《真理报》第五十六号）

“第二篇论战术及策略”，即下编《战术及策略》；“施达林、杜洛茨基、蒲哈陵”译名，曾先后出现在瞿秋白各种译介的文章里。“蒲哈陵”译名最初出现在1923年初瞿秋白译介的《世界的社会改造与共产国际》一文里，还在此译名后写上拉丁拼音“Bockharin”。1925年2月，瞿秋白译介《列宁主义概说》、《列宁主义与杜洛茨基主义》等文出现“施达林、杜洛茨基”译名。

为译文添加注解是瞿秋白的习惯，在他的许多文章里都可以找到各种注解。《战术与策略》大多数的小节后面都有几个注解，有时多达四五个，可以更好地理解正文的内容，或者说注解与正文互为补充。

依照瞿秋白写的“注一”查阅有关资料，1923年3月14日《真理报》第56号确实刊登过斯大林《论俄国共产党人的战略和策略问题》，现已辑录《斯大林全集》第5卷（人民出版社1957年版）。此文原是斯大林以勃列斯尼亚区工人俱乐部和斯维尔德洛夫大学党团组织所作的演讲为基础写成的，斯大林自称“本文应看做对列宁同志的几个基本观点所做的一个简要概括的叙述”。此文分为两大部分，第1部分“要预先确定的几个概念”，设有7个小标题：《工人运动的两个方面》，《马克思主义的理论和纲领》，《战略》，《策略》，《斗争形式》，《组织形式》，《口号。指示》。第2部分“战略计划”，设有4个小标题：《历史转变。战略计划》，《第一个历史转变和俄国资产阶级民主革命的方针》，《第二个历史转变和俄国无产阶级专政的方针》，《第三个历史转变和欧洲无产阶级革命的方针》。

按照解放后的译名，《战术与策略》书名应译为《战略与策略》，这与当年瞿秋白所理解的略有不同。《战术与策略》分为两大部分，上编《阶级与政党》：第1章《阶级》，第2章《政党》；下编《战术与策略》：第1章《阶级斗争之目的》，第2章《战术》，第3章《策略》，第4章《斗争之方式》，第5章《组织之方式》，第6章《口令与指令》，第7章《结论》。正文中许多重要文句下标有粗黑点，以示重点，这是瞿秋白的习惯。

瞿秋白看过斯大林的文章，并与《战术与策略》原著对照一番，认为该书下编的“结构完全和施达林同志的文章是一样的”。这是指两者的思路大致相同（仅从以上两者的大小标题也可见一斑），或者说《战术与策略》作者撰写时，以斯大林的文章内容和观点作为重要参考依据，这是惯例，而且要作为“苏联学校或共产党党校的教科书用的”，更需要坚持这样的基本原则。

（二）

1931年春，瞿秋白夫妇开始隐居在紫霞路68号。瞿秋白牺牲后，房东谢旦如以霞社名义自费出版瞿秋白遗著，1939年2月霞社校印《社会科学概论》，书后附有“即日出版”的书目，其中有“斯徒夸夫作、瞿秋白译《政治的战术与策略》”。

在这之前（1938年5月2日），新时代出版社已重版此书，恢复原来书名《无产阶级政党之政治的战术与策略》，32开，全书竖排繁体字。封面书名横排，分为两行。其下印着“斯徒巧夫著”，“瞿秋白译”；下端居中为“1938”和“新时代出版社出版”。封底下端为书名、著者、出版社和价格的拉丁拼音文字，这是出版者故意设计的，以免反动当局追查。书脊上端写着“战术与策略”，中间为“瞿秋白译”，其下为“新时代 五、二——一九三八”。

此书扉页刊登瞿秋白烈士的遗照：他梳着整齐的头发，戴着眼镜，西装革履。这以后成为他的一张标准像，出现在解放后所有正规出版的书籍报刊上。此书卷首刊有《纪念瞿秋白先生》短文：

瞿秋白，一个中国共产党的党员，对于中华民国，对于中国文化运动，对于中国工人阶级的解放运动，对于一九二五——一九二七年的大革命，都有不可磨灭的功绩与勋劳，他是伟大的宣传煽动家，他主编过中国共产党中央机关报《向导》，主编过上海《热血日报》。他是一个著名的革命政治家和组织者，他亲身领导过一九二五年的“五卅”运动，第一次国共合作时，他是中国共产党的全权代表，在国共合作统一战线中，他坚决反对不正确者的言论与行动。他是伟大的教育家，他曾任过上海大学的社会科学系的主任，曾任过以前的中国苏维埃中央政府教育人民委员。他有很多有价值的著作和译作，《海上述林》和这本《战术与策略》都是最有价值的。他是马克思、恩格斯、列宁、史太林的忠实信徒，他为了共产主义底运动，为了中华民族的解放，十余年来如一日，鞠躬尽瘁，死而后已！

所以，瞿秋白的牺牲，不仅是无产阶级与共产党的损失，而且也是全体国民和中华民族的损失！

瞿秋白在牺牲前答复记者的访问，说：“死是人生最大的休息”，在高唱国际歌与红军歌声中从容就义。《逸经》中的什么“历史的误会”，《汗血周刊》[1]中的什么“多余的话”，实在是“多余”与“误会”而已！瞿秋白为共产主义而奋斗牺牲的精神，为民族解放抗日救国而奋斗牺牲的精神，将恒久存在，而且会鼓励一切不愿意作亡国奴的人们对万恶的日寇作决死的斗争！

自瞿秋白牺牲后的两年内，左联后期机关刊物《文艺群众》创刊号、“文总”油印刊《文报》，以及中共海外刊物《救国时报》等先后刊登了纪念文章。1938 年 6 月瞿秋白烈士牺牲 3 周年纪念之际，中共中央组织部长陈云在延安中央党校讲课时，介绍了党的早期领袖瞿秋白。在国民党统治区，重版瞿秋白翻译的《无产阶级政党之政治的战术与策略》小册子时，书前短文也是悼念之文。

远在莫斯科的杨之华并不知道此纪念短文，她已遭到王明等人无情打击，被撤销职务（国际红色救济会常务委员，兼驻该组织的中国代表），下放到工厂去劳动。杨之华无法继续撰写怀念瞿秋白的文章，但是远在国内的人们则以各种方式寄托哀思。

《纪念瞿秋白先生》高度评价瞿秋白，超过了几年前王明等人发表讣告的某些评价（详见本书《第一本纪念册〈殉国烈士瞿秋白〉》），首次提出：瞿秋白是伟大的宣传煽动家、著名的革命政治家和组织者、伟大的教育家，热情歌颂瞿秋白从容就义的大无畏精神，并认为：“瞿秋白的牺牲，不仅是无产阶级与共产党的损失，而且也是全体国民和中华民族的损失！”

该文结构比较紧凑，层次分明，誉称瞿秋白为“伟大”、“著名”时，都有他的历史功绩印证，显然经过反复推敲，并无仓促成文之感。该文起草者看到当时一些报刊登载关于瞿秋白的各种报道，坚决不相信《多余的话》，认为那是敌人造谣惑众。起草者很熟悉瞿秋白在上海工作的经历，评价也比较符合历史事实，口气很坚定，毫不犹豫。但是，难以考证起草者是何人，令人遗憾。

新时代出版社重版《战术与策略》时，还出版了《列宁主义概论》、《台儿庄血战史》（万迪生）等。其中《列宁主义概论》原为斯大林于1924年在斯维尔德洛夫大学的讲演词，瞿秋白曾有译作，1927年1月新青年社初版，注明“贡献这个译本给中国共产党第五次代表大会”，此译本以后多次再版。新时代出版社还重版田原（邓初民）名著《政治学》，书后注明：1932年10月初版，1938年3月再版；新时代出版社发行（北平金鱼胡同25号），昆仑书店总代售（上海白克路珊家园33号），其中有些线索可追寻新时代出版社的有关情况。

新时代出版社再版本与6年前的上海社会科学研究学会版本相比较，有些不同。前者删去原著者的短序和瞿秋白的“注一”，让人难以知道此书的一些背景。其中重要原因之一，原短序提及“施达林同志预先审查过”，“杜洛茨基及蒲哈陵同志的某几种著作亦经引用”等语已不适合出现，因为苏共内部斯大林与托洛茨基、布哈林等人斗争早已公开化了，“托派”成为党内敏感的政治术语。

重版本中的一些人物的译名也改动了，如“蒲哈陵”改为“布哈林”，“施达林”改为“史太林”，这可能是重版校订者改的，《纪念瞿秋白先生》也称“史太林”。但是，“杜洛茨基”等多数译名未动，还是出现在正文中，并未特地删除，这说明校订者还是比较尊重客观事实的。

（三）

1928年初，瞿秋白翻译5年前的《战术与策略》，这与当时的政治局势和中共党内状况等有着密切关系。

《战术与策略》主要阐述和总结俄国十月革命胜利的经验教训，特别是十月革命前布尔什维克等党派在不同时期实施的不同方针政策，最后写道：“无产阶级国际的伟大领袖的这几句话，正可以说明白我们无产阶级的政党应当怎样对付自己的错误。……我们的党不隐蔽这些错误，而公开的承认研究他们的原因，而且能改正他们，正因为这样，所以我们的党能够得到胜利，而成为真正的模范的无产阶级政党。能够有及早承认自己错误的勇气，研究这种错误而改正他，——这是每一个共产党（员）都应当学的。”

1927 年 11 月，中共中央扩大会议的“左”倾盲动错误在中央领导机关取得统治地位。作为主动提出者和指导者的罗米纳兹负有重要责任，瞿秋白等中共中央领导人也负有不可推卸的直接责任，给中国革命进程造成严重损失。

这时瞿秋白又有难得的“清醒”，体现于处理状告罗亦农的问题。1928 年元旦前后，经瞿秋白等人调查、分析和劝解，作了冷静的处理。同时，罗亦农反对“无动不暴”，也是对瞿秋白“大喝一声”，促使他更坚决地采取“清醒”的措施。针对“无动不暴”的错误观念，瞿秋白在有关会议上提出尖锐批评。

1928 年 1 月 12 日，罗亦农、瞿秋白先后执笔起草《中央通告第二十八号——论武装暴动政策的意义》，指出“现在有两种危险的倾向”，一是不去积极发动农民群众的斗争，二是不注意切实准备广大群众组织的力量，一味主张暴动，“这实在是一种盲动主义的倾向”。这不是认真准备暴动，而是玩弄暴动[2]。在共产国际“二月决议”纠正中共“左”倾盲动错误之前，中共中央决策层瞿秋白等人已初步意识到“盲动主义”的严重错误及其后果。

1928 年 2 月 10 日，瞿秋白写给共产国际执委会的报告再次批评“盲动主义”，指出：“最早上海有以暴动影响无锡的倾向，而方法便是以硬打手段逼迫工厂罢工。后来湖北 C. Y. 又主张在唐（生智）倒时立即暴动。……这种不要群众的以暴动为目的的倾向，至今还没有完全去尽。”[3] 瞿秋白最初纠正“左”倾盲动错误，主要是从战术上考虑，认识到暴动必须具备主客观条件，不能蛮干，而没有从转变战略高度上去理解。

这时瞿秋白还面临着许多疑难问题，更需要总结八七会议以来实施党的方针政策的得失成败经验。在这种复杂的背景下，成为瞿秋白翻译《战术与策略》的初衷之一，他充分发挥自己的特长，以借鉴俄国十月革命胜利的经验教训，指导中国革命。此后他参加了中共六大和共产国际“六大”，留在莫斯科工作，翻译和出版《战术与策略》意义更为重要了。

[注]

[1]《逸经》是综合性文史刊物，1936年创刊，前期由谢兴尧负责，第22期至36期由陆丹林主编。《汗血周刊》由国民党宣传部副部长潘公展负责，刘达行编辑，办刊时间为1933年7月10日至1937年6月19日，上海汗血书店发行。

[2]《中共中央文件选集》第4册，中共中央党校出版社1989年版，第56—66页。

[3]《瞿秋白文集》（政治理论编）第5卷，人民出版社1995年版，第321—322页。

瞿秋白、蒋光慈合著《俄罗斯文学》

1927年12月，创造社出版部出版《俄罗斯文学》上、下两卷，分别是蒋光慈、瞿秋白撰写，但是很少有人提及，更没有人探讨他俩为何要合作此书。

创造社出版部初版本《俄罗斯文学》

（一）

瞿秋白首次赴莫斯科采访期间，曾为莫斯科东方大学中国班当翻译兼授课，蒋光慈是中国班的学员，他和刘少奇、任弼时等人来自上海外国语社〔上海共产党早期组织和俄共（布）代表团联合创办〕。瞿秋白悉心辅导蒋光慈等人学习俄文，加之蒋光慈的刻苦学习，因此俄文水平提高得很快。在瞿秋白指导下，蒋光慈撰写和翻译一些宣传唯物论、革命文学的论文，寄回国内，发表在《向导》等杂志上，他还编写《列宁年谱》等。

在莫斯科学习期间，蒋光慈写了《西来意》一首诗，诗前有一则小序："读维它所著《赤潮集》，见序文中有西来意三字，不禁生感，爰做此诗，并呈维它。"诗中写道："维它啊！俄罗斯好似当年的印度，你我好似今日的唐僧……啊，维它啊！是我的——你的？——西来意，西来意！……维它！维它！你愿这'西来意'化成一现的昙花，还是宇宙波流中的推轮？"[1]诗歌中提及"维它"即瞿秋白。写下此诗后，同年12月蒋光慈的入党申请得到批准，瞿秋白正是参加党组织会议讨论者之一[2]。

1924年6月，蒋光慈等人起程回国。秋天，上海大学社会学系主任瞿秋白介绍蒋光慈到该系授课兼教俄语，他俩成为同事。

蒋光慈最初是作为红色诗人崭露文坛，他的第一部诗集《新梦》收录以上提及的《西来意》。此后他进入小说创作旺盛时期，先后出版中篇小说《少年飘泊者》和短篇小说集《鸭绿江上》《短裤党》等。

1925年初中共四大后，瞿秋白负责中央理论宣传工作，与蒋光慈继续保持关系。党内有人看不起蒋光慈的诗文创作，瞿秋白则鼓励他，经常和他谈论文学。

1926年初，瞿秋白由蒋光慈陪同初访郭沫若。同年夏天，瞿秋白赴广州参加各种会议，请蒋光慈为杨之华《妇女运动概论》撰写序言。蒋光慈撰写《短裤党》时，听取瞿秋白的意见，包括书名、构思、人物塑造等等。这部"疾笔奋书"的纪实小说反映了上海工人三次武装起义，小说中的人物名字使用谐音，如杨直夫、秋华夫妇，即瞿秋白、杨之华夫妇的化身；老头子郑仲德即陈独秀，鲁德甫即彭述之，史兆炎即赵世炎等等。蒋光慈既有诗人的四射热情，又有敢于直接面对现实生活的勇气和魄力，被誉为"革命文学"的开路先锋。

蒋光慈撰写了不少论文，如《经济形式与社会关系之变迁》、《唯物史观对于人类社会历史发展的解释》，运用马克思主义的唯物论，阐述生产力和生产关系、经济基础和上层建筑等之间关系的基本命题，这两文先后发表于瞿秋白主编的《新青年》季刊。蒋光慈结合中国文艺界具体情况，积极宣传马克思主义文艺理论，先后发表《无产阶级革命与文化》、《现代中国的文学界》、《现代中国社会与革命文学》等文。这些引起瞿秋白的"共鸣"，包括探讨唯物史观，翻译俄文原著，喜欢俄罗斯文学，评论文学作品，等等。瞿秋白设法说服"疏懒"、"无工夫"的蒋光慈，承担起"介绍新俄罗斯文学的义务"[3]，促使他一起合作《俄罗斯文学》。

1926年4月16日，《创造月刊》第1卷第2期开始发表蒋光慈撰写的《十月革命与俄罗斯文学》长文，直至1928年元旦该刊第1卷第8期，连载此文6个章节，后面3个章节没有继续连载。以后长文与瞿秋白旧作《俄罗斯文学》一起编入单行本，分为上、下两卷，1927年12月由创造社出版部出版。

（二）

《俄罗斯文学》封面简朴，四周线框，书名下注明“蒋光慈编”，中间图案以工农半身形象为主，背后是冒烟的工厂。下端为“上海创造社出版部”和出版时间。内封文字与封面相同，背面是版权页，注明“倪贻德[4]作封面画”，1927年11月1日付印，12月11日初版，印行2000册，每册大洋8角。正文前有22幅苏俄作家肖像，都是该书评论的重要对象。上卷从第3页开始，第124页结束；下卷125页至255页，全书11万多字。蒋光慈写有《书前》说明：

> 作者老早就想把俄罗斯文学详细地向国人介绍一下，时至今日，作者方能献给读者这一本小书，这实在是应当向读者告罪的。本书分为上下两卷，上卷为《十月革命与俄罗斯文学》，下卷为《十月革命前的俄罗斯文学》（原无此两个书名号，系引者添加）。作者以为十月革命后的俄罗斯文学比较重要，而且对于读者有兴趣些，故将它列在前面。关于本书的下卷，我要深深地感谢我的朋友屈维它君，因为这是他的原稿，得着他的同意，经我删改而成的。本书当然是简单概括得很，不过读者也可由此得知俄国文学与俄国社会运动的关系。

此短文落款时间为“一九二七，十，三十于上海”，文中“屈维它”即瞿秋白。这时瞿秋白作为继陈独秀之后的中共中央主要领导人，10月上旬从武汉抵达上海，忙于党内重大事情。同年冬天，蒋光慈、孟超、杨邨人、钱杏邨筹办《太阳月刊》及春野书店，并动员瞿秋白参加太阳社。瞿秋白无暇参加太阳社有关活动，有时让杨之华传达有关意见。从以上说明短文来看，瞿秋白与蒋光慈曾商量过此书编排等问题。

瞿秋白旧作《俄罗斯文学》是第一次赴苏俄采访期间开始编写的，也是探索俄罗斯民族精神和俄国革命之路的一种方式。1923年初回国后，瞿秋白应邀为郑振铎专著《俄国文学史略》增写最后一章《劳农俄国的新文学家》（上海商务印书馆1924年3月初版）。郑振铎写的《俄国文学史略·跋》指出：“瞿秋白君近亦编好了一部《俄罗斯文学》，将在商务印书馆出版（为百科小丛书之一)，其编制与本书不同，读者很可以拿来参看。”这时瞿秋白已有继续编写十月革命前后俄罗斯文学新动向的设想，但是他全身心投入党中央工作，无暇分心续写《俄罗斯文学》，因此迟迟没有把书稿交给商务印书馆，失去了出版的机会。

大约在蒋光慈陪同瞿秋白初次与郭沫若会见前后，瞿秋白说服蒋光慈一起合作，商谈续写《俄罗斯文学》，以后还谈到编辑、出版等诸事。

创造社出版的《俄罗斯文学》书名，原来就是瞿秋白旧作标题，其上、下两卷的标题，以“十月革命”作为划分俄罗斯文学史的重要界限，这些理应是他俩商谈的结果。瞿秋白甘愿把自己旧作内容作为下卷，并且考虑到蒋光慈撰写的内容并不丰富，与他旧作篇幅过长形成反差，欣然同意蒋光慈删改，这让蒋光慈感叹不已，由衷表示“深深地感谢”。

瞿秋白撰写的《十月革命前的俄罗斯文学》，以尊重史实、重视实证的编写原则，描绘出俄罗斯文学史的基本历史面貌与客观进程。瞿秋白试图梳理出俄罗斯新旧文学、平民文学与贵族文学、为人生派与为艺术派等粗线条轮廓，这种文学史观受到胡适《白话文学史》、文学研究会“为人生”创作等五四时期新观念的影响。

当初郑振铎对于瞿秋白编写的《俄罗斯文学》(以下简称“瞿文”)已经察觉到与自己编写的《俄国文学史略》(以下简称“郑文”，详见本书《瞿秋白协助郑振铎两本书》)“编制”有所不同，当然也有相似之处。

首先，两者整体构思和思维方式不同，“瞿文”运用唯物史观，把十月革命前的俄罗斯文学史放置在历史进程的纵向坐标图上，每个不同时代的重要作家正是坐标图上横切面的舞台，以他们各具特色的创作视野、艺术手段、思想意识、美学趣味等与历史进程的特点紧密结合，生动地展示他们各自文学创作的重要贡献。

“郑文”以文学史长廊陈列式的整体思维方式(也有历史背景的简略介绍)，明显不同于“瞿文”，这仅仅从两者章节标题的设置上便可反映出来。“瞿文”小标题有《农奴解放与文学》、《平民运动与六七十年代的文学》、《社会运动与八九十年代的文学》、《一九〇五年十月革命与旧文学》等等。“郑文”也有小节标题，讲述的历史背景比较简单，而且大多集中在第 1 章里，并不是每个章节都把历史背景与作家及其代表作紧密结合。

其次，两者论述的详略不同。“郑文”第 1 章描述了俄罗斯的地理环境、人种、语言，以及俄罗斯文学起源（民间传说与史诗）、黑暗年代与改革的曙光等，这些叙说比较简单。

“瞿文”则用了5个章节内容述说，其标题为《民间文学》、《古代文学》、《俄国文学之中世纪》、《俄国文学与西欧文明》、《俄国文学之黎明》，收集的资料比较丰富，述说角度比较有变化，见解比较深刻。如“俄国文学的‘真’，还滥觞于古代的民间文学；文学中的‘教训主义’，也早植根于文字发现之初的教会文化里；独有他的‘美’之初步不得不借重于西欧的城市文明”。这说明他查看了大量的有关资料和书籍，才“改写”了这样的重要结论。

最后，两者都介绍不同时代的重要作家，但评价方式、审美趣味、所作的结论有所不同。例如两者都有一个章节谈论陀思妥耶夫斯基与托尔斯泰（以下分别简称“陀氏”、“托氏”），“郑文”比较客观，按部就班介绍，即作者的简要生平、作品，最后评价作者在俄罗斯文学史上的地位和贡献。

“瞿文”则按照自己独立思考的方式，打破述说文学史的惯例，一开始就指出，当时俄国社会急剧变化，“资产阶级文化战胜贵族阶级文化的过程里，突然添入无产阶级文化的热血，那时徘徊中途的小资产阶级，心慌意乱激而退走，‘遁入古俄浑朴之乡’”，这一派的代表作家是托氏、陀氏。按照出生年月先后述说，陀氏应该在前，“瞿文”却认为托氏更有代表性，便先介绍，认为他是“有名的两重人格，一方面他是艺术家，别一方面他又是哲学家、道德家。他的著作几乎显然把他的人格分成两截，转弯的开头便在七十年代末”。

“瞿文”还将托氏、陀氏作比较，认为他俩在俄国文学里都是“独立”的，陀氏不满意西欧的文明，“亦寻求人生意义的‘究竟’于内心。……（他）的著作亦可以分做两截，前一期是在社会主义的秘密结社里的时候，后一期在他流戍西伯利亚之后”。可是，托氏“只涉及个人道德，他却不轻视一切社会政策，每每有意论及”。

瞿秋白对于托氏、陀氏的研究比较深刻，进一步指出陀氏“思想的根据和托尔斯泰相仿佛，而他的表现方法却大不同，——他有神秘的宗教主义，反个性主义，同时他的作品几乎没有一篇没有‘叛乱的个性’”。这两位伟大作家是“人类文学史的奇彩，决不是俄国所能专有的；可是他们的伟大，正在于艺术的真实，反映当代俄国社会之‘沉痛的心灵’”。

“瞿文”与“郑文”的不同之处显而易见，如果说“郑文”是国内出版的第一部中国人编写的《俄国文学史略》，那么“瞿文”是中国人早期较有系统研究和编写十月革命前俄罗斯文学史的重要成果。可惜的是瞿秋白原稿已被蒋光慈删改，无法看到原文全貌。“瞿文”现收录《瞿秋白文集》（文学编）第2卷，人民文学出版社1986年版，改书名为《俄国文学史》。

（三）

“瞿文”经蒋光慈删改后仍有6万多字，分为19个章节。蒋光慈写的《十月革命与俄罗斯文学》（以下简称“蒋文”）约有5万字，分为9个章节，重点介绍的作家：布洛克，现译为亚历山大罗维奇·勃洛克，俄国著名诗人、戏剧家、文学翻译家；节木央·白德内宣，现译为杰米扬·别德内依，苏联早期著名诗人，瞿秋白曾翻译他的讽刺诗；依利亚·爱莲堡，现译为伊利亚·格里戈里耶维奇·爱伦堡，当代苏联著名作家、政论家；叶贤林，现译为谢尔盖·亚历山德罗维奇·叶赛宁，苏联著名抒情诗人；等等。

对此，“蒋文”花费了很大精力，作出了充满激情的评论，例如他认为叶赛宁“的确是俄国几位大诗人普希金”等人继承者，是“文学的天才”。他在“文学批评家的眼光中不是诗人，然而在劳动群众的眼光中却是唯一的诗人，唯一的为他们所需要的诗人！”“蒋文”爱憎分明，往往激情替代冷静，抒情压倒论述，不惜使用许多“高级别”的褒语。但是条件有限，在国内难以找到更多的有关资料，“蒋文”无法交代清楚这些重要作家的生平与过去的作品，难以用精练的文字概括各个作家的创作、审美趣味变化和发展的复杂过程。

“蒋文”把赞成与反对俄国十月革命作为评判过渡时期作家的严厉政治界限，以诗人的政治激情倾诉于字里行间，高呼“在现在的时代，有什么东西比革命还活泼些？倘若文学家的心灵不与革命混合起来，而且与革命于相反的地位，这结果，他取不出来艺术的创造力，干枯了自己的诗的源流，当然是要灭亡的”。强调作家的思想、感情及艺术观，均受所属阶级的影响和制约，这已是当时“激进”的评论水平。

拉开历史距离来反思，这比较生硬地搬照唯物史观的批评武器，不免带来思维和评论的局限，由此筛选出革命和进步作家，特意安排章节，突出重点，删除落后作家群体，或简略提及，将其放置于被告席上，接受政治文化的审判。以这样的方式来谈论十月革命前后的俄罗斯文学，自我抑制活跃思维和写作空间，只有非此即彼的黑白两色，坚决抛弃广阔的中间地带，根本无法反映过渡时期错综复杂的俄罗斯文学现实状况。

瞿秋白曾写过《赤俄新文艺时代的第一燕》、《劳农俄国的新文学家》等文，热情赞颂十月革命为苏俄文学创作带来前所未有的勃勃生机，他认为“俄罗斯革命不但开世界政治史的新时代，而且辟出人类文化的新道路”。资产阶级文化“登峰造极”之时，也是“鼠疫时的高宴”，应当让位给无产阶级文化。[5]这与“蒋文”同样具有浓厚的政治色彩。瞿秋白也希望“蒋文”能够很好地运用唯物史观，分析和评判“十月革命与俄罗斯文学”，完成这个重要课题，能够与他旧作《俄罗斯文学》（十月革命前）相接轨。但是事与愿违，这是多种因素造成的，不能对“蒋文”求全责备。

对于俄国十月革命胜利后文学新动向——苏联无产阶级文化协会成员马雅可夫斯基等人，“蒋文”称之为“未来主义者”，从介绍其源流入手。他认为“未来主义”流派起源在意大利，为资产阶级效力，完全是反动的倾向。到了俄国则彻底变样，“反对帝国主义的战争，歌颂无产阶级的革命”。究其原因是两者社会背景不同，所走的道路也就不同了。“蒋文”赞扬马雅可夫斯基“是一个伟大的天才的诗人”，“所给与许多无产阶级诗人的影响，无论谁个都不能否认”。同时又不得不承认：“在理论方面有许多地方，我们实在不敢与未来主义者同意。但是在事实方面，未来主义对于俄罗斯文学的贡献，却不可以磨灭。”

瞿秋白写的《劳农俄国的新文学家》并没有说明未来主义派的来源，蒋光慈理应看过此文，依顺着瞿秋白对于马雅可夫斯基的政治评价的思路，编写“蒋文”，并弥补了瞿秋白该文里的一些缺憾。

瞿秋白指出马雅可夫斯基诗歌的艺术特点，认为“未来主义创造新的韵格，破坏一切旧时的格律，制作新的字法，能充分的自由运用活的言语”。但是未能列举马雅可夫斯基的诗歌。瞿秋白可能与蒋光慈谈起过，让他译介给中国读者。但是，“蒋文”抱怨说：“未来派的作品简直没有译的可能，若以不完全的中国话来译俄国未来派的作品，那尤其是不可能之不可能了。因此编者只能将马牙（雅）可夫斯基的思想略说一说，而不能引证他的作品，这一层还要请读者原谅。”

“瞿文”已经评论高尔基及其作品，认为高尔基作风“书卷气重而艺术性刚直，他的写实天才决不愿为现实所束缚”。列举高尔基早年描写社会底层人物和现状的作品，但是对于《母亲》等评价，远不如后来的高度赞颂，并指出高尔基“最后渐渐想往‘新的智识阶级’，以为个性应当超越庸众，超越现实……应当为个性自由，为社会幸福的信仰而斗争。他于是渐渐离开‘出脚汉’而走进智识阶级”。

由于各种复杂原因，“蒋文”干脆不提高尔基，但是蒋光慈马上弥补这个“过失”。除了撰写《无产阶级革命与文化》、《革命后的俄罗斯文学名著》等文，他还为洪灵菲（林曼青）翻译的高尔基《我的童年》撰写长篇序言(1930年11月8日)，详细介绍了高尔基的生平，以及苏联出版的《高尔基论》等著作。

“蒋文”与“瞿文”合二为一，留下一本“前所未有”的《俄罗斯文学》，时间跨度之大，牵涉的作家之多，评价之深刻或激进，成为新中国成立前极少见的一本专著。这是他俩当初赋诗唱和、商议构思《短裤党》等之后又一次新的合作形式，此合作成果及其成败得失已有公论，不容抹杀。令人奇怪的是后人似乎忘却此书，只有极少数研究者提起。

《俄罗斯文学》出版后，难得见到有关评论，大概是书中大胆地亮出“十月革命”赤色旗帜的缘故，但还是有读者愿意购买。1929年6月，与创造社关系密切的泰东图书局设法再版，改书名为《俄国文学概论》，版权页注明印行2000册，每册定价9角，版式完全按照创造社初版本，页码也相同。

不过封面重新设计，上端为红黑两色图案，下端为书名和“上海泰东图书局印行”，没有作者署名。内封四周为西洋插画，右下角为女子弹竖琴，中间书名和“华维素编”，这是蒋光慈的笔名。书中删除初版本原有的22幅作家肖像，保留蒋光慈写的《书前》说明，没有删改，包括“深深地感谢我的朋友屈维它君，因为这是他的原稿”。这时瞿秋白远在莫斯科，1930年夏天回到上海，不知是否见到这再版本。

1931年8月底，蒋光慈不幸病逝。瞿秋白参与领导左翼文艺运动的同时，继续关注苏联政治、经济、文学新动向，撰写《斯大林和文学》、《论弗理契》、《苏联文学的新的阶段》等文，并与鲁迅等人合作翻译出版高尔基等人著作，介绍俄罗斯新文学。

1931年4月，商务印书馆出版梁镇译作《俄罗斯文学》（贝灵著），列入王云五主编的《万有文库》第1集，全书154页。1945年2月该译作再版（“渝第一版”），列为《百科小丛书》，当年瞿秋白未能以此小丛书名义出版。但是，此译作比较简略，只有瞿秋白编写的《俄罗斯文学》一半内容。另有钟敬之译作《苏俄底文学》（弗理曼、库尼兹合著，新生命书局1933年9月出版）等，在此不赘述。

［注］

［1］《蒋光慈文集》第3卷，上海文艺出版社1985年版，第291—293页。

［2］吴腾凰、徐航《蒋光慈评传》，团结出版社2000年版，第97页。

［3］《创造月刊》开始发表蒋光慈撰写的《十月革命与俄罗斯文学》的同时，刊登他写的《小引》，出版单行本时改为另写的《书前》说明。《小引》中谈及自己迟迟没有翻译俄罗斯新文学作品，“一因为自己疏懒，二因为无工夫，三因为我不高兴翻译，虽然我相信我自己还有点翻译的能力。但是我想，我到底有介绍新俄罗斯的义务，虽然我对于新俄罗斯文学也没有多大研究”。本文从中推论瞿秋白说服蒋光慈一起合作《俄罗斯文学》，尚需进一步挖掘资料佐证。

［4］倪贻德（1901—1970），浙江杭州人，早年参加创造社，进行文学创作，多次受到成仿吾等人褒扬。曾赴日本留学，抗战爆发回国，历任上海美专、东南联大等校教授，曾跟随郭沫若积极投入抗日救亡运动。新中国成立后，担任浙江美术学院副院长、浙江省美协副主席等职务。

赵景深认为倪贻德的“画与他的小说是一物的两面，每一张都是光明的，年轻的。他从来不像林风眠那样的，施用黯黑的铁色。他所最爱用的就是鲜明的绿。本来山和水，树和屋，无一不需要绿色，而倪贻德又用的那样的淡，配置又是那样的单纯”（赵景深《文坛回忆》，重庆出版社1985年版，第118—119页）。

［5］《瞿秋白文集》（文学编）第2卷，人民文学出版社1986年版，第250页。

《前哨·文学导报》影印合订本

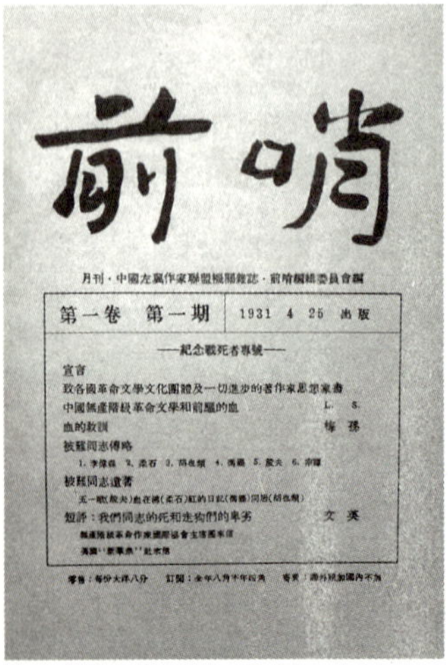

前哨

月刊·中國左翼作家聯盟機關雜誌·前哨編輯委員會編

第一卷 第一期　1931 4 25 出版

——紀念戰死者專號——

宣言

致各國革命文學文化團體及一切進步的著作家思想家書

中國無產階級革命文學和前驅的血　L. S.

血的教訓　梅孫

被難同志傳略

1. 李偉森 2. 柔石 3. 胡也頻 4. 馮鏗 5. 殷夫 6. 宗暉

被難同志遺著

五一歌(殷夫)血在沸(柔石)紅的日記(馮鏗)同居(胡也頻)

短評：我們同志的死和走狗們的卑劣　文英

零售：每份大洋八分　訂閱：全年八角半年四角　寄費：國外照加國內不加

《前哨·文学导报》影印合订本

1931年初，瞿秋白被撤销中共中央领导职务，重返文学园地，有不少文章发表于左联刊物《前哨》、《文学导报》等。如今难以找到当初的这些刊物，幸好有丁景唐策划和李俊民、蒯斯曛等人支持出版的《前哨·文学导报》影印合订本。

（一）

《前哨》（后改为《文学导报》）影印本与谢旦如密切相关。1951年春，上海鲁迅纪念馆开馆不久，丁景唐见到应修人烈士的妻子曾岚女士，然后认识了鲁迅纪念馆第一任副馆长谢旦如，从他那里逐渐了解到瞿秋白、杨之华曾居住在他家南市紫霞路68号和毕勋路（今汾阳路）毕兴坊10号有关情况。谢旦如两次陪同丁景唐到上述两处实地察看，讲述了许多当年事情。后来丁景唐策划影印书刊时，谢旦如慷慨拿出珍藏多年的《前哨》等海内孤本，因此才有了今天还能看到的《前哨·文学导报》影印本。

丁景唐保存了初版（1958年12月）、再版（1981年1月）两种《前哨·文学导报》影印合订本。由于当时白色恐怖的恶劣环境中校印很匆忙，《前哨》里有许多错、漏字等，因此在初版本里，丁景唐用毛笔蘸着红墨水或黑墨水，几乎在每页上都有修改和批阅文字。他还在初版本封面右旁用钢笔写了一大段文字："一九八〇年一月中国民间文学研究会上海分会成立时，叶文西同志对我说，不久前，上海人民美术出版社清理一只书桌上的杂物时看到这本有我印章（即'景唐藏书印'——引者）的书，想是文化大革命中被'造反派'的好汉们抄走，竟然弄到'人美'，种种内幕之卑鄙不得而知。但在大量抄走的书稿中能找回此书，纪念之外，又一纪念。容当撰则《前哨》的故事，以记其事。一九八〇年二月六日记此，以示后之来者。"

初版本、再版本均有护套，上端印着"中国现代文学史资料丛书（乙种）"，其下为刊名《前哨·文学导报》，并注明"第一卷第一期·第二期至第八期（影印本）"，下端居中印着"上海文艺出版社"。

封底有经丁景唐审定的《前哨·文学导报》影印合订本出版说明：

《前哨》和《文学导报》，中国左翼作家联盟（左联）的机关刊物。《前哨》第一卷第一期，1931年4月25日创刊。16开本。创刊号为"纪念战死者专号"，即纪念被国民党反动派杀害的李伟森、柔石、胡也频、冯铿、殷夫五位左翼作家和另一位左翼戏剧家联盟盟员宗晖。……第二期起，因为印刷和发行的困难，改名《文学导报》，原定是半月刊，实际上处于国民党白色恐怖之下，不能如期出版……

原本上《前哨》两字系鲁迅书写，刻成木版后用手工敲印的，印油透过纸背，留下迹印。原本上曾由保存者改正的错字，这次影印时，都未作技术上的改订，以存其真。

《前哨》第一期有一个不完全的目次，以后各期均无目次，为了便于读者查考，我们编了一个总目次，附印在合订本内。

影印合订本不仅按照原样粘贴6位烈士遗像，而且留有"保存者"改正的错字，用钢笔写的蓝墨水笔迹小字。谢旦如生前告诉上海鲁迅纪念馆同人陈友雄，这些改正的钢笔字是冯雪峰的笔迹，他曾向谢旦如借阅校改《前哨》，而后还给谢旦如。

初版本里封底还保留了一张《刊误表》（再版本是夹在其中），开头说明："亲爱的读者们，本刊出版非常困难，印刷上十分不完善，错字特别多，有些地方几乎不能读了。现在只将最重要的错字举出列表，希望在读阅时用笔改正，其余的还得由诸君自己作主改正了。"最后写道："附启：被难同志的遗像请诸君自行裁剪贴在传略的各空白处。”此表纸张64开，正反两页，铅印繁体字（本身还有错字，显然印刷时很匆忙），共列出32处应改正的各种错误，大多数与冯雪峰在《前哨》上改正之处相吻合，仅几处有误差。此表列出第几行的序数，核对原文时必须连文章标题行数也算在内，这与如今的计算习惯显然不同。这里产生一个疑问，这张《刊误表》何人何时制作，冯雪峰等人为何没有谈及，况且后人也都忽视了，请有识者明示。

（二）

1930年3月2日左联成立，相继出版《世界文化》等机关刊物。同年8月15日《文化斗争》创刊号刊登《左联中心机关杂志征求直接订户》通告，“我们现在要筹备一个中心杂志”，即《前哨》。《文化斗争》第2期又发表《左翼作家联盟为建立机关杂志〈前哨〉向广大革命群众的通告》，阐述《前哨》刊物的性质和任务，明确规定《前哨》是中国无产阶级文学运动总的领导机关刊物，拟定10月初出版《前哨》创刊号，但是因故延迟。

1931年春，冯雪峰担任左联党团书记（次年2月担任“文委”书记），党团成员有夏衍、阿英、阳翰笙等。冯雪峰与鲁迅、沈雁冰等人商量出版左联机关刊物《前哨》等，不仅要刊登理论文章，也需要文学创作，并注意扩大影响，团结同情者。

在筹备过程中，发生了李伟森等左翼作家被害事件，于是冯雪峰等人临时把创刊号改为“纪念战死者专号”。冯雪峰请鲁迅写文章，鲁迅即写一篇，冯雪峰加了标题《中国无产阶级革命文学和前驱的血》，冯雪峰也写了《我们的同志的死和走狗们的卑劣》一文。同时，准备刊登《中国左翼作家联盟为国民党屠杀大批革命作家宣言》（鲁迅、沈雁冰等起草）、《致各国革命文学文化团体及一切进步的著作家思想家书》两文，还翻译成英文稿（到国外宣传），由美国进步女作家史沫特莱根据沈雁冰的英文翻译，润色英文译稿，沈雁冰又对照原文勘校英译文，反复修改定稿。

但是，一般印刷厂不敢接受《前哨》印刷业务，党的地下印刷机关也不方便承担这种群众团体的印刷品。冯雪峰找到一家小印刷厂，老板的条件很苛刻，不但要几倍的排印费，而且不准印上报头和照片。冯雪峰、楼适夷等人一起想办法，决定不打纸型、不浇版，而是用铅版在脚踏印刷机上直接印刷。那位怕事的老板，一次次催促，并不准改版。在昏暗的灯光下，刊物匆匆印成，错字很多。当事人之一孟通如回忆说：

《前哨》出厂时，不是成品，一切都要在外面手工加工，如烈士遗像，要在预留的空白处一张一张粘贴上去。鲁迅先生书写的刊头，因制版来不及，改用木刻，也要蘸了印油一本一本敲印上去（先是红色，不够再用蓝色——引者）。……（在）老靶子路（今武进路）中州路口公道书店，由楼适夷同志和我在一个深夜里继续进行。由于我对这些熟悉的同志惨遭杀害，感到哀恨交织，敲印刊头时，几乎把整个身子压上去，因而如《前哨》影印本出版说明中所说“印油透过纸背，留下迹印”。《前哨》两字的木刻刊头，我曾作为纪念品珍藏，后来不幸毁于战火中了。[1]

这里所说的“公道书店”，正是谢旦如开设的，他不仅在公道书店的楼上参加装订《前哨》等事宜，还为出版刊物筹集资金。但是，冯雪峰等当事人几乎都不提及谢旦如的名字。

5 月初，冯雪峰突然来到沈雁冰家里，带来刚印出来的《前哨》，看到屋里有一位陌生人，不由得愣了一下。沈雁冰立即上前介绍了暂且躲避家里的瞿秋白，这是冯雪峰与瞿秋白首次相识。

瞿秋白接过冯雪峰手中的《前哨》时，刊物还散发着油墨香味。封面上端为蓝色《前哨》刊名，鲁迅书写的字体很大，几乎占据整个封面的三分之一，并注明“月刊·中国左翼作家联盟机关杂志·前哨编辑委员会编”。刊物出版时间为 1931 年 4 月 25 日（因故未能按时出版），以及“纪念战死者专号”目录，其中除了以上谈到的一些文章之外，还有《血的教训》（梅孙）、6 位烈士《被难同志传略》、《被难同志遗著》（殷夫《五一歌》、柔石《血在沸》、冯铿《红的日记》、胡也频《同居》），以及《无产阶级革命作家国际协会主席团来信》，《美国“新群众”社来信》。

瞿秋白看到鲁迅写的《中国无产阶级革命文学和前驱的血》一文时，不禁赞叹：“写得好，究竟是鲁迅!”鲁迅在该文第 2 段中写道：“智识的青年们意识到自己的前驱的使命，便首先发出战叫。这战叫和劳苦大众自己的反叛的叫声一样地使统治者恐怖……”瞿秋白认为“战叫”这个词念起来，不容易理解[2]。

对于牺牲的左联五烈士之一胡也频（丁玲的丈夫），瞿秋白比较熟悉，曾到胡也频、丁玲夫妇家里去探望。瞿秋白与李伟森（李求实）在不同时期有工作上的直接接触，早在1923年8月，他俩在南京一起参加中国社会主义青年团“二大”。1930年夏，瞿秋白、周恩来奉命回国纠正李立三“左”倾冒险错误，主持召开六届三中全会。何孟雄、李求实等人对于六届三中全会的“调和主义”很有意见，但是也不满意共产国际代表米夫操控的六届四中会议，扶植王明等人上台。此后李伟森等人被叛徒出卖，英勇就义。迄今为止，难以找到瞿秋白对于左联五烈士生前历史功绩的任何评语，此将另撰文阐述。

沈雁冰回忆说，这期《前哨》筹备了几个月，“这一期《前哨》虽是秘密发行，但因为它揭露和控诉了轰动世界的蒋介石大批屠杀青年作家的罪行，刊物又经史沫特莱传到了国外，引起了国际进步舆论的抗议，因此收到了很大的宣传效果。蒋家王朝大为震惊，严加查禁。不过《前哨》印二、三千份，分数处出售，国民党查禁时，已经销完了”[3]。

瞿秋白在沈雁冰家避难的日子里，谈论的话题很多，谈形势，谈上海文艺界情况，谈左联工作，谈他们的作品和工作计划。不久，沈雁冰经冯雪峰的劝说，担任左联行政书记，与左联宣传部主任、组织部主任组成秘书处，下设马克思主义文艺理论研究会、国际文化研究会、文艺大众研究会。此后，瞿秋白也参加左联领导工作，他与沈雁冰的话题更为深入。

瞿秋白建议《前哨》要坚持办下去，作为左联的理论刊物，另外再办一个文学刊物，专登创作。沈雁冰与冯雪峰、鲁迅商量几次，认为《前哨》已被查禁，应改刊名（即《文学导报》），另办专登文学创作的刊物，即为丁玲主编的《北斗》。

（三）

1931年8月5日改名的《文学导报》第1卷第2期（《前哨》为第1卷第1期）问世了，出版了7期（至1931年11月15日第1卷第8期）后被迫停刊。

改名的《文学导报》封面四周为细围框，左上繁体字刊名（自左向右），下面为第1卷第2期，右下角为出版时间“1931，3，5出版”，左下角“定价每份4分”。这些与当时其他大多数刊物封面的竖排版式截然不同，也与横排的文字（自右向左）有不同之处。刊物最后刊登了说明刊物改名的“编辑附记”。

这期开头一组文章总标题为《世界无产阶级革命作家对于中国白色恐怖及帝国主义干涉的抗议》，有德国、美国、奥地利、英国、日本进步作家抗议中国反动派残酷杀害左联作家等，每篇短文或诗歌后分别附有外文原件。鲁迅翻译了德国、奥地利作家诗文，其余为“林、李俊”翻译。这是《前哨》刊登“纪念战死者专号”的继续，刊登的外文原件由萧三从莫斯科寄回上海。萧三作为左联代表参加了国际革命作家代表会议，被选为国际革命作家联盟秘书处成员，兼任该联盟机关刊物《世界革命文学》编辑，《前哨》刊登的《无产阶级革命作家国际协会主席团来信》，正是他翻译的。

这期还刊登了《革命作家国际联盟秘书处给各支部的信》，要求各支部（该组织仿效共产国际组织机构，把所属的各国革命作家组织视为各支部）积极提供无产阶级作家和革命作家的稿件。并且秘书处办一个《每月通讯》内部刊物，专门发表各支部的工作和斗争情况，包括“发生在同路人之间的和布尔乔亚（资产阶级——引者）文学阵营管理的情况”。

瞿秋白曾为中共驻共产国际代表团团长、共产国际执委会政治秘书处成员，依顺着强大的政治思维惯性，不仅高度重视新成立的国际革命作家联盟及其动态，以及与左联的上下级关系，而且把《文学导报》看作是他参与领导左联时期执行和宣传国际革命作家联盟指示的舆论阵地，这些鲜明地反映在此后瞿秋白撰写的许多重要文章里。

他在《苏联文学的新的阶段》一文里介绍苏联普洛文艺沽动，认为那里已开始“第三时期”的高度发展。世界革命文学和普洛文学也在这时开始新的发展，其标志就是成立了国际革命作家联盟（瞿秋白译为“世界革命作家联盟”，简称“世革联”），同时中国成立了左联，并作为其支部，应该按照“世革联”的指示精神，“特别深刻的了解苏俄普洛文学的新的阶段”，并作为学习楷模。瞿秋白比较详细地介绍了苏联文学界里“同路人和同盟军”的深刻变化（影响了鲁迅、冯雪峰等人），以及表现“五年计划的英雄”（这是布尔什维克的大艺术——“为着第亚力克谛唯物论方法而斗争”）、文学突击队等情况[4]，这些曾一度成为左联学习的口号，产生了一定影响。

这期《文学导报》刊登沈雁冰（丙申）写的《“五四”运动的检讨——马克思主义文艺理论研究会报告》，这是瞿秋白建议的，即对于五四以来的新文学运动，以及 1928 年以来的普洛文学运动进行研究和总结，吸取经验教训，努力赶上世界革命文学和普洛文学的时代潮流。他希望沈雁冰应带头写一两篇文章，沈雁冰还写了另一文《关于“创作”》，刊登在《北斗》上。事前沈雁冰与瞿秋白交换过意见，两文中有的观点也是瞿秋白的观点，如对五四文学运动的评价等，其中不免有过激观点。

远在莫斯科的萧三寄回了自己在国际革命作家联盟会议上的长篇报告，以及该组织控诉中国反动当局杀害左翼作家的宣言，同时刊登在《文学导报》第 1 卷第 3 期上。这期仅为三文，另一文便是瞿秋白首次为该刊物写的《屠夫文学》，署名史铁儿，以后他自编《乱弹》时，改题为《狗样的英雄》。这是他批判反动“民族主义文学”的首篇文章（此后该刊陆续刊登类似的批判文章），同时也是向国际革命作家联盟表明中国左翼文学界斗争的近况。

瞿秋白又为该刊物写了第 2 篇批判反动“民族主义文学”的文章，同时刊登的还有《“民族主义文学”的现形》、《南京通讯——三民主义的与民族主义的文学团体及刊物》等文，矛头直指南京政府的反动文化政策。

“九一八”事变爆发后，中国形势发生剧烈变化，新出版的《文学导报》第 1 卷第 5 期立即刊登左联宣言，以及瞿秋白赶写的《大众文学和反对帝国主义的斗争》、长篇说唱词《东洋人出兵》。同年 10 月初，左联和美术研究会把瞿秋白《东洋人出兵》编成连环画故事，由瞿秋白作文字说明。另外出版的单行本上，还注明此歌谣为“时事新唱本”，“欢迎翻印，功德无量；自己不看，送别人看”。1932 年初，钱杏邨发表《一九三一年文坛之回顾》（《北斗》第 2 卷第 1 期），认为丁玲的《水》、楼适夷的《活路》、瞿秋白的《东洋人出兵》是 1931 年左翼文坛的优秀之作。此后，瞿秋白还创作了民谣和说唱《工人要求新唱春》、《工人格福气》、《十月革命调》、《苏维埃歌》、《可恶的日本》等，都是根据不同的流行小调创作的，其中有些印成传单。

1931 年 10 月 23 日出版了《文学导报》第 1 卷第 6、7 期合刊，每份定价 6 分（过去每期定价 4 分），刊登冯雪峰、夏衍等人文章，没有瞿秋白的文章。同时发表左联执委会呼吁书，要求广大革命作家和文艺青年拿起大众文艺的武器进行各种斗争。最后刊登的左联秘书处通告，强调文艺大众化“为联盟目前（应）十分注意的工作”。为此，瞿秋白写了《普洛大众文艺的现实问题》，较全面地谈了自己的主张和具体意见。

瞿秋白参与领导左联之后，着手纠正左联忽视创作等问题。1931 年 11

月，左联执委会通过冯雪峰起草、瞿秋白修改定稿的新决议《中国无产阶级革命文学的新任务》，发表在《文学导报》第1卷第8期上。其分为7个部分：向新的时期进展；新时期的客观的特质；新的任务；大众化问题的意义；创作问题——题材，方法及形式；理论斗争和批评；左联的组织及纪律。沈雁冰高度评价这个决议，认为是“第一个既有理论又有实际内容的文件”，提出一些根本原则，指导了“左联”后来相当长一段时期的活动[5]。

这是《文学导报》最后一期，刊登《国际革命作家联盟对于中国无产阶级文学的决议案》，提出加紧反对民族主义文学及对于胡适派及其他各种文学上反动思想的斗争；不要满足于文学“同路人”的作品，而应给以更积极的性质；关于中国无产阶级文学运动的报告必须大力向国外传播；等等。此决议最后附有秘书处的说明：“上列十一条决议则我们承认是正确的，且半年来我们工作之方向亦正确此决议案相吻合。又此项决议案虽为去年十月哈尔柯夫大会（萧三参加——引者）所产生，然直至本年十月我们方才收到，故至今始译出公布。”这也反映了瞿秋白参与领导左联时的政治敏锐性和预见性，“我们工作之方向亦正确此决议案相吻合”——理应有瞿秋白的重要功绩，同时也是促使左联执委会通过冯雪峰起草、瞿秋白修改新决议的重要因素之一。

（四）

《文学导报》最后一期发表了《为苏联革命第十四周（年）纪念及中国苏维埃临时中央政府成立纪念宣言》。在苏联十月革命胜利纪念日之际，在中央苏区瑞金成立中华苏维埃共和国临时中央政府，瞿秋白当选为中央执行委员会委员，被任命为教育人民委员会委员（未到任，徐特立代理）。他还特地创作了《苏维埃歌》，刊于《时事新调》第1期，还配有曲调，落款为“11月7日”。《苏维埃歌》的曲调来自俄罗斯民歌《同志们，勇敢地前进!》。这时瞿秋白在上海还参加中央“文委”领导工作，修订文件，明确指导方针，参与领导左翼文艺运动。对于这篇左联执委会宣言，瞿秋白是否参与修改，暂且难以考证。

为了配合这篇宣言，沈雁冰（施华洛）赶写了《中国苏维埃革命与普罗文学之建设》一文，这是一篇激情昂扬的鼓动之文，呼吁大家积极创作普罗文学作品等，指出“我们已经有了属于苏联革命初期的一周间和铁流、毁灭、叛变，已经有了属于‘新经济政策时期’的水门汀，更将有了属于‘五年计划’集体农场的新土地”。其中谈到“一周间”，即蒋光慈翻译的苏联小说《一周间》，以及同时期戴望舒（江思）、苏汉合译的同名苏联小说；《士敏土》（“士敏土”即“水门汀”，后译为长篇小说《水泥》）、《铁流》、《毁灭》、《新土地》等中译本，与鲁迅、曹靖华和瞿秋白有关。

1931 年 2 月，鲁迅自费印行德国青年木刻家梅斐尔德为《士敏土》所作的木刻插图 10 幅，并作序（1930 年 9 月 27 日所写），以珂罗版精印，宣纸古装本，以三闲书屋名义印了 250 部。此序言经修改后，又作为同年 10 月新生命书局再版苏联作家革拉特科夫长篇小说《士敏土》中译本的序言。该小说中译本由董绍明、蔡咏裳翻译，上海启新书局 1930 年初版，小说较多地描写一家水泥厂的领导与上级机关官僚主义进行的斗争。

鲁迅最初交给瞿秋白翻译的书是革拉特柯夫长篇小说《新土地》，反映苏联现实生活的。为了设法得到俄文原著，瞿秋白想起远在苏联列宁格勒的曹靖华，把需要的书籍列出单子，辗转寄给曹靖华。

曹靖华是瞿秋白当初在莫斯科东方大学中国班执教时的学生，他与鲁迅也很熟悉，经常通信。1927 年大革命失败后，他再次赴苏联，先后在莫斯科中山大学、列宁格勒大学东方学院、列宁格勒国立大学任教，同时研究俄（国）苏（联）文学，向国内读者介绍苏联文学。曹靖华把瞿秋白所需的书籍报刊经欧洲寄给鲁迅，然后再由鲁迅转给瞿秋白。

瞿秋白抓紧时间译完《新土地》，写信给曹靖华，“这书已译好，交商务印行。出版时，我要写一篇序文印在书前，这序文只有五个大字，就是‘并非乌托邦！’”小说译稿原拟在 1932 年第 4 期《小说月报》上刊登，但是，在 1932 年“一二八”淞沪抗战中，商务印书馆遭受日军炮火的轰击，小说译稿也被同时焚毁，只留下未定稿几页残篇。

1931 年，曹靖华按照鲁迅预定计划，译完苏联作家绥拉菲摩维奇的长篇小说《铁流》，把译稿寄给鲁迅。鲁迅委托冯雪峰将苏联文学评论家格·涅拉陀夫写的俄文序言转交给瞿秋白翻译。同年秋天，瞿秋白译完序言后，把曹靖华的部分译稿与原著校核一遍，并写信给曹靖华和鲁迅、冯雪峰。鲁迅的《〈铁流〉编校后记》高度评价瞿秋白翻译的序言，并认为是他们三人合力而成，“译的译，补的补，校的校”。

苏联作家法捷耶夫长篇小说《毁灭》，鲁迅根据日本文学家藏原惟人的日译本转译，1931年9月30日上海大江书铺初版。瞿秋白写信给鲁迅："敬爱的同志，你译的《毁灭》出版，当然是中国文艺生活里面的极可纪念的事迹。……《毁灭》《铁流》等等的出版，应当认为一切中国革命文学家的责任。每一个革命的文学战线上的战士，每一个革命的读者，应当庆祝这一个胜利；虽然还只是一个小小的胜利。"[6]

沈雁冰熟悉以上情况，况且该文说"将有了属于'五年计划'集体农场的新土地"，显然是指《新土地》还未发表，故用个"将"字。他写完后还附有说明："因为时间匆促及手头没有书（我们过去的作品），故而只是概括地说个大略；作者拟再续写对于我们过去作品关于内容及形式之具体的批评。"显然《毁灭》、《铁流》等译本给沈雁冰留下深刻印象，可以作为建设中国普罗文学的典范，便顺手列举了。

综上所述，20世纪30年代初瞿秋白重返文学园地，起初与沈雁冰交谈和看到《前哨》后逐渐了解左联。瞿秋白参与左联领导工作的历史功绩，也体现在改名的左联刊物《文学导报》里，或者说此刊物成为瞿秋白"亮相"的文学舞台。在此刊物上他第一次发表批判反动的"民族主义文学"的文章，刊登第一篇体现大众文艺的说唱作品，以及第一份参与商谈、修改的左联纲领性文件，等等。

瞿秋白有意识地把《文学导报》看作是左联执行和宣传国际革命作家联盟指示的重要舆论阵地，许多事实证明了瞿秋白参与领导左联时的政治敏锐性和预见性。如果变换角度审视瞿秋白与《前哨》、《文学导报》的关系，还可以得出不少意味深长的课题和结论。

［注］

［1］孟通如《关于〈前哨〉的刊头》，载《中国现代文艺资料丛刊》第5期，上海文艺出版社1980年12月出版。

［2］《雪峰文集》第4卷，人民出版社1985年版，第217—218页。

［3］［5］茅盾《我走过的道路》（中），人民文学出版社1984年版，第68页，第86页。

［4］［6］《瞿秋白文集》（文学编）第2卷，人民文学出版社1986年版，第277—295页；第1卷，第504页。

《文艺新闻》影印本

《文艺新闻》影印本

20 世纪 30 年代初，左联外围刊物《文艺新闻》刊登了许多左翼文艺运动和左联五烈士、鲁迅、丁玲等人有关报道，其中有些与瞿秋白有关，还发表瞿秋白写的《猫样的温文》（后改题为《猫样的诗人》）、《“自由人”的文化运动——答复胡秋原和〈文化评论〉》等文章。

（一）

1958 年到 1962 年，丁景唐在上海市委宣传部（后调任上海市出版局）工作期间，让周天特地到北京，与王辛民（新中国成立前曾是党的北方人民出版社负责人）商借原合订本《文艺新闻》，回沪作为影印底本。王辛民与丁景唐早就相识，曾送给丁景唐一本解放区翻印的瞿秋白遗著《乱弹及其他》。

丁景唐在紧张工作之余，接连十几个晚上翻看这本难得的原合订本《文艺新闻》，有许多收获，其中就有他发现鲁迅一篇佚文，即以乐贲笔名发表的《〈日本研究〉之外》，刊登于《文艺新闻》第 38 期（1931 年 11 月 30 日），未曾收录于 1960 年之前各种版本的《鲁迅全集》。丁景唐感到很惊喜，便撰写题为《〈鲁迅全集〉以外的一篇佚文》，不仅简要地说明《文艺新闻》有关情况，还介绍鲁迅这篇佚文的概况和背景（附有佚文），以后收录于他的论文集修订本《学习鲁迅和瞿秋白作品的札记》（上海文艺出版社 1961 年 9 月新 2 版）。

原合订本《文艺新闻》封面设计别具匠心，左边竖排的刊名，粗黑的美术字体很大、醒目。右边上端为方形的黑白红三色相衬的木刻图案，下端印有“合订本”粗黑字，注明刊物发行地点“上海四马路（今福州路——引者）五一二号”。丁景唐在珍藏的《文艺新闻》影印合订本扉页上写道：

本刊曾作为“三十年代文艺黑线”的罪证被抄走。粉碎“四人帮”后，一天与几位同志到（上海市）出版局资料室看看，赫然在目（因盖有这个印章“景唐藏书”），乃交涉取回。刊物的第一页上留有编号（202973），乃彼辈留下之印记也。

1980 年 1 月重读时随记

丁景唐取回 4 开本的《文艺新闻》影印合订本时，白色外护套早已变色，被撕为两大片，并残缺损坏，上面沾满灰尘和一些污垢，但是丁景唐仍然将此作为一个打上历史烙印的原件精心保存。外护套上端印着套红的印刷字体，“中国现代文学史资料丛书（乙种）”其下为刊物名称“文艺新闻”，“第一期至第六十期（影印本）”，下端居中“上海文艺出版社”。书脊上也印有封面上端相同的文字。封底上端印着曾经丁景唐审订的《〈文艺新闻〉影印本出版说明》：

《文艺新闻》1931 年 3 月 16 日在上海创刊，每周星期一出版，四开四版，后增至六版，至 1932 年 2 月 1 日出版第 47 号，适逢一・二八上海抗日战争爆发，自 2 月 3 日起，按日发行《文艺新闻》战时特刊《烽火》，报道战事实况，共发行十三期。1932 年 3 月 28 日恢复出版《文艺新闻》第 48 号，至 1932 年 6 月 20 日刊出第 60 号后停刊。这个刊物在后期成为中国左翼作家联盟的外围刊物之一，鲁迅、瞿秋白（署名 VT）、周扬（署名起应）都曾写过文章。此次影印，内缺第 31 号附送之《推广运动特号》及《烽火》第三、四、七号等期，希收藏者给予协助，俟将来竟得原刊再行补印。1960 年 3 月根据原刊影印，共印 1150 部。

“文革”后，丁景唐取回《文艺新闻》影印合订本，对此说明又用钢笔增写了“袁殊主编”，鲁迅“（又署乐贲）”，“茅盾、冯雪峰（署名洛阳）、阿英（署名方英）”等文字，并落款“1983 年 7 月 17 日重看后改写”。以此填补几十年前出版影印本时的缺憾，准备付诸再次影印，但是未能如愿。他还在影印本里写下许多阅后批语，作为旁注，或画上红圈圈，以示重点，作为以后著文时参考之用。

（二）

《文艺新闻》筹办时，由袁殊[1]夫妇和于海、翁毅夫、俞巴林（袁殊高小同学，兼职干杂务）等人合作。编辑部和发行所起初设在上海四马路 512 号，即福州路中西大药房旁边小弄堂内一家商店的后楼上。办公室虽小，来往人不少，其中有姚蓬子、钟望阳等人常来。几个月后，左联重要成员阳翰笙来帮忙，刊物渐有起色。编辑部曾做了几件好事，组织曙星剧社，在沪西工人俱乐部演出《怒吼吧，中国》、楼适夷《活路》，受到众多观众的欢迎。编辑部还举办读者座谈会和演讲会，在俞巴林兼课的女子中学举行，每次有 40 人左右，也很热烈。编辑部在原交通路（今昭通路）好运道书局附设门市部，由王达人主持。半年后，俞巴林离开编辑部，周康民（周钢鸣）接替[2]。

楼适夷从日本回国后，在左联安排下参加该刊物的主要编辑工作，他回忆说：这里“也成为地下活动者联络接头的地方，有些组织上失掉联系，或从外地刚来找不到组织的人，就在这儿接上了关系；也有很多的读者，通过这儿参加了革命运动”[3]。

该刊创办者袁殊是个传奇人物，经潘汉年介绍入党，打到敌人内部收集情报。最初分工时，袁殊主编，他的妻子有病，便替代外出采访。于海（中共地下党员，美联成员）暂且住在上海艺专廉价宿舍时，经袁殊妻子介绍一起筹办刊物，负责美术编辑兼文字编辑。翁毅夫与袁殊在火车相识，他是反蒋（介石）的国民党改组派成员，每天跑印刷厂，分发报刊。他后来参加革命，在东北战场上牺牲。

《文艺新闻》创刊号的排版很有特色，头版右上角为刊名美术字，出自于海之手。头版的大部分内容为书刊广告，因排版设计较好，横竖、疏密搭配得当，并不觉得拥挤沉闷。最下面刊登袁殊撰写的《文艺新闻最初之出发》即创刊词，阐明办刊的宗旨，声称“凡是属于大众的，为大众所需要的，——有文艺的新闻价值的一切，皆为文艺新闻工作的对象。文化的主人是大众，文艺新闻的主人亦是大众”。

袁殊最初标榜自己为“集纳主义者”，即新闻报道要绝对客观，不带任何党派成见。因此，他写的创刊词也再三强调“不拘守某一种的主义；不依附某一种的集团”。创刊之前，他在新雅茶楼邀聚一些名人，作为《文艺新闻》的“赞助人”，其中有任白涛、孙俍工、汪馥泉、陈望道、谢六逸、赵景深、蒯斯曛等人。此后，袁殊成为中共特殊党员后，这些反而成为一种自我掩护的色彩。

袁殊社交异常灵活，神通广大，他每次外出采访，都带回不少文艺界的消息，其中有进步文艺界的情况，也有国民党御用文人的活动，以及国内外有名文人的近况等。起初办刊物经费很困难，编辑、记者和事务人员都是义务的，作者也没有稿酬，印刷费完全靠袁殊等人零星筹集，有时印了一期，还没有下一期的印费；有时版子排好了，还没有买纸的钱。有时袁殊不得不脱下身上的衣服，到当铺去换钱，这种困境直到几个月后才逐渐好转。

1931 年 4 月 13 日，《文艺新闻》第 5 号首次披露国民党反动当局杀害左联五烈士的消息，头版“本期要闻”里制作醒目标题《作家在地狱》。第 2 版右上角刊登题为《呜呼，死者已矣！》的一组两文报道，以两个读者来信的形式出现，强烈谴责杀害左联五烈士。一周后《文艺新闻》刊登左联五烈士的遗照，同时巧妙地转载 2 月 4 日鲁迅写给李秉中的信。李秉中为了辟谣即鲁迅被捕一事，曾将此信投寄给天津《大公报 · 文学副刊》，2 月 23 日刊登。《文艺新闻》转载此复信时，“编者按”说明：关于鲁迅的安危问题，“屡接各方读者的来函，积书盈尺”，由此反映左联五烈士等人被害后谣传之盛，几个月仍未停息，同时也反映了广大读者对鲁迅的安危很关心。

《文艺新闻》继续刊登有关消息，有时并未点明，但读者能看出来。5 月 4 日第 2 版刊登《某作家纪念死者》消息：“据本报某赞助人来信说：‘我以为还可以征求一平生传略。五个面孔剪下来合登固可省地位，却极可惜。’”此某赞助人是何人，暂且不得知，但是《文艺新闻》敢于以这种特殊方式透露读者的反响，难能可贵。5 月 11 日《文艺新闻》转述某读者来信：“左翼联盟将为已死五青年作家出纪念专集。”这是指《前哨》创刊号即“纪念战死者专号”。6月8日短讯报道：左联机关刊物《前哨》已付印，“系纪念五死者专号”。同时刊登怀念左联五烈士之一胡也频的文章，署名萧石。6月29日刊登《前哨》和改名为《文学导报》的目录。暂且躲避在沈雁冰家里的瞿秋白曾看到《前哨》创刊号，以及鲁迅等人的纪念文章。此后，改名的《文学导报》继续刊登国内外对左联五烈士的有关消息，《文艺新闻》也设法转载。

左联五烈士等被害的消息，其他报刊都不敢刊登，《文艺新闻》却大胆地披露（这是左联党团书记冯雪峰提供的），顿时在青年读者中引起了强烈共鸣，《文艺新闻》销量猛增。9月28日起该头版刊头旁印着一行广告词“本版印刷八千份”，这是一个很有吸引力的销售数字，加上读者主动提供的基金，办刊物的经费得到解决。不少读者主动组织起《文艺新闻》的“读者会”，并成为该刊的义务推销员，甚至外省市也成立了义务推销站，其中还有广州的欧阳山、杭州的汪占辉等名人。

同时，《文艺新闻》得到左翼作家的关注和支持，该刊曾连载鲁迅《上海文艺之一瞥》等文，以及洛阳（冯雪峰）、华汉（阳翰笙）、周起应（周扬）、方英（阿英）等人文章。

10月19日，《文艺新闻》第32号第4版副刊设有“现代文坛：百观百感”栏目，刊登千字文《猫样的温文》（以下简称“初稿”），署名VT，即瞿秋白的笔名。以后他将此文进行修改，改题为《猫样的诗人》（以下简称“修改稿”），收录于自编的《乱弹》文集。新中国成立后，“修改稿”先后辑入4册8卷《瞿秋白文集》（人民出版社1953年至1954年版）、14卷版本的《瞿秋白文集》（文学编）第1卷（人民文学出版社1985年版）。如果把“初稿”与“修改稿”逐一比较，便可发现后者改动较大，特别是最后一段（即以下第3部分的引文）：

（“初稿”）我们并非诗人不懂得为什么中国文坛是撒野的。也许那些“该杀的”就是为了撒野的缘故而故被杀的罢？

（“修改稿”）我们并非诗人，不懂得为什么中国文坛是撒野的野马。也许，那些“该杀的”就因为撒野的缘故所以被杀了的罢？

（“初稿”）但是，丰功伟烈的报酬，还要有美人，有声色，有温文尔雅而不撒野的猫，这重要另一种疆（缰）绳，把一切野马羁住了么，让咱们的英雄享清福。唯美主义的《声色》就是这另一种疆（缰）绳了。

（“修改稿”）但是，丰功伟烈的报酬，还要有美人，有声色，有这另外一种的缰绳，把一切野马羁縻住了么，让咱们的英雄享清福。温文尔雅不撒野的猫，唯美主义的《声色》，就是这另一种的缰绳了。

（“初稿”）猫——不撒野的很温文尔雅的猫——捉老鼠是很凶狠的猫，见着主人很驯服的猫。据说：“猫是一个诗人，一个纯粹的诗人。”老实说句撒野的话，它是一个清客，这猫请各国主人是“租阶级”（rentiers）。“文学青年们”，假如你是有租可吃的话，不管是田租，地皮租，还（是）房租等类的东西，只要是有的吃的话，那么，你抚摸这只温文尔雅而不撒野的猫罢。

（“修改稿”）猫——不撒野的很温文尔雅的猫，捉老鼠是很凶狠的猫，见着主人很驯服的猫。据说，这样的猫“是一个诗人，纯粹的诗人。”

凶狠的吃老鼠的猫，“叫春”时候的音调，倒也的确很浪的。但是，老实说句撒野的话：它是一个清客，它的主人是“吃租阶级”（rentiers）。“文学青年们”，假如你们有租可吃的话，不管是田租，房租，还是地皮租……只要有得吃的话，那么，你们抚摸这只温文尔雅不撒野的猫罢。

这篇千字文主要以《声色》刊物发表的徐志摩诗歌《一个诗人》为例进行批判，先后4次引用该诗的诗句，大多属于赤裸裸的“性”描写。以上第3部分的引文主要是揭示“猫”的两重性，类似鲁迅刻画“奴才”的两重性。“修改稿”添加“‘叫春’时候的音调……”进一步突出冷嘲热讽的意味；删除“这猫请各国主人”，直接写明为“它的主人”，看似减弱“锋芒毕露”的气势，但是指向更为广泛，包括国内外反动势力；把“你”改为“你们”，个体变成群体，与“文学青年们”的概念保持一致。

瞿秋白也曾喜欢吟诗赋词，与诗人徐志摩同为文学研究会早期成员，一度同为该会刊物《文学》的编辑，双方曾有短暂的来往。1923 年 10 月 11 日午后，徐志摩被胡适拉去沧州饭店闲谈时，恰巧瞿秋白来访。徐志摩在日记里写道：“秋白亦来，彼病肺已证实，而旦夕劳作不能休，可悯。”[4]他们之间见面不是第一次，用不着再互相介绍，谈话也很随便，完全是文友之间的私下交往。多年之后，瞿秋白与徐志摩、胡适早已分道扬镳，瞿秋白信手拈来一例，辛辣讽刺一番。

当时冯雪峰是隐居在紫霞路68号瞿秋白的特殊联络员，把《猫样的温文》初稿转交给袁殊，并不令人奇怪。此初稿写得比较仓促，许多文字来不及推敲，瞿秋白很可能看到这期《文艺新闻》，感到不满意，自编《乱弹》文集时又作修改。1934年初，瞿秋白奉命去中央苏区之前，把《乱弹》的稿件交给鲁迅保存（另一份已交给谢旦如），其中有改名《猫样的诗人》修改稿，新中国成立后收录于各种版本的《瞿秋白文集》。

《文艺新闻》刊登《猫样的温文》一文后，瞿秋白意犹未尽，又写了《“向光明”——新打油二章》（1931年11月11日），第一首打油诗辛辣讽刺低俗的《声色》诗歌文化。不料一周后，11月19日徐志摩因飞机失事不幸身亡，11月30日《文艺新闻》刊登此哀讯，瞿秋白没有留下悼念文字。

（三）

《文艺新闻》除了评论、杂文等之外，其他消息五花八门，如文艺社团活动、作家踪迹、新书预告、国外文坛动态等，信息量比较多，满足于不同层次的读者，其中有些与瞿秋白有关。

1931年6月29日《文艺新闻》报道“曹靖华译的《铁流》，将由鲁迅筹钱出版，闻或将编为‘左联’丛书之一”。11月23日，该刊头版登载鲁迅亲手写的《〈铁流〉和〈毁灭〉的出版预告》，连载5期（第37号至第42号），其中谈到“并有极详确之序文”，即瞿秋白翻译的序文。内山书店和《文艺新闻》代理部成为代售这两部书之处，并授权发放400枚“特价券”，对象是穷困的读者。

苏联作家法捷耶夫长篇小说《毁灭》，鲁迅根据日本文学家藏原惟人的日译本转译，1931年9月30日上海大江书铺出版。瞿秋白写信给鲁迅：“敬爱的同志，你译的《毁灭》出版，当然是中国文艺生活里面的极可纪念的事迹。……《毁灭》《铁流》等等的出版，应当认为一切中国革命文学家的责任。每一个革命的文学战线上的战士，每一个革命的读者，应当庆祝这一个胜利；虽然还只是一个小小的胜利。”[5]

瞿秋白参与左联领导工作，建议创办新刊物，随后沈雁冰（茅盾）与鲁迅、冯雪峰研究过几次。1931 年 9 月 20 日，丁玲主编的左联机关刊物《北斗》创刊出版，第 2 天《文艺新闻》刊登《北斗》创刊号目录。瞿秋白非常关心和支持《北斗》，在该刊物上发表不少文章。10 月 26 日《文艺新闻》载有《北斗》第 2 期目录，其中有“《笑峰乱弹》（批评与介绍）”，署名“陈笑峰”即瞿秋白的笔名。这是一组文章，包括《代序》、《世纪末的悲哀》、《吉诃德的时代》等文。此后，《文艺新闻》继续刊登《北斗》各期目录，其中也有瞿秋白的文章。

1931 年 9 月 7 日，《文艺新闻》报道《蒋光慈在同仁医院病故》，“中国革命文学运动初期健将蒋光慈（原名光赤）自去岁以来卧病已久，顷于上月三十一日上午六时终于上海虹口同仁医院，系患肠胃肺结核，宿疾已数年。死者近一年来，脱离一切集团，消声于出版界，生活极为孤寂。临终时亲友皆不知，仅吴似鸿女士一人在旁”。9 月 15 日，《文艺新闻》发表杨邨人写的《光慈临终前后记略》一文。

瞿秋白与蒋光慈的师生之谊，还是早年在莫斯科东方大学时的事情，他俩之间已有赋诗应答的佳话。1922 年 12 月，中共旅莫支部会议上，陈独秀、瞿秋白等同意蒋光慈等加入共产党。回国后，时为上海大学社会学系主任瞿秋白推荐蒋光慈进校授课。以后仍然保持各种交往。1930 年秋天，苦闷极点的蒋光慈采取极端做法——退党。10 月 20 日，中共中央下达《关于开除蒋光慈党籍的通知》。当时瞿秋白负责中央宣传工作时，理应得知有关会议讨论开除蒋光慈的党籍。事前，瞿秋白曾想挽救蒋光慈，通过闸北区委负责宣传工作的李初梨与蒋光慈谈话。但是，心灰意冷的蒋光慈“对此深为不满”，拒绝接受瞿秋白的教育批评，最终“分道扬镳”。瞿秋白既是早年同意蒋光慈入党的批准者之一，也是最后参加开除其党籍的决定者之一。贫病交加的蒋光慈逝世后，瞿秋白是何种心情，迄今没有史料佐证。

1931 年“九一八”事变，立即激起全国抗日浪潮。瞿秋白奋笔疾书，写下说唱作品《东洋人出兵——乱来腔》，分为 15 小节，长达 168 行，瞿秋白还注明最后一节可以“循环”说唱。为了让北方和南方人都能说唱，他把此歌谣分别以上海话和北方话写成两部分。以上海话说唱的歌谣实际上以市郊本地方言为主，具有浦东说唱的形式因素。此歌谣前附有说明：“在下编了一首歌，叫做《东洋人出兵》，说说这里面的道理。这首歌的调头是没有什么一定的，大家随口可以唱，所以叫做乱来腔。谁要唱曲子唱得好，请他编上谱子好了，欢迎大家翻印。欢迎大家来唱，欢迎大家来念。一人传百，百人传千。提醒几万万人的精神，齐心起来救国。”

9月28日，《东洋人出兵》发表于左联刊物《文学导报》第1卷第5期，冯雪峰看到后与瞿秋白商量，并及时撰文指出：要发动一切革命作家和文艺爱好者，创作反帝抗战的大众文学，如唱本、歌谣、连环画、故事、小说等，“可以利用五更调，无锡调，唱春调，小热昏等等旧调子，因为惟有这些是大众唱惯的，天天要唱的，容易送进我们的政治口号去。”[6]

10月5日，《文艺新闻》大篇幅刊载社会各界抗日消息，其中《左翼文艺界抗日反帝大行进》报道说：左联“与美术研究会一起出版民众唱本种种，最近即出版者有《东洋人出兵》一册，为连索图画故事，并附以相当文字的说明。据某文学家云：‘这是中国最初的真正的大众文学的作品。’”“连索图画”即连环画，瞿秋白作文字说明。另外出版单行本，注明此为“时事新唱本”，“欢迎翻印，功德无量；自己不看，送别人看”。

1932年5月9日，《文艺新闻》头版刊登《北斗杂志征文》：“本志征求上海事变的报告的创作。字数不得过一万字，本月二十五日以前交稿。封面须标明‘征文’二字。寄稿处：上海七浦路北浙江路口湖风书店收。北斗编辑部。”

1932年“一二八”淞沪抗战爆发后，丁玲作为《北斗》主编，发出一封征稿信，规定10个方面题材，如农村、工人、士兵、学生等等，可以任选一个。瞿秋白、杨之华夫妇根据《申报》等报刊关于战争的各种消息，结合杨之华所熟悉的纱厂女工情况，（杨之华执笔、瞿秋白修改）共同创作了小说《豆腐阿姐》。

此小说发表于左联刊物《北斗》第2卷第2期（1932年5月20日出版），署名“文君”，落款“一九三二、四、十五”。该小说长达2万多字，可称为中篇小说。

丁玲在这期《北斗》“编后记”里解释道，“当本刊上一期刚装订好还不到三天，日本帝国主义的军队就向闸北进攻了。……中间虽曾几次计划出‘北斗号外’，或减少篇幅出版，但都不成功。这样就迁延了三个多月，现在竟是红五月过去一大半了。这一期也并不是纪念革命的，反帝的五月的专号。但和向来的几期，编辑上也略有不同，我是以纪念五月为中心而取稿子的……作文者在现在那里有能够‘畅所欲言’的权利，尤其关于今年的五月所要说的话呢?”这与以上《文艺新闻》刊登的征文启事有着某种联系。征文启事中提及湖风书店，由中共党员宣侠父出钱办的，出版《北斗》等左翼书刊，也在《文艺新闻》上刊登各种新书预告。

(四)

1932年5月23日，《文艺新闻》头版头条为《本社迁移启事》，一旁是袁殊启事：“我因私事，暂时离沪他行，读者来信务请分别寄交经理或新闻部。”反动当局早就注意《文艺新闻》动向，袁殊经常与巡捕房打交道，用巧妙的掩护办法，渡过一道道难关，坚持办刊物。这次袁殊离去（或执行其他任务），一个多月后《文艺新闻》被迫停刊。

袁殊离开前后，《文艺新闻》“赤色”味道逐渐增多，大篇幅介绍苏联文艺动态等。袁殊启事刊登的同时，整版发表未署名的《“自由人”的文化运动——答复胡秋原和〈文化评论〉》长文，这是瞿秋白撰写的。6月6日，刊登《〈阿狗文艺〉论者的丑脸谱——洛扬君致编者》长文，“洛扬”即冯雪峰，《文艺新闻》成为左联批判“第三种人”胡秋原等人的重要舆论阵地之一。

《“自由人”的文化运动》是瞿秋白参加当时历时1年“文艺自由”论辩的第一篇文章。在这之前，已产生了左翼作家鲁迅等人对“新月派”梁实秋等自由主义作家的论辩，围绕着“人性论”与阶级论等展开。胡秋原、苏汶某些观点与“新月派”的观点有相似之处，在客观上与阶级论相抵触。而且左翼文艺阵营一直受到政治压迫，对于牵涉到的政治问题很敏感，于是钱杏邨（阿英）、瞿秋白、冯雪峰、鲁迅、周扬等先后参加了这场论辩。瞿秋白还撰写《文艺家的自由和文学家的不自由》、《并非浪费的论争》等文。

《“自由人”的文化运动》开头指出，“《文艺新闻》在第四十五号上（一九三二年一月十八）发表了一篇‘代表言论’，批评了《文化评论》第一期的所谓‘真理之檄’，请他们脱掉那‘五四’的衣衫。但是《文化评论》第四期上，我们看见了他们的答复——却是说：‘我们并没有穿上，也没有要穿上五四的衣衫……’”

显然瞿秋白很关注《文艺新闻》的各种文章，他在文中说的“代表言论”一文指《请脱弃“五四”的衣衫》。该文后附有“记者”写的说明：“请读者同时阅看《文化评论》第一期《真理之檄》，及《世界与中国》第三号《文化运动的回顾与展望》两篇文字。”这两篇都是胡秋原之作。

《请脱弃“五四”的衣衫》一文发表后，立即引起胡秋原的反驳，正是瞿秋白长文开头说的“他们的答复”，即《文化运动的问题——关于“五四”答〈文艺新闻〉记者》。胡秋原的文章开头承认“《文艺新闻》记者平心静气作这样很友善的批评，自然是可感的。不过，我们不得不觉稍可惋惜者就是该文作者对于我们的话，作断章取义的误解……”并认为《请脱弃“五四”的衣衫》作者对马克思主义的文化观念认识不足。加之这一期《文化评论》还刊登胡秋原《勿侵略文艺》一文。胡秋原批判反动的“民族主义文艺运动”的同时，又怀疑和不满左翼文艺运动，真所谓“左右开弓”。

敏感的瞿秋白看出其中问题并不简单，撰写《“自由人”的文化运动》一文，也是为《文艺新闻》“记者”一文辩护。瞿秋白以“非此即彼”的思维，站在政治高度，首先提出一个尖锐的问题：究竟是谁担负着反封建的文化革命重任？是胡秋原这类的“自由知识阶级”，还是工农大众？是资产阶级，还是无产阶级？进一步点名批评胡秋原：“你的叫喊，事实上，说客气些，客观上是帮助统治阶级——用‘大家不准侵略文艺’的假面具，来实行攻击无产阶级的阶级文艺。”

如果说当时左翼文学阵营批判反动的“民族主义文艺运动”是一场政治分野鲜明的较量，那么与胡秋原等人的论辩是持有不同文艺观点者之间的问题。瞿秋白强大的政治思维惯性，将首篇论辩之文竖起鲜明的政治大旗，告诫胡秋原不要被反动派当枪使。这一回合，胡秋原并未应战瞿秋白，可能他不知道未署名的《“自由人”的文化运动》是瞿秋白写的。

事前，胡秋原已抓住钱杏邨论辩文的不足之处，撰写《钱杏邨理论之清算与民族文学理论之批评——马克思主义文艺理论之拥护》，公开“叫板”——谁懂得马列主义？这下激怒了冯雪峰，立即撰文反驳，同时承认钱杏邨“不是正确的马克思主义的批评”。此文原是写给《文艺新闻》的一封信，发表时被编辑改以醒目标题《“阿狗文艺”论者的丑脸谱》。不料此标题深深地刺激了胡秋原的神经，认为这是村妇主义的“骂人”，应某编辑之邀撰文时，干脆针锋相对大谈文艺阶级性……

最后，根据张闻天的意见，冯雪峰派人直接去做团结胡秋原的工作，示意他不要再争论下去了，冯雪峰还请瞿秋白代为起草《并非浪费的争论》，这些都是后话了。

袁殊离开《文艺新闻》之前，鲁迅很关心该刊物的状况，提出中肯意见，发表于5月16日该刊第55号上。鲁迅批评刊物内容“过于杂乱”，经常预告某作家写什么，却没有下文，建议多登各国文艺界消息等。这个意见在某种程度上也代表了瞿秋白、冯雪峰等人意见。

［注］

［1］袁殊（1911—1987），早年曾在日本早稻田大学留学，学习半年的新闻学。1931年3月创办《文艺新闻》后，经潘汉年、王之春介绍，加入中国共产党，成为特别党员。他利用接近敌伪政府头面人物的机会，搞到许多有价值的重要情报。抗战胜利后，他不辞而别，与李一氓、扬帆奔波在苏北、山东一带的战场上。新中国成立后在中央机关工作，1955年因潘汉年、扬帆案件被捕入狱，1982年平反昭雪。

［2］俞巴林《为〈文艺新闻〉〈女声〉补几句》，载《古旧书讯》1984年第2期。

［3］楼适夷《记“左联”的两个刊物》，载《左联回忆录》（上），中国社会科学出版社1982年版；于海《我与〈文艺新闻〉的一段因缘》，载《中国现代文艺资料丛刊》第6期，上海文艺出版社1981年4月出版。新中国成立初，于海与丁景唐同在上海市委宣传部工作。“文革”后，丁景唐约他写此稿。

［4］顾永棣《徐志摩日记书信精选》，四川文艺出版社1991年版，第19页。

［5］《瞿秋白文集》（文学编）第1卷，人民文学出版社1985年版，第504页。

［6］《雪峰文集》第2卷，人民文学出版社1983年版，第316页。

《中学生》发表瞿秋白文章

《中学生》1932 年 6 月号

著名教育家夏丏尊、叶圣陶等人编辑的《中学生》杂志，是中国第一家专门为中学生创办的综合性读物，如今仍然是全国名牌刊物。但是，世人很少知道该刊物曾发表瞿秋白《马克思和昂格思》、《列宁》等文。

（一）

叶圣陶比瞿秋白大 5 岁，他俩同为早期文学研究会成员。1923 年秋天，瞿秋白与叶圣陶等人在上海共同参加文学研究会有关活动，同为《文学》撰稿人。这时，瞿秋白担任上海大学社会学系主任，叶圣陶兼教授上海大学文学系课程，加之他与郑振铎（瞿秋白早年挚友）同在上海商务印书馆工作，因此他们三人有时相遇。叶圣陶回忆说：

认识秋白先生大约在民国十一、十二年间，常在振铎兄的寓所里碰见。谈锋很健，方面很广，常有精辟的见解。我默默的坐在旁边听，领受新知异闻着实不少。他的身子不怎么好，瘦瘦的臂膀，细细的腰身，一望而知是肺病的型式。可是他似乎不甚措意这个。曾经到他顺泰里的寓所里去过。看见桌子上“拍勒托”（咳嗽药水——引者）跟白兰地的瓶子并排摆着，谈得有劲就斟一盏白兰地。[1]

叶圣陶不愧为著名文学家，观察事物很仔细，描绘瞿秋白言谈举止的细节很生动，他笔下的瞿秋白“谈锋很健”，与自己“默默的坐在旁边听”形成一个鲜明反差。文中提及“顺泰里的寓所”，即顺泰里 12 号瞿秋白、杨之华夫妇新居，紧邻 11 号是沈雁冰夫妇家。叶圣陶夫妇住在顺泰里 1 号，门外挂有一块“文学研究会”白底蓝字的牌子，叶圣陶负责处理日常会务及往来信件。

1925 年五卅运动迅即爆发，掀起声势浩大的反帝浪潮。叶圣陶与郑振铎、胡愈之、沈雁冰等人紧急磋商，决定以“上海学术团体对外联络会”的名义，创办《公理日报》，编辑部设在郑振铎家里（宝山路宝兴西里 9 号），叶圣陶有时也撰写社论、评论。瞿秋白为这些文学研究会的老朋友爱国举动感到高兴，同时觉得《公理日报》报名太温和，认为“这个世界有什么公理呢？解决问题的，只有热血！”他主编的中共中央第一张日报《热血日报》，继《公理日报》之后也创刊了。

五卅运动期间，瞿秋白妻子杨之华暂且代理主持中共中央妇委工作，她动员沈雁冰夫人孔德沚去做女工工作。孔德沚又拉着叶圣陶妻子胡墨林一起去参加女工夜校工作，宣传革命道理。瞿秋白、叶圣陶、沈雁冰的三位夫人共同参加革命工作，留下鲜为人知的一段佳话。

此后，瞿秋白与叶圣陶走上不同的人生道路。叶圣陶回忆说：“（秋白）离开了上海就没有再见着他，只从报上知道他的消息。后来他给《中学生》写过稿子，篇名现在记不起了，是从朋友手里辗转递过来的，不知道他是不是秘密的住在上海。”[2]

1930 年 8 月，瞿秋白离开莫斯科辗转返回上海。次年初，他被撤销中央领导职务，重返文学园地，抱病著译甚丰，并参与领导左翼文化运动。瞿秋白夫妇的生活来源仅靠党内很少的生活补贴，勉强维持日常生活。瞿秋白著译拿些并不多的稿费，补贴生活开支。他应邀写稿辗转给《中学生》，主要还是向广大学生讲述马克思等人青年时代的故事。

（二）

1928 年开明书店由章锡琛、夏丏尊、丰子恺等人发起改组为股份有限公司，因赵景深致力于翻译契诃夫短篇小说集，改由夏丏尊为总编辑。

经过一番筹备，1930 年 1 月，开明书店出版的《中学生》创刊，夏丏尊任社长，主编人员章锡琛、金仲华、丰子恺、顾均正等，都是兼任多年的学校教师。起初，夏丏尊主持《中学生》，不仅负责宣传推广方面的事宜，而且撰写社论和编辑后记。顾均正负责编排、阅稿等日常事务。丰子恺在松江女子中学教书，每逢周日来开明书店参加插图、封面设计装帧工作，也为杂志写了不少文章。叶圣陶应章锡琛之邀，辞去商务印书馆编辑职务，改任开明书店编辑，后为开明书店编辑部主任。

《中学生》创刊号的广告词为“中等学生的课外导师，中等教育的后援军队”。夏丏尊执笔的创刊词阐述《中学生》办刊宗旨：“……合数十万年龄悬殊趋向各异的男女青年于含混的《中学生》一名词之下，而除学校本身以外，未闻有人从旁关心于其近况与前途，一任其彷徨于纷叉的歧路，饥饿于寥廓的荒原，这不可谓非国内的一件怪事和憾事了……我们是有感于此而奋起的。”《中学生 》刊物确定的读者对象是“年龄悬殊趋向各异的男女青年”，充当“课外导师”的职责，这也促使瞿秋白应邀写稿。

《中学生》问世后，各方反应良好，创刊号发行 2 万册，不到一个月再版。第 2 号发行 1 万册，也同样再版，成为同类刊物中的罕见盛况，大为鼓舞了编辑部全体成员。每期几万份杂志发行、寄送，开明书店职工几乎全体忙起来，各司其职，按时寄出。编辑人员恪守信誉，尽心尽责，鲜明地体现了一种敬业精神和务实作风。《中学生》杂志每年出 10 期，其中 1 月号、7 月号为特大号。其余两期因学校放寒假、暑假暂且停刊，以免寄递不便而丢失。直到 1937 年“八一三”淞沪抗战爆发，《中学生》被迫休刊，共出版了 76 期。

1931 年 3 月，叶圣陶开始主编《中学生》、《中学生文艺》，还编撰《开明古文选类编》、《开明国文讲义》等教科书，为语文教材的改革作出了贡献。

1932 年“一二八”淞沪抗战爆发，叶圣陶的旧居遭毁，损失惨重，停战后全家迁居。2 月 3 日，叶圣陶与鲁迅、沈雁冰等人签署《上海文化界告全世界书》，继而又联名发表《为抗议日军进攻上海屠杀民众宣言》。

这时瞿秋白夫妇已随着房东谢旦如一家从南市迁居到法租界毕勋路（今汾阳路）毕兴坊 10 号，直到 5 月才搬回南市紫霞路 68 号。在毕兴坊暂住时，瞿秋白密切关注“一二八”淞沪抗战，撰写《太平洋战争中的上海问题》、

《国民党出卖上海的无耻勾当》等文，并指导杨之华创作以这场战争为背景的《豆腐阿姐》，转送给鲁迅审改。同时，依据俄文版的列宁重要著作《卡尔·马克思》，瞿秋白翻译《马克思》（留下残稿）等文，并在此基础上撰写了《马克思和昂格思》、《列宁》、《托洛茨基》，应邀写稿辗转给老友叶圣陶。

（三）

丁景唐在珍藏的《中学生》1932年6月号（6月1日出版）扉页上写了一段话："本书丢失多时，今从垃圾堆中得之，希勿再丢失。内有范易嘉（秋白）马、恩、列（文章），列宁有二篇，一为化鲁（笔名），一为易嘉（笔名），以及茅盾《高尔基》、巴金等作。"

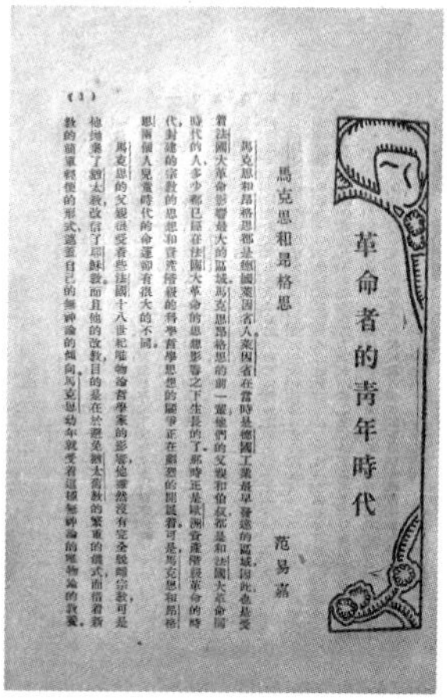

革命者的青年時代

馬克思和昂格思

范易嘉

馬克思和昂格思都是德國萊因省人萊因省在當時是德國工業最早發達的區域因此也是受着法國大革命影響最大的區域馬克思昂格思的前一輩他們的父親和伯叔都是和法國大革命同時代的人多少都已經在法國大革命的思想影響之下生長的了那時正是歐洲資產階級革命的時代封建的宗教的思想和資產階級的科學哲學思想的鬥爭正在劇烈的開展着可是馬克思和昂格思兩個人兒童時代的命運卻有很大的不同。

馬克思的父親很受着些法國十八世紀唯物論哲學家的影響他雖然沒有完全脫離宗教可是他拋棄了猶太教改信了耶穌教而且他的改教目的是在於避免猶太教的繁重的儀式而借着新教的簡單輕便的形式遮蓋自己的無神論的傾向馬克思幼年就受着這樣無神論的唯物論的教養

《中学生》刊登瞿秋白（范易嘉）文章

这期《中学生》32开，竖排，正文303页。每篇文章都是独立的页码，即都是从第1页重新开始，至文章结束，这与开明书店创新的一种《开明活页文选》版式有关。《开明活页文选》原是为教育服务，以分篇零售，价钱便宜，内容丰富，便以施教，深受师生欢迎。《中学生》各篇文章也是如此，或挑选若干篇，组成一个专题出版。《中学生》目录中每篇文章的页码还是依次递增排列，并注明"总页码在每页内边"。

这期刊物开头依然是开明书店的教材、文艺等书籍广告，正文里设有"卷头言"、"青年谈会"、"世界情报"、"气象学讲话"、"化学讲话"、"读者之页"等专栏。其中有"革命者的青年时代"专栏，正文前有列宁、高尔基、甘地、托洛茨基照片，缺少马克思、恩格斯的照片。其后排印6篇稿件，依次为范易嘉《马克思和昂格思》、巴金《克鲁泡特金》、化鲁《列宁》（一）、范易嘉《列宁》（二）、沈雁冰（茅盾）《高尔基》、默之《甘地》、范易嘉《托洛茨基》（一）、罗素吾《托洛茨基》（二）。这其中一半稿件是瞿秋白撰写的，并有两篇文字比较多，拆开为（一）、（二），分别署名。这期杂志《编辑后记》透露道：

就一般的心理发展过程说，青年人多爱好传记文学。但是我国的作者对于传记文学很少致力；除了照填公式的史传、偏重考证的年谱以外，几乎找不到别的传记。因此，我们拟在本志刊载一些传记；而以“世界名家的青年时代”为撰述的范围，当然由于读者诸君都是青年人的缘故。本期述及的几个名家恰都是革命者，就把几篇汇集在一起，总题“革命家的青年时代”。对于列宁和托洛茨基都有两位先生执笔叙述，我们就把两篇并列，以便参看。

显然编辑部考虑到“青年人多爱好传记文学”，原拟策划“世界名人的青年时代”新专栏，但组稿的结果都是有关革命者年轻时代的文章，便改为现在的专栏。但是何人策划、组稿，中间环节具体情况如何，从未有人披露，时为编辑部主任的叶圣陶也仅仅记得瞿秋白稿件是“从朋友手里辗转递过来”的。

瞿秋白的文章署名“范易嘉”，这是他曾使用的笔名，“化鲁”、“罗素吾”的笔名未曾用过。按照以上引文述说，似乎后两个笔名原有，但是这很可能是“障眼法”，免得引起反动当局的注意。如果说后两个笔名是编辑临时添加——瞿秋白不大可能考虑到编辑会把文章一拆为二，那么也并不令人感到意外。

瞿秋白撰写《马克思和昂格思》等文之前，已着手翻译俄文版的列宁重要著作《卡尔·马克思》。马克思、恩格斯的中文名字在历史上曾经有过十几种译法，瞿秋白笔下出现他俩的译名，体现了承前启后的特点。1938 年延安时期，成仿吾、徐冰翻译的《共产党宣言》，才正式出现“马克思”、“恩格斯”译名，并附有马克思、恩格斯的标准照。

瞿秋白撰写的《马克思和昂格思》引用的材料比较多，文字比较流畅，通俗易懂，各种地名、书名、团体名称等也比较规范（保留一些原来的译名），适合广大青年读者阅读。

列宁的生平事迹，瞿秋白早在第一次赴苏俄采访时已经知道不少，中国共产党成立前后，也出现了各种有关列宁小传的文章和简略年谱。1927 年初，《汉口民国日报》接连刊登长江书店出版的《列宁》小册子，同时刊登的还有瞿秋白《新社会观》等书籍广告。

瞿秋白撰写的《列宁》，侧重于列宁青年时代的故事，如列宁在监狱里吃 6 个“墨水瓶”（面包心里放牛奶，用于写字）等故事流传甚广，新中国成立后曾出现在中国小学生的教科书里。以后，谢旦如根据瞿秋白手稿，以霞社名义校印《社会科学概论》（1939 年 2 月出版），其附录《列宁的青年时代》。经过核对，《列宁》与《列宁的青年时代》两文内容完全相同，后者有落款时间“一九三二年五月”，前者没有，很可能后者标题和落款时间原有的。瞿秋白当初辗转给《中学生》的文稿，另有他人誊写，原稿保留。《中学生》编辑为了统一杂志栏目里各篇文章的标题，将《列宁的青年时代》删改为《列宁》，其他文章的标题也只有伟人名字，没有“青年时代”的字样，当然这需要进一步挖掘资料佐证。

瞿秋白撰写《托洛茨基》一文，令人大为意外。当时“左”倾思想占据党内统治地位，托派更是一个敏感话题，随时与党内“无情斗争”紧密相连。瞿秋白在莫斯科担任中共驻共产国际代表团团长等职务时，十分了解与托派斗争的尖锐性、复杂性，他回国后继续严厉批判托派，作为坚决执行共产国际指示的一项政治任务。

换一个角度来审看，瞿秋白写此文又在情理之中。他早年第一次赴苏俄采访时，撰写大量通讯报道里经常提及托洛茨基的名字。他知道托氏曾有辉煌的历史功绩，撰写的散文集《赤都心史》里就有“列宁托洛茨基”的一节内容。

由此确定了《托洛茨基》一文的基调：既侧重批判，又有一些客观述说。文章开头指出：“托洛茨基是世界闻名的伟人。他只不过是伟人……”文章的材料主要来自托氏自传《我的生活》，并引用了不少原文，最后结论：“总之，托洛茨基的青年时代——他所谓‘学习时期’的结果，是形成了他的‘托洛茨基主义’。”

具有浓厚政治意味的介绍“伟人”托氏的文章，能够出现在《中学生》杂志里，折射出当时辗转推荐此文“朋友”的特殊身份，以及组稿编辑不得不刊登此类文章的别样心情。多年后，叶圣陶记不清当年《中学生》发表瞿秋白文章的篇目，仅记得“那稿子好象是斥责托洛茨基的”。

新中国成立初，叶圣陶遇见杨之华，“之华告诉我秋白先生有一些材料，遗嘱说可以交给我，由我作小说。之华没有说明是什么样的材料，我也没有追问。我自己知道我作小说是不成的，先前大胆妄为，后来稍稍懂得其中的甘苦，就觉得见识功夫大都够不上，不敢胡乱欺人。因而听见了有一些材料的话，也引不起姑且来试试的野心”[3]。

叶圣陶的谦词与他的扛鼎之作《倪焕之》形成鲜明反差，瞿秋白曾在有关文章里提及这部长篇小说，也知道他的学识和为人，因此在“遗嘱”中说明把一些材料交给他，由他作小说。说是“遗嘱”，其实是指瞿秋白在监狱里写的一封信，转交给杨之华的哥哥，信上大意是说：“想来你们已经在报上看到了我的事，我要和你们永别了。之华是我生平的知己，我要留最后的一封信与她永别。可能她也已经被捕，你们不知道她的下落。那么，就请你们把信投寄给叶圣陶先生作为写小说的材料吧。”[4]

对于才华横溢的瞿秋白，叶圣陶感叹道：“鲁迅先生编辑秋白先生的《海上述林》是大可令人感动的。……读了秋白先生的大部分著作，也感染了这种崇高精神。”并希望瞿秋白“全集必须好好的编，分类要分得精密，排次要按时期先后，校对要象鲁迅先生那样认真，又要有一篇翔实的传记或者年谱”[5]。他所说的将来编辑《瞿秋白文集》，应该收录《中学生》刊登的《马克思和昂格思》、《列宁》等文。

［注］

［1］［2］［3］［5］叶圣陶《回忆瞿秋白先生》，载《忆秋白》，人民文学出版社 1981 年版。

［4］杨之华《回忆秋白》，人民出版社 1984 年版，第 164 页。

瞿秋白为《地泉》作序

1932 年 7 月，上海湖风书局再版阳翰笙（华汉）撰写的小说集《地泉》，书前由瞿秋白（易嘉）等人写的序言。这是 1931 年瞿秋白被撤销中共中央领导职务后写的唯一一篇序言。

上海湖风书局再版本《地泉》

（一）

1932 年 6 月 20 日，左联外围刊物《文艺新闻》最后一期刊登湖风书局出版《地泉》预告，“预定期即日起，七月十五日截止，定于七月内出版”。并声称“《地泉》是华汉先生的三部曲，即一、深入，二、转换，三、复兴；是一部反映大时代底力作。书前有茅盾、易嘉、钱杏邨、郑伯奇等等诸大家的批评及作者的自序，这不独对于本书给了一个适当的评价，即对于过去异军突起的新兴文艺，也实行了一次正确的清算，诚一切爱好文艺的青年不可不读的一部文艺巨制。预约期间有限，定者请速。外埠以邮戳日期为准”。

小说集《地泉》，32 开，5 篇序言占 8 页；收录“三部曲”中篇小说《深入》、《转换》、《复兴》，每部小说均从第 1 页开始，分别至第 167 页、第 213 页、第 175 页（不包括每部小说最后空页），全书 500 多页，很厚一本，每册大洋 1 元 6 角。封面仅有《地泉》书名和作者华汉。内封上端为“文艺创作丛书”、《地泉——华汉的三部曲》和“华汉著”。下端居中为“上海湖风书局出版”和地址等。

创办湖风书局的建议是文武双全的中共党员宣侠父[1]与阳翰笙初次见面时主动提出的，并表示愿意承担有关经费。在左联党团会议上，阳翰笙提出讨论创办书局一事，得到冯雪峰、夏衍、钱杏邨（阿英）、田汉等人一致同意。阳翰笙与宣侠父商定，书局的编辑工作由左联人员负责，书局管理工作由宣侠父物色可靠人选，及早动手筹办，争取当年下半年开业。

宣侠父不仅介绍同乡、同学周濂卿来担任书局经理，还派他的内侄金树望到书局当伙计。经周、金多方奔走，利用杜月笙的关系，终于在七浦路734号（今闸北区，靠近老北站）找到一个铺面，房子还宽敞，足以办个书局。他们还租到一间弄堂房子，专门用来存放书籍和纸版，如果书局被查封，这里的书籍等可以免遭损失。

宣侠父还为左联刊物《北斗》、《文学导报》（前身是《前哨》）提供资金，瞿秋白等人在这两个刊物上发表了许多文章。

《地泉》书后有湖风书局发放的征求读者调查表，以及“循环券”（优惠券），读者凭此券可以享受购买新书的8折优惠，另有其他优惠项目。湖风书局还告知读者：“敝局是一个纯文艺的书局，所出各书，从量上说来虽不算多，但是质一方面——每本的内容上，技巧上，以及印刷装订纸张等，都是经过极严谨的选择和考虑的，而且对于定价上更尽可能的减到最低限度，因为敝局是抱定‘宁少勿滥’主义，——出版而至于‘滥’，这种有意或无意欺骗读者的勾当，敝局是绝不愿干的。”最后声称，对于该书局出版的文艺作品，读者写了长篇书评，可以在“敝局文艺月刊《北斗》上发表，并略致赠品”。这很吸引人，既为湖风书店做广告，也介绍了丁玲主编的左联刊物《北斗》。

1931年9月2日《北斗》创刊，由湖风书局出版。丁玲出面负责联系作家，看稿子；姚蓬子负责跑印刷所，担任部分编辑事务工作；沈起予懂日文，管翻译。郑伯奇、张天翼等也参加过该刊的编委工作。

湖风书局除了出版左联两个刊物，还印行郭沫若、丁玲、夏衍（沈端先）、穆木天等人著译书籍，以及高尔基《夜店》、《母亲》、《我的大学》等等。该书局还出版了鲁迅推荐、校订的《勇敢的约翰》和作小引的《夏娃日记》书籍，其中《勇敢的约翰》是印刷得最好的一本，鲁迅也花费了很大精力。1932年8月，湖风书局经理被捕，《北斗》被查封，书局被迫迁移到虹口靶子路（今武进路）163 号，1933 年下半年书局被封闭，所存的文艺书籍纸型都转让给现代书局。

湖风书局是左联在白色恐怖环境里唯一自己办的出版机构，也是左联的一个活动据点，大家经常在那里碰头，商量事情。因此，阳翰笙认为该书局应载入 20 世纪 30 年代左翼文化运动史册[2]。

（二）

《地泉》第 1 篇小说《深入》原名《暗夜》，同年 12 月由上海创造社出版单行本。第 2 篇小说《转换》，原名为《寒梅》，1929 年由上海平凡书局出版单行本。第 3 篇小说《复兴》，1930 年由上海平凡书局出版单行本。由于《暗夜》等小说遭到查禁，1930 年 10 月，上海平凡书局设法把原来并不相连的 3 个中篇小说合为一起，取名为《地泉》，并把《暗夜》改为《深入》，《寒梅》改为《转换》，《复兴》标题照旧。湖风书局创办后，便有了再版《地泉》一事，瞿秋白等人应邀写序言。

对于《地泉》“三部曲”，阳翰笙在《〈地泉〉重版自序》里回忆说：自己随着南昌起义军南下，部队被打散后，好不容易脱险。辗转到上海时疟疾大作，几十天后出院已瘦得皮包骨头，走路都要人扶着。在上海近邻的松江农村友人家里养病时，“不多远的村中突然起了一阵‘土地咆哮’”，阳翰笙心中热血沸腾，开始构思《深入》小说。1928 年夏天，他流着大汗，在半月内匆匆完成小说，这与当初构思的小说不知缩小多少了，并由此开始走上创作小说之路。

《深入》描写乡村里农民不堪忍受地主等反动势力的压迫和剥削，奋起反抗，攻占镇警察局，成立农会，宣布成立赤色新政权。这小说创作灵感来自作者在养病时附近村子“土地咆哮”的真实事件，更多的素材则是作者参加大革命和南昌起义军南下等的亲身经历，小说落款时间为“一九二八年八（月）一号初稿”。

《转换》是写作于一九二九年的夏间。记得那时正是一般人所说的中国的“苦闷时代”，这一时代的特征，恐怕要以这大都市的上海反映得特别鲜明吧。在上海，我曾目击着许多小资产阶级出身的人，在这一时期中徘徊，犹豫，苦闷，四处找出路而又摸不着出路。可是，这一时期毕竟很短促，新的活力是不断的从这“苦闷时代”里新生出来的，所以也有不少的人从苦闷徘徊中毅然的走回战线中来，更有不少的青年因为失去了一切躲闪的余地大踏步的跑到前线上去，《地泉》中的《转换》，就想去反映这一转换时期，明示出一条我们应走的大道的。

这是阳翰笙在《〈地泉〉重版自序》里的一段回忆。他创作《转换》的初衷与《深入》一样都很想反映现实状况，宣泄心中积压的情绪，只不过把小说视野从农村转移到大都市，人物主角改换为知识分子。阳翰笙曾在上海求学，比较熟悉笔下的男女青年学生。大革命失败后，他“旧地重游”，身边不时出现昔日青年学生的身影，但是走上社会后的经历完全不同。

小说结尾写道：“阳光已经驱散了四周的暗影，把大地完全征服了，清新的晨气弥漫在空中，渐渐的，渐渐的，东边天上的云脚下有火一般的红焰射出来，——可爱的冬天的太阳快要出来了。”抒情诗意的描写是阳翰笙惯用的手法，以象征意味点明小说主旨（这与《深入》很相似），落款时间“一九二九（年），七月十五（日）脱稿”。对于第2篇小说《复兴》，阳翰笙《〈地泉〉重版自序》里回忆说：

至于《复兴》，如果要去追问它的所谓时代背景，那正是丁玲女士的《一九三零年春上海》，那时有好多人都在这一“复兴”时期发了狂，说大话，放空炮，成了这一时期的时髦流行病，我那时蹲在上海，大概也多少受了些传染，这在《复兴》中是深深的烙印得有不少的痕迹的。而且，我还记得：我那时白天没空，写作的时间，几乎全在晚间，现在我回想假如那时我没有传染着那种发狂般的情绪，我实在不能够战得胜那酷暑蚊子和疲倦的三面环攻而把这不成样的东西写成的。

丁玲《一九三〇年春上海》发表于《小说月报》第21卷第9号（1930年9月10日出版），描写作家子彬高傲自负，不愿意投身于革命文学事业，爱人美琳与他在“革命与恋爱”的冲突之后，离开他参加工人运动，反映了小资产阶级知识分子在新的阶级斗争关头的矛盾、转变和分化。

两年后，阳翰笙实话实说，《复兴》感染上了“时髦流行病”——套用

“革命与恋爱”的公式，成为瞿秋白等人尖锐批评为“革命浪漫谛克”的对象。

《复兴》演绎如火如荼革命斗争的同时，穿插爱情故事。小说一开头就是公司劳资双方矛盾尖锐，罢工开始了……这是在忠实地复制李立三“左”倾冒险错误领导下的一个个激情场面：罢工集会，游行示威，散发传单，砸烂黄色工会。“群众的血都沸腾起来了！一声呐喊，齐向巡捕冲锋，砖头石块，碎棹短凳，似飞弹般快的对那些狗探打去，口号声，呐喊声，诅咒声，喝斥声，棍棒相接时的激碎声，顿时，把那地方变成了个短兵相接的战场，在那里开始了血战肉搏的激战！……就在这一天的热烈紧张的群众大会里，他们改组了罢工委员会，成立了工人自己的工会。”小说结尾的声调也变了，无畏地驱散了原来的抒情诗意，以血肉搏战的胜利奏响全篇高潮的结束音符。小说落款时间“一九三〇年，七月”，正是李立三“左”倾冒险错误言行达到高峰时期，因此阳翰笙严厉自责《复兴》是“不成样的东西”。

（三）

1924 年夏天，阳翰笙进入上海大学社会学系学习，与杨之华是同学，听过系主任瞿秋白、张太雷等人授课，师生之情未曾忘却。阳翰笙在校期间先后加入中国社会主义青年团，后转为中国共产党党员，担任上海大学党支部书记。阳翰笙回忆说：

> 上海大学是一所革命的学校，这所学校不讲师道尊严，教授跟学生的关系，就是朋友关系，同志关系。比如，瞿秋白、蒋光慈就常到我们学生宿舍来聊天。……秋白爱讲屠格涅夫的《前夜》、车尔尼雪夫斯基的《怎么办》和高尔基《母亲》，在这漫谈之中，我跟他们一起神游苏俄文学园地。……高兴的时候，秋白和光慈还教我们唱《国际歌》和《少年先锋队歌》。[3]

1930 年 8 月下旬，瞿秋白奉命回国纠正李立三“左”倾冒险错误，不久共产国际对李立三等所犯错误性质的估计有了变化，指示中国共产党召开六届四中全会，瞿秋白被撤销中共中央领导职务，他非常了解李立三“左”倾冒险的错误性质、过程和严重后果。次年，他参与领导左联，为中央“文委”

起草文件。阳翰笙作为中央“文委”书记（原为左联党团书记）向瞿秋白约稿，为《地泉》写序言。瞿秋白欣然答应，也很想发表自己的批评意见。

瞿秋白撰写的序言题为《革命的浪漫谛克——评华汉的三部曲》（简称“序言”），回避了批判李立三“左”倾冒险错误的政治问题，免得被王明小宗派抓住把柄，而是侧重于书评，一针见血地指出普洛文艺初期创作存在的错误倾向，努力推动文艺大众化运动。

“序言”开头引用了苏联著名作家法捷耶夫《打倒席勒》的论文观点：“普洛的先进艺术家不走浪漫谛克的路线，就是不把现实神秘化，不空想出什么英雄的个性来做‘时代精神的号筒’，不干那种‘使我们高尚化’的欺骗，而要走最彻底，最坚决，最无情的‘揭穿现实的一切种种假面具’的路线。”而且“不走庸俗的现实主义的路线”，“应当看到社会发展的过程以及决定这种发展的动力”。这种观点受到苏联“拉普”（苏俄普洛作家联盟）的影响，坚决拒绝浪漫主义，片面强调“辩证唯物论”写作方法，等等，但是对于纠正“革命的浪漫谛克”——“恋爱与革命”的公式化写作方式，还是能够显示“批判武器”的某种威力。

“序言”认为《地泉》“三部曲”没有揭示中国革命的动力，暴露出不能够“改变这个世界”的事业，也没有“解释这个世界”。他还敏感地发现小说应该揭示人物复杂关系的真实性，而不是单一的，甚至扭曲的。他认为《深入》中雇主九叔和雇工张老七的关系被歪曲了。“雇主对于雇工，不但不剥削，反而想尽方法帮他挣钱”；“后来张老七却并不受自由主义的雇主的欺骗，他莫名其妙的得着了很明显而正确的意识，就这么样参加了革命。”

《转变》中的女学生梦云突然发现以前的男友林怀秋并非是颓废、无聊的浪人，而是“曾经参加过革命的有思想的有能力的男子”。这个“转变”让瞿秋白迷惑不解，不由得写道：“《地泉》之中的英雄都是这么出人意外的在‘万人敬爱中显露他的峥嵘的头角’的人物。这是多么难堪，但是，又多么浪漫谛克呵！”他指出：

至于《转换》的全部题材——实际上也可以说《地泉》的全部题材，——只是这种“英雄主义的革命的浪漫谛克”。……

就是《地泉》之中用不着“转换”的英雄，例如农民协会的会长汪森，工联代表小柳……阿林等等，也都浪漫谛克化了；他们和一切人物都是理想化的，没有真实的生命的。再则，事变的描写方面也犯着同样的毛病，农民在乡村之中的行动居然是东南西北乡一致齐备的，罢工委员会是机械的分裂成为三派；而且一切事变都会百事如愿的得着好结果。

这种浪漫主义是新兴文学的障碍，必须肃清这种障碍，然后新兴文学才能够走上正确的路线。

瞿秋白的这番评论，对于如今文艺作品五花八门的写作倾向——畸形、媚俗、变态的浪漫谛克模式，也具有“穿越式”入木三分的批判威力。

事前，阳翰笙准备承受瞿秋白等人尖锐批评，他诚恳地说：“对于在《地泉》中我所走过的浪漫谛克的路线，我是早已毫无留恋的把它抛弃了的。……在这次重版《地泉》的时候，我曾请了几个曾经读过我这部书而且在口头上也发表过一些意见的朋友，严厉无情的给这本书一个批评，好使我及本书的读者，都能从他们正确的批评中，得到些宝贵的教训，书前的几篇序就是这样得来的。”阳翰笙很钦佩瞿秋白的评论，不过他在《〈地泉〉重版自序》里还说了一些不同看法：

感谢茅盾、伯奇、易嘉、杏邨，他们对于本书，都很能正确的指出我的失败处，这特别于我是有不少的教益，……首先我要说的是易嘉的批评。易嘉说：“《地泉》的路线是革命的浪漫谛克的路线，不肃清这一路线，新兴文学是不会走到正确的路线上去的”。这话非常正确，可以说《地泉》的失败处，易嘉看得最明白，最透彻。只不过我还觉得易嘉在批评文中他还没有进一步的指明：为什么我们那时几乎无例外的大都去走浪漫谛克的路线，而不在创作方法上去走唯物辩证法的现实主义的路线，因此，他也就没有更深刻的告诉我们究竟要怎么样才能走到唯物辩证法的现实主义的路线上去了。

阳翰笙的疑问和反思具有普遍性，代表了曾写过类似“革命与恋爱”题材的作者群体。但是，瞿秋白曾为中共中央领导人，知道许多内情，难以详细阐述复杂尖锐斗争环境中的政治与文艺创作的关系。换个角度来看，阳翰笙的疑问是在“帮忙”，促使大家共同来反思，进一步领会瞿秋白的深刻批评，这也是作为中央“文委”书记应有的责任。阳翰笙接着说：“我们如果不抛开我们小资产阶级的生活，不克服我们小资产阶级的意识，不深深的打入群众中，不直接参加在残酷的现实斗争里，那我们是不能真正反映现实斗争，不能真正创作出‘大众化’的新兴文学。”

（四）

1932年“一二八”淞沪抗战炮声刚刚停息，阳翰笙去找沈雁冰（茅盾），再三请他为《地泉》再版本写一篇序言，并解释说：这本书是前几年写的，原来不打算再印了。现在既然有书店肯再版，所以乘此机会请几位朋友写点文章，也算对这本书做个定评。他还说：也邀请瞿秋白和钱杏邨写了序言[4]。

沈雁冰推辞不过，便撰文毫不留情地批评《地泉》，认为1928年至1930年产生的作品，现在看起来大都失败的，追究其原因：一是缺乏对社会现象的全面认识；二是缺乏能够影响读者的艺术手腕（如感情等）。这对于小说作者是一个宝贵的教训，对于文坛全体同人也是一个深刻的教训。

阳翰笙肯定了沈雁冰的批评意见，表示“诚意接受”。同时，对于沈雁冰的“批评方法以及基于他这种方法所得出来的我们每个作家应走的道路”，阳翰笙提出不同的看法，认为目前文艺创作存在的问题不仅仅是“脸谱主义地去描写人物”，“方程式的去布置故事”，更应该重视文艺作品内容里“非无产阶级乃至反无产阶级的意识的活跃”，“离开了大众的文化水平的无条件的欧化主义的错误”。这符合瞿秋白努力促进文艺大众化运动的宗旨，类似他撰写的《“我们”是谁?》、《欧化文艺》（当时均未发表）的批评基调。因此，阳翰笙撰写《〈地泉〉重版自序》之前，听取或研究了瞿秋白有关意见。

阳翰笙还以蒋光慈的小说《丽莎的哀怨》作为批评对象（该小说曾受到党内外严厉批判，1930年秋天蒋光慈因故退党，被开除党籍，次年病逝），作为批评沈雁冰评论《地泉》时提出的文学创作时要注意的艺术技巧的观点。阳翰笙认为：“如果我们竟看轻了作品的内容，或竟抹杀了作品中的阶级的战斗任务而不加以严厉的检查，只片面的从作品的结构上，手法上，技巧上，即整个的形式上去着眼，这不仅在一般的文艺批评方法上不容许，而且，其结果，却更将有离开我们新兴文学运动正确的路线的危险”。最后得出结论，“我们最最重要的是应该参加在大众的斗争中去用批判的眼光去学习大众所需要的作品的内容与形式。像茅盾这样的结论，似乎和我们所公认的应走的

‘大众化’路线有些原则上的分歧吧，不知茅盾以为然否?”事前瞿秋白与沈雁冰就文艺大众化问题产生争论，显然阳翰笙赞同瞿秋白的观点。

当时沈雁冰不想与瞿秋白继续辩解，后来解释说，因为发现他俩对文艺大众化的概念理解不同。他主要是着眼于文学创作来谈大众文学的，更多注意文学的审美要求，瞿秋白则更多是政治家的思维。瞿秋白也承认这是他俩提出问题的方法不同之处，他对于开展文艺大众化运动的政治性阐述，让沈雁冰难以认同。同样，面对阳翰笙的反问，沈雁冰也不回答，事后还是赞赏阳翰笙“这种接受不同意见的雅量是令人钦佩的。这种雅量，新进作家们应奉为榜样”[5]。

钱杏邨、郑伯奇也分别为《地泉》写了序言。钱杏邨批评《地泉》，一是“个人主义英雄的倾向”，并以瞿秋白（史铁儿）的说明为例；二是“浪漫主义的倾向”；三是“才子佳人英雄儿女的倾向”；四是“幻灭动摇的倾向”。并认为这些犯错误的作品，“在当时是曾经扮演过大的脚色，曾经建立过大的影响。这些作品是确立了中国普洛文学运动的基础，我们是路过这条在道路工程学上最落后的道路走过来的。我们不能忘记它”。郑伯奇以写信给阳翰笙（华汉）的形式作序，认为《地泉》属于普洛文学早期作品，具有鲜明的两个倾向，“一个是革命遗事的平面描写，一个是革命理论的拟人描写。前一种倾向以太阳社为代表，后一种倾向在创作社特别的浓厚”。郑伯奇、阳翰笙同为创作社成员，钱杏邨、瞿秋白曾是太阳社成员，沈雁冰原为左联行政书记，曾撰文赞赏普洛激情小说，因此由他们来“清算”，很有教育意义。

[注]

[1] 宣侠父（1899—1938），原名尧火，号剑魂，浙江诸暨人，曾留学日本，1922 年回国，加入中国共产党。以后担任国民革命军第二集团军前敌总指挥部政治部主任、中共诸暨县委军事部部长。他创办湖风书局时，担任第二十五路军总参谋，并出任南京国民政府军事参议院中将参议，次年卸职。1938 年在西安被秘密绑架而杀害。

[2] [3] 阳翰笙《风雨五十年》，人民文学出版社 1986 年版，第 152—154 页、第 82 页。

[4] [5] 茅盾《我走过的道路》（中），人民文学出版社 1981 年版，第 127—128 页、第 129 页。

“文尹”译作与鲁迅编译集

良友图书公司初版本《苏联作家二十人集》内封

“文尹”[1]翻译的苏联作家绥拉菲摩维奇短篇小说《一天的工作》、《岔道夫》（杨之华的翻译习作，瞿秋白指导、修改），起初被鲁迅辑入《一天的工作》译文集，以后编入《苏联作家二十人集》，生动地反映了瞿秋白夫妇与鲁迅的深厚友情。

（一）

1932年夏，赵家璧大学毕业后，担任良友图书公司文艺编辑，计划编一套《良友文学丛书》，准备请第一流作家执笔，便与左联发起人之一郑伯奇商量，首先想邀约鲁迅。双方会谈时，让赵、郑出乎意料，鲁迅答应给几十万字译文稿。赵、郑低头细语商量后，决定“破例”接受这部译文稿，列入丛书中，并请求鲁迅，为了顾全丛书的篇幅和售价，是否将译文稿一分为二，各立书名。鲁迅点头同意，并答应将来如有适合给“良友”出版的创作文集，当于优先考虑。双方还谈了关于版税率、预支版税数字和交稿时间等等。

鲁迅如此爽快答应交出译文稿，其中原因之一他想尽力帮助解决瞿秋白夫妇的生活困境。1931年初瞿秋白夫妇被撤销中共党内职务，仅靠党内发的一点生活费，只能维持最低生活开支。起初瞿秋白与鲁迅的联系，由冯雪峰充当联络员，传递各种信息和瞿秋白的文稿。鲁迅得知瞿秋白夫妇的拮据生活现状后，设法帮助解决，并把瞿秋白夫妇的译文稿放在自己的译文集中，以便获得稿酬，进行补贴，这也让瞿秋白夫妇宜于接受。1932 年 8 月下旬，瞿秋白由冯雪峰陪同首次登门访见鲁迅。9 月 1 日，鲁迅夫妇带着周海婴回访瞿、杨夫妇，双方关系进一步密切起来。

按照约定，鲁迅抓紧时间编辑《新俄小说家二十人集》（后改为《苏联作家二十人集》）上册、下册译文集，他先着手编辑上册。

9 月 11 日晚上，鲁迅写信给远在苏联列宁格勒（现圣彼得堡）任教的曹靖华："近日与一书店接洽，出《新俄小说家二十人集》二本，兄之《星花》，即收在内，此外是它夫人译的两篇，柔石翻译的两篇，其余皆弟所翻译，有些是在杂志上发表过的，定于月底交稿。"[2] 信中提及"它夫人译的两篇"，即《一天的工作》、《岔道夫》两篇译文。

事前（8 月 2 日）鲁迅收到曹靖华《星花》译文和原著印本，编入上册即《竖琴》译文集（取自鲁迅所译的一篇短篇小说标题），同时收录柔石两篇译文《老耗子》、《物事》，其余 7 篇译文均署名鲁迅，这 10 篇译文选自苏联作家的短篇小说。9 月 13 日晚上，鲁迅编完《竖琴》译文集。

第 2 天（9 月 14 日）上午，瞿秋白夫妇再次看望鲁迅夫妇，一起吃午饭，畅谈一番。9 月 19 日，鲁迅编完下册即《一天的工作》，并特地为译文集取此名，显然想扩大"文尹"两篇译文的名声，自己的 8 篇译文则甘愿退居"第二线"。同时相隔一天，鲁迅先后写下《前记》（9 月 18 日）、《后记》（9 月 19 日）[3]。

9 月 20 日，鲁迅亲自把译文稿送到良友图书公司（北四川路 851 号），在门市部与赵家璧见面（郑伯奇有事外出）。鲁迅穿着一件深色的夹袍，脚上是一双橡胶鞋，戴着一顶棕色的旧呢帽。双方寒暄几句后，鲁迅打开一个日本制花布包袱，里面两叠整整齐齐的译文稿，都是毛边纸印的方格稿纸，分别用白细麻绳扎住，面上用白纸填写上册、下册译文书名。赵家璧很受感动，说是只要电话通知，会派人来领取。鲁迅说："这一带我经常经过，并非特地来此，顺便带来。"鲁迅详细地交代有关事项，最后交给赵家璧一封信（写给郑伯奇的），说是排版等诸事都写在信里了[4]。

《新俄小说家二十人集》译稿，顷已全部编好，分二本，上本名《竖琴》，下本名《一天的工作》，今一并交上。格式由书店酌定，但以一律为宜。例如人地名符号，或在左，或在右；一段之下，或空一格或不空，稿上并不一律，希于排印时改归划一。版税请交内山老板。需译者版权证否？候示遵办。[5]

鲁迅考虑很周到，在信中写了这些注意事项。5天后，鲁迅在日记中又写道："阅文尹小说稿，下午毕。"过去一般认为"小说稿"是指《一天的工作》、《岔道夫》。但是，既然译文稿已交去，为什么还要校对呢？这有各种可能情况，首先是"小说稿"并非指译文稿，而是指其他稿件，不过尚待考证。

10月20日，《一天的工作》已开始付排。11月7日，鲁迅收到良友公司版税240元，立即分给瞿秋白夫妇60元，此数额相当于瞿秋白夫妇几个月的党组织补助金，真所谓"雪中送炭"。次年6月《一天的工作》再版后，鲁迅收到版税240元，再次分别给瞿秋白夫妇、曹靖华各30元。

1932年11月下旬，瞿秋白夫妇首次到鲁迅家避难。次年元旦后，6日、7日鲁迅接连校阅《一天的工作》清样，16日再次校阅。这期间，鲁迅与瞿秋白互为通信，其中很有可能谈到译文的问题。1933年2月上旬，瞿秋白夫妇离开隐居将近两年的紫霞路68号，由中共上海临时中央局组织部部长黄文容（即黄玠然）护送，再次来到北四川路底鲁迅家避难。这一次住的时间比较长，瞿秋白和鲁迅朝夕相处，促膝谈心，谈话内容牵涉面比较广泛，其中包括翻译问题。他们不仅一起选译、编写《萧伯纳在上海》一书，还合作杂文等。

1933年3月1日，上海良友图书印刷公司出版《一天的工作》。同一天，鲁迅与内山夫人前往北四川路底施高塔路（今山阴路）东照里（又称日照里）12号看房。稍后，瞿秋白夫妇搬至东照里12号二楼。3月28日，鲁迅收到赵家璧寄来10本译文集《一天的工作》，又花钱买了25本。其中10本寄给曹靖华，其余分送给瞿秋白夫妇等人，这也是瞿秋白夫妇搬到新居后收到鲁迅的礼物之一。4月11日，鲁迅家正式迁居到施高塔路大陆新村9号（今山阴路156弄9号），这是鲁迅晚年的最后居所。马路斜对面正是瞿秋白夫妇居住的东照里，两家人来往更为密切。

5月5日，鲁迅到良友图书公司门市部购买《竖琴》、《一天的工作》各5本，显然原来购买的25本《一天的工作》大多送完了。不久，东照里住处发生安全问题，瞿秋白夫妇不得不搬走，从而结束了与邻近鲁迅夫妇直接的密切交往，《一天的工作》译文集的话题也随之远去。

（二）

1933年1月，上海良友图书公司出版《竖琴》，作为“良友丛书第一种”。

两个月后，《一天的工作》出版，列为“良友丛书第四种”，32开，米色道林纸精装本，外有护封，为良友文学丛书的统一格式。全书竖排，正文及《前记》、《后记》共330页，平装本每册售价9角，精装本1元3角5分。封面为草黄色胶纹布软面，左上角钢印书名和“鲁迅编译”等字，右下角钢印农夫播种图案（前环衬的对开图案也是一左一右农夫播种的对称图案），这是赵家璧最初用于《一角丛书》的图案标志，以后成为良友版成套文学书籍的出版标记。书后版权页贴有鲁迅朱印白文版权证印花，鲁迅后来又几次寄给赵家璧4000枚印证。1938年6月和1948年12月，先后出版的《鲁迅全集》第19卷均收录《竖琴》、《一天的工作》译文集。

《一天的工作》共有10篇译文，其中有鲁迅翻译的《苦蓬》、《肥料》、《铁的静寂》、《我要活》等8篇，以及“文尹”两篇译文《一天的工作》、《岔道夫》，排在第6篇、第7篇。为了与《竖琴》译文（均为苏联“同路人”[6]作品）篇幅相同，《一天的生活》译文集除了编入8名苏联无产阶级作家之外，还有两名“同路人”作家作品。

鲁迅在《前记》中写道：“我所见的无产者作家的短篇小说很有限，这十篇之中，首先的两篇还是‘同路人’的，后八篇中的两篇，也是由商借而来的别人所译，然而是极可信赖的译本……”“后八篇中的两篇”即《一天的工作》、《岔道夫》。鲁迅在《后记》中写道：

> 绥拉菲摩维支……是十月革命前原已成名的作家，但自《铁流》发表后，作品既是划一时代的纪念碑底的作品，作家也更被确定为伟大的无产文学的作者了。靖华所译的《铁流》，卷首就有作者的自传，为省纸墨计，这里不多说罢。

1931年，曹靖华按照鲁迅预约计划，翻译了苏联作家绥拉菲摩维奇的长篇小说《铁流》，把译稿寄给鲁迅。鲁迅感到译作还缺少一篇好的序文，曹靖华因开学而忙于教学，鲁迅委托冯雪峰将苏联文学评论家格·涅拉陀夫写的俄文序言转交给瞿秋白翻译。瞿秋白译完序言后，写信给曹靖华，由鲁迅转寄，同时鲁迅称该序言"将近二万言，确是一篇极重要的文字。读者倘将这和附在卷末的《我怎么写〈铁流〉的》都仔细的研读几回，则不但对于本书的理解，就是对于创作，批评理论的理解，也都有很大的帮助的"。瞿秋白还撰写了《〈铁流〉在巴黎》一文，发表于《十字街头》第2期（12月25日），指出该小说"没有宣传，没有标语口号。事实的本身就是最有力量的宣传"。

现在鲁迅再次谈起苏联作家绥拉菲摩维奇，把曹靖华、瞿秋白夫妇联系起来，并巧妙地介绍了瞿秋白写的"序言"：

《一天的工作》和《岔道夫》，都是文尹从《绥拉菲摩维支全集》第一卷直接译出来的，都还是十月革命以前的作品。译本的前一篇的前面，原有一篇序，说得很分明，现在就完全抄录在下面：……

这篇"序言"其实是瞿秋白写的《译者后记》，落款时间为"一九三二，三，三〇"，那时瞿秋白夫妇已随房东谢旦如迁移到法租界毕勋路（今汾阳路）毕兴坊10号暂住，瞿秋白指导杨之华翻译这两篇苏联小说，并精心修改，随后写下《译者后记》：

绥拉菲摩维支……能够写出暴露社会生活的强有力的作品，能够不断的揭穿一切种种的假面具。这篇小说，《一天的工作》就是这种作品之中的一篇。出版的时候是一八九七年十月十二日——登载在《亚佐夫海边报》上。这个日报不过是顿河边的洛斯托夫地方的一个普通的自由主义的日报。读者如果仔细的读一读这篇小说，他所得的印象是什么呢？难道不是那种旧制度各方面的罪恶的一幅画像！这里没有"英雄"，没有标语，没有鼓动，没有"文明戏"里的演说草稿。但是……

这篇小说的题材是真实的事实，是诺沃赤尔卡斯克城里的药房学徒的生活。作者的兄弟，谢尔盖，在一千八百九十几年的时候，正是在这地方当药房的学徒，他亲身受到一切种种剥削。……后来还是靠他哥哥（作者）的帮助，方才考进了药房，要想熬到制药师副手的资格。……

瞿秋白介绍的这些情况，有助于读者进一步了解小说的思想内容。遗憾的是他手头没有《岔道夫》的有关情况，未能像以上这样娓娓道来，不过他为《岔道夫》添加4个注解，最后一个注解很有意思：“帝俄时代‘农民’在公文上是一种身份的称呼，一般的总有‘农民’某某，‘市民’某某，‘贵族’某某的头衔；不论资本家，工人，医生……都有这种指明‘出身的身份’的称呼。”这不仅能有助于品味作者的本意，也反映了瞿秋白对苏联农民问题的深入研究。

为了大力推销《良友文学丛书》，赵家璧等人还设法在丛书末制作插页广告，其中《一天的工作》广告为书籍封面设计图案，最上面为“良友文学丛书之四”，上下分别划有粗黑线，以示醒目。左边为竖排的书名，字体粗大，一旁为“鲁迅编译”字样。右边上端为鲁迅木刻半身像，下面印着几行字，“这是继《竖琴》而选译的最近苏联短篇小说集。代表八篇普鲁列塔利亚作家。形式的新颖，意识的真确，是大众文艺的典型作品。”其下为总页码、书价、邮购价格和出版日期等。

《一天的工作》面世后，四五个月内基本销完，赵家璧等人满心欢喜，1933年6月、12月分别印行第2版、第3版，1936年3月印行第4版。其中第3版卷首白页上，贴有铅字印纸条，上面印着：“本书业奉上海市党部执行委员会训令执字第1076号云，‘准中央宣传委员会密函第176号内开……查活跃的苏俄，一天的工作，母亲，文艺论集四书，尚无大碍，应暂缓执行禁令’。”[7]不过同类书中也有不贴此纸条的。瞿秋白遭到反动当局的通缉，他和杨之华合作的译文却能在白色恐怖猖獗环境中得以问世，多亏了鲁迅的精心策划和掩护，以及无私的帮助。

瞿秋白牺牲周年之际，1936年7月1日，鲁迅收到远在莫斯科的杨之华来信，次日收到杨之华寄赠的两个石雕烟灰缸和亚历克舍夫、密德罗辛版画集，并把其中一个烟灰缸转送给周建人。7月7日，重病的鲁迅回信给赵家璧：“《竖琴》和《一天的工作》，可以如来信所示，合为一本。新的书名很好。序文也可以合为一篇。”[8]“新的书名”即《苏联作家二十人集》。

赵家璧等人动作很快，7月底《苏联作家二十人集》已印行。8月6日，鲁迅收到赵家璧寄来的10本新书，次日鲁迅回信表示感谢。这时鲁迅硬撑着病体已编完瞿秋白译文集《海上述林》上卷，但是迟迟不能出版，很是着急，但又无奈。鲁迅也没有精力再介绍《苏联作家二十人集》，日记中未出现赠此书的记录。两个月后，鲁迅不幸病逝。

《苏联作家二十人集》作为“良友文学丛书特大本”，封面为深绿色布面精装，偏左上端钢印书名，右下为钢印的农夫播种图案，书脊上的书名等文字烫金，外加护封。除了书后附录广告，全书611页，很厚实。书前目录也是原来两本译文集目录的合并，《前言》为原来两篇《前言》合并，结尾语略有改动。《后记》分为（一）、（二），读者一看就明白，依然是原来两篇《后记》，其中继续保留瞿秋白翻译的《一天的工作·序》。

书后附有《良友文学丛书》广告，“布面精装，一律九角”，依次介绍已经出版的33种书籍，前4种为鲁迅编译《竖琴》，何家槐创作《暖昧》，巴金创作《雨》，鲁迅编译《一天的工作》。其中介绍《一天的工作》：“读过《竖琴》的人，一定不要错过这部书，因为同样是鲁迅先生在最近数年来，精选慎译最足代表苏联的短篇小说。《竖琴》选的是十篇同路人的作品，这里是几篇苏联无产者作家的小说。现在另印两册合订本，取名《苏联小说二十人集》，售价一元二角。”可惜把书名中的“作家”误为“小说”二字，令人遗憾。《苏联作家二十人集》初版本印行1000本，1937年3月1日再版，又印行1000本。

1939年10月至1941年7月，上海良友复兴图书印刷公司先后印行《竖琴》、《一天的工作》等良友文学丛书前4种的普及本，32开白报纸本，封面改为白底青蓝图案。书后附有良友文学丛书广告，“有为精装本一律售一元三角半，售完后改印普及本，售价另计”。此广告列出文学丛书40种的书名和售价，其中《竖琴》、《一天的工作》依然列为第1种、第4种，注明“苏联短篇小说集”。1945年6月，普及本再版时，改用灰报纸，版式与初版本相同。这时鲁迅与瞿秋白都已不在人世，读者依然对这两本译文集感兴趣。

（三）

瞿秋白翻译的《一天的工作·序》落款时间为1932年3月30日，在此前后可以看作是瞿秋白指导、修改杨之华翻译习作《一天的工作》、《岔道夫》的大致时间。

1931年1月，瞿秋白、杨之华夫妇被撤销中共党内职务。杨之华刚离开繁忙的工作岗位时很不习惯，她回忆说：“在那些艰险的日子里，秋白一直循循善诱地鼓励我自己读书，学俄文，把熟悉的工人的斗争生活学着写短篇小说，学习翻译苏联的革命文学作品，并且热情地给予具体帮助……我学习翻译苏联革命文学作品时，他一字一句地把手教我，我每天翻译一段，他就每天帮我改一段。”[9]

1932年“一二八”淞沪抗战爆发，瞿秋白夫妇随房东谢旦如一家从南市迁居到法租界毕勋路（今汾阳路）毕兴坊10号。瞿秋白继续翻译和写作，并指导杨之华学习翻译和构思创作小说。

瞿秋白指导和帮助杨之华修改的第1篇小说《豆腐阿姐》长达2万多文字，并转交给鲁迅审看。鲁迅毫不耽搁地改了错字，在错字旁边，端正地分别写出楷体和草书字样。鲁迅把稿子送还时，亲自用纸包得方方正正的，用绳子扎得整整齐齐的。《豆腐阿姐》发表在左联刊物《北斗》（丁玲主编）第2卷第3期（1932年5月20日出版），署名“文君”，落款“一九三二、四、十五”。

《一天的工作》、《岔道夫》与《豆腐阿姐》分别署名“文尹”和“文君”，这两个笔名只相差一个“口”字。《豆腐阿姐》写作方面还受到前者译作的影响。

《一天的工作》描绘了一家药房一天中“琐琐碎碎的十四个钟头的工作，学徒，制药师，副手，咒骂，不断的买主走进走出”。小说整体构思就是按照时间顺序，从早到晚，药店里的各种人物依次出场。这种看似简单的叙事结构，但需要深厚的写作功底，以及善于观察生活，透过表面看本质的洞察力——不动声色的表现。

《豆腐阿姐》还未达到这样现实主义的写作水平，不过至少学到了一点，即按照从早到晚的时间顺序，让丝厂的各种人物逐一登场亮相，这集中反映在小说的第2部分里。这是初学者的“捷径”，比较容易把握，创作思路也不会遇到什么“绊脚石”。至于如何用寥寥数笔“画”出一个人物的形象，这就不是简单的模仿就能解决的难题了。

绥拉菲摩维奇的小说很注重生活细节的描写，《一天的工作》开头就写道：“天亮了，靠近墙壁的架子上面，一些罐头，以及有塞子有标题的玻璃瓶，从暗淡的亮光里显露出来了，制药师的高的柜台也半明半暗的露出一个黑影来了。”在《豆腐阿姐》中也有类似的描写，“在静悄悄的黄昏里，半明半暗的房间充满着三张嘴里发出的哈呼哈呼的声音，混杂着碗筷的叮当声。在板壁那边，挂着手巾的竹竿的上面，印着三个拖长的黑影，歪歪斜斜的浮动着；再少许低一点的地方，竖起两只长耳朵，像只兔子似的一踵（脚）一跳的忽低忽高的移来移去。一下子一个高长的黑影站了起来……”

以上前者“黑影”的细节描写，在后者中已延伸出许多“外延”，并已化为后者自己的“东西”，难以再分辨出前者的“黑影”整体，只留下了淡淡的痕迹。

《岔道夫》的写作手法在《豆腐阿姐》里也留下“蛛丝马迹”，前者的“岔道夫”不幸被火车轧死了，他的妻子哭喊着，“我的天老爷……现在怎么办？……想也想不到的。猜也猜不到的……他昨天值班时候还奔回去一次……说就来……就来呵……呵……”类似这一段的悲哀诉说，“豆腐阿姐”发疯后也有着凄惨的哭喊声，“……阿明，阿明——我回来了呀！”她说到这里又大声叫起来，“……我的丈夫？我的小宝宝呢？……他们都到那里去了？阿明回来罢……”这就像话剧中的“高潮”台词，直接抒发了人物的内心感情——决堤的感情潮水一浪高过一浪。

杨之华的各种回忆里谈及《豆腐阿姐》，但几乎不提《一天的工作》、《岔道夫》译文标题。因此，《一天的工作》、《岔道夫》辑入《瞿秋白文集》，并不令人感到意外。

［注］

[1]“文尹”最初出现在鲁迅的日记里似乎并不是专指杨之华。1932年9月14日鲁迅日记里写道，“上午……文尹夫妇来，留之饭。”按照一般说法，总是以男的姓名为前，称其某某夫妇。如果“文尹”是指杨之华，那么称“文尹夫妇”未免不妥。因此，鲁迅在日记里这样称呼可能是指瞿、杨的合称，因为他看得出杨之华的译稿经过瞿秋白精心修改。而且，如今此两译文都收入《瞿秋白文集》，这也是妥当的处理办法。

从另一个角度来看，鲁迅为了防止意外，在日记中故意不提瞿、杨真实姓名，而以“文尹夫妇”取代。但以后随着杨之华也写信给鲁迅，于是“文尹”在鲁迅的笔下就失去了原指瞿、杨夫妇的初衷，而变为杨之华的专称，亦称“它夫人”（瞿秋白笔名为“屈维它”）。

［2］［3］《鲁迅日记》下卷，人民文学出版社1976年版。

［4］赵家璧《编辑忆旧》，生活·读书·新知三联书店1984年版，第58页。

［5］［8］《鲁迅书信集》上卷，人民文学出版社1976年版，第324页；下卷，第1011页。

［6］“同路人”在苏联文学里，指资产阶级作家和无产阶级作家之间的一个作家阶层，其中有深刻的政治和历史背景。1923年托洛茨基首先提出“同路人”，并引起重大争论。瞿秋白曾撰文论述“同路人”，鲁迅还译介“同路人”文学作品，多有论述。1935年6月4日，瞿秋白在狱中接受《福建民报》记者李克长采访时，故意称鲁迅为“同路人”，以此掩护鲁迅，以免产生严重后果。

［7］这里提及的“四书”，即良友图书公司出版的《活跃的苏俄：俄国五年计划画刊：振兴实业惊动全世界之真相》、《一天的工作》译文集、丁玲《母亲》（“良友文学丛书”第七种）；《文艺论集》可能是郭沫若写的，或他人写的书名简称。

［9］杨之华《回忆秋白》，人民出版社1984年版，第90—91页。

瞿秋白译作《爱森的袭击》

英文版《鲁尔的袭击》

1933年2月上旬瞿秋白夫妇离开紫霞路68号之前，瞿秋白转译德国作家汉斯·马尔赫维察的纪实小说《爱森的袭击》（现译为汉斯·马尔希维查《袭击埃森》），当时未能面世。新中国成立初人民出版社出版单行本之后，一直到21世纪的今天也未有人撰文评价，似乎被人遗忘。

丁景唐珍藏一本英文版《鲁尔的袭击》，分为上编、下编，下编即《爱森的袭击》，由谢旦如赠送的。据谢旦如生前介绍，这是瞿秋白转译《爱森的袭击》时的参考书之一。

（一）

英文版《鲁尔的袭击》中的鲁尔位于德国西部、莱茵河下游支流鲁尔河与利珀河之间的地区，自古以来是东欧、西欧往来的交通路口。鲁尔是以采煤工业起家的工业区，煤产量占据全国一大半。一般把这里的煤管区称为鲁尔区，区内城市有埃森、多特蒙德和杜伊斯堡等，形成连片的城市带，人口密集。这里以采煤、钢铁、化学、机械制造等重工业为核心，至今在德国经济中仍然具有举足轻重的地位。

《爱森的袭击》故事发生地爱森（埃森）是德国鲁尔区里最大的一个城市，1929年已有60多万人口，整个埃森像是一个山城，走在老城区鹅卵石地面上，犹如进入中世纪的古城堡，如今很多企业和政府行政管理机构都设在这里。如果说鲁尔区是欧洲第三大城市密集地区，那么埃森是德国工业和贸易集团的决策中心。

《爱森的袭击》描述1920年春鲁尔区爱森（埃森）发生的一场反抗战斗。当时德国处于魏玛共和国（后世历史学家的称呼）初期，德国作为第一次世界大战的战败国，面临割地和赔款的艰难困境，国家经济处于崩溃状态，社会矛盾愈益激化，各派之间的政治斗争非常复杂尖锐。1920年3月13日，发生“卡普暴乱”，试图推翻共和国新政权，魏玛政府撤退到斯图加特，却激起全国一千多万工人的大罢工，几天后推翻了刚掌权的卡普政府。大罢工同时触发了各地武装反抗，鲁尔区的矿工等组成了声势浩大的红军，控制该地区。

社会民主党的领袖和黄色工会的领导机关，立刻就命令停止总同盟罢工，并且调动了大批警察（所谓“绿党”——武装的保安警察）和国防军（诺斯克兵），开到工人区域来，工人已经有一部分自动的武装了起来，他们拒绝接受停止罢工的命令，而宣言必须承认全国工人的武装自卫权然后才能够上工。

有些地方，首先就是鲁尔区域——德国最大的煤矿钢铁工业区，著名的克虏伯兵工厂就在这里，——以及德国中部的工人，暴动了起来，组织了红军去抵抗武装的保安警察和国防军。这部小说的内容，就是描写这些工人革命队伍和反革命的社会民主党之间的战斗的。

这是瞿秋白写的《爱森的袭击·后记》介绍的有关情况。他曾在莫斯科工作两年多，担任中共驻共产国际代表团团长、共产国际执委会主席团委员，与布哈林、库西宁、莫洛托夫、皮亚特尼茨基等组成政治秘书处，1929年8月中旬，瞿秋白与陆定一、黄平和马基亚尔（黄励为秘书）等分别从莫斯科动身前往德国法兰克福参加国际反帝同盟大会。1930年8月1日，瞿秋白、周恩来奉命回国纠正李立三“左”倾冒险错误，离开莫斯科途经德国柏林时，参加柏林失业工人举行的示威大会，参观德国共产党中央机关，与德国共产党党报编辑交流经验，还参加党的区委会议以及工厂支部会议。因此，瞿秋白了解德国政治文化等情况，指出当年德国社会民主党分为好几派，其中左派后来加入共产党。他认为：

这战斗的结果也是一个“毁灭”。虽然这部小说比法捷耶夫的《毁灭》要粗浅些，内容方面没有那么深刻，艺术方面也比较的狭隘，然而这里却有一个特长，就是它表现了政党的领导力量和革命战斗的成败之间的因果关系。革命战斗的领导者的稀少；妥协派的领袖的动摇对于群众情绪的影响，领导机关的错误和调和政策客观上的断送革命，帮助敌人等等，——都相当的表现在具体的事变里，而且很真实的很深刻的教人感觉到这种失败的不可避免。

瞿秋白转译的《爱森的袭击》分为25章，共有9万多字（包括德文地名、人名与中文对照表和注解），大致分为3个部分：上前线过程，激烈战斗，抵抗失败。每章篇幅都不长，多的3000字左右，少的2000字，在一幅幅真实的场景中展现着众多的人物形象，连缀成一个惨烈的长篇历史故事。其中既有执意爬上卡车上前线的矿工和家属，也有畏缩不前的懦夫；既有激动地挥动手臂的左翼人士，也有暗地里咬牙切齿咒骂革命的右翼分子；既有硝烟弥漫的激烈战斗场面，也有后方激烈论辩的各方人物；既有浴血奋战的红军战士，也有道貌岸然妥协派政客的丑恶嘴脸；既有正直的底层劳动者大无畏的声音，也有幕后交易的肮脏言论；既有政府发布的公告文件，也有艺术加工的众多人物描写。

《爱森的袭击》作者亲身经历了这场战斗，所见所闻的形形色色人物和事件，逐一展现在他的笔下：

城里卸下了红旗，悲哀笼罩着它；红军在河边的最后的绝望的抵抗已经被克服了，完全失败了，许多人退回到矿工区域里去。

不管爱森的革命的中央委员会怎样努力，工人战线的破坏再也止不住的了，前这么几天他们还是那么英勇的坚持着的；而那种捣乱的力量，——在领导机关里得到了部分的监督权，又有政府方面的压迫和允许帮衬着，——都到处积极的活动着，尽可能的在各处促进这个崩溃。

血的惨痛教训，猛烈地撞击着读者的心灵。曾是中共主要领导人的瞿秋白深有感触，八七会议前后的南昌起义、秋收起义、广州起义等历史画面，与《爱森的袭击》描写场景重叠在一起。他感慨地指出：

这小说所描写的是一九二〇年的事实。马尔赫维察自己亲身参加了这一次事变。在这部小说里他的表现不但有充分的艺术力量，而且有很正确的意识。这里描写着群众的英勇，社会民主独立工党的妥协和调和，群众之中的一些社会民主主义的流毒，以及那种无政府的流氓意识的害处。

（二）

《爱森的袭击》作者马尔赫维察（现译为马尔希维查），1890 年 6 月 25 日出生于德国毕托姆城附近沙尔莱村的一个矿工家庭里，不到 14 岁辍学，下煤井当矿工，1910 年迁居鲁尔区。1912 年因在罢工时散发传单被开除，第一次世界大战期间服兵役，在前线度过 3 年。1919 年参加德国社会民主独立工党（从社会民主党中分裂出来的左翼政党）。1920 年发生“卡普暴乱”时，担任鲁尔红军排长，奋勇抵抗，同年加入德国共产党。1924 年一次罢工中又被开除，随后拿起笔努力写作。

他自学成才，参加“德国无产阶级革命作家联盟”，担任该联盟的机关刊物《左曲线》编辑，并在《鲁尔回声报》、《红旗》和《红色战线》上发表作品，先后出版《爱森的袭击》即《袭击埃森》（1930 年）、《煤矿上的战役》即《煤之战》（1931 年）、《轧钢厂》（1932 年）。

1933 年希特勒篡夺政权后，迫使马氏与其他进步作家流亡国外，他曾赴西班牙参加反法西斯国际纵队。1939 年第二次世界大战爆发时在法国被拘押，两年后逃至美国，1946 年回到德国，担任德国作家协会副主席。这期间他继续写作，出版了长篇小说《库密阿克一家》（1934 年）、《库密阿克的归来》（1952 年）和《库密阿克和他们的孩子》（1959 年）三部曲，均取材于他的经历，描绘工人的政治和经济斗争。还有自传体小说《我的青年时代》、长篇小说《生铁》等等。1965 年 1 月 17 日，在波茨坦逝世[1]。

最初介绍《爱森的袭击》是北新书店总编辑赵景深，撰写《德国文坛新讯》一文，发表于《小说月报》第 22 卷第 12 期（1931 年 12 月 10 日出版）“国外文坛”专栏。他写道：“马希维查（Hans Marchwitza）的《粮食风潮》（Sturm Auf Essen）被公认为第一部重要的新小说，最近他在写第二本创作《最下的地层》（Die Letzte Schicht），这是写一九二〇年德国内乱的事情的，作者幼时曾做过矿工，他的第一部小说技巧是布尔侨亚的。”文中提到的“布尔侨亚”即资产阶级，这一句话大意是说作者运用了非无产阶级作家的文学创作技巧，“不用什么口号标语”。

瞿秋白看到此文后，在《爱森的袭击·后记》里挖苦赵景深，批评他把德文地名爱森“Essen”误为“吃”，以此推理，书名便成为《吃的风暴》或《吃的暴风雨》，“更直译些，就是《向着吃的暴风雨》”。他又指出：“赵先生素来喜欢‘顺’的翻译，于是乎就变成了《粮食风潮》了！至于‘Sturm’在军事上是‘袭击’的意思，那更是赵先生所不暇查究的。”

赵景深曾在1929年将契诃夫短篇小说《潘凯》（今译《万卡》）中的“天河”（Milky Way）误译为“牛奶路”。此后，赵景深为自己的误译辩解，在1931年3月《读书月刊》第1卷第6期上发表《论翻译》，认为“最要紧的是译得顺不顺”，因此信、达、雅的翻译标准，应该改为达、信、雅。此说被鲁迅毫不留情地讽刺一番，在《几条“顺”的翻译》（1931年12月20日《北斗》第1卷第4期）里，把赵景深与梁实秋联系起来，并认为赵景深的主张“最为明白而且彻底了，那精义是——‘与其信而不顺，不如顺而不信’。”同年12月29日，鲁迅写的《教授杂咏》第2首诗再次讽刺赵景深“牛奶路”的误译。

1932年夏秋之际瞿秋白与鲁迅见面之前，已经互相通信谈起翻译等事宜，瞿秋白一信经鲁迅推荐，发表于《十字街头》第1、2期（同年12月），题为《论翻译》。以后鲁迅把他俩的通信编入《二心集》，题为《关于翻译的通信》。因此，瞿秋白了解鲁迅的翻译观点，便借此机会挖苦赵景深“素来喜欢‘顺’的翻译”。

“牛奶路”误译一事，多年后赵景深还勇于承认，并认为应译为“银河”或者“神奶路”，也有人为赵景深打抱不平。瞿秋白批评赵景深误译地名，毫无疑问是对的。赵景深按照“顺”的翻译观点，把德文“Sturm”原意“风暴”译为“风潮”，未尝不可。以上提及的英文版《鲁尔的袭击》（《Storm Over The Ruhr》）第一个单词也是“风暴；暴怒”之意。瞿秋白从军事文化的角度去理解，把德文和英文书名的第一个单词统一译为“袭击”（见下文），也是经过查找有关资料，认真分析之后才决定的，但不应由此苛责赵景深。

继赵景深之后（1932年2月1日），左联外围刊物《文艺新闻》刊载《没有祖国的伙伴——德国劳动作家之群》的报道：

普罗文学运动的发达足以和俄国相伯仲的德国，最近恰如雨后春笋般地出现了许多劳动者作家。其中的大部分，都是劳动通信员，——参加了中部德国的叛乱，有过几回的入狱经验的，《矿山劳动者故事》、《爆发瓦斯》的作者帕尔·克尔纳尔。以鲁尔地方暴动为题材的《燃烧着的鲁尔》的作者格林白尔。以鲁尔劳动者的英雄底斗争为题材的《到爱仙去的暴风雨》的作者马尔希威查。描写渔夫生活，开拓了特别底新天地的《渔夫船H·F十三号》的作者荷特普。从真正的无产阶级的观点去描写的战争小说《没有祖国的伙伴》的著者亚丹·歇拉。在牢狱中写《机械工场》的布列得尔。——德国的普罗革命作家同盟，已经能够由这些有力的新作家将其基础在工场中巩固起来。

文中提及“德国的叛乱”，指1920年春反抗斗争；介绍“德国的普罗革命作家同盟”（即马氏参加的“德国无产阶级革命作家联盟”）与中国的左联都是属于国际革命作家联盟，应该互相介绍组织活动。报道中提及的“《到爱仙去的暴风雨》的作者马尔希威查”，正是马氏《爱森的袭击》，“爱仙”是“Essen”（爱森）的相似的译音，书名中出现“暴风雨”，也不是“袭击”。

文中出现一批工人出身的作家名字及其作品与现在译名有些不同，他们都是在德国共产党开展培养工人通讯员活动中涌现出来的，他们学习写作有关无产阶级革命活动和反映他们自身日常斗争的文章，刊登在党的地方刊物上。他们的作品为当时的文坛注入一种新的活力，散发着鲜活的战斗气息。瞿秋白了解这些情况，在《爱森的袭击·后记》中指出：

汉斯·马尔赫维察（Hans Marchwitza）是德国的一个矿工，他是经过工人通讯运动而成为作家的。他是党员，并且是国际革命互济会的主席团的一个委员。《爱森的袭击》是他“成名的”大作品，是德国的第一部普洛小说。这小说所描写的是一九二〇年的事实。马尔赫维察自己亲身参加了这一次事变。

（三）

当时在莫斯科的萧三作为左联代表被选为国际革命作家联盟秘书处成员，

人民出版社版本《爱森的袭击》

兼任该联盟机关刊物《世界革命文学》（亦称《国际革命文学》）编辑。因此，萧三将此刊物寄回国，其中1931年第4期上刊登了翻译为俄文的《爱森的袭击》，瞿秋白看到后便动手转译为中文。他认为《爱森的袭击》作者：

他的描写并没有那种公式主义的流弊，他不用什么口号标语，而能够深刻的表现出为着最高理想的斗争，能够反映当时的现实力量，而不加以丝毫的夸大。……而这《爱森的袭击》在国际革命文坛特别得到一般的赞美，因为“它有明确共产主义的意识，和一种紧急的战斗的意识。——这是《国际革命文学》杂志给它的评语。”

瞿秋白指导杨之华翻译时，在《一天的工作・译者后记》中已经指出苏联作家绥拉菲摩维奇短篇小说《一天的工作》的艺术真实性，“这里没有‘英雄’，没有标语，没有鼓动，没有‘文明戏’里的演说草稿”（详见本书《“文尹”译作与鲁迅编译集》）。这是批评左翼作家公式化、概念化创作倾向之际，希望以苏联、德国小说的现实主义创作，作为中国左翼文学创作的楷模，也成为瞿秋白转译《爱森的袭击》的初衷之一。

瞿秋白转译《爱森的袭击》时参考的英文版《鲁尔的袭击》，他介绍说：

这部小说原本是独立的，但是在这小说之前另外还有一部前编，叫做《鲁尔的袭击》（例如一九三二年的英文译本——Martin Lawrence Limited，London——就把前后两编合订，而总名称是《鲁尔的袭击》，其中的第二部分就是这部《爱森的袭击》，不过，这里的第六、第七章合并了，因此似乎少了一章，此外，英文译本还有好些小关节目和这本译文不同的地方）。

瞿秋白未提及英文版《鲁尔的袭击》上编的内容，其实是为下编展现反抗斗争作大量的铺垫，主要描写德国魏玛共和国初期错综复杂的现实状况在鲁尔地区的一个缩影，反映了动荡不安的社会，对执政的社会民主党右倾政策，以及国防军和武装警察的镇压等表示强烈不满，促使鲁尔地区的反抗斗争一触即发。煤矿工人弗朗茨的经历有作者的身影，始终贯穿上编和下编，书中以他为中心，逐渐扩散到形形色色人物，演绎了一个个生动故事和大量的精彩细节，从而撑起《鲁尔的袭击》整体框架。

《鲁尔的袭击》32 开，横排，全书 269 页，后记 2 页。没有插图，没有目录，上编、下编各自都没有标题，只是分别以“PART I”（第 1 部分）、“PART II”（第 2 部分）各占 1 页，表示上编、下编，各为 24 章。下编因第 6 章、第 7 章合并，故少了 1 章，瞿秋白译作《爱森的袭击》却有 25 章。但是，英文版上编 152 页，比下编多出 35 页，显然内容要多一些。

封面上端为黑色，衬托暗红色书名，中间为工厂、矿山建筑图案，下端为暗红色，有简要介绍（大意）：鲁尔煤矿怎么啦？这是发生在欧洲最大的一场煤矿暴动，同仁又进行一次战斗……

内封上端有书名和作者署名，下端为伦敦出版机构，即瞿秋白以上提到的“Martin Lawrence Limited，London”。背面是版权页，注明“1932 年初版”，下端为印刷发行机构。

封底暗红色，无图案，只有文字介绍（大意）：在各式各样的环境中，我们要达到更先进的阶级斗争阶段。无产者写的这本小说给人一种振奋感，为我们今天上了一堂生动的教育课。

瞿秋白认真看了英文版《鲁尔的袭击》，并为《爱森的袭击》写了 10 个注解，开头两个都提到此英文版，他写道：“（一）‘绿党’，指武装保安警察。（据英译本注）”；“（二）指国防部长诺斯克的军队，即国防军（据英译本）”。显然，他转译时，有针对性地看了英文版正文等有关内容，弥补了俄文版《世界革命文学》译文中未表达清楚的意思。

另外，瞿秋白译作后面附有德文地名、人名与中文的对照表，并说明“因为这部小说有真实的历史事实做背景，所以我们把地名人名（真的假的）都注上德文的原文，以便读者高兴时可以检查”。显然，瞿秋白曾设法找了有关辞典，了解有关德文的含义，下了一番功夫。

瞿秋白转译《爱森的袭击》，牵涉到俄文、英文、德文 3 种外语，难度很大，费时费力。但是，由于各种原因，鲁迅编校的《海上述林》、谢旦如校印的《乱弹及其他》，都未能编入《爱森的袭击》。新中国成立初，冯雪峰主编的4册8卷《瞿秋白文集》最后一篇是《爱森的袭击》，这是根据瞿秋白手稿辑入。同时，人民出版社1954年4月出版单行本，印行2万本，成为瞿秋白所有著译版本中发行量最多的。

［注］

［1］陈山《关于马尔希维查和他的〈库密阿克一家〉三部曲》，载《库密阿克一家》（黄贤俊译），上海译文出版社1981年版。

瞿秋白、鲁迅合作出版《鲁迅杂感选集》

瞿秋白选编《鲁迅杂感选集》并写序言，鲁迅亲自设计此书装帧，安排插图和校对文字等。此书不同的版本有不同之处，包括1980年2月上海文艺出版社重新出版的毛边版本。

青光书局初版本《鲁迅杂感选集》

（一）

1933年3月，瞿秋白夫妇搬至北四川路底施高塔路（今山阴路）东照里（又称日照里）12号二楼，住房面积16平方米，方形。南为四扇大窗，光线充足。北墙两头各有一门，东门为出入门，西门通厕所，东墙中央有壁炉。墙上挂着鲁迅书赠的一副对联："疑仌道兄属　人生得一知己足矣　斯世当以同怀视之　洛文录何瓦琴句。""疑仌"和"洛文"分别是瞿秋白和鲁迅的笔名，鲁迅书录清朝钱塘人何瓦琴（即何溱）的自集禊帖联句，借以表达和瞿秋白之间的知己之情和同怀之谊。

当时鲁迅经常遭受敌人的恶毒攻击，以及党内外非议和误解，因此正确认识鲁迅，已成为刻不容缓的大事。瞿秋白对杨之华说，要完成一个重要任务：编一本鲁迅的杂感集，写一篇序文，论述鲁迅和他的杂文。

为了避免其他房客打扰，瞿秋白夫妇想了一个"谢客"办法：瞿秋白装病半卧在床上，关起房门看书。杨之华在门口的炉子上熬汤药，浓郁的中药味弥漫了整幢房子。白天，瞿秋白潜心研究鲁迅杂文等；夜深人静时，他伏在小方桌上写作。4月8日，瞿秋白编完《鲁迅杂感选集》，并撰写序言。11日，瞿秋白接连写了《内外》等4篇杂文。同一天，鲁迅全家正式迁居到施高塔路大陆新村9号（今山阴路156弄9号），这是鲁迅晚年的最后居所，马路斜对面就是东照里，鲁迅与瞿秋白几乎每天都见面。13日，鲁迅致函北新书局主持人李小峰：

《杂感选集》已寄来，约有十四五万字，序文（瞿秋白撰写——引者）一万三四千字，以每页十二行，每行卅六字版印之，已是很厚的一本，此书一出，单行本必当受若干影响也。

编者似颇用心，故我拟送他三百元。其办法可仿《两地书》，每发行一千，由兄给我百元，由我转寄。此一千本，北新专在收账确实处发售，于经济当不生影响，如此办法，以三次为度。但此三千本，我只收版税百分之二十。

序文因尚须在刊物上发表一次，正在托人另抄，本文我也须略看一回，并标明格式，星（期）六不及交出了，妥后即函告。

此书印行，似以速为佳。[1]

鲁迅同意瞿秋白选编自己的杂文，既是经济上支持瞿秋白，又能被瞿秋白所接受的一种办法，甘愿自己经济上受损。鲁迅得到李小峰来信和本月版税200元，即付瞿秋白选编《鲁迅杂感选集》费用100元。以后（7月10日）他又给瞿秋白编辑费200元，先后共计300元，这是鲁迅事先想好的，相当于当时瞿秋白夫妇半年多接受党内发放的生活费。鲁迅很重视这本杂感选集一书，亲自设计版式（已有设计《两地书》版式等经验），安排插图和校对文字等。

4月20日，鲁迅函告李小峰：“《杂感选集》的格式，本已用红笔批了大半，后来一想，此书有十七万余字（连序一万五千在内），若用每版十二行，行卅六字印，当有四百余页，未免太厚，不便于翻阅。所以我想不如改为横式，格式全照《两地书》，则不到三百页可了事，也好看。”4月26日，鲁迅写信给李小峰：“《杂感选集》已批好，希店友便中来寓一取。又，序文亦已寄来，内中有稍激烈处，但当无妨于出版。兄阅后仍交还，当于本文印好后与目录一同付印刷局也。”[2]

5月14日，鲁迅致信李小峰：“《杂感集》之前，想插画像一张，照原大；又原稿一张，则应缩小一半，像用铜版，字用什么版，我无意见，锌版亦可。制后并试印之一张一同交下，当应添上应加之字，再寄奉。”鲁迅还表示自己来校对《鲁迅杂感选集》：“即使怎样草草，错字也不会比别人所校的多也。”[3] 6月16日晚上，鲁迅校完此书校样，交还李小峰，北新书局以青光书局名义出版。7月8日，鲁迅收到李小峰的信和20本《鲁迅杂感选集》，以后分送给瞿秋白和各位文友。

（二）

鲁迅曾对书籍的封面和版式进行了细心的揣摩和研究，他说：“我先前在北京参与印书的时候，自己暗暗地定下了三样无关紧要的小改革，来试一试，一是首页的书名和作者的题字，打破对称式；二是每篇的第一行之前，留下几行空白；三就是毛边。”[4] 这些改革的措施生动地体现在《鲁迅杂感选集》里。

《鲁迅杂感选集》初版本，25开，与一般的32开书籍不同，长中带宽；3面都是毛边，页与页相连，看一页要裁开一页。每页22行，每行30字，标点居中，占一字位置，页底居中标页码，文字四周多留空白，显得大方舒展，给读者一种舒畅、愉悦之感觉。毛边版式是鲁迅从日本介绍过来的，并特意实施。他曾风趣地比喻说：“光边好象和尚头似的”，毛边书“三面任其本然，不施切削”。“纸之四周，皆极广博，故订时亦不病隘陋”[5]。

封面设计简约，但并不寻常。封面为米黄布纹纸，上方偏左为蓝色细边长框，并不居中，正是鲁迅所说的“打破对称”。细框内印有3行横排的繁体字，即“何凝编录并序”，“鲁迅杂感选集”，“青光书局发行”，左、中、右依次排开，呈阶梯状。3行字体均压扁，其中书名字体粗大，其余细小些。细框上下位置占据封面三分之一，即美学上的黄金分割比例。其余均为大片空白，这与毛边书的整体构思相吻合。

扉页上印着鲁迅头像炭画，下面注明“鲁迅画像，司徒乔作（一九二八）”。这也是鲁迅事先设想安排的。此头像炭画是司徒乔于1928年2月28日午后到鲁迅家里描绘的，起初发表在1928年4月号《良友》画报上。鲁迅曾两次去观看司徒乔的画展，购买他的作品，并为他的画展目录写了序言，题为《看司徒乔君的画》（收录《三闲集》）。1928年11月15日，司徒乔将赴法国留学，临行前向鲁迅告别，并赠送两幅炭画。司徒乔回国后，仍然与鲁迅有联系。

《鲁迅杂感选集》初版本内封内容与封面相同，上端为两行字，“何凝编录并序”，“鲁迅杂感选集”，并不压扁，为正常的标宋字体，下端居中为两行字，即“青光书局印行”，“1933”。内封后便是瞿秋白（何凝）写的著名序言长文，占据25页。其开头引用的鲁迅一段话，放置在标题的右下侧，字体特别小，分为两行，注明录自“鲁迅《坟》”，以下几行空白，这正是鲁迅改革的编排方案。文后故意落款为“一九三三·四·八·北平”，以减少反动当局的注意。

第26页空白，接着是目录（第27—31页），按照写作时间顺序排列，注明哪年时间，故意顶格；杂文标题则缩进去4格，标明的页码也缩进4格；录自鲁迅的杂文集，则放在最后顶边。这种别具一格的排列方式，旨在突出重点（杂文标题），层次分明，使读者一目了然。第32页依然空白，其后一页再次出现书名，随着才是正文。

封底里的版权页，正中是一个稍扁的细框，里面画线分为一小一大的两部分，上面小部分左侧上端印着两行小字，分别为“一九三三年五月付印”，“一九三三年七月出版”，右下为“每册实价一元二角”，贴有一枚刻有“何凝”篆字的朱印阳文版权证印花，这是应鲁迅之邀瞿秋白刻治的，见证了他俩“知己”之谊。下面部分写着书名、著作者、编选者、发行者、代售处的内容。

全书正文260页，共有鲁迅杂文75篇。瞿秋白选编《鲁迅杂感选集》时，从不同时期的鲁迅杂文集中挑选篇目，时间跨度为1918年至1932年。其中《热风》（收录1918年至1922年杂文41篇）选入9篇；《坟》（收录1907年至1925年论文41篇）选入10篇；《华盖集》（收录1925年杂文31篇）选入11篇；《华盖集续编》（收录1926年杂文26篇）选入11篇；《而已集》（收录1927年杂文29篇）选入13篇；《三闲集》（收录1928年至1929年杂文34篇）选入11篇；《二心集》（收录1930年至1931年杂文38篇）选入10篇。

这些篇目的选择意图可以在瞿秋白撰写的长序里找到一些答案。对于大革命时期的鲁迅杂文，瞿秋白指出，1924年至1925年“他的《春末闲谈》、

《灯下闲谈》、《杂忆》（《坟》），以及整部的《华盖集》，尤其是1926年《华盖集续编》，都包含着猛烈的攻击阶级统治的火焰”。这为读者提供了阅读的重点和价值取向。瞿秋白特别注重鲁迅思想转变时期的杂文，即《而已集》、《三闲集》、《二心集》中的杂文。他在序言中首先引用鲁迅的自述：“我是在二七年被血吓得目瞪口呆，离开广东的，那些吞吞吐吐，没有胆子直说的话，都载在《而已集》里。”瞿秋白指出：“正是这期间鲁迅……从进取的争求解放的个性主义进到了战斗的改造世界的集体主义”。《三闲集》保留“这时期的争论和纠葛转变到原则和理论的研究，真正文艺学说的介绍，那正是革命普洛文学的新的生命的产生”。即鲁迅在这时期学习和接受马克思列宁主义，转向“革命普洛文学”队伍。他还引用《二心集》鲁迅的名言“……以为惟新兴的无产者才有将来”。并点评说：“他是站在战斗的前线，站在自己的哨位上。”“刽子手主义和僵尸主义的黑暗，小私有者的庸俗、自欺、自私、愚笨，流浪赖皮的冒充虚无主义，无耻、卑劣、虚伪的戏把子们的把戏，不能够逃过他的锐利的眼光。”

瞿秋白还在《二心集》中挑选《对于左翼作家联盟的意见》、《中国无产阶级革命文学和前驱的血》、《黑暗中国的文艺界的现状》、《“民族主义文学”的任务和运命》、《中华民国的新“堂·吉诃德”们》等针对性很强的杂文，推崇鲁迅对左翼文学运动的领导和推动，以积极配合当时共产党的政治斗争。

瞿秋白写的长序运用马克思主义唯物史观原理，把鲁迅及其杂文放置在急剧动荡的中国社会历史和所产生的各种社会关系、社会实践的大背景下进行考察和分析，揭示出鲁迅各时期的思想、观点和各种活动等发生的原因和所包含的进步性、必然性和社会价值，以及与创作杂文的密切联系。最后，瞿秋白指出，鲁迅杂文所体现的革命文学传统主要有：最清醒的现实主义，“韧”的战斗，“反自由主义”，反虚伪的精神。

瞿秋白把鲁迅的思想变化和发展过程，看作是辛亥革命前后中国知识分子执着追求光明和真理的一个缩影，其中也融进他自己的心路历程。

当时处于白色恐怖的环境中，瞿秋白有时不得不使用“曲笔”，运用隐喻等手法，把鲁迅称为“野兽的奶汁所喂大的”。他提及的莱谟斯是罗马神话中的人物，具有反叛性，遭到惨杀，这是借鉴俄国激进的民主主义思想家赫尔岑的比喻（赫尔岑曾用莱谟斯来赞美英勇的贵族革命家十二月党人），曲折地指出鲁迅是伟大历史变革中诞生的人民之子，他从不忘记“母乳”，继续保持着“野性”，憎恨“黑暗的世界”，蔑视“虚伪的自欺的纸糊罗马城”，“找着了扫除奴才式的家畜性的铁扫帚，找着了真实的光明的建筑”——“伟大的簇新的星球”，即无产阶级思想照耀下的未来世界。

对于鲁迅及其杂文的评价，瞿秋白比之为伟大的作家高尔基及作品，认为革命的作家总是公开表示与社会斗争的联系。急遽、剧烈的社会斗争，迫使作家不能从容地把思想和情感熔铸到创作里去，“表现在具体的形象和典型里”。同时，面临残酷、强暴的压力，又不容许作家的言论采取通常的形式。作家的幽默才能，帮助他用艺术的形式来表现政治立场，以及对于社会的深刻观察，对于民众斗争的深切同情。这些都体现在鲁迅的杂文里——反映着五四运动以来中国思想斗争的历史。“杂感这种文体，将要因为鲁迅而变成文艺性的论文”，“它的特点是更直接的更迅速的反应社会上的日常事变”。瞿秋白高度概括了杂文的现实战斗性和文艺性，正确预见杂文因鲁迅而“变成艺术性的论文”的代名词。

瞿秋白评价鲁迅之前，海内外许多人都把鲁迅作为伟大的文学家来评论，瞿秋白则是从思想家和精神界战士的高度研究鲁迅，指出他在中国现代历史上的重要地位和价值。由于瞿秋白偏重于为现实斗争服务，此序言没有在文化层面上对鲁迅杂文和思想发展作深入的开掘，还存在着一些不足之处。但是此序言在鲁迅研究史上具有首创意义，影响深远和广泛，包括影响了毛泽东等人，对鲁迅所作出的高度评价。

瞿秋白写完长序后，拿给鲁迅看。鲁迅认真地看着，沉思着，看了很久，香烟头燃着青烟，快烧到手指头，他也没有感觉到。他说：“只觉得说的太好了，应该对坏的地方也多提起些。”事后，他在冯雪峰面前提起这篇序言，表示“序言的分析是对的，以前没有这样批评过”[6]。

《鲁迅杂感选集》出版后，8 月 14 日、15 日《华北日报》连载评介《鲁迅杂感选集》的文章，署名为“叶宜”，落款时间“8 月 7 日”。该文的作者和朋友在书店里看见《鲁迅杂感选集》，其版本、装帧类似《两地书》，比《两地书》多两角。作者述说买到此书的兴奋心情，特地介绍瞿秋白的序言，“长长的一篇，占了整整二十五页”，“评论鲁迅的杂感，分析鲁迅的思想……确是值得一读的序言”。买一本看看，总觉得“他的话并不假”。并认为鲁迅的杂文“把大家欲说的话说了，大家要骂的他骂了，所以，读他的杂感之后使人感到痛快”[7]。

瞿秋白撰写的长序，以后多次收录于有关鲁迅杂文选集或鲁迅论著等各种版本里，在此不赘述。

(三)

《鲁迅杂感选集》初版后又多次再版，1933年9月第2版与初版本式样相同，只是封底多了“北新”的标志，1936年已有第3版了。1948年9月，青光书局还发行“渝版”，题为《鲁迅杂感集》，32开，黄土纸本，共有308页。封面上端与初版封面设计大致相似，另有内封、封底里版权页，但是装帧、印制比较粗糙。

1942年7月，抗战大后方的广西桂林翻印《鲁迅杂感选集》，封面很简单，仅在左侧有黑底白字直排书名，下端横排出版社名称。内封四周细黑框，上为横排书名，其下却写为编者“沙路”，下端居中上海“新光出版社”。背面为版权页，竖排内容：“中华民国卅一年七月初版”，“鲁迅杂感选集”，以及编者、出版者、经售者等内容。封底有“广西省图书杂志审查处审查证书字第一〇八号证记”。全书土纸印刷，32开，直排。序言删去“何凝”，变成无署名的序言，序言中的文字也被削删。

该土纸版本的目录6页，序言29页，正文308页，只有66篇，原为75篇，被图书杂志审查机构抽去9篇，即《谈“激烈”》、《扣丝杂感》、《怎样写（夜记之一）》、《铲共大观》、《“丧家的”“资本家的乏走狗”》、《中国无产阶级革命文学和前驱的血》、《黑暗中国的文艺界的现状》、《中华民国的新“堂·吉诃德”们》、《“友邦惊诧”论》，这些是1927年至1930年期间鲁迅写的杂文，直接抨击国民党当局的反动统治和卖国政策。

同时，在上海出现与桂林相同的翻印本，封面、版式、页码和删除之文等都一样。版权页上除了以上同样内容之外，还注明新光出版社的地址“上海四马路”，但没有具体门牌号，封底也没有“广西省图书杂志审查处……”字样。

1940年10月，延安解放社编选、出版《鲁迅论文选集》、《鲁迅小说选集》，《鲁迅论文选集》前特地刊登瞿秋白撰写的《〈鲁迅杂感选集〉序言》。《新华日报》华北分馆、华北新华书店、新华书店晋察冀先后翻印达7000册，用的都是红、绿、黄三种粉连纸和马兰草纸[8]。

抗战胜利后，1946 年 10 月西北解放区冀南书店出版了《鲁迅杂感集》，系纪念鲁迅逝世 10 周年，编选 1925 年至 1936 年鲁迅杂文 27 篇，书前附有瞿秋白撰写的《〈鲁迅杂感选集〉序言》，足见此序言的重要性，具有导读作用。

瞿秋白编选的《鲁迅杂感选集》产生了很大影响，抗战胜利后，1947 年第 3 期《宁绍新报》《服务·征求书籍》专栏里还有人公开表示，“兹拟征求《鲁迅什（杂）感选本》（何凝编）、《中国诗史》（陆侃如、冯沅君等合著），愿出高价，一种二种都可，割爱者请开示价格……”

新中国成立后，上海出版公司根据原纸型重新出版《〈鲁迅杂感选集〉序言》，25 开横排报纸本，为满足不同读者需求，出版不同装帧的版本。

其一，绸面纪念本，道林纸精印，蓝绸硬封面，上端分两行横印“何凝编录并序”，“鲁迅杂感选集”，下端横排“上海出版公司印行”。书脊印“瞿秋白编 鲁迅杂感选集 上海出版公司印行”，均为烫金字。卷首有瞿秋白、鲁迅遗像，书后版权页上端为“1950 年 10 月纪念本 100 本”，封底有上海出版公司的图案。

其二，绸面精装本，报纸印张，紫红绸硬封面。书脊文字与纪念本相同，烫银字。书口 3 面橘黄色，与封面颜色相协调。扉页背面印简要说明：“本书根据《鲁迅全集》校订，编者原署名何凝。”卷首是鲁迅印章。版权页上端为“1950 年 10 月初版”，其余与纪念本基本相同。

其三，平装本，报纸印张，红色软封面。书名等均为黑字，其余等同精装本。

1951 年 8 月，上海出版公司订正再版时，卷首恢复司徒乔创作的鲁迅画像，仍然添加鲁迅、瞿秋白遗像。扉页背面的版权页上印有一则说明：

瞿秋白同志编辑本书时其实在上海，但为逃避国民党反动政府文探们的嗅觉，于卷首署笔名“何凝”二字，于“序言”之末则书“北平”。现除将原署笔名改还本名外，凡《序言》中“凝注”及《序言》末“北平”等字样均仍旧不动，以存纪念。

本书于 1933 年由青光书局印行初版，于 1950 年 10 月归本公司印行新初版。惟原纸型误植甚多，现经逐一改正。

上海出版公司启[9]

1980 年 3 月纪念左联成立 50 周年之际，上海文艺出版社社长兼总编辑丁景唐拿出珍藏的青光书局初版本作底本，主持出版社重印出版《鲁迅杂感选集》毛边本。此后为了纪念鲁迅 100 周年诞辰，上海文艺出版社再版。丁景唐对于《鲁迅杂感选集》很有感情，回忆说：

四十年代初，我与王楚良同志负责编辑上海基督教学生团体联合会（上海联）会刊《联声》，我写诗、散文，写得最多的还是短评杂谈一类文章。写这类文章，再读鲁迅杂文就感到格外亲切。我设法弄到一部何凝（瞿秋白）编选并做序的《鲁迅杂文选集》。何凝对于鲁迅杂文的精辟的分析，使我获益颇多。这是我在“孤岛”时期买到的一部重要书籍，也是我最早收集到的瞿秋白的书。[10]

上海文艺出版社重印毛边本《鲁迅杂感选集》，外加白底红字护套，其封底有丁景唐审订的《重印说明》：“为了纪念‘左联’在中国现代文学史上的战斗功绩，纪念鲁迅先生和他的战友瞿秋白同志，现据初版本重排印出。除校改个别明显错字外，装帧、版式努力保持当年的风貌。重排本共印一万册。”经出版社编辑认真校勘，确认原来的初版本中有不少的错、漏、衍字或误排之处，瞿秋白序言中就有 38 处，还不包括多次重复的；鲁迅杂文里竟多达百处，这是多方面原因造成的。[11]

重印毛边版本《鲁迅杂感选集》面世后，新华社、《人民日报》等重要媒体都刊发消息。上海文艺出版社还印发一封信，随毛边版本分赠左联作家和同好人士，得到他们的赞誉。著名作家、藏书家黄裳专门写书评，发表在《文汇报》之前，还特地送校样给丁景唐一看。原上海出版公司总编辑师陀也热情撰写文章，回忆了新中国成立初上海出版公司重印《鲁迅杂感选集》的往事。中国社会科学院原文学研究所所长、文艺评论家许觉民为丁景唐《六十年文集——犹恋风流纸墨香》（上海文艺出版社 2004 年版）撰写序言时，认为此毛边本“使人增添不少兴趣，也可以算作当代出版史的一点花絮，留作纪念是颇有意思的。自此后再未见到过印毛边书了，我想，与景唐兄之离休而无人再倡议也不无关系罢?”

几十年后，因种种原因，旧书市场上出现上海文艺出版社重印的毛边版本，被两位书友韦泱和沈文冲先后意外觅到，韦泱还发现书内夹着当初出版社印发的信。韦、沈分别把毛边版本送到住在华东医院的丁景唐手里，请他题词、盖章。2011 年元旦第二天，丁景唐为韦泱觅到的毛边版本题词：“睹此书，恍如隔世。我主持出版社后，依我愿望，印了一批好书。黄裳、师陀得赠书，即向我祝贺，黄裳撰长文推荐，（长文）校样存我藏书中，一时难以找出。又，许觉民为我《六十年文集》作序，也以影印毛边本赞许之。”丁景唐触景生情，特地写了《从重印〈鲁迅杂感选集〉毛边本谈起》一文，感慨地谈起当年往事。

沈文冲继编著《毛边书情调》和著作《百年毛边书刊鉴赏录》之后，撰写了《中国毛边书史话》专著，并请丁景唐写序言。丁景唐在序言中赞许沈文冲为学勤奋，嘉惠学林匪浅，“乃撰此文，权作代序可矣”。这些已是题外话了。

［注］

［1］［2］［3］《鲁迅书信集》上卷，人民文学出版社 1976 年版，第 366 页、第 368 页、第 374 页。

［4］陈巧孙《鲁迅与毛边书》，载《中国现代文艺资料丛刊》第 5 期，上海文艺出版社 1980 年版。

［5］［6］杨之华《回忆秋白》，人民出版社 1984 年版，第 137—138 页。

［7］《鲁迅研究学术论著资料汇编》第 1 卷，中国文联出版公司 1985 年版。

［8］钱理群《导读：鲁迅远行以后》，载《鲁迅杂感选集》，贵州教育出版社 2001 年版。

［9］周国伟编著，丁景唐作序的《鲁迅著作版本研究编目》，上海文艺出版社 1996 年版，第 344—345 页。

［10］丁景唐《搜集鲁迅著作版本的乐趣》，载《鲁迅著作版本丛谈》，书目文献出版社 1983 年版。

［11］赵南荣《〈鲁迅杂感选集〉出版本校勘记》，载《中国现代文艺资料丛刊》第 5 期，上海文艺出版社 1980 年版。

瞿秋白译作《高尔基创作选集》

1932年12月，瞿秋白编译了《高尔基创作选集》、《高尔基论文选集》，鲁迅为了出版这两部书稿费尽周折。以下着重介绍《高尔基创作选集》各种版本及“延伸”版本。

生活书店初版本《高尔基创作选集》

（一）

鲁迅与邹韬奋（主办生活书店）均为中国民权保障同盟会上海分会执行委员，因积极参加该组织的活动，都被国民党特务列入“黑名单”。1933年春，邹韬奋根据美国康恩著作《高尔基和他的俄国》编译为《革命文豪高尔基》，在他主编的《生活》周刊上刊登新书广告。鲁迅看到广告后，5月9日主动写信给邹韬奋，认为此书“实在是给中国青年的很好的赠品”，并表示愿意提供自己珍藏的《高尔基画像集》，作为该新书的插图。邹韬奋很高兴，立即回信，表示感谢。鲁迅还为插图写了说明，并向青年推荐此书。不久，生活书店出版《革命文豪高尔基》，7月7日邹韬奋寄赠 本给鲁迅。

这时恶劣的社会环境迫使邹韬奋离沪赴欧洲考察，生活书店处于最困难的关键时刻，鲁迅依然全力支持生活书店的发展，热情地推荐了瞿秋白编译的《高尔基创作选集》、《高尔基论文选集》。1933年8月13日，鲁迅还向友人谈起推荐瞿秋白编译的两本书。认为高尔基的作品，中文译本已出版不少，

“但我觉得没有一本可靠的，不必购买。今年年底，当有他的《小说选集》和《论文选集》各一本可以出版，是从原文直接翻译出来的好译本，那时我当寄上。”

但是，生活书店代理主持人看到瞿秋白两部书稿很为难，提出要抽掉原著序言等要求。鲁迅只得转向现代书局，写信推荐，谈及“还有一部《高尔基小说选集》，约十二万字，其实是《论文集》的姊妹篇”[1]。设法辗转经瞿秋白同意后，鲁迅向生活书店索要书稿时，对方“忽然”同意译者（瞿秋白）不删除序言的条件，不愿意归还译稿。最后，生活书店出版了《高尔基小说选集》。一个月后，瞿秋白接连写了关于《革命文豪高尔基》的两篇文章，即题为《关于高尔基的书》、《“非政治化”的高尔基》。

鲁迅把瞿秋白另一部译稿《高尔基论文选集》交给现代书局。瞿秋白牺牲后，鲁迅花钱赎回，编入瞿秋白译文集《海上述林》上卷。

生活书店出版的《高尔基创作选集》，32 开，竖排，前面 3 篇译文分别从第 1 页开始，总共有 36 页，后面 7 篇译文有 302 页，瞿秋白（萧参）写的《后记》，占 8 页（第 303—310 页），全书总共有 346 页。书前有 4 幅高尔基照片，分别为 1932 年高尔基签名的正面头像，高尔基青少年时代的正面头像，1896 年高尔基左手托着脸颊的侧面像，1902 年高尔基坐着的全身像，这些很可能是鲁迅提供的。

封面为红底色，偏上中间为黄色的高尔基头像剪影，下端为繁体字书名，其下印着一行小字，“萧参译”，“生活书店发行”，这些字均为自右往左。内封四周镶有粗花纹，上端为横排的书名，中间为高尔基的侧面像（裁剪成六边形），脸庞神色类似书前第 3 幅照片。下端为“上海生活书店发行”，其中“生活书店”四字偏大醒目，其下为“中华民国二十二年十月”。

书后版权页注明“每册实价玖角正，外埠外酌加寄费”。背面是生活书店出版新书的两则广告，一是巴金翻译高尔基《草原的故事》，一是再版的《革命文豪高尔基》，声称“全书约二十万言，附铜版插图十余幅，均为外间所罕见之珍品，书末并附有高尔基著作一览颇详，更可供有志研究文艺者的参考”。

该书共收录 10 篇译作，前面 3 篇为《高尔基自传》、《马克西谟·高尔基——四十年的文学事业》、《作家与政治家》。首篇是高尔基写的自我小传，很有权威性，以便读者了解高尔基的生平事迹。瞿秋白在此译文后写了注解，

“这篇‘自传’登载在一九二八年莫斯科出版的《作家传》（Pisateli）”。

关于第2篇文章，瞿秋白介绍说：“一九三二年九月二十五日苏联的社会团体和文艺界在莫斯科大戏院举行高尔基文学事业的四十周年纪念，这是那次纪念大会上史铁茨基（I. Stetsky）的报告。”

第3篇是卢那察尔斯基为《高尔基作品选》（莫斯科国家出版局1930年版）写的序言，开头写道，“我们马克斯主义者知道一切作家都是政治家……”这出场的“亮相”，成为当初生活书店想抽去此原序的理由之一，生怕引起反动当局的查禁。瞿秋白按照惯例，也为此文作了3个注解，说明有关问题。

后面收录7篇文学作品为《海燕》、《同志》、《大灾星》、《坟场》、《莫尔多姑娘》、《笑话》、《不平常的故事》，并有瞿秋白写的《后记》，落款为“萧参 一九三二年一二月”（原文如此）。

高尔基著名的散文诗《海燕》，写于20世纪初期俄国大革命前夜，是一篇号召俄国人民起来革命，推翻沙皇制度的战斗檄文，当时在俄国社会各界激起强烈反响。瞿秋白在五四运动后翻译过《暴风鸟的歌》（《海燕》的初稿），10年后又重译，对原来译稿作了较大修改，定名为《海燕》，成为一个经典译作。如今不少的《海燕（之歌）》译文，是在瞿秋白译文的基础上加工而成的。

瞿秋白很喜爱散文诗《海燕》，结合左翼文艺情况，指出无产阶级艺术家不但要改革社会，推翻旧秩序，还要有坚定的信仰和必胜的信念。抒情散文诗《同志》的鲜明主旨，也是对《海燕》作了具体化的注解。瞿秋白认为：“高尔基正是揭穿旧社会的一切谎骗的作家，他挖出了自己的心，把它的火焰来照耀走到新社会去的道路”。

短篇小说《大灾星》描写一个寡妇和儿子在残存农奴制度的野蛮社会里，痛苦挣扎、相依为命的凄惨生活，同时向往空气清新的美丽田野。《坟场》是一篇讽喻小说，表现一群庸俗的、死气沉沉的市侩人物形象，他们在坟地上转悠，忧愁、叹息，杂乱地讲一些似有哲理的话，好像徘徊在生死之间。整个坟场象征沙皇制度是一个埋葬活人之坟。瞿秋白认为，高尔基作品反映的小资产阶级私有主义和保守主义，这是统治阶级和整个旧秩序的“圈套”；并且描写一些小资产阶级人物追求光明的心愿，“只要有新的阶级的领导”，民众才能够走上新的道路。

《莫尔多姑娘》等作品篇幅比较长，可称为中篇小说。《莫尔多姑娘》写1905年革命失败之后，一群工人的不同变化和命运，有自杀的、发狂的、沉沦的，受到严重的心灵创伤。《笑话》写的并非是笑话，而是描写流产的俄国革命。瞿秋白指出：高尔基“用极高度的艺术力量”，使人认识现实社会关系，更深刻地感受到日常生活中的“困难的症结”，激起强烈的反抗（《不平常的故事》以下介绍）。

以上这些评价都集中反映在瞿秋白写的《后记》里，他认为高尔基的文艺作品，给人影响最深的是重大事变里的群众力量，领导阶级的力量，以及他们如何在斗争中改变自己的“天性”；其他人物也随着事变和阶级关系的变化，“显露着自己的真相”。他还指出：“高尔基的书却不是安慰我们的书，这是惊醒我们的书，这样的书要‘教会我明天怎样去生活’。”他高度评价高尔基作品的思想内容，很欣赏作者塑造的各种生动人物形象，推崇他为无产阶级文学家的杰出代表。

瞿秋白在《后记》中介绍说，高尔基作品在苏联有多种版本，销售总量在几百万册以上；1930年出版的《高尔基作品选》，发行量高达10万册。他据此选择译出，编为中文版的选集，着重推荐《海燕》等作品，让读者“得到一个引导的线索”。

（二）

生活书店出版的《高尔基创作选集》面世后，国民党有关人员会同法租界巡捕房密探来到生活书店门市部，愚蠢地叫店里的“高先生”出来，可是又不知道具体名字，只得悻悻离去。这事引起店里青年职员的警惕，立即撤下所有的《高尔基创作选集》。次日，国民党有关人员又来了，执意要找“高先生”。店里的青年职员机智地回答：“高先生是外国人，不在上海，他编的书卖完了。”不久，国民党反动当局下令查禁《高尔基创作选集》，这是生活书店被查禁的第一本书。

此后，生活书店编的图书目录中有一段介绍《高尔基创作选集》的简介：

《高尔基创作选集》萧参……禁书……0.90（元）

本书是根据莫斯科国家出版局一九三〇年出版的高氏作品选加以选择而

译出来的。这本最近选出的集子，在苏联第一版就印了十万本。本选集确能相当代表高尔基的创作精神；没有可能读他的全集，或者要更深的了解他的长篇巨著的读者，可以在这本选集得到一个引导的线索。本书内容包括高尔基自传，……不平常的故事等十一篇，约十二万字。译笔忠实畅达，爱读高氏作品者，不可不读此书。[2]

这是根据瞿秋白《后记》等有关内容改写的，其中明确指出此书是“禁书”，以表示强烈抗议。

1935 年 8 月 27 日，邹韬奋回国抵达上海，两个多月前瞿秋白已经英勇就义。一年后，生活书店设法改版《高尔基创作选集》，以示纪念，便选取集中的高尔基一文标题《坟场》作为书名，译者改名为“史杰”，其意不言而喻。

其改版本仍为 32 开，除了前面《高尔基自传》6 页之外，后面有 320 页。封面设计与原来完全不同，分为左右两部分，以双线隔开，右边上端为高尔基头像剪影，与原来相同，但是白色，以淡蓝色衬底。左边上端为书名《坟场》，其下印着“高尔基著”，“史杰译”。内封与原来内封设计相似，只是更为简约。封面背后是版权页，注明“每册实价六角五分”。

书前仍有 4 幅高尔基照片，把原来高尔基青少年时代的正面头像抽掉，改换为 1936 年春高尔基左手指间夹着香烟并托着脸颊的半身遗像，作为第 1 幅，中间两幅照片照旧，最后则是原来的第 1 幅。

改版本里抽掉原来前两文，以及瞿秋白写的后记，保留了《高尔基自传》。收录的 7 篇文艺作品里，把《坟场》作为首篇，后面 6 篇排列照旧，尽量减少改版的工作量。

1941 年 10 月，香港生活书店托名“文学出版社”第 3 次重版《坟场》，署名“高尔基著，瞿秋白译”，第一次公开亮出译者的真名。其版式、装帧与初版本相同，不过原来 4 幅高尔基照片被删去一头一尾两幅，保留中间两幅。沈雁冰（茅盾）在香港编辑的《笔谈》1941 年第 7 期刊有瞿秋白译作《坟场》第 3 版新书广告。

1942 年 11 月，延安八路军军政杂志社翻印生活书店《高尔基创作选集》版本，仍为 32 开，署名为“高尔基著”，“瞿秋白译”。由于条件限制，印刷时使用土纸，而且没有高尔基的照片。该书目录 1 页，正文 261 页，另有《出版者的话》。封面装帧美观大方，采用两色粉印，印有高尔基的木刻像，书名则是美术字，全然不同于生活书店版本的封面。

抗战时期，生活书店出版的《高尔基创作选集》、《坟场》两种版本，此后延伸出新的版本。由于生活书店遭到反动当局查禁，在桂林改名为桂林文学出版社，1943 年 9 月，设法重版以上两种版本，改书名为《海燕》，32 开，正文 224 页，并撤下原来《同志》、《不平常的故事》两文，换为《二十六个和一个》、《马尔华》。这两篇原文都是高尔基早年创作的。《二十六个和一个》描写 26 个做点心的工人被锁在地窖里干活，看到外面一个 16 岁女孩（象征某种自由、幸福），本能地产生反应……《马尔华》述说一个女孩马尔华追求爱情的故事，折射出渔民的辛劳生活，描写细腻、生动，很有艺术感染力。这两篇译文被鲁迅辑入《海上述林》下卷。1942 年 12 月，邓拓主持的晋察冀日报社翻印译作《马尔华》。

1944 年 1 月 23 日，重庆《新华日报》广告专版刊登“读书出版社本本新书”广告，其中有高尔基《海燕》，其实是易嘉（瞿秋白）译作。同年 2 月 8 日，该报副刊发表编辑答读者问即《介绍几个文学作家和作品》一文，推荐高尔基 10 部作品，其中有陈节（瞿秋白）译作《海燕》，出版者为“学艺版”（“艺”字误排），理应指桂林文学出版社版本。编辑还推荐邹韬奋《革命文豪高尔基》，认为“可以先找来读一读”。

半年后（1944 年 7 月 24 日），一代文化斗士邹韬奋不幸病逝，中共中央追认他为中国共产党党员。10 月 7 日，延安《解放日报》刊登邹韬奋逝世的消息、中共中央唁电等。

抗战胜利后，1946 年 7 月，生活书店重版瞿秋白译作《高尔基创作选集》，32 开，竖排，正文 361 页，但书前无图片。封面中间偏上为深黄色的高尔基头像，下面为横排的书名，以及“高尔基著”，明确印着“瞿秋白译”，而不是“萧参译”。

书后版权页上注明“中华民国三十五年七月（抗战）胜利后第一版”，发行人徐泊昕。徐泊昕原为邹韬奋的得力助手，抗战胜利后为生活书店恢复和发展作出重要贡献。根据中共中央指示，他积极参加生活书店、读书出版社、新知书店合并工作，担任合并后的三联书店总经理。新中国成立后，担任新华书店总店总经理、出版总署发行管理局局长等职务。他曾帮助杨之华寻找瞿秋白遗稿，这已是题外话了。

生活书店重版本除了原来初版本的译文之外，还增加了《二十六个和一个》、《马尔华》，显然这是考虑到改版本《海燕》的效果，并且增加译诗《市侩颂》。当初高尔基写这首讽刺短诗是夹在他写的《关于市侩》一文里，讽刺了浑浑噩噩、无所事事的市侩人物精神世界，刊载于1905年《新生活报》。

瞿秋白先后两次用不同的翻译方法，翻译了高尔基同一首诗歌《市侩颂》，反映了在不同环境中的不同心态，折射出他的复杂内心世界。首次译诗题为《阿弥陀佛》，落款为“二月二十六日”（1922年），原为《赤都心史》第44节。其译诗如下：

不用论断，不用操心；无知的寻求，愚昧的评论。日间之伤，请以梦治；明日之日，自然能至。

生活，生活，万千经受，哀矣，乐矣，宠辱时有。何所愿望？何为忧怫？“日既夕矣”，阿弥陀佛。[3]

瞿秋白考虑到中国读者的阅读习惯，采用意译的方式，以4字为一句诗的形式出现，朗朗上口，使译诗保留了原诗的讽刺意味。同时，以“中国化”的诙谐手法，将最后一句意译为“阿弥陀佛”，以此作为诗歌的标题。他并不直接点明“市侩”的鲜明主题，而是让读者自己去领会短诗的内涵。

相隔11年后，1933年12月2日，瞿秋白在上海重新翻译了这首诗：

不要追求，不要议论，寻找的是疯狂，讲理的是蠢笨。晚上的梦好医治白天的伤痕，而明天要来的，让它来就成。

活着——就得会过活：惊慌，悲哀和快乐。愿意些什么？后悔些什么？活过了一天——阿弥陀佛！[4]

1933年12月初，瞿秋白在上海重译这首短诗之前，再次受到党内严厉批判，被迫写了长达3000多字的书面检查，因此，他重译此诗心境非常复杂。

11年前后的不同环境和不同心态，瞿秋白在高尔基同一首短诗中倾注了不同的思想感情。这次重译时直接改题为《市侩颂》，再也没有原来的幽默的心情，诙谐的自嘲，更多是冷嘲热讽，以辛辣语气为基调。而在背后则是在“左”倾批判重压之下无奈、焦虑的心情。重译的手法也不是原来的意译，而是采取了“直译”的方式，更接近诗作的原意。不过最后一句仍然是意译的“阿弥陀佛”。除此之外，已没有更合适的词语能够表达瞿秋白复杂、痛苦之情了。重译《市侩颂》的一个月后，瞿秋白离沪赴苏区，踏上了最后一年多的人生之途。

1934 年 9 月 16 日《译文》创刊号刊登《市侩颂》，落款“史步昌译”。这期刊物《后记》里还有“史步昌”（瞿秋白）的按语：“高尔基后来简直不做诗。《市侩颂》这一点（首）短短的讽刺诗，是夹在《关于市侩》里面的，还是十月革命前所做，载 1905 年的《新生活报》。”

对此，丁景唐在 1957 年发表在上海《学术月刊》上有关瞿秋白笔名考证一文里，已作了最初的披露，此考证成果以后收录于丁景唐、方行（文操）合编《瞿秋白著译系年目录》（上海文艺出版社 1959 年版）。但是，这首重译短诗以后收录各种版本《瞿秋白文集》时，却无人提及此译诗曾发表，于是造成了此译诗似乎从未发表的错觉，更没有人知道瞿秋白还曾写了“按语”。

瞿秋白牺牲后，鲁迅编校《海上述林》下卷首篇是《市侩颂》，并在后面注明：“一九〇五年，《新生活报》，《关于市侩》。一九三三，十二，二，译。”这个注明和这首诗联成一体，显然是鲁迅编辑时根据原有的“史步昌按语”添加的，而原文没有。这个格式以后沿用在各种版本的《瞿秋白文集》里，却无人知晓其中鲁迅所做的编辑工作。

1949 年 9 月，大连生活·读书·新知三联书店重版瞿秋白译作《高尔基创作选集》，32 开，目录 2 页，正文 361 页，版式与 1946 年 7 月生活书店重版本基本相同。

封面设计很有特色，以蓝天、大海作为衬底，右上角是一只展翅飞翔的海燕。下端为书名和“瞿秋白译”，“三联书店发行”。内封背面是版权页，增添“高尔基著作集”一行字，以区别于生活书店初版本，注明“一九四九年九月大连第一版”。书内收录的译作与重版本相同。但是瞿秋白写的《后记》落款只有时间，没有署名“萧参”。鲁迅编辑的《海上述林》和以后各种版本《瞿秋白文集》收录此《后记》时，都没有署名。

（三）

当初鲁迅设法帮助瞿秋白出版《高尔基创作选集》《高尔基论文选集》，

甚至不惜首次卖出自己杂文《二心集》版权，全力支持出版瞿秋白译作《不平常的故事》等。《不平常的故事》是《高尔基创作选集》中文字最多的一篇译作，长达3万多字。瞿秋白在《后记》中介绍说：

《不平常的故事》写着从日俄战争以前直到“十月”之后的事变。这些事变在这短短的一篇故事里，逐渐开展出来。这里，有“革命的”智识分子，有流浪人，有战斗的工人，有游击战争之中的农民，有自己吃到了“革命的果实”而又“后悔”的富农，以及糊里糊涂受着谎骗的人们，……这里面的人物，没有一个不是真实的，活泼泼的站在你的面前。……敌人之中本来并没有“非人”的怪物，象中国小说写的秦桧之类的典型，那并不是一个活人，而只是一些“奸臣”，“混蛋”，“恶棍”等等的抽象概念凑合起来的东西，如果真是这样，革命就差不多和做戏一样容易了。

瞿秋白与鲁迅共同领导左翼文化运动的同时，他把高尔基作品作为中国左翼文学创作的楷模，促使左翼文学创作进一步提高和发展。他很不满意当时左翼文学作品中抽象概念化人物的创作倾向，因此，他以上引文最后谈及的一番话，也是鲁迅大力推荐《不平常的故事》的原因之一。

1932年春，鲁迅编好《二心集》，但是一直合作的北新书局不愿出版此书。随后，鲁迅说是急需用钱，希望把《二心集》和瞿秋白翻译的高尔基4篇小说一起卖出去。冯雪峰与钱杏邨谈起此事，希望他能帮助出版。钱杏邨与新开张的合众书店（起初在福州路太和坊545号，后搬到山东中路，经理方家龙）比较熟，自己有两本书在那里出版，合众书店也委托他介绍书稿。合众书店答应买下鲁迅《二心集》，却借故不要瞿秋白的译作。钱杏邨将此意告诉鲁迅和冯雪峰，鲁迅坚持自己的主张，把《二心集》的版权一起售出，合众书店才同意，挑选了瞿秋白译作《不平常的故事》。

1932年8月22日，钱杏邨代鲁迅书写了出售《二心集》版权的收据。第二天，鲁迅在日记中写道，“将《二心集》稿售去，得泉六百。”《二心集》成为鲁迅著作中唯一出售版权的。钱杏邨代写的立据未撤回，保存下来，成为见证鲁迅与瞿秋白真挚友情的历史珍品。

1932年11月，合众书店出版《不平常的故事》，32开，86页，署名高尔基著，史铁儿译。以后合众书店多次再版此译作，1933年8月已是第4版，并在鲁迅《二心集》初版书后刊登《不平常的故事》等新书目广告。《二心集》第4版（1933年8月）书后刊登“上海合众书店新书”广告时，介绍了《不平常的故事》，“世界公认的文豪高尔基先生于他用着正确的思想，成熟的技巧，告诉你一椿（桩）不平常的故事。青年们若是不把这难得的机会放弃，请快一看，这册动人的书。”此书售价2角5分，比初版本时涨了5分。

1935年5月，出现龙虎书店的翻印本。该书店原在山东中路荣吉里，后搬到福州路、山西路口，负责人张鑫山。这时瞿秋白已被俘，暴露了真实身份，一个月后英勇就义。

此翻印版封面右上角为圆形龙腾虎跃的书店图案，下面长框内小字“通俗本”，右下角为“上海龙虎书店出版”。竖排的书名为美术字，一旁仅有“高尔基杰作”，无译者名字。全书竖排，32开，正文没有第1页，从第2页开始，第86页结束，还印个“完”字。每次出现译者（瞿秋白）原注时，都作为每页的脚注。版权页上出现“高尔基著”，“史铁儿译”的字样，弥补封面无译者的“空白”。此书“定价大洋七角，特价大洋七分”（此特价少见），“民国二十四年五月再版”。此“再版”有诸多可能性，一说为翻印合众书店的初版本。

生活书店版本《二十六个和一个》

1935年9月，生活书店挑选《文学》第2卷第3号翻译专号内的译文13篇，编成单行本，书名以首篇的瞿秋白（陈节）译作《二十六个和一个》（高尔基作）为题。书中还收录鲁迅（张禄如）、郑振铎、傅东华、徐懋庸、黄源、方光焘等人译作。书后版权页注明“文学翻译小说选之一”，每本定价8角5分，左边竖印一行字，“中宣会图书杂志审查会审查证审字第一八七六号”，这是以瞿秋白译作为书名的公开出版物中极少的例子。

1936年6月18日，高尔基逝世，也是瞿秋白牺牲周年纪念日，上海出版界纷纷策划出版高尔基著作的选译本。

同年9月，瞿秋白早年文友郑振铎主持选编《俄国短篇小说集》，作为他多年主持编辑《世界文库》乙种，由生活书店出版。该书装帧精美，内封印着“托尔斯泰等作”，“陈节等译”。书内收录高滔、陈节、周笕（周扬）共6篇译作，后面3篇为高尔基译作，瞿秋白（陈节）《马尔华》放在第4篇，以此纪念世界文豪高尔基、挚友瞿秋白。

同为9月出版的还有世界文化研究社翻印的6卷本《高尔基选集》，周天民、张彦夫选编，其中第3卷戏剧选集和第5卷论文选集，没有收瞿秋白译作。前两卷小说选集，其中有瞿秋白译作《高尔基自传》、《大灾难》，但是，前文署名错成“选自高尔基代表作”黄源译。第2卷有瞿秋白译作《不平常的故事》、《莫尔多姑娘》、《笑话》。第4卷诗歌、散文、书简选集，收录瞿秋白译作《市侩颂》、《海燕》、《同志》。第6卷为论文选集，收录瞿秋白译作《作家与政治家》、《马克西姆·高尔基》。

1937年2月，良友图书公司出版了汪仑编辑的《高尔基作品选》。左翼美术家汪仑，原名汪汉雯，安徽泾县人。1932年随叶以群到上海，在左联秘书处工作，负责刻印内部秘密文件，能够接触到瞿秋白参与左联领导起草或修订的文件，了解瞿秋白的才华。经赵家璧、郑伯奇等人介绍，汪仑正式进入良友图书公司，负责全部文学书籍的美术装帧及广告设计，良友出版的书籍新颖别致，美观考究，精装本华丽厚重，鲁迅称之为“良友式”，其中有《苏联作家二十人集》（详见本书《“文尹”译作与鲁迅编译集》）。左联组织部长周文在良友图书公司工作时，曾设立一个秘密联络站，中转信件和联络有关人士，汪仑可能也协助工作。

汪仑编选的《高尔基作品选》具有特殊意义，他设计的封面不同凡响，上端粗大的“高尔基”三大字，自右往左，书名后面的“创作选集”字样巧妙地拐弯，依着左边顺势而下，整个书名（白字）以红色衬底，显得格外醒目。右边中间呈正方形粗黑围框，镶嵌着一幅黑白两色的高尔基头像画，下面印着“汪仑编”，右下角为一行红字“良友图书公司印行”。内封书名等文字横排，背面为版权页，注明“一九二六、八、十五付排”，“一九三七、二、十日初版”，印行1000册，“每册实价一元二角”。

首篇为汪仑写的《高尔基所走过的路程》。他编选了耿济之《我的旅伴》以及宋桂煌、叶以群（华蒂）等人译作，共14篇，瞿秋白的译作近一半，即《海燕》、《二十六个和一个》、《大灾难》、《坟场》、《马尔华》、《笑话》。

书后有汪仑编写的《高尔基年表》，附有《高尔基著作中译表》，该“中译表”列出生活书店版本《高尔基创作选集》，注明“萧参译”，并有详细目录，在“生活书店”下特地写了两个字“禁售”，以示抗议。还附有合众书店、龙虎书店版本《不平常的故事》等书目。

抗战胜利后，沈雁冰（茅盾）选编《现代翻译小说选》，文通书局1946年10月出版，封面的书名为沈雁冰手迹，沈雁冰还写了长篇序文《近年来介绍的外国文学》。书内收苏联、法国、德国、日本等国30篇小说，其中有瞿秋白译作《二十六个和一个》（署名“秋白译”）。每篇译文前有原作家的画像和小传，以便读者了解有关情况。

丁景唐珍藏一本诚文出版社翻印本《不平常的故事》（1947年5月出版），并在扉页上用毛笔写了几行字：“此瞿秋白同志译文一种，一九三三年与鲁迅《二心集》同售货于合众书店，原署史铁儿译。此乃翻印版，似以原纸型印的。”

诚文出版社翻印本32开，竖排，封面上方横印着“高尔基著”，以及改名的“石人译”（“石人”意即逝者），以免引起反动当局的注意。画面左侧仅留下狭窄的空白，红色书名竖排，“骑”在画像和空白的中间。画面下端横印“诚文出版社印行”。

正文排版时，瞿秋白的原注也是作为每页的脚注，文后也印个“完”字，与合众版本、龙虎版本相似，可以作为丁景唐推断的一个旁证。书后有版权页，注明“著者高尔基，译者石人”。左上方竖排一行字，“中华民国三十六年五月初版”，实为迷惑读者。

新中国成立后，各家出版社先后出版了《高尔基作品选集》等各种书籍，也收录瞿秋白部分译作，在此不赘述。

[注]

[1] 《鲁迅书信集》上卷，人民文学出版社1976年版，第373页、第399页、第400页。

[2] 严长衍《追记生活书店被国民党反动派查禁的第一本书》，载《古旧书店》1982年第6期。

[3]《瞿秋白文集》（文学编）第1卷，人民出版社1985年版，第239页。

[4]《瞿秋白文集》（文学编）第6卷，人民出版社1988年版，第1页。

《文学季刊》发表瞿秋白文章

我家里珍藏一本1934年1月1日出版的《文学季刊》创刊号（再版本），其中有瞿秋白《读房龙的地理》一文，原题为《房龙的“地理”和自己——读书杂记之一》，现收录于《瞿秋白文集》（文学编）第2卷（人民文学出版社1986年版）。

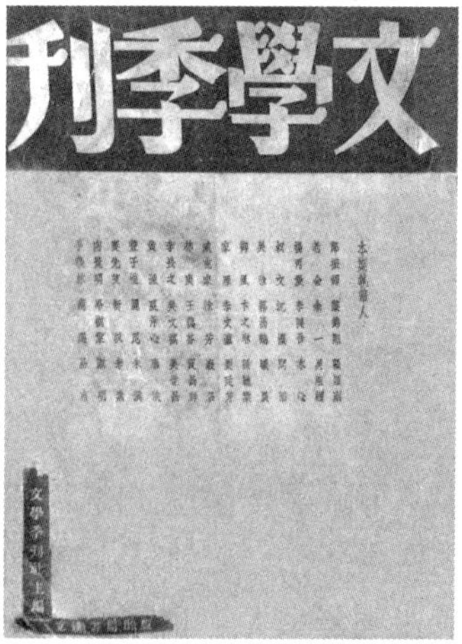

《文学季刊》创刊号

（一）

郑振铎、章靳以主编《文学季刊》创刊号，发行人张道一（北平王府井大街53号），北平立达书局（北平王府井大街路东）出版，北平和济印书局（北平和平门内后细瓦厂）印刷。

创刊号很大气，16开本，正文365页，前后另有多页书刊广告，在当时国内大型文学杂志中首屈一指。

封面设计很简朴，最上端为“文学季刊”刊头，黑底横块，凸出空心仿宋体大字。左下角呈直角拐弯的黑底粗条，依此印着两行小字：“文学季刊社主编”，“立达书局出版”。

刊头下一大片空间，中间印着45名“本刊撰稿人”的名字，其中有郑振铎、老舍、杨丙辰、吴晗、臧克家、林庚、李长之、黄源、丰子恺、蹇先艾、季羡林、黎锦熙、李健吾、卞之琳、吴文祺、丽尼、顾颉刚、冰心、废名、吴世昌等，其中商霆、唐俟分别为瞿秋白、鲁迅的笔名，有些撰稿人也使用了笔名。

刊物首页是北平志城实业公司文化事业的广告，该公司下属 4 个部门：出版部——北平立达书局，乐器部——北平中华乐社，印刷部——北平和济印书局，制造部——北平中华钢琴厂。北平立达书局是北平实业公司下属的一个重要部门，其出版和经营范围：文学美术，外国语文，自然科学，中学教本，哲学教育，中西文具。

封底为北平立达书局的 3 条广告（当时的惯例），一是立达书局各科教本目录，前面注明“遵照（教育）部颁标准，根据教学经验，聘请名家编著”，教科书是当时有名书局的主要盈利项目之一。二是“北平立达书局为努力于文化事业征求海内外学术团体及个人著作家委售书报启事”，声称“蔽局系适应时代的需要而致力于广播文化之工作，为谋著者与读者便利计，欢迎著作家委托寄售，并盼读者介绍新刊……”三是介绍有关书籍的目录，如《苏俄五年计划概论》、《资本论》、《中国革命论》、《北宁铁路之黄金时代》、《农村自卫研究》、《中国教育之改进》、《中国文字学大纲》等。这些显示了该书局精明的经营能力，以及有品位的经营特色。

郑振铎应邀创办《文学季刊》几年前（1931 年秋），已离开工作了 10 年的上海商务印书馆，赴北平执教清华大学、燕京大学中文系等，并到北平各大学讲演，同时兼任上海《文学》月刊等编辑。他先是住在海淀的成府，以后搬到燕京大学校园内的天和厂 1 号，与北平文化人士有来往，如郭绍虞、许地山、周作人、冰心、俞平伯以及胡适、刘半农、钱玄同、傅期年等，逐渐成为北方与上海文学界之间的桥梁，以及北方进步文化圈内有威望的领头人之一。他对当时进步文学青年给予各种帮助，包括季羡林、靳以、巴金等。后来成为著名作家的端木蕻良写信给上海的鲁迅，提到当时的文学青年中流传的一句话“南迅北铎”，这是很高的评价。

靳以比郑振铎小 11 岁，原名章方叙，天津人，曾就读于天津南开中学，后考入复旦大学国际贸易系，积极参加新文学运动，开始文学创作。郑振铎当时在复旦中文系兼教，靳以因向《小说月报》投稿，曾找过郑振铎，得到热情鼓励和帮助，发表了一些作品。1933 年靳以大学毕业后到北平，由朋友辗转介绍，应北平立达书局邀约编辑大型文学刊物。

靳以觉得自己的资历和能力都不能胜任。一天晚上，他去燕京大学找到郑振铎，小心翼翼地说出自己的来意，想请他挂名主编，生怕他不同意。郑振铎听了很高兴，欣然同意，其中原因之一是他原来办的上海《文学》月刊遇到困难，很想在北平另办个大型文学刊物。

他俩谈得很投机，不知不觉夜深了。靳以也忘了陪他一起来的朋友万家宝、陆申还在外面等候。北平的10月晚上已经比较冷了，衣服单薄的两位朋友好不容易见到靳以出来，抱怨“差点冻僵了”。事后，郑振铎知道了，再三责怪靳以为何不把两位朋友请进屋。靳以认为自己还是一个陌生客人，怎么好意思带更多的人进来呢。那个名叫万家宝的比靳以小1岁，清华大学西洋文学系的学生，以后他的剧本首次在《文学季刊》第1卷第2期上完整地发表，使他一举成名——著名的戏剧家曹禺。

郑振铎坚持要同靳以一起署名“编辑”（主编）《文学季刊》，旨在奖掖后学，并且推荐了吴晗、林庚、李长之、李健吾等年轻人参加编辑。郑振铎还出面在什刹海的会贤堂邀请周作人、佩弦、冰心等人，请各位帮忙，办好此刊物。另外写信给上海众文友，邀约撰稿[1]。

当时巴金已到北平，写完《爱情三部曲》第3部《电》，也开始帮助靳以筹备刊物。靳以租下北海三座门大街14号房子作为编辑部，巴金应邀从沈从文家里移住这里。以后他俩还合编《文丛》等杂志及烽火抗日小丛书，彼此交往一直延续到新中国成立后。靳以曾担任作协上海分会副主席，主持大型文学刊物《收获》的编辑工作。

郑振铎起草的《文学季刊·发刊词》声称，“本刊编撰人名录里（有）百十人”，阵容堪称浩大，力量雄厚，大有占据南北文学刊物第一把交椅之势。《发刊词》明确表明，本刊撰稿人虽然“作风未必完全相同，观点未必绝对的无歧异，却也自有一个共同的倾向，那便是：以忠实恳挚的态度为新文学的建设而努力着。……（一）继续十五年来未竟全功的对于传统文学与非人文学的攻击与摧毁的工作；（二）尽力于新文学的作风与技术上的改进与发展；（三）试要阐明我们文学的前途将是怎样的进展和向什么方向而进展”。同时指出本刊的主要工作：“一、旧文学的重新估价与整理；二、文艺创作的努力；三、文艺批评的理论的介绍与建立；四、世界文学的研究、介绍，与批评；五、国内文艺书报的批评与介绍。”这是一个宏伟目标，需要众多作家和学者长期探索和艰苦奋斗，因此得到鲁迅、冰心、老舍等人的大力支持。

（二）

1933年10月22日，郑振铎写信给鲁迅，通报了筹办《文学季刊》有关情况。5天后（10月27日），鲁迅复信，表示支持办刊。他一方面很讨厌上海“叽叽喳喳”的小文人，“《文学季刊》一有风声，此间即发生谣言，谓因与文学社意见不合，故别办一种云云。上海所谓‘文人’之堕落无赖，他处似乎未见其比，善造谣言者”。另一方面他表示，“我居此五年，亦自觉心粗气浮，颇难救药，但于第一期，当勉力投稿耳。”[2]

同一天，鲁迅写信给友人时表示，生怕刊物“因我而别生枝节”，并举例说明，即自己投稿《申报·自由谈》，结果搞得编辑黎烈文“被诬陷”。因此，鲁迅寄文稿《选本》给郑振铎时，用了笔名“唐俟”。郑振铎收到后，如获至宝，与靳以捧读之后，请人誊抄一份，再拿去发排。

事前，鲁迅得知郑振铎筹办《文学季刊》，也设法通知瞿秋白，邀约稿件。郑振铎与瞿秋白是早年挚友，1923年初，瞿秋白从莫斯科回国，他俩重逢在上海，相互之间有各种交往与合作。瞿秋白还参加了郑振铎的婚礼，赠送的自刻印章作为贺礼，引出一段趣闻。瞿秋白投身于革命洪流，逐渐远离了郑振铎等昔日文友。有时，郑振铎在上海马路上偶遇坐在人力车上的瞿秋白，只见他“头戴一顶打鸟帽，低低的压在额前”，彼此互望一眼，但没有点头打招呼。

1931年初，瞿秋白被撤销中央领导职务，重返文学园地。郑振铎写信给鲁迅通报《文学季刊》情况之前，10月上旬瞿秋白夫妇第4次到鲁迅家避难。双方分离后，瞿秋白与鲁迅继续保持通信联系。瞿秋白收到鲁迅的来信，得知老友郑振铎筹办《文学季刊》，很是高兴，欣然动笔，写下《房龙的“地理”和自己——读书杂记之一》，落款时间为“一九三三，十一，十二”。其后，鲁迅才写下《选本》短文，落款为“十一月二十四日记”。

郑振铎收到经鲁迅辗转寄来的瞿秋白文稿。这里产生几个疑问，其一，署名“商霆”，这是瞿秋白还是鲁迅取名的。其二，鲁迅是否请人另誊写一份寄出。如果另誊写的，郑振铎就无法知道此文的作者是何人，这可以解释以后郑振铎的回忆文章里为何没有提及自己曾最后一次刊发瞿秋白的文章。如果未誊写，郑振铎应马上认出瞿秋白的笔迹，至于回忆文章里未提及，只能说是忘了。

《文学季刊》创刊号设有5个栏目：论文、小说、诗选、散文随笔、书报副刊，鲁迅、瞿秋白的文章分别放在最后两个栏目里。鲁迅《选本》短文作为“散文随笔”栏目首篇，随后4篇为丰子恺《诗人的平面观》、丽尼《漂流的心及其他》等文。鲁迅短文主要针对不久前自己与施蛰存就劝读《庄子》、《文选》问题的争论一事，随后引开说事。当时瞿秋白夫妇在鲁迅家避难，瞿秋白得知争论一事，赞同鲁迅的观点，反映在他撰写的《关于高尔基的书》一文里。

瞿秋白的文章被郑振铎安排在《文学季刊》创刊号最后一个栏目“书报副刊”里，列为第5篇（总共7篇），其余6篇文章分别为向觉明《方玉润著述考》、毕树棠《最近英美杂志里的文学论文》、淑明《〈子夜〉》、李长之《〈离婚〉》、易甫《中国宗教思想史大纲》、顾颉刚《读书杂记》。从中可以看出郑振铎编排文章时煞费苦心，使得瞿秋白一文恰如其分地“隐蔽”在其中，并不显山露水。

将瞿秋白原文与刊发的一文进行核实，便可发现一些不同之处：一是标题改动，刊登之文的标题简化了，符合刊物的“风格”。二是刊登之文被删除了原文后面的附记（详见下文）。三是刊登之文与原文一些词语有所不同，或改或增或删。四是原文落款时间也被删除。

除了标题之外，其余的难以考证是郑振铎、鲁迅修改，还是反动当局的书报检查官所为。

（三）

瞿秋白首先看到中文版《房龙世界地理》（现译为《房龙地理》），由陈瘦石、胡瀓咸翻译，世界出版合作社印行，1933年8月出版（以后多次再版，现由浙江文艺出版社2010年出版，改书名为《地球的故事》），书价1元9角5分。共有47章，最后附有《几件事实》即地理知识摘要，如地球面积、陆地面积等。此书前22章由陈瘦石翻译，后面则是胡瀓咸翻译。据《译者引言》介绍，他俩各自翻译后，互相校阅，“改正好多错误及译名不统一的地方”。并且很自信地说：“我们的译名，完全根据商务出版的《标准汉译外国人名地名》，惟遇有该书上所不载的，均附原文。”便于读者查找。

1932年美国首先出版此书后，立即受到广大读者的欢迎，几个月内销行13.8万册（一说18万册），“这是近代学术界的一大奇迹”。1933年英国版书名改为《人类的家园——我们生活的这个世界的故事》。

亨德里克·威廉·房龙（H. W. Van Loon，1882—1944），荷兰裔美国人，20世纪美国著名历史学家、科普作家和文学家。1921年出版第3部历史著作《人类的故事》，一举成名，此后他迎来了创作丰收期，陆续出版《发明的故事》、《圣经的故事》、《美国的故事》、《房龙地理》、《人类的艺术》、《宽容》等20多部著作，饮誉世界，被翻译为多国文字。

自20世纪20年代开始，房龙的主要著作几乎被同步介绍给中国读者，产生很大影响。历史学家和著名报人曹聚仁回忆说，自己读此书时，“发痴似的”从早看到晚，直至看完为止，“除了《儒林外史》、《红楼梦》，没有其他的书这么吸引我了”。著名作家郁达夫说：房龙的笔有一种魔力，无论大人小孩，读他书的人，都觉得娓娓忘倦了。“文革”后，国内再次掀起“房龙热”，受到广大读者的青睐。

瞿秋白选择《房龙地理》作为评价对象，别有一番深意。他承认《房龙地理》（瞿称为《世界地理》）是“一本值得读第二遍的书，这样的书现在太少了，尤其是中国人自己的创作。它象一幅浮雕的壁画，把世界的各个区域的地势很生动的显现在你的面前”。房龙深入浅出的通俗文风和百科全书般的渊博知识，得到瞿秋白的赞赏。《房龙地理》的脉络很清楚，是以历史为经、地理为纬的人类生存史。按照国别或特征地理地区分别讲述了其地理环境，侧重于分析地理对国家或地区的历史演变、国家或地区性格的形成、民族特性等影响，因此这是一本关于“人”的地理书[3]。

但是，强大的政治思维惯性促使瞿秋白敏感地发现其中的问题，他指出：“可惜，房龙也同一切‘前期’科学家一样，他虽然忠实于他的科学，但是更忠实于他自己，——说得精确些——是更忠实与他自己的阶级。”因此，瞿秋白认为房龙的“科学”分析暴露出他——作为“优越感”美国人的思想局限：日本侵华夺取中国满洲的“十足的理由”，英国侵占印度以及其他殖民地问题的“合法性”。房龙在非洲看到许多白种人的“德政”，让瞿秋白“不由得要想起辛克莱的《屠场》，那些拉脱维亚人，西班牙人，墨西哥人，黑种人，波兰人，那些‘屠场’里，矿坑里的牺牲，不知道是否承认美国‘只有一种民族’?!”

瞿秋白指出，房龙始终只是“百分之一百”的美国人，他没有丧失他的“自己”。这意味着房龙没有也不可能转变他的阶级立场，以无产阶级的眼光去分析复杂的殖民地本质问题。同时，瞿秋白告诫中国广大读者，虽然房龙的科普著作很受欢迎，但是，不能一味地沉迷于丰富多彩“地理”知识文化的介绍之中，忘却了帝国主义扩张主义的血腥侵略史，忘却了身边已经发生的中华民族危机，以及日本将进一步扩大侵华战争的残酷现实。

这些失误和严重错误主要集中于该书第 38 章《朝鲜、蒙古、“满洲国”》等，如今也有人提出尖锐的批评。很多中国读者认为，房龙作品的通俗性、趣味性和倾向于自由主义的思想，在某种程度上满足了中国读书界的需求。但是，依然不能陶醉其中，拒绝分辨房龙的思想局限，否则同样也是一种悲哀。

瞿秋白写的 2000 多字附记被删除，《文学季刊》的广大读者未能看到，令人遗憾。附记谈到中文翻译的问题，瞿秋白列举了自己首先看到的陈瘦石、胡溉咸中译本，以及偶然翻到的傅东华译本（《我们的世界》，新生命书局版本），并将两者某些译文进行对比。前者译文：“说到猪，猪须食橡树果始得繁盛。亚得里亚海，多瑙河，与马其顿山脉间三角地带之所以多猪，就是因为那边密布着橡树林的缘故。”后者译文：“再讲到猪，猪是靠橡实繁荣的。这就是在亚得里亚海，多瑙河，马其顿诸山脉间那个三角形中所以极富橡实的缘故，因为那三角形是密密盖着橡树林的。”

从字面上来看，瞿秋白认为两者似乎都说得通，犹如鸡与鸡蛋的关系。不过前者译文说的道理浅显些，没有那么重的哲学味道；后者文句似乎深奥些。但是，瞿秋白搞不清究竟哪个译文接近原文，说是“过几时，倒要找本英文原本来读读”。

以上两者译文出自该书第 25 章《南斯拉夫：〈凡尔赛条约〉的另一个产物》，现译为“谈到猪，还要说说猪的饲料——橡树果。位于亚得里亚海、多瑙河和马其顿的大山之间的三角地带之所以盛产猪，就因为这一地区覆盖着茂密的橡树林”。显然，这类似于瞿秋白当年首先看到的陈瘦石、胡溉咸的译文。

遗憾的是瞿秋白未能看到《文学季刊》创刊号，鲁迅也未及时收到。1934 年 1 月 5 日，瞿秋白因奉命离沪赴中央苏区之前，特地前去大陆新村向鲁迅告别。1 月 9 日，他写告别信给鲁迅。11 日夜里，瞿秋白离沪。同一天夜里，鲁迅写信给郑振铎，“《文学季刊》未到，见过目录，但也如此麻烦，却得信后才知道，因为我总以为北平还不至于象上海的。”指该创刊号遭到反动当局书报检查官的刁难和删改，被迫推迟出版。

1月14日上午，鲁迅才收到《文学季刊》创刊号4本。两天后，鲁迅又收到未经书报检查官删改的创刊号。次日，鲁迅写信给在莫斯科的萧三，“《文学季刊》（今天寄上了）是北京新办的，我亦投稿（改名唐俟），而第一期已颇费周折，才能出版。”信中不便提及该刊物中还有瞿秋白一文。

1934年7月14日，鲁迅写信给徐懋庸，“《非政治化……》系别人所作，由我托人抄过，因为偶有不愿意拿出原稿去的投稿者，所以绍介人很困难。他还有一篇登在《文学季刊》（一）上。”[4]

徐懋庸作为《新语林》编者写信问起《非政治化的高尔基》译文（发表在1934年7月20日出版的《新语林》第2期，署名商廷发），以为是鲁迅所作。鲁迅否认是自己所作，顺便透露了“他”（瞿秋白）还有一文刊登在《文学季刊》创刊号上，但并未说是何人。

鲁迅热情地代为瞿秋白投稿给郑振铎、章靳以主编的《文学季刊》创刊号，却画上一个遗憾的句号，并留下许多疑问。

［注］

［1］陈福康《郑振铎传》，北京十月文艺出版社1994年版，第267—268页。

［2］［4］《鲁迅书信集》上卷，人民文学出版社1976年版，第477—478页、第480页、第599页。

［3］刘乃亚、纪飞编译《房龙地理·前言》和该书简介，清华大学出版社2008年版。

瞿秋白译作《解放了的董吉诃德》

瞿秋白翻译的剧本《解放了的董吉诃德》，由鲁迅编辑出版，又一次见证了他俩真挚友情。

（一）

400 多年前，西班牙作家塞万提斯在塞维利亚狱中创作了长篇小说《堂吉诃德》（以下文中述说以杨绛译作中主要人物名字为准，即“堂吉诃德”，人民出版社 1979 年版，下同），笔下的堂吉诃德是个小贵族，模仿古代骑士，把羊群当作军队，把乡村客店当作城堡，挑战旋转的风车……小说既好看，又不容易读懂，每个人心目中都有一个属于自己的堂吉诃德。

上海联华书局初版本《解放了的董吉诃德》

20 世纪初，鲁迅和周作人在日本最先接触到这部作品，爱不释手，以自己理解、选择的方式进行不同形式传播。鲁迅创作《阿 Q 正传》中的“阿 Q 精神”几乎是堂吉诃德的“精神胜利法”的翻版——挖掘国民劣根性的价值取向，由此产生文学与政治交叉的审美趣味。1928 年 5 月，鲁迅约请郁达夫转译屠格涅夫写的《哈姆雷特和堂吉诃德》，发表在他们合编的《奔流》创刊号上。鲁迅在这期《编校后记》中把堂吉诃德精神概括为“专凭理想勇往直前去做事”，并批评了一些人滥用堂吉诃德的名字攻击别人的做法。这是针对创造社、太阳社冷嘲热讽的围攻——鲁迅被称为中国的堂吉诃德先生。鲁迅反唇相讥的同时，迫使自己看了大量社会科学之类的书籍，翻译了卢那察尔斯基等人许多经典文论，其中卢氏认为“不惮于揭发这病的灵魂的一切的祸患”[1]，与鲁迅挖掘国民劣根性“不谋而合”，产生强烈共鸣。

嘲笑吉诃德的旁观者，有时也嘲笑得未必得当。他们笑他本非英雄，却以英雄自命，不识时务，终于赢得颠连困苦；由这嘲笑，自拔于“非英雄”之上，得到优越感；然而对于社会上的不平，却并无更好的战法，甚至于连不平也未曾觉到。对于慈善者，人道主义者，也早有人揭穿了他们不过用同情或财力，买得心的平安。这自然是对的。但倘非战士，而只劫取这一个理由来自掩他的冷酷，那就是用一毛不拔，买得心的平安了，他是不化本钱的买卖。[2]

鲁迅的这段话，概括了他对中国“旁观者”堂吉诃德的看法，并随着时代背景的变化，矛头指向也随之改变。

多才多艺的卢那察尔斯基改编的剧本《解放了的董吉诃德》（以下简称“剧本”），1922 年莫斯科国家文学出版社出版。1925 年德国曾上演这部舞台剧，日本东京也开演过，其社会意义不言而喻。

1928 年 4 月 23 日，鲁迅第一次在文章里提及这个“剧本”，称之为《被解放的吉诃德先生》（《三闲集·通信》）。1930 年 6 月 10 日，鲁迅译完“剧本”首场，载次年 11 月 20 日出版的《北斗》第 1 卷第 3 期，署名隋洛文，其因同年国民党浙江党部呈请通缉“堕落文人鲁迅”而取的笔名，以此表示嘲笑和抗议。鲁迅起初依据德国戈支的译本和收录于《社会文艺丛书》里的日译本而转译“剧本”，得到曹靖华辗转寄来的俄文原本后，经与德文版对照，他才发现“德译本是很有删节的，几句几行的不必说了，第四场上吉诃德吟了这许多工夫诗，也删得毫无踪影。这或者是因为开演，嫌它累坠的缘故罢。日文的也一样，是出于德文本的。这么一来，就使我对于译本怀疑起来，终于放下不译了”[3]。此后，鲁迅邀约瞿秋白继续翻译“剧本”。

瞿秋白对于卢那察尔斯基并不陌生，早在 1921 年 3 月初他俩已见面。那时瞿秋白刚到莫斯科不久，在克里姆林宫里采访苏俄政府人民教育委员长卢氏，并将采访的具体情况写入《赤都心史》，向中国广大读者介绍这位著名的革命家、思想家和社会主义文化的著名理论家和实践家。十几年后，瞿秋白接手翻译卢氏“剧本”，别有一番滋味。

这时，瞿秋白与鲁迅还未见面，便写信谈起翻译等事宜，称赞鲁迅翻译的《毁灭》出版，“是中国文艺生活里面的极可纪念的事迹。……你的译文，的确是非常忠实的，‘决不欺骗读者’这一句话，决不是广告！”此信经鲁迅推荐，发表于《十字街头》第1期、第2期（同年12月），题为《论翻译》。12月28日，鲁迅复信给瞿秋白，以“敬爱的同志”相称，就瞿秋白提出的翻译问题，发表自己的看法，并表示感谢。以后鲁迅把这两封信都编入《二心集》，题为《关于翻译的通信》。

鲁迅复信之前，12月20日《北斗》第1卷第4期发表瞿秋白翻译的“剧本”第2场，署名易嘉。1932年“一二八”淞沪抗战爆发后，瞿秋白夫妇随房东谢旦如一家从南市迁居到法租界毕勋路（今汾阳路）毕兴坊10号，瞿秋白继续抓紧时间翻译“剧本”，直至5月搬回南市紫霞路68号。同年7月20日《北斗》第2卷第3、4期合刊继续刊登“剧本”第3场、第4场，均署名易嘉。此后，因《北斗》停刊，没有全部登完“剧本”译文。

1933年5月，瞿秋白夫妇搬离东照里，从而结束了他们与斜对面大陆新村鲁迅夫妇之间的直接密切来往。7月5日，鲁迅收到瞿秋白夫妇来信，以及剧本的全部译稿。鲁迅翻看后，惊喜地发现瞿秋白还重译了“剧本”首场，并添加了注解，认为这是“一部极可信任的本子”。鲁迅出资，把剧本译稿交给上海联华书局费慎祥出版。

费慎祥原来是北新书局职员，1932年起他作为鲁迅与书局之间的联系人，经常去鲁迅家里，也为鲁迅办一些日常事务，如送信、送校样、送稿费等。最初，他为鲁迅以三闲书屋名义印的书籍联系印刷所。1933年春，他以野草书屋名义代印鲁迅、瞿秋白编辑的《萧伯纳在上海》等书籍。

不久，费慎祥与鲁迅商量，将野草书屋改名为联华书局，把自己借住的七浦路恒庆里21号作为书局场所，储存书籍、纸张，便于印刷所送校样和发书。费慎祥生活非常困难，请求鲁迅帮助出书维持家庭，鲁迅把写好的几种书稿都交给他出版发行，如《南腔北调》（最初以同文书店名义出版）、《准风月谈》（最初以兴中书局名义出版）等。在联华书局开创时，鲁迅还曾为他垫付出版费用。1936年初，费慎祥离开北新书局，独立经营联华书局，没有门市部，1939年停办[4]。

解放初，费慎祥在苏南新华书店担任出版组长，在无锡翻印老解放区的各种书籍，其中就有《烈士传》（苏南新华书店1949年8月出版），收录杨之华（杜静）、萧三合作《瞿秋白同志传》等文（详见本书《第一本纪念册〈殉国烈士瞿秋白〉》）。

（二）

1933年10月15日，鲁迅开始校对“剧本”译稿。6天后（10月21日），他写信给曹靖华，说是自己在校对“剧本”，是“它兄”（瞿秋白）翻译的。11月25日，他又写信给曹靖华，说是校对一事还未完，即使“剧本”出版后，“当然不会‘被解放’”。12月25日，鲁迅校完“剧本”。在这期间，鲁迅校对后，印刷厂便重新排版出清样，鲁迅先后两次支付排字费50元。1934年初，瞿秋白奉命离沪赴中央苏区，临行前到鲁迅家里辞别，两人长谈，自然谈到“剧本”校对、出版等事情。

此后，鲁迅挑选毕斯凯莱夫的木刻插图，将“剧本”列为《文艺连丛》之一。《文艺连丛》是鲁迅策划的一套文艺丛书，都交给联华书局出版。其预告有5种，实际出版了《不走正路的安得伦》、《坏孩子和别的奇闻》等。

鲁迅为“剧本”写《后记》时说明：“现在有联华书局给它出版，使中国又多一部好书，这是极可庆幸的。原本有毕斯凯莱夫（N. Piskarev）木刻的装饰画，也复制在这里了。剧中人物地方时代表，是据德文本增补的。”

1934年4月20日，鲁迅收到费慎祥送来的“剧本”新书50本。但是，鲁迅很不满意，写信给友人时抱怨说：剧本“中译本一册，印得很坏，我上印刷所的当的。不过译文出于瞿君之手，想必还好。”[5]即使“剧本”一书印刷质量比较差，瞿秋白生前也未能一睹为快。瞿秋白牺牲后，鲁迅把“剧本”全文辑入《海上述林》，标题中加了一个圆点，即《解放了的董·吉诃德》，剧本里主角一律为“吉诃德”。新中国成立后，各种版本《瞿秋白文集》恢复“剧本”原标题，“剧本”的主角也都称为“吉诃德”。

1934年4月，上海联华书局出版《解放了的董吉诃德》，25开，横排，正文和鲁迅写的《后记》有164页。文前是鲁迅翻译的卢那察尔斯基《作者传略》，原是日本尾濑敬止之文，最初收录在柔石译作《浮士德与城》卷末（神州国光社1930年9月出版）。

封面土黄纸，上端为“文艺连丛之一”，其下为“A. V. 卢那察尔斯基作”，“易嘉译”。书名红字，下端图案由头盔、宝剑和盾牌构成，盾牌中间有黑白两色的一颗心形。内封为书名、作者、译者，下面是堂吉诃德骑马执长枪、背后四射霞光的木刻插画，并注明毕斯凯莱夫所作。下端居中“上海联华书局发行”，“1934”分为两旁小字。书前有拉武莱夫所绘的作者彩色画像，书中印制毕斯凯莱夫木刻插画十几幅。正文前的附书名页（呈献页）右上角排印两行小字“供献给我的亲爱的知己——安娜·亚列山大洛夫娜·卢那察尔斯嘉”，中间横排书名为《解放了的董·吉诃德》，其中加了圆点，与封面、内封书名略不同。书后有《〈文艺连丛〉的开头和现在》广告：

投机的风气使出版界消失了有几分真为文艺尽力的人。即使偶然有，不久也就变相，或者失败了。我们只是几个能力未足的青年，可是要再来试一试。首先是印一种关于文学和美术的小丛书，就是《文艺连丛》。为什么“小”，这是能力的关系，现在没有法子想。但约定的编辑，是肯负责任的编辑；所收的稿子，也是可靠的稿子。总而言之：现在的意思是不坏的，就是想成为一种决不欺骗读者的小丛书。什么“突破五万部”的雄图，我们岂敢，只要有几千个读者肯给以支持，就顶好顶好了。……

编者别出心裁，把版权页的内容插进以上这段文字左边中间，上下以粗黑杠与文字隔开，内容为“一九三四年四月印成，1—1000册，解放了的董吉诃德，不许翻印，实价每本大洋五角（精印本八角）。”至于“精印本”，此广告后面还提及“本丛书每种印有道林纸本子三百本，较为耐久，而且美观，以供爱书家及图书馆等收藏之用”。广告最后还简要介绍了鲁迅、瞿秋白（乐雯）合作的《萧伯纳在上海》，这与他俩合作的“剧本”联系在一起颇有纪念意义。

1936年联华书局出版鲁迅译作《坏孩子和别的小说八篇》（内封书名为《坏孩子和别的奇闻》），书后也有附录《〈文艺连丛〉的开头和现在》的广告，文前内容同上，除了继续介绍曹靖华译作《不走正路的安得伦》、鲁迅译作《山民牧唱》和罗怃（鲁迅笔名）译作《Noa Noa》，还推出“剧本”，其写道：

《解放了的董吉诃德》，苏联卢那卡尔斯基作，易嘉译。这是一大篇十幕的戏剧，写着这糊涂固执的董吉诃德，怎样因游侠而大碰钉子，虽由革命得到解放，也还是无路可走。并且衬以奸雄和美人，写得又滑稽，又深刻。前年曾经鲁迅从德文重译一幕，登《北斗》杂志上，旋因知道德译颇有删节，便即停笔。续登的是易嘉直接译出的完全本，但杂志不久停办，仍未登完。同人今居然得到全稿，实为可喜，所以特地赶紧校刊，以公同好。每幕并有毕斯凯莱夫木刻装饰一帧，大小共十三帧，尤可赏心悦目，为德译本所不及。每本实价五角。

以上两种版本的书后附录《〈文艺连丛〉的开头和现在》都是鲁迅撰写的，曾刊登在其他地方（个别词语略有不同）。鲁迅逝世后，许广平续编《集外集拾遗》时收录第二种《〈文艺连丛〉的开头和现在》。

《解放了的董吉诃德》面世后，不久出现海上书屋的翻印本，32 开，全书 133 页。封面红色图案占据三分之二，选用该书原有的最后一幅插画，即侧面的堂吉诃德扛着长枪，骑着瘦马，背景是古城堡和开阔田野。图案下为“A. V. 卢那察尔斯基著”，没有译者署名。以下为深蓝色书名，分为上下错开的两行字。内封文字竖排，右上端除了作者名字，还增加了“毕斯凯莱夫木刻饰画”。中间为书名，左下为“海上书屋印行”，无出版年月。书内印制木刻插画，但是没有版权页，也没有鲁迅写的后记。

1943 年 3 月，桂林文学编译社印行《解放了的董吉诃德》，列为“世界文学丛书”之一，23 开，直排，全书 150 页。封面上除了原作者名字，还署名“何凝译”。“何凝”即瞿秋白笔名，他编选的《鲁迅杂感选集》出版时，也使用该笔名。因抗战期间桂林条件有限，印刷时使用灰色土纸，也没有制印毕斯凯莱夫木刻插画。本书仅有剧本正文，删去鲁迅写的《后记》和译文《作者传略》。

其实，这是曾在桂林的胡风应邀编辑的再版书籍，其意教育青年不要沉醉在短暂的和平环境里，忘却了民族危难和日军侵略者的暴行；同时为了纪念瞿秋白和鲁迅，以及他俩的患难之情。再版本发行几千册，销路不错，胡风把版税交给当时桂林的中共地下党组织[6]。众所周知的原因，世人很少提起胡风夫妇与瞿秋白的关系，更不知道胡风编辑再版本一事。

抗战胜利后，1946 年 6 月出现生活书店版本，25 开，竖排，全书 154 页。封面深褐色，选用该书“尾声”原有的一幅插画，即堂吉诃德竖拿长枪骑瘦马的正面木刻画，其下为原俄文书名和原作者名字，以及中文书名，底下一排小字两旁分别是原作者和“生活书店发行”，中间直接署名“瞿秋白译”。呈献页中间竖排一行字“供献给我的亲爱的知己——安娜·亚列山大洛夫娜·卢那察尔斯嘉”。其后有卢那察尔斯基图片，但书中没有毕斯凯莱夫木刻插画和鲁迅写的《后记》。

哈尔滨解放后，1948年8月又有新的生活书店版本，32开，全书169页。封面重新设计，把原来生活版本的深褐底色改为白底色，上端仍然为堂吉诃德竖拿长枪、骑瘦马的正面木刻画，但比原来封面的木刻画要大，约占封面高度的三分之二。其右旁上方竖排两行字“卢那察尔斯基著”，“瞿秋白译”，下面一行绿色书名。内封上、下均有长方形的西洋装饰花纹图案，中间为书名、作者、译者等。

书前有卢那察尔斯基图片，以及“供献给我的亲爱的知己……”书中仍然没有印制毕斯凯莱夫木刻插画，但是恢复了鲁迅写的《后记》。版权页上注明，生活书店出版，光华书店发行，1948年8月在哈尔滨印刷，“东北版初版五千册”。

封底右下角印有一段评价堂吉诃德之言：“你是个好人；好人总喜欢帮助被压迫者。现在我们在这个短期间是压迫者。你和我们来斗争吧！我们也一定要和你斗争，因为我们的压迫是为着要叫这个世界上很快就没有人能够压迫。——德里戈。”铁匠德里戈是剧中革命党人，与其他两名革命党人被侠义的堂吉诃德及其跟班救出。他们再次相遇时，铁匠德里戈对糊涂的堂吉诃德说了以上一段话，鲁迅写的《后记》中也提及此言。

（三）

“剧本”有9场戏和“尾声”，剧中并未出现广大读者所熟悉的大战风车等荒诞情节，而是改编为革命党人和宫廷贵族之间斗争的一台话剧。鲁迅写的《后记》已交代清楚剧中人物之间的关系，国公是傀儡，伯爵和御医是专制魔王，他们嘲笑堂吉诃德的幻想是“牛羊式的平等幸福”，要夺取统治权力，实现“野兽的幸福”。堂吉诃德是个糊涂的“善良人”，曾说牛羊应当起来防御，但是革命之际又忘却了，说什么“新的正义也不过是旧的正义的同胞姊妹”，指革命者为魔王，与先前的专制者相似。革命党人则反驳说：“我们是专政的。……他们的剑是为着奴隶制度去杀人，我们的剑是为着自由去

生活书店版本《解放了的董·吉诃德》

杀人。你的老脑袋要改变是很难的了。”

另一位革命党人是个神学院大学生，很同情堂吉诃德，坚持要和他做朋友，但是终究改变不了堂吉诃德糊涂的思想意识。因此，鲁迅认为，另一位粗鲁的革命党人铁匠德里戈的“嘲笑，憎恶，不听废话，是最为正当的了，他是有正确的战法，坚强的意志的战士”。鲁迅还认为，现实社会中那些好心人以不同方式扮演了堂吉诃德类似的角色。他说：

（那时）正是十月革命后六年，世界上盛行着反对者的种种谣诼，竭力企图中伤的时候，崇精神的，爱自由的，讲人道的，大抵不平于党人的专横，以为革命不但不能复兴人间，倒是得了地狱。这剧本便是给与这些论者们的总答案。吉诃德即由许多非议十月革命的思想家，文学家所合成的。……这部书的极透彻的解释，极确切的实证，比罗曼·罗兰和爱因斯坦的转向，更加晓畅，并且显示了作者的描写反革命的凶残，实在并非夸大，倒是还未淋漓尽致的了。是的，反革命者的野兽性，革命者倒是会很难推想的。[7]

瞿秋白生前理应看到1933年10月28日鲁迅写的《后记》，况且他原来就知道“剧本”的现实意义。瞿秋白翻译“剧本”时，党内严厉排斥和批判活跃在国共两党之外的“第三种势力”代表人物——与“剧本”中善良、糊涂的堂吉诃德有某种相似之处。

瞿秋白还曾与鲁迅合作杂文《真假堂吉诃德》（鲁迅改的标题，瞿秋白原题为《真假董吉诃德》），把批判和讽刺对象扩大为中国社会上真的、新的、假的堂吉诃德，特别是针对推行“不抵抗主义”的反动政府。在这之前，鲁迅已写了杂文《中华民国的新“堂·吉诃德”们》，可以看作是《真假堂吉诃德》的“大前提”。

瞿秋白还联想到作家与文艺大众化的问题，提笔写了《吉诃德的时代》杂文，责问道：“武侠小说连环画漫天飞的中国里面，那中国的西万谛斯（塞万提斯——引者）……还是在摇篮里呢，还是没有进娘胎?！不是的，这些西万谛斯根本就不把几万万‘欧化之外的读者’当人看待。你或者要说：这几万万人差不多都不读书。那么，我反问你一句，你看不见小茶馆里有人在听书?”[8]

鲁迅称赞瞿秋白为“剧本”作了很好的注解，共有22条，第一条写道：“西班牙的‘董’是一种贵族的尊称，对于女人，就称‘董娜’。这里依照英文的‘密斯忒’，用音译的办法，而不当作专用名词用，下同。”因此，瞿秋白翻译的“剧本”主角为“董吉诃德”。这与鲁迅以前翻译为“堂·吉诃德”有所不同，指“董”、“堂”后不加或加圆点。

此后，张慎伯根据英文版转译的书名也是《董吉诃德》（中华书局1936年2月出版)。“文革”后，著名文学家、翻译家杨绛直接从西班牙文翻译的世界名著，书名中的“堂”后不加圆点，也许她的想法类似于瞿秋白以上的注解。

瞿秋白为“剧本”添加的多条注解，牵涉面很广，其中有欧洲《圣经》故事，中世纪政治、经济以及民族、宗教、风俗、传说等文化知识，需要查找许多有关资料，这在当时白色恐怖环境中非常困难。同时，令人不得不佩服瞿秋白长期勤奋学习积累的中西文化知识，发挥了很大作用。例如“剧本”中一句台词，“……我愿意用世界上的幸福替你洗刷罪过，我用我的头发替你揩干净”。瞿秋白注解为“是天主教忏悔的风俗”；“剧本”中“Gloria Mariae Virgini！（圣母马丽万岁!)”，瞿秋白注解为“拉丁文，直译是‘处女马丽(耶稣的妈妈)’的光荣，等于中国人说‘阿弥陀佛’的意思。”还有“赫巴是希腊神话里的仙女，是裘斯的女儿，替诸神斟长生仙露的；赫腊克里德是希腊的哲学家”。文中译名与现在译名有所不同；剧中出现“赤欣”译音钱币名称，瞿秋白注解为“西班牙古代的一种货币，约值五块中国钱”。

鲁迅转译“剧本”首场，瞿秋白根据俄文版重译，现摘录几段对照如下：

（鲁迅译文）兵官：这可糟透了……要是跑开马，我自然用不着一个钟头就能到下面的酒店，可是和这些乱党一同走着呀……（少停)。我想起来了：我骑了马先走一步罢，这会出什么乱子呢？即使是怎样的大匪徒，三个捆了起来的东西，也逃不掉你们似的（四个）武装的出色的兵士的。

（瞿秋白译文）兵官：这是顶要紧的……自然，我要是骑了马去，不上一个钟头，就可以跑到最近的酒店，可是，有这些乱党绊住了脚……（少停）我想出来了：我骑着马先走一步罢，这会出什么乱子呢？随便他们是什么样的大匪徒，三个捆起来的东西，有你们这样四个武装的好汉看守着，想来总是逃不掉的罢。

（鲁迅译文）堂·吉诃德：（全副甲胄，骑在他的马匹罗息难台上，从新出现。）列位，可怜相的骑士拉·曼加的堂·吉诃德，用了平和和友爱的话，对你们申说。以善的最高的精粹之名，我命令你们，放掉这几个人。我对你们起誓，在天神和地祇之前，保证他们。靠着慈悲，从死里得救，他们总会更加觉悟，更加良善的罢。我的良心对我说，我的请求是对的。此外的事，只好凭更高的力的意志。我请求你们，我的战友，好意底地放了他们，并且不要逼得我用了我的长枪的力量，来扶助这教说之声的威力罢。如果你们还不愿意听我的忠告，那么，天使就在这一边，并且帮助我，要不流你们的血，而战胜你们了。

（瞿秋白译文）（董吉诃德全副武装，骑着罗息南德马再上。）吉诃德：诸位。拉曼伽的董吉诃德，慈悲相的武士，现在对你们讲和平友爱的话。我用慈善的最高原则的名义，命令你们释放这些人。我答应：由我来对上帝对官厅负责。他们被人家宽宏大量的赦了死罪。自然要更加聪慧，更加慈善的。我的良心对我说，我的心愿是对，以后一切都要依照至高无上的力量的意旨。武装的同人，我请你们自动的释放他们，不要强迫我，使得我除出说服之外还要用我的枪头。然而，假使你们不听忠告，那么，天上的安琪儿要帮助我打胜你们，而不流你们的血。

以上鲁、瞿第1段译文选自“剧本”的开头，能够看出瞿秋白重译时保留了鲁迅原来一句“我骑着马……”鲁迅转译时所依据的德、日译本开头变化也不是很大，因此鲁、瞿译文差不多。

第2段译文则是“剧本”首场后面内容，鲁、瞿译文就有比较多的差别，瞿译文比较通畅，意思表达比较清楚。显然，鲁迅所依据的德、日译本有了明显变化，他凭借丰富的翻译经验意识到事情不妙，没有继续翻译。

2009年秋天，《堂吉诃德》被改编为舞台剧，登上中国大舞台，人们关注其中的多元多彩的含义已经“今非昔比”了。

[注]

[1] 鲁迅转译《为批评家的卢那卡尔斯基》，载《鲁迅译文全集》第4卷，福建教育出版社2008年版。

[2][3][7] 鲁迅《解放了的董吉诃德·后记》，上海联华书局1934年4月初版。以后收录《鲁迅全集》时，统一改为《〈解放了的堂·吉诃德〉后记》。

[4] 钱小柏《费慎祥其人其事》，载《古旧书讯》1981年第2期。

[5]《鲁迅书信集》(上)，人民文学出版社1976年版，第422页、第450页，(下)第903页。

[6] 梅志《拉丁化·〈海上述林〉及其他》，载《花椒红了》，中国华侨出版社1995年版。梅志文中关于重印版本的情况有误之处。

[8]《瞿秋白文集》(文学编)第1卷，人民文学出版社1985年版，第377—378页。

国内悼念瞿秋白烈士第一文

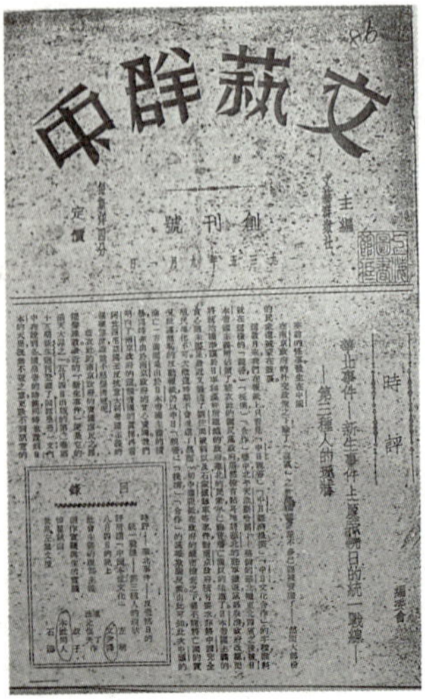

左联《文艺群众》创刊号

1935 年 9 月 1 日，左联后期机关刊物《文艺群众》创刊号刊登《悼瞿秋白同志》，这是国内悼念瞿秋白烈士第一文。

（一）

在现代文学史专著和学术界里，很少有人提及左联后期机关刊物《文艺群众》，这是诸多历史原因造成的。

《文艺群众》创刊于 1935 年 9 月 1 日，11 月 1 日出版第 2 期，办刊的初衷是以双月刊的形式，突出现实政治斗争与文艺的关系，起到指导性的作用，区别于左联其他刊物《时事新报 · 每周文艺》[1] 等。由于经费、约稿和左联解散等原因，《文艺群众》仅出两期就停刊了，但其在中国现代文学史上占有特殊的地位。因为这是在白色恐怖猖獗的环境下，左联重新创刊的第一个也是最后一个机关内部刊物。

徐懋庸回忆说：1935 年夏，左联“想恢复两年多没有办的内部刊物。为了这事，我同周扬争论过一下”（当时周扬对办刊物的意见通过周立波传达）。主要是关于刊物的大小规模、经费等，最后徐懋庸说：“大固然比小好，但小总比没有好。”得到了周扬等人的同意。徐懋庸向鲁迅汇报，他不仅同意，还很赞成，“认为比较切实”。

在白色恐怖猖獗的环境中，中共上海地下党组织遭到严重破坏，与党中央失去联系，幸好中央“文委”下属的左联、美联、剧联等中的地下党组织保存下来，于是左联党团书记周扬、行政书记徐懋庸等自行领导，并与鲁迅商量，在文化战线上坚持斗争，因此创办的《文艺群众》还有“恢复”左联成员之间联系的特殊功能。徐懋庸回忆说：“关于整顿‘左联’组织的问题，讨论过几次，想不出办法。后来才决定用恢复机关刊物的办法，先与盟员以刊物取得联系——一九三五年九月恢复机关杂志，名曰《文艺群众》。”[2]

经过一番紧张的撰文、集稿和编辑后，何家槐找到一个小印刷厂，厂里有进步的同情者。首先，为了筹集印刷费百余元，徐懋庸把左联机关刊物《时事新报·每周文艺》稿费充公，因为该刊主要撰稿的都是左联几个常委。其次，徐懋庸向沈雁冰（茅盾）、胡愈之等募捐，但还是不够，拖了一个多月。最后由《时事新报·每周文艺》又增加了一个月的稿费，徐懋庸也捐了钱，才总算付清了印刷费，拉回《文艺群众》创刊号。徐懋庸寄给鲁迅两册创刊号，鲁迅收到后，也为该刊捐款。

此刊物为16开，没有封面封底，第1页上端是刊头《文艺群众》，即刻写的仿宋体，其中“众”字还是异体字；刊头下为“文艺群众社主编”，接着是排印的文章。第1期、第2期分别为16页、24页，定价分别为大洋4分、6分。

这两期的内容很丰富，有时评、文艺批评、译介文艺理论、世界左翼文坛和专栏纪念文章等。但文章的作者都用化名，除了少数人之外，难以考证。第1期刊登了国内悼念瞿秋白的第一篇文章，还有苏联小说译作《八月四日晚上》，这是瞿秋白鼓励杨之华翻译的，以前杨之华在回忆中曾提及，但人们一直未看到原文。该刊第2期上登载了萧军佚作小说《十月》、评价叶紫小说集《丰收》等。引人注目的是该刊第2期还特地推出“恩格斯逝世纪念”专栏，以及有关苏联作家和世界左翼文学动态的翻译文章等。

（二）

左联时期译介马克思主义文艺论著的工作，起初主要是译介日本、苏联等国理论家、作家阐释马克思主义文艺理论的论文，逐渐转到着重翻译马克思主义经典作家有关文艺的论著。同时，还将早期的马克思主义理论家和苏联、日本的一些马克思主义文艺理论家梅林、拉法格、李卜克内西、普列汉诺夫、高尔基等写的文艺论著译介到中国。瞿秋白、鲁迅、冯雪峰、胡风、周扬等积极从事这项译介工作，鲁迅称之为普罗米修斯盗火给人类和运送军火给起义的奴隶的工作。

当时关于恩格斯文艺思想的译介文章并不多，而且类似《文艺群众》刊物推出纪念恩格斯逝世40周年的专栏更是少见。如果要探究该刊为何要推出这样的纪念专栏，其中原因之一是与瞿秋白有关。

瞿秋白是中国无产阶级革命文学的奠基者之一，对于马克思主义文艺学在中国的传播和发展作出重要贡献。1934年初瞿秋白离沪赴中央苏区之前，曾一度代管中央“文委”，并与鲁迅共同领导左翼文化运动。

瞿秋白考虑如何指导左翼文艺创作问题时，努力将马克思主义基本原理与中国文艺实际相结合，积极探讨和论述中国马克思主义文艺学建设中的重大问题。在接受和转化时，他译介了许多有关马克思主义文艺思想的文章和著作，编译《“现实”》论文集中就有《马克斯、恩格斯和文学上的现实主义》、《恩格斯论巴尔扎克——给哈克纳斯女士的信》、《恩格斯论易卜生的信——给爱伦斯德》等，但是《“现实”》大部分文章未能及时发表。瞿秋白牺牲后，才由鲁迅辑入《海上述林》上卷。

徐懋庸等人在没有看到瞿秋白编译《“现实”》的情况下，首次组织有关人员翻译，特地推出“恩格斯逝世纪念”专栏，其中有马克思、恩格斯分别写给斐迪南·拉萨尔的两封信、恩格斯写给保尔·恩斯特的信，弥补了瞿秋白《“现实”》的缺憾。

另外，《文艺群众》第1期刊登法捷耶夫《社会主义现实主义》译文、《创作实践与生活实践——关于高尔基》等；第2期除了推出纪念恩格斯专栏之外，还刊登高尔基《论文化》、《十月革命与文学》、《文学事业的阶级性与作家的修养》等。当时左联的文艺创作思想正处于新旧交替的过渡时期，即清算苏联“拉普”（无产阶级作家协会）旧的错误理论观念，建立现实主义文学理论的新观念。

苏联文学界对于现实主义文学理论的激烈争论，虽然传到中国有限，但也引起左翼和非左翼作家之间的争论，即使在左翼文学家中间也产生了公开的争论，如周扬和胡风等。这时翻译马克思主义文艺思想和经典作家有关论述，显得尤为重要，促使大家自己作出分析和评判。

《文艺群众》“恩格斯逝世纪念”专栏等各种译介文章正是主动地承担了

这方面的任务，成为当时传播马克思主义文艺思想的众多窗口之一。瞿秋白在《“现实”》后记中写道：“……可以看见恩格斯以及一般马克斯主义对于文艺现象的观察方法，并且说明文艺理论不但要‘解释和估量文艺现象’，而且要指示‘文艺运动和斗争的方法’。文艺理论不但要说明‘文艺是什么’，而且要说明‘文艺应当怎么样’。”[3]

（三）

《文艺群众》第1期刊登《悼瞿秋白同志》（见本文“附录”），署名“本社同人”。此文约有3000字，字里行间充满了高昂的革命激情，沉痛地悼念瞿秋白烈士，愤怒地控诉了反动当局的暴行。

在没有看到中共驻莫斯科代表发表悼念瞿秋白烈士的讣告（详见本书《第一本纪念册〈殉国烈士瞿秋白〉》），也没有收到党中央有关指示之前，“本社同人”的评价很有分量，比较客观（除了文中的“天才领袖”等语）。称瞿秋白为“领袖”，这在当时共产国际等悼念文章中已经明确提出，但是，对于瞿秋白作为中国左翼文化运动和青年运动指导者等方面的杰出地位，则是“本社同人”第一次提出。而且对于瞿秋白批判陈独秀右倾错误和纠正李立三“左”倾冒险错误，更是第一次大胆地作出评价。

1933年9月中共六届三中全会上，瞿秋白纠正李立三“左”倾冒险错误，却被共产国际定性为“调和主义”等，王明小宗派由此作为打击瞿秋白的“批判武器”，并且以此继续肃清瞿秋白在党内的影响，包括在年轻党员干部中的影响。但是，“本社同人”不仅大胆亮出自己的观点，打破这个党内“忌讳”的话题，还在悼念文章中加上一段话：“他的澎湃的热情，他的纵横的才气，他的无限的忠实，博得成千累万的青年的热烈的爱戴。记得一九三〇年，传说他犯了错误，‘秋白同志也犯了错误吗?’一个青年诗人惊讶而感动的问，停一停，他说：‘我还是要跟着他走，错误也顾不得了!’然而秋白同志毕竟没有致命伤的错误，他的政治生命永远是晶莹辉耀的，他永远是无数青年的指路的明灯，这是他的天赋的才能，也是他的勇敢的学习精神所致。”

这是“石破天惊”的正确评价——为一直受着王明小宗派无情打击的瞿秋白大鸣不平，也是为深受王明“左”倾思想影响的党内同志大喝一声：党内“左”倾错误指导思想必须停止，不能再让烈士的鲜血白白地流淌。这些评价反映了瞿秋白在青年团员、党员中享有很高的威信，这是他坚定的政治信仰、视死如归的革命精神、赤胆忠心的崇高品质、拔类出萃的才华等所形成的。因此，“本社同人”作出这样精彩的评价并不是偶然的。

《悼瞿秋白同志》一文敢爱敢恨敢说，字里行间充溢着炽热之情，犹如火红岩浆瞬间喷涌而出，势不可当，充分展现了年轻人勇往直前的勇气和胆魄，令人钦佩。不过此文写得比较匆忙，文中有些词语来不及推敲，也没有细细校对，如先后出现“布尔希维克”、“布尔雪维克”不同写法，理应统一。此文何人起草，迄今为止未有史料披露，留下了一个难解之谜。

当时，杨之华无法在纪念文章提及瞿秋白遭受王明小宗派无情打击的事，更是难以申述。1941 年 9 月，毛泽东曾在中共中央政治局会议上为瞿秋白“平反”，认为：“（六届）四中全会在组织路线方面犯了类似立三路线‘压迫政策’的错误，打击了太多的人，如瞿秋白、关向应，还有何孟雄、林育南等，这些同志本质上都是好的……”[4]直到 1945 年 4 月 20 日中共六届七中全会通过的《关于若干历史问题的决议》，才第一次为瞿秋白作出重要的历史评价。这时与当年“本社同人”撰写的悼念文章相隔近 10 年。

《文艺群众》第 1 期刊登唯一一篇翻译的小说《八月四日晚上》，正文标题下注明“中国小说之一”，以及“爱尔德卑/著，文尹/译”。文后注明“一九二七·四·二九·武昌（一九三二·三月译·福州）”。前者是原作者（来华苏联顾问）完稿时间，后者是瞿秋白指导杨之华在上海翻译该小说结束的时间；假托“福州”地名，为了转移反动当局的视线。

《中国小说》原作被苏联普罗作家联盟评为 60 部优秀作品之一。《中国小说》之一《八月四日晚上》约有 5000 字，故事背景是 1927 年在武汉的国共合作后期。这是一部具有强烈讽刺意味的小说，以法国大革命“8 月 4 日晚上”的悲剧含义在中国的异化：在中国大革命关键时刻，武汉国民政府对土地问题的严重妥协，这是导致大革命失败的主要原因之一。

对于该小说的翻译，杨之华多年后还记忆犹新，她说：“秋白对大革命时期汹涌澎湃的农民革命运动，一直萦回在心……在一九三二年春天在上海得到一本苏联朋友……写的叫作《中国故事》的俄文书时，非常高兴。他特别喜欢其中《八月四日晚上》这一节……秋白很珍惜这本书。我们当时经常要搬家，他总是带着这本书。书的封面掉了，他就亲自用淡绿色的纸做了一个封面，在上面端正地用拉丁字母写着《中国故事》的书名。他向我赞扬这本书说，‘故事是真实的，人物刻划得很深刻，描写得很生动。这不只是苏联朋友写得好，主要是我们农民兄弟干得好！’他鼓励我翻译这本书，帮助我学习俄文。”[5]

［注］

［1］《时事新报·每周文艺》创刊于1935年9月15日，由徐懋庸、周立波、王淑明负责，主要撰稿者有何家槐、梅益、林淡秋等。该刊以刊登文艺论文和杂文为主，兼及翻译和创作。批判各种帮闲文人，注重对现实主义创作方法和文艺大众化运动的提倡和研究，介绍苏联高尔基等作家的文学主张及其代表作。并推荐青年作家的作品，如萧军的长篇小说《八月的乡村》。该刊是最早讨论“国防文学”口号的，因停刊而中断。1936年2月左联解散，但该刊编辑人员未变，继续出版，同年5月26日出版第36期后停刊。

［2］《徐懋庸回忆录》，人民出版社1982年版，第196页、第80—82页。

［3］《瞿秋白文集》（文学编）第4卷，人民文学出版社，第225页。

［4］《总想为大家辟一条光明的路——瞿秋白大事记述》，南京大学出版社1999年版，第10页。

［5］杨之华《回忆秋白》，人民出版社1984年版，第72—73页。

［附录］

悼瞿秋白同志

本社同人

中国无产阶级的天才领袖，中国左翼文化运动中的光芒万丈的巨星，中国青年十多年来的最亲切的指导者，我们的瞿秋白同志于今年六月十八日在闽赣的边界，在中国苏维埃运动的战线，被国民党蓝衣团领袖蒋贼谋杀了！

几次报纸的传载，说他被捕了，我们不相信，我们说没有的事，他是不会被捕的。然而报纸的传闻一天天更加多，而且更加详细了，显然和平常的造谣有些两样，而我们也微闻闽西方面的确有部分的失败，我们说，不会吧，他是不会被捕的。说这话，已经有些不能自信，在统治阶级垂死的挣扎的瞬间，在这种空前的白色恐怖之下，一切都有可能的。然而我们实在不愿意相信他的被捕的确实，一直到我们看到了他的遗体的留影，穿着宽阔的中国衣衫，静静的躺在长汀草地的时候。

是的，他们枪杀了他，枪杀了我们最伟大的英雄，最亲切的领袖！我们永远记得，中国无产阶级劳苦群众永远记得的！

秋白同志历尽了中国革命的一切艰苦，尝尽了肉体和精神的无限的劳瘁。他的肺病早到了第三期，他需要长期的休养，然而他没有，飞速的发展着的中国革命的环境不容许最得力的革命领袖有长期的个人的休养。他抱着病，从莫斯科最技术的医学的调护之下，跑了回来，跑到上海，跑到江西，跑到需要他的天才的领导的一切斗争的阵地。西进政策发动的时候，听说他的病再也不能允许他西向长征了，于是留在闽赣的边区；谁知道闽西的僻境就是他殉难的地方，又谁知道最艰重的中国革命事业所未绞完的他的脑血，多年来肺痨病菌所未咬完的他的肺叶，终于遭受了卖国蒋贼的几颗无耻的枪弹。

秋白同志在中国革命的一切部门，都留下了最光辉的功绩。在陈独秀的机会主义领导之下，他凭着他的政治的敏感，早认识了机会主义领导的错误，在《中国青年》的周围，他不断的运用马克斯、列宁、斯大林的理论，教育青年，反对机会主义；立三路线时代，他也站在反对方面，保持着布尔希维克的真正的传统。他的澎湃的热情，他的纵横的才气，他的无限的忠实，博得成千累万的青年的热烈的爱戴。记得一九三〇年，传说他犯了错误，“秋白同志也犯了错误吗?”一个青年诗人惊讶而感动的问，停一停，他说：“我还是要跟着他走，错误也顾不得了。”

然而秋白同志毕竟没有致命伤的错误，他的政治生命永远是晶莹辉耀的，他永远是无数青年的指路的明灯，这是他的天赋的才能，也是他的勇敢的学习精神所致。是在一九三二年吧，为了他的错误，党派他到沪东参加区委，向下层同志学习，他去了，在那里很久，没有人知道他是中国革命的最高领袖，他浸（深）入了工厂支部的生活的中心，列宁说，“一切工厂都是我们的战垒。”他在我们的战垒的中心，终于纠正了自己的错误。

在他个人的政治领导工作稍稍弛缓的时候，他又参加了文化工作，翻译和批评原是他的旧业，运用他修养有素的文化战术，再加上多年政治实践的丰富的经验，在文化战线上立即建立了许多功勋，他参加了“第三种人”的文艺自由的论战，发动了文艺大众化的运动，写了许多辛辣泼刺的短评，做了无数次文化战线上的游击，介绍了许多最有价值的苏联作品和论文，他的笔一触到文化运动上，立即使人们认识了他是一个最明快、最活泼、最泼刺的枪手。他是一切文化活动的主要特质是，带着轻快的微笑，带着布尔雪维克的飞跃的精神，坚决的站在工农劳苦群众的立场上，永远为了革命的利益，为了中华民族解放的前途而争斗，而搏战，他不是日常生活者，他是战士。

他死了，我们的瞿秋白同志！他的名字将是中华民族万古不灭的光辉，将是中国左翼文化运动中烛照长空的火焰。临刑之前，听说他站在长汀的破晓的天野，唱着俄文国际歌，在生命的最后一刹那，他一点也没有忘记世界革命，没有忘记全世界无产阶级的祖国（指苏联，瞿秋白写有《苏联是工人的祖国》一文——引者）。他是属于全世界无产阶级的，他的名字将和李布克拉西（现译为李卜克内西——引者）、卢森堡（罗莎·卢森堡——引者）及其他一切世界革命的殉难者连成一道，写在人类真正的历史的序言上。

我们看到的他的最后的遗容是仰卧在草地上的被害的躯体，在他的脸上，我们看见了一种殉难者的安静，他应当安静，他已经在中国革命过程中献出了他最后的一滴热血，在中国现在这种奇特的，无耻的叛变的恶潮中，他用最后一滴血冲洗了一切叛徒丑类的污秽。一提到他，谁也要感到光荣，就是在他个人的命运上，他也是胜利的，他应当安静，然而在我们却无论如何也忍不住我们的悲痛，我们失掉了最好的领袖，失掉了最亲切的战斗的同志！

是的，不应当悲痛，这不是我们悲痛的时候，俄国革命的历史昭示我们，先驱们的血淤积得多了的时候，也就是先驱们的梦想快要实现的时候，在中国是时候了，血已经流得多了！听吧，西征胜利的军号响彻了西天；看吧，苏维埃的旗帜已经插遍了东南各省的郊野。反日反蒋的热血已沸腾在全中国民众的胸口，我们说，是时候了，这是我们复仇的时候！一切敬爱秋白同志，拥护中国革命的广大群众，一切爱护秋白同志的文化界的同人，团结起来，踏着死者殷殷的血迹，为他报仇！为秋白报仇，这是我们的天职，我们：

打死枪杀瞿秋白同志的刽子手卖国贼蒋介石及其帮凶！

打倒刽子手蒋贼的后台老板日本及其他一切帝国主义！

拥护秋白同志所曾领导的CCP。

拥护秋白同志所曾指导的中国文总。

瞿秋白精神万岁！

中华民族解放万岁！

《文报》发表《纪念两个国际的人物》

紀念兩個國際的人物

《文报》第 11 期刊登《纪念两个国际的人物》

瞿秋白牺牲后，国内第一篇悼念之文《悼瞿秋白同志》，刊登于左联后期机关刊物《文艺群众》创刊号（1935 年 9 月 1 日）。一个月后，“文总”（中国左翼文化总同盟）出版内部油印刊《文报》第 11 期，刊登《讣告——纪念热烈的革命者瞿秋白、何叔衡》（以下简称《讣告》，详见本书《第一本纪念册〈殉国烈士瞿秋白〉》）、《纪念两个国际的人物》（以下简称《纪念》）两文，后文由“文总”名义发表，全文如下：

今年的国际青年节九月一日，国际主义者法国名作家亨利·巴比塞在莫斯科逝世。巴氏和他的友人罗曼·罗兰一同到莫斯科访问国际的革命作家高尔基，并参观社会主义国家的人民生活。他在苏联公民的热沈（诚）接待中，不幸未完成其愉快的任务而逝世。

苏联公民对于巴氏之死深为哀悼，并向法国劳苦大众表示同志的同情。正因为巴氏所走过的路是最佳而最忠实的路，他是西欧知识分子中最富有社会感性的代表，他曾吸收人类今昔文化的特长。他是最先了解法西斯主义威胁世界文化的人，所以他用坚强而热诚的精神努力世界文化工作，并且向法西斯主义搏斗，从不厌倦。

中国劳苦大众及左翼知识分子，对于这一国际人物的逝世，表示极深切的哀悼！对于他的奋斗精神和成绩尤为敬佩。谨以阶级的友爱向法国劳苦大众及巴氏的友好，致哀悼此忱！

中国热烈的革命者瞿秋白同志，传闻被捕后依蒋介石令处决。瞿秋白同志的生涯及事业详见驻莫斯科中国代表团讣告。

瞿秋白同志的死，是因为他“犯”了文化教育的“罪”，因为他曾防卫中国国土，求民族的独立自由及领土完整，而向帝国主义作战。

广大的参加文化斗争的同志们，将继续他的主张，以斗争胜利的凯歌代替追悼的哀乐！[1]

《纪念》谈及瞿秋白的情况仅几行文字，并说明“瞿秋白同志的生涯及其事业详见驻莫斯科中国代表团讣告”，显然，“文总”负责人或他人看到《讣告》后，再起草《纪念》短文。并且此文仅有一句评语，“瞿秋白同志的死，是因为他‘犯’了文化教育的‘罪’……”也是引录《讣告》，最后才从“文总”——文化战线的角度来谈及，号召文化斗争的同志们，继承瞿秋白的遗志，奋斗到底。

从排列次序和内容篇幅来看，《纪念》短文的“主角”是不久前在莫斯科逝世的亨利·巴比塞[2]。巴比塞是法国作家，曾加入法国共产党，1935 年访问苏联，并参加共产国际“七大”（1935 年 7 月 23 日至 8 月 20 日），8 月底病逝。中国左翼作家对于巴比塞的名字并不陌生，曾准备欢迎他来华，参加远东反战会议。

世界反帝国主义战争委员会是国际统战组织，1932 年决定在上海召开远东反战会议，主题是反对日军侵华。1933 年 8 月，中共地下党组织接到在沪召开远东反战会议的通知，巴比塞代表团已启程来沪。当时党中央已迁往中央苏区，指示中共江苏省委负责筹备这次会议。江苏省委决定请宋庆龄公开出面筹备，具体工作由省委宣传部长冯雪峰主持，冯雪峰把这项任务交给“社联”、“上海反帝大同盟”、“文总”和左联负责。

1933 年 8 月 16 日，鲁迅、茅盾、胡愈之、田汉、叶绍钧、郁达夫、周扬等 105 人共同署名，在《大美晚报》上发表《欢迎巴比塞代表团启事》。两天后（8 月 18 日），鲁迅、茅盾、田汉在《中国论坛》发表《欢迎反战大会国际代表的宣言》。9 月 3 日，远东反战大会在上海召开，中央苏区《红色中华》发表中央苏维埃政府贺电等有关消息。

事前，冯雪峰和周扬商量，如果著名作家巴比塞、威尔斯前来，请鲁迅出面欢迎。但是，巴比塞因身体健康原因未能成行。反战代表团成员之一法国《人道报》主编、作家伐扬·古久里在大会召开的第3天（9月5日），与鲁迅会面，鲁迅还带去古久里的著作，请他签名留念。

因此，“文总”机关报《文报》刊登纪念巴比塞的文章，也在情理之中。左联后期重要刊物《文艺群众》第2期（1935年11月1日）发表《悼巴比塞》（署名“杨屏”），不仅介绍巴比塞的生平事迹，还详细述说他在莫斯科病逝的情况。

巴比塞病逝的消息，很可能来自共产国际英文刊物《国际通讯》（在上海外文书店有售）。不过，当时国内刊登巴比塞病逝的消息非常少，纪念他的文章几乎没有。胡愈之曾主持的《东方杂志》第30卷第18号（1933年9月16日）“文艺栏”，刊登了戴望舒、韩侍桁等人翻译的外国小说，其中有巴比塞短篇小说《外国人》译文，由左翼作家、共产党人朱穰丞完成。当时朱穰丞在莫斯科工作，此译文原来可以作为欢迎巴比塞来华的例子，不料却成了一种悼念。负责《东方杂志》“文艺栏”的编辑是才华出众的徐调孚，却在这期上刊登“辞职”启事，也许与当时恶劣环境有关。

反战代表团一行来沪前夕，“上海反帝大同盟”党团组织突然遭到破坏，楼适夷、叶以群等人奉命重新组织领导班子，继续筹备远东反战会议。《东方杂志》刊登巴比塞短篇小说《外国人》译文的第2天（9月17日），楼适夷突然被捕，在监狱里见到不少熟人。这些人的罪名，按照看守所长的说法，叫作“欢迎巴比塞”。他还说：“巴比塞嘛，一个外国人，欢迎他干什么，年纪轻轻，活受罪呀！”这次被捕的人都被判了长期徒刑。反战代表团马莱爵士返国后，曾向中国驻英公使郭泰祺提出强烈抗议，指明要求无条件释放几名被捕的中国同志[3]。

因此，《文报》刊登纪念文章悼念巴比塞、瞿秋白，也是向反动当局提出的强烈抗议。

［注］

［1］孔海珠《左翼·上海（1934—1936）》，上海文艺出版社2003年版，第360页影印件。

1991年《上海党史通讯》第2期发表丁景唐、陈长歌合写《中国左翼文化总同盟的机关刊物〈文报〉》，介绍了仅见到1935年出版的两本《文报》（1月15日新年号、10月

25 日第 11 期）以及《文报副刊 · 研究资料》，指出《文报》是秘密发行的油印刊物，在国民党白色恐怖下印量很少，流传下来的更属罕见。

孔另境长女孔海珠辛勤搜寻和挖掘资料，撰写了一本专著《左翼 · 上海（1934—1936）》（丁景唐题写书名，贾植芳、王观泉作序），其中详细述说仅存的 3 份《文报》，并由此开拓新的内容，揭开了《文报》的历史真相，填补一段珍贵的历史空白。该专著还述说“文总”和左联等情况，提供一个新的视角和切实的史料依据。

[2] 巴比塞（1873—1935），法国作家，16 岁开始在报刊发表作品。第一次世界大战使他的思想和创作发生根本性的变化。他创作的小说《炮火》于 1917 年获得龚古尔奖金，1919 年发表长篇小说《光明》。列宁《论第三国际的任务》对《炮火》、《光明》给予高度评价，认为这两部小说是群众革命意识增长的一个极其明显的证据。十月革命后，巴比塞坚决反对干涉苏维埃政权，先后发起反战组织。1923 年加入法国共产党，主持召开第一次反法西斯大会和国际反战同盟大会。他后期的主要作品有小说《镣铐》、专著《左拉》、人物传记《斯大林》等。

[3] 楼适夷《关于远东反战大会》，载《新文学史料》1984 年第 2 期。

鲁迅编校《海上述林》

《海上述林》精装本

鲁迅抱病编校瞿秋白译文集《海上述林》上、下两卷，但是生前未能看到下卷出版。丁景唐珍藏其中皮脊版本、蓝绒面版本，当初分别只印行100本、400本，如今存世很少，弥足珍贵。

（一）

1935年6月18日，36岁的瞿秋白在福建长汀英勇就义。7月下旬，鲁迅约请沈雁冰去郑振铎家中商量编印瞿秋白遗作之事。鲁迅提议，经费是个难题，只有到熟悉朋友家中筹集；印刷所的事情，由郑振铎联系。

鲁迅曾致信给郑振铎，谈及出版瞿秋白遗文一事："密斯杨（指杨之华——引者）之意，又与我们有些不同。她以为写作要紧，翻译倒在其次。但他的写作，编集较难，而且单是翻译，字数已有这许多，再加一本，既拖时日，又加经费，实不易办。我想仍不如先将翻译出版，一面渐渐收集作品，俟译集售去若干，经济可以周转，再图其它可耳。"[1]

鲁迅与瞿秋白多次合作，深知他高超的翻译水平。瞿秋白翻译的内容大致分为两大类：政治理论、文学作品及文学理论。鲁迅提出编校瞿秋白译文集，暂且不收集政治理论的译文，只限于文学作品和文学理论的译文，并且尽可能以瞿秋白手稿为准，因此还有大量的译文因各种原因一时无法收集。即使辑入的译文范围一再缩小，但是仍然有很大难度，于是鲁迅约沈雁冰去他家里。沈雁冰回忆说：

我们又研究了编排的格式。鲁迅主张左开横排，分上下两卷。他说："译文大约有六十万字，一半是文艺论文，一半是小说、散文等，正好分作两册。为了保持原作的本来面目，我主张一字不改，译名也不作统一，甚至原来的笔误也不改动。"我表示赞同。鲁迅又提出书名叫《海上述林》，取述而不作的意思，取得相当古奥；又提议出版具名"诸夏怀霜社"，也很古奥，"诸夏"即中国，"怀"是怀念，"霜"即秋白，因为秋白原名瞿霜，秋白是他的号，这一点一般人是不知道的。最后鲁迅说，他还要把原稿再细看一遍。[2]

10 月 22 日下午，鲁迅抱病开始编校《海上述林》，不仅要花钱赎回瞿秋白译文稿，还要设法寻找瞿秋白其他手稿和文章，进行核对、补充。他写信给胡风，感叹"检易嘉的一包稿子，有译出的高尔基《四十年》的四五页，这真令人看得悲哀"。

当鲁迅看到排印稿时，发现"印刷局的校员，可怕之至，他觉得错误处，大抵以意改令通顺，并不查对原稿，所以有时简直有天渊之别"[3]。因此编校的每个环节，鲁迅几乎都要亲自动手，耗费了很大精力，并且严格自我审视，在《海上述林》序言中遗憾地说：有的只好根据"排印本"（已发表的文章）校对，其中有摘译的《苏联十五年来的书籍版画和单行版画》一文，"好像曾由别人略加改易，是否合于译者本意，已不可知，但因为关于艺术的只有这一篇，所以仍不汰去"。

1934 年初，瞿秋白赴中央苏区之前到鲁迅家里辞行，除了帮助摘译《苏联十五年来的书籍版画和单行版画》，还为鲁迅收存的高尔基名著《母亲》14 幅插画（亚历克舍夫绘作）写了文字说明。这是从沈瑞先（夏衍）译作《母亲》中按照版画里的艺术形象找出有关译文，把它摘录下来的，成为瞿秋白、鲁迅最后一次合作的"绝唱"。

鲁迅还说："对于文辞，只改正了几个显然的笔误和补上若干脱字；至于因为短续的翻译，遂使人名地名的音译字，先后不同，或当时缺少参考书籍，注解中偶有未详之处，现在均不订正，以存其真。”

鲁迅相识瞿秋白夫妇时，后者正处于“外患内忧”——白色恐怖和党内“左”倾无情打击的恶劣环境之中。当鲁迅逐渐了解其中一些真实情况之后，对于瞿秋白的翻译工作深为钦佩，特别是瞿秋白牺牲后再次接触他的手稿，“真如捏着一团火”，尽力“以存其真”。

翻看了瞿秋白大量的译稿，鲁迅深有感触，认为瞿秋白选择翻译的底本（包括俄文书刊、文章等），“似乎并无条理”，大致有两个特点，“一是先要能够得到，二是看得可以发表，这才放开手来翻译”。这是艰苦复杂环境逼迫瞿秋白所作出的选择。

如果是鲁迅邀约翻译，便力所能及提供翻译底本给瞿秋白，或者通过远在苏联的曹靖华辗转寄来，瞿秋白也利用这个渠道，得到一些所需资料。最初，瞿秋白自己想搞些翻译，曾通过在莫斯科的老友，请求寄些书刊过来。在白色恐怖环境里，瞿秋白根本无法到书店去看书、买书。因此，他翻译底本的来源渠道狭窄，而且必须考虑到译作能够通过反动当局的审查，又不被党内“左”倾领导人抓住把柄。对此，鲁迅写了以上这段话，感叹这位“译者名手”无法充分展示身手，被迫压缩在狭小的翻译空间里。但是，瞿秋白凭着坚强的毅力和出众的才华，取得了惊人的成果，令人钦佩。

鲁迅还认为，瞿秋白有时喜欢书刊插画，才触动翻译的念头，这个观点至今几乎无人有“共鸣”之感。如高尔基小说《二十六个和一个》、《马尔华》——雷赫台莱夫插画，以及帕甫伦珂小说《第十三篇关于列尔孟托夫的小说》——巴尔多插画，“都曾为译者（瞿秋白——引者）所爱玩”。鲁迅说这话的依据，来自瞿秋白翻译后者时写的《小引》，即“所附的三篇插图，读者可以仔细的一看：这是多么有力，多么凸现”。

瞿秋白自幼受到瞿氏家族文化氛围的濡染，学习诗书琴画，多才多艺，后来也喜欢西洋美术，成为他与鲁迅的共同话题之一。因此，鲁迅尽力满足瞿秋白生前的这个爱好，如《第十三篇关于列尔孟托夫的小说》的巴尔多插画，译文原来只刊登 3 幅，鲁迅设法找来原作封面插画，一并辑入《海上述林》下卷，并作了注解。《二十六个和一个》、《马尔华》和别德纳衣讽刺诗等，鲁迅都想方设法搜寻雷赫台莱夫、台尼等插画。瞿秋白、鲁迅合译《解放了的董吉诃德》出版时，原来就有十几幅毕斯凯莱夫木刻插画，鲁迅同样认为“凡原本所有的图画，也全数插入”。他对外解释是“自然想藉以增加读者的兴趣，但也有些所谓‘悬剑空垅’的意思的”。

《海上述林》上卷也有不少插图，不过并不像下卷是文中插图，而是放置在文前，如恩格斯、普列汉诺夫、拉法格、高尔基等，显得规范整洁。鲁迅原本很讲究统一体例，这次却打破常规，全然不顾下卷与上卷的体例不同，执意如此编排。这番良苦用心，生动地体现了鲁迅对亡友瞿秋白的真挚之情，不知情的外人很难理解。

《海上述林》许多诗文后的“编者”注解，也可体会到鲁迅的“细节”之情。下卷首篇《市侩颂》后面的注解，并未落款，这个格式以后沿用在各种版本的《瞿秋白文集》里，却无人知晓这是鲁迅添加的文字（详见本书《瞿秋白译作〈高尔基创作选集〉》）。依此类推，鲁迅还作了许多注解，有的落款，有的并没有，只有通过考证、分析和研究，才能体会到鲁迅编辑工作的辛苦、严谨，远远超出了后人的想象。

在鲁迅反复修改的《海上述林》校样上，留下了他用红墨水端端正正地作校改的文字。二校清样上，鲁迅除了认真校改外，还用牛皮纸作封面，纸线装订成册，封面上亲书“海上述林（上卷）”字样。第三校清样已经装订成册，上卷的封面钤有“乐文”朱印一枚。许广平回忆说：“关于从排字到打制纸版，归几个人出资托开明书店办理，其余从编辑、校对、设计封面、装帧、题签、拟定广告及购买纸张、印刷、装订等项工作，则都由鲁迅经办，以便使书籍更臻于完美。”[4]鲁迅病重时，许广平承担起赶校工作，“毫不耽搁”。

胡风的妻子梅志曾花了近一个月的时间，誊抄瞿秋白厚厚的译文稿。她回忆说：

> 我一看原稿，不但字迹清清楚楚，而且字体清秀漂亮，稿纸干净如新，我简直不敢用手去摸它们。我接受了这任务，就在我的小桌上铺上一张大白纸，开始工作。将原稿抄一张放一张，生怕出事故。大约化了个把月的时间，我将这十多万字的有关文艺理论方面的译稿全部抄完了，又由胡风对着原稿认真地校对了一遍，才送给周先生。后来许广平先生私下里告诉我说，周先生对我的工作很满意。这对我真是莫大的夸奖。[5]

鲁迅病逝前一个月，才全部完成《海上述林》编校工作，鲁迅表示，这部书有“我的精神用在里面”。

鲁迅原来还准备编辑瞿秋白遗文集《乱弹》，《海上述林》上卷出版后，嘱托周建人带了他亲笔写的书单向谢旦如借阅《乱弹》复写本等，但是鲁迅病情加重，无法完成这个心愿，最后由谢旦如完成。

（二）

1936年10月2日，距鲁迅病逝前半个月，呕心沥血编校的《海上述林》上卷，在日本印成，寄到上海。鲁迅上午收到，下午开始分送。在鲁迅遗物中，有一张当时写的分送名单，上面用简姓（名、代号）写明。据丁景唐考证，其中“C. T.”即郑振铎，“MD”即茅盾（沈雁冰）。“开明”，包括叶圣陶、章雪村、徐调孚、朱云彬、夏丏尊、王伯祥、丁晓先。“广”即许广平，“F”即冯雪峰，“谢”即谢旦如，“曹”即曹靖华，“吴”即吴朗西，“季”即许季茀（许寿裳），“台”即台静农，“谷”即谷非（胡风），“鹿”即鹿地亘。还分送给《译文》编辑黄源、青年木刻家曹白、青年出版工作者“费”即费慎祥等等。鲁迅还委托冯雪峰转送给陕北革命根据地的毛泽东、周恩来、张闻天。

《海上述林》，25开本，重磅道林纸精印，横排，分上、下两卷，各印500部。其中皮脊本100部（每部实价3元5角），金顶，金字；蓝色绒面本400部（每部实价2元5角），蓝顶，金字。封面由鲁迅亲自设计，庄重精美，书名和书脊、封面上的3个拉丁字母“STR”即史铁儿（瞿秋白笔名），都是鲁迅的手迹。扉页上端为书名，“卷上：辨林”或“卷下：藻林”；下端居中为“诸夏怀霜社校印”，“1936”分为两旁。上卷正文684页，版权页注明1936年5月出版。同年底，《海上述林》下卷印成，正文631页，版权页注明1936年10月出版。

这两种精装本为我国现代出版史上的精美版本。鲁迅生前拿到《海上述林》两种装订样本时非常高兴，写信给曹靖华：“曾见样本，颇好，倘其（指瞿秋白——引者）生存，见之当亦高兴，而今竟以归土，哀哉。”还写信告诉沈雁冰：“皮脊太‘古典的’一些，平装是天鹅绒面，殊漂亮也。”[6]鲁迅还为《海上述林》上卷写了广告：

本卷所收，都是文艺论文，作者既系大家，译者又是名手，信而且达，并世无两。其中《写实主义文学论》与《高尔基论文选集》两种，尤为煌煌巨制。此外论说，亦无一不佳，足以益人，足以传世。

“大家”、“名手”，这是高度评价瞿秋白著译水平；“信而且达，并世无两”，赞颂之际也蕴涵着无限的悲哀和沉痛惋惜——人生知己者逝也。

《海上述林》上卷运抵代售的内山书店，内山完造非常重视，曾用大号毛笔在书店门旁写了广告，不到一个月，上卷已基本售完。

不过鲁迅也发现上卷插图说明的错误，表示要在下卷“附白订正”。果然在下卷最后出现《本书上卷插画正误》：“58 页后‘普列哈诺夫’系‘拉法格’之误；96 页后‘我们的路’系‘普列哈诺夫’之误；134 页后‘拉法格’系‘我们的路’之误；特此订正，并表歉忱”。

由于印刷局违约拖延，鲁迅“催促亦置之不理”。他气愤地说：“说过话不算数，是中国人的大毛病，一切计画，都被捣乱，无可豫算了。”[7] 鲁迅临终前未能亲眼看到《海上述林》下卷出版，他为《海上述林》付出的大量心血和严谨的编校作风，一直为人们所传颂。

1949 年，东北书店改版印行《海上述林》，32 开报纸本，横排，黑绸封面，烫金字，分为上、下两卷，未见到下卷。同年，东北新华书店辽东分店同版式印行，蓝紫色封面（另有棕色皮封面），全书 660 页。内封书名下注明“瞿秋白译”，“鲁迅编”，下端为“东北新华书店辽东分店印行”，其中“新华书店”为毛泽东手迹，字体比较大，但没有写明“上卷”，也无版权页。总目录重新编排，其中《“现实”》标题无双引号，以下 4 组文章前面的序号是“一、二、三、四”。《“现实”》正文前的标题和序号（罗马字序号），还是按照鲁迅编校的初版本编排。

1949 年 10 月，生活·读书·新知三联书店仿照鲁迅编校的初版本重印，改为 32 开白报纸平装本，封面白底咖啡色字体，1950 年 2 月再版。上卷目录后印有三联书店启事：“本书付印后，得瞿夫人杨之华同志通知，应抽去 4 篇文章，故本书上卷缺 549—592（页），又 621—634（页）；下卷缺 299—316 页等。”抽去的 4 篇文章：上卷为 L. 卡美尼夫《哥德和我们》，M. 列维它夫《伯纳·萧的戏剧》，A. S. 布勃诺夫《高尔基的文化论》。下卷为史铁茨基《马克西谟·高尔基》。

此后出版的《海上述林》均据初版印行，在此不介绍。

（三）

《海上述林》上卷分为6个部分：《“现实”》4组文章和《后记》；《列宁论托尔斯泰》3篇文章；《高尔基论文选集》22篇文章；《高尔基论文拾补》1篇文章；《译论辑存》5篇文章；《高尔基论文续补》1篇文章。因篇幅有限，以下着重介绍前两个部分，其他部分详见本书《高尔基论文集〈为了人类〉》。

上卷辑入《“现实”》即《“现实”——科学的文艺论文集》，这是鲁迅修改的，瞿秋白原题为《“现实”——马克斯主义文艺论文集》。新中国成立初，冯雪峰主编的4册8卷本《瞿秋白文集》辑入《“现实”》时，恢复原副标题。

《“现实”》中大部分文章未发表，只有《马克斯、恩格斯和文学上的现实主义》与《伯纳·萧的戏剧》两篇曾分别以静华、萧参的笔名先后发表于《现代》杂志第2卷第6期（1933年4月1日）和第3卷第6期（1933年10月1日）。

此前，传入中国的马克思主义大都是哲学、政治经济学等方面的内容，鲁迅、冯雪峰等人介绍的马克思主义文艺理论，主要转述普列汉诺夫、卢那察尔斯基、沃罗夫斯基等文论。因此1932年瞿秋白编译的《“现实”》，在当时是较为全面的马克思主义经典作家的文论，对于中国文学理论尤其是现实主义理论发展具有重要意义。

瞿秋白编译《“现实”》的有关材料，来自于1931年底至1932年初苏联共产主义学院《文学遗产》杂志，该刊第1期、第2期首次转译恩格斯致玛·哈克奈斯和致保尔·恩斯特等信件（当时苏联也公布了恩格斯致德国社会民主党的女作家敏娜·考茨基的信，瞿秋白未翻译），引起苏联文学界对现实主义典型问题的重视，并成为社会主义现实主义的重大理论课题。

瞿秋白在《后记》中说，恩格斯等人的信和其他的“马克斯主义文艺批评”，“包含着很宝贵的指示”，可以看见恩格斯等对于文艺现象的观察方法，说明文艺理论要“解释和估量文艺现象”，并指示“文艺运动和斗争的方法”，说明“文艺是什么”，还解释“文艺应当怎么样”。最后声称，他的编译“不免略为关涉到中国文学界的现象”，融入自己的看法。

《“现实”》分为4组文章。第1组有3篇，首篇即为《马克斯、恩格斯和文学上的现实主义》，这是马克思主义经典作家的文论。叙述了马克思、恩格斯关于反对席勒化的论述和对于莎士比亚、巴尔扎克、狄更斯等作家的赞赏。尤其指出巴尔扎克的创作方法使他成为“资产阶级现实主义的文学的模范”，巴尔扎克的作品能够暴露资产阶级和资本主义发展的内部矛盾，这是资产阶级“革命的现实主义”的最高表现，比“自然主义”作家左拉要“伟大得多”。瞿秋白作了进一步发挥：无产阶级作家应当采取巴尔扎克等资产阶级的伟大现实主义艺术家的创作方法“精神”。

第1组文章后面两篇是《恩格斯论巴尔扎克》和《社会主义的早期“同路人”——女作家哈克纳斯》，前者即为恩格斯致玛·哈克奈斯的信件，瞿秋白特地添加两则注解。

其一，该信中谈到圣西门和欧文空想社会主义时，瞿秋白加注：“这里，在恩格斯的原稿里还有几句话，被恩格斯自己勾消了的；这几句话是：‘的确，这个阶级是最穷的，最受苦的，最多数的，这是圣西门说的；这个阶级是最穷的，最受屈辱的，这是欧文说的。’”以后在1959年人民文学出版社出版的《马恩列斯论文艺》选本中也有这一句话，用括号放在正文里，此后的其他的版本里很少见到。

其二，该信谈到小说“倾向性”时，瞿秋白加注：“这里，恩格斯还在稿纸的边上添了一句，不过字迹很模糊，简直看不清，勉强可以猜到是下面的一句……作者的意见越是隐蔽，对于艺术作品也就越发好。”（引文中的省略号原为这句话的外文）在以后的中译版本里，这段话被正式译入正文，而且多次被人们所引用，成为经典之言（今译为“作者的见解愈隐蔽，对艺术作品来说就愈好”）。瞿秋白如此认真添加注解，旨在忠实于原作，也是为了便于读者理解。

为了让读者了解此信，瞿秋白编译《社会主义的早期“同路人”——女作家哈克纳斯》一文，提供关于玛·哈克奈斯的背景材料，介绍玛·哈克奈斯的小说《城市姑娘》内容及其创作前的调查研究等情况。读者可以将此文和恩格斯的评价结合起来，更好地理解恩格斯的典型论：“现实主义除开详细情节的真实性以外，还要表现典型的环境之中的典型的性格。”（今译为：“现实主义的意思是，除细节的真实外，还要真实地再现典型环境中的典型人物。”）

按照瞿秋白“互为补充”的译介思路，《“现实”》第2组为《恩格斯和文学上的机械论》和《恩格斯论易卜生的信——给爱伦斯德》两文。后者为恩格斯致保尔·恩斯特（瞿秋白译为爱伦斯德）的信。当时恩斯特和奥地利作家海尔曼·巴尔关于斯堪的纳维亚文学中的妇女问题发生论争。恩斯特为此写信给恩格斯，要求给予支持。恩格斯的复信驳斥了巴尔的错误观点，也批评恩斯特方法论的错误。恩斯特却认为恩格斯与他的观点一致（瞿秋白称之为“对马克思主义的曲解——机械论”），于是恩格斯又写了第2封信。主要批评恩斯特没有把唯物论的方法“当做研究历史的指导的线索”，而是“勉强的去凑合历史上的事实”。此信在马克思主义文艺批评史上占有重要地位，对一切社会历史现象的研究都具有方法论的意义。

《恩格斯和文学上的机械论》一文置于此信之前，介绍恩格斯致恩斯特两封信的内容和背景，以及恩斯特和巴尔等有关情况。指出“把文艺现象和经济现象机械的凑合和混淆”，使得两者仅存在直接联系的方式，抽掉了一系列的中介关系，必然会导致庸俗社会学，这是当时左翼文艺理论亟待解决的问题。作家的创作与世界观之间的关系、真实性与倾向性的关系等等，都不能用简单的直线思维方式生硬解释。瞿秋白了解普列汉诺夫的“五项因素”等辩证观点，但在复杂尖锐的政治斗争环境里，他对此也较为忽视，以后撰写《〈鲁迅杂感选集〉序言》时才有所改观。

《“现实”》第3组文章有瞿秋白编译的《文艺理论家的普列哈诺夫》，以及4篇译文即普列汉诺夫《易卜生的成功》、《别林斯基的百年纪念》、《法国的戏剧文学和法国的图画》、《唯物史观的艺术论》。对于这些文章的背景等，瞿秋白作了较多的注解，并作了一些考证和分析。此前，在“文艺自由”论辩中，胡秋原以普列汉诺夫的文论作为“批判武器”，因而瞿秋白特地介绍普氏的文艺理论。

《文艺理论家的普列哈诺夫》一文很长，瞿秋白编译于1932年12月15日，正是历时一年“文艺自由”论辩结束之后，集中反映了瞿秋白对于普列汉诺夫文艺理论观点的意见。他分析和批评胡秋原追随苏联学者的“普列汉诺夫正统论”观点，批判普列汉诺夫的“艺术是完全非功利主义”观点和“艺术论上的客观主义”错误；同时指出普列汉诺夫曾是一个革命的马克思主义者，应用历史的眼光去观察，不同意把普氏的文艺思想看作是“孟什维克主义的文艺理论”。

瞿秋白编译《“现实”》时精心策划，每个部分内容有“导读”，并作了许多注解，提供大量的有关背景材料。《唯物史观的艺术论》一文仅2000字左右，瞿秋白的注解文字却超过正文。他不仅说明普列汉诺夫此文是讲演稿，关于原始民族艺术问题，“他的文集里所收的《没有地址的书信》就和这些演讲有密切关系”。1930年鲁迅已转译普列汉诺夫《没有地址的书信》中的前两封信（改为3篇），书名为《艺术论》。瞿秋白翻译此讲演稿也是一种补充。为了注解此讲演稿，他找了许多资料，引用了一些恩格斯、别林斯基等著作原话，进行分析和考证；也有外文资料与中译文对照，牵涉到普列汉诺夫关于经济基础和上层建筑之间辩证关系的“五项因素”等许多问题。这些生动地反映了瞿秋白对此讲演稿的重视，以及严谨治学的作风，为后人留下一份比较完整的参考资料，便于学习和研究。

对于《“现实”》第3组文章内容，瞿秋白在《后记》中说明：普列汉诺夫《易卜生的成功》等4文，最近才找到原稿，有些以前发表过而没有收进全集里，有些是从来没有发表过的。其中有许多很有意义的材料，可以与中国已译出的普列汉诺夫著作互相参看。这里所说的“已译出的”，既有冯雪峰、鲁迅等翻译的普列汉诺夫有关著作，也有胡秋原长篇论著《唯物史观艺术论——朴列汗诺夫及其理论之研究》（神州国光社1932年12月出版）。

普列汉诺夫是俄国著名的马克思主义理论家和美学家，他的美学论著作为马克思主义文艺理论的经典著作，在马克思主义美学和文艺理论体系的形成过程中起过巨大的作用，以上瞿秋白编译的普列汉诺夫4篇文章可以“窥见一斑”。瞿秋白认为，普列汉诺夫的文艺理论遗产是宝贵的，不应当抛弃，应当去研究，吸取其“美学之中”有用的材料。不过他的观点与鲁迅有所不同，并不认为普列汉诺夫是马克思主义文艺理论的奠基者。同时他难免受到苏联理论界批判“普列汉诺夫正统论”的影响，又接受普列汉诺夫过分强调阶级论的倾向。

为了进一步了解普列汉诺夫的文艺思想，瞿秋白还介绍列宁的评价作为参照，翻译了列宁《列甫·托尔斯泰象一面俄国革命的镜子》、《L. N. 托尔斯泰和他的时代》。按照俄文版《列宁选集》翻译时，瞿秋白发现《列宁选集》编选者V. 亚陀拉茨基等写的有关注解，很有说明的价值，便进行编译，题为《关于列宁论托尔斯泰的两篇文章的注解》。其中几乎翻译了列宁《党的组织和党的出版物》（瞿秋白译为《党的组织和党的文学》）全文，用以说明“在有阶级的社会里，没有，也不会有任何脱离阶级影响而自由的东西，一切都服从各种阶级的影响，首先是统治阶级的影响”。此 3 篇译文也被鲁迅辑入《海上述林》上卷，作为第 2 部分。

《“现实”》第 4 组是马克思的女婿拉法格撰写的文艺评论文章《左拉的〈金钱〉》。为此，瞿秋白根据苏联共产主义学院公布的材料改写《拉法格和他的文艺批评》，并编译《关于左拉》一文，从而构成一个互为补充的“整体”内容。瞿秋白还作了说明：拉法格《左拉的〈金钱〉》，是马克思主义大学者对于“自然主义”的文艺批评和分析，而且是一篇“具体的”小说评析之文。这是第一次介绍拉法格的文艺批评，“应当特别注意”。

瞿秋白指出：“拉法格有许多著作和研究，对于马克斯主义的文艺学是很可宝贵的。他的理论和实际行动是密切联系的，他的文艺批评大半都是很具体的，他的确把文艺批评当做阶级斗争的武器，而最主要的是他对于文艺现象同样有那种阶级的不调和精神”。其实，拉法格是一位社会学家，他的文论实质上是一种典型的以文学为中介、手段进行社会研究和社会批评，采取一种新的、独特的文学社会学方式。瞿秋白则以自己的思维和需求进行理解，更愿意吸取拉法格文艺批评的“武器论”。这“武器论”不仅可以体现在文艺作品方面，也同样适用于文艺批评方面的思想指导和方法论，而且更直接、更鲜明地表达文艺批评者的思想内涵，产生强有力的社会影响，但这也是“武器论”的局限性和不足之处。

在中国马克思主义文艺理论传播史上，《“现实”》可以说是一座理论丰碑，始终贯穿着辩证唯物主义，而且内容丰富。尤其是介绍恩格斯的典型理论，在中国第一次传播和确立这个文学审美重要观念，弥补左翼文艺理论的缺陷，也给予瞿秋白积极的影响，如态度鲜明地批评文艺创作中的公式化、概念化。《“现实”》还涉及欧洲批判现实主义重要代表人物的思想和作品，为当时中国文坛打开一扇“世界之窗”，帮助读者从各个不同角度去理解恩格斯等人的方法论、评价尺度和审美观念，这是瞿秋白为中国现代文学事业作出的重要贡献之一。

不过有一个事实鲜为人知，即 1935 年 11 月 1 日出版的左联刊物《文艺群众》第 2 期已经推出“恩格斯逝世纪念”专栏，其中有马克思、恩格斯分别写给斐迪南·拉萨尔的两封信、恩格斯写给保尔·恩斯特的信等等（详见本书《国内悼念瞿秋白烈士第一文》)，从而弥补了当时全文未能及时发表《“现实”》的缺憾。

《海上述林》下卷辑入讽喻诗两首、高尔基长篇小说《克里慕·萨慕京的生活》、《第十三篇关于列尔孟托夫的小说》，以及《解放了的董吉诃德》、《高尔基创作选集》。后两篇详见本书《瞿秋白译作〈解放了的董吉诃德〉》、《瞿秋白译作〈高尔基创作选集〉》，其余在此不赘述。

[注]

[1] [3] [6] [7]《鲁迅书信集》下卷，人民文学出版社1976年版，第875页、第837页、第1032页、第1027页、第1030页、第1027页。

[2] 茅盾《我走过的道路》(中)，人民文学出版社1981年版，第289—290页。

[4] 周国伟《鲁迅著译版本研究编目》，上海文艺出版社1996年版，第351页。

[5] 梅志《拉丁化·〈海上述林〉及其他》，载《花椒红了》，中国华侨出版社1995年版。

第一本纪念册《殉国烈士瞿秋白》

莫斯科外国工人出版社编印《殉国烈士瞿秋白》

1936年瞿秋白牺牲周年之际，莫斯科外国工人出版社编印第一本中文版《殉国烈士瞿秋白》纪念册（以下简称“纪念册”），以文章为主，没有插页图片。如今国内存世的纪念册极少，具有重要的历史价值。

（一）

景唐同志多年来研究瞿秋白同志的生平与著作，并编有《瞿秋白著译系年目录》一书，具有参考价值。忆一九三七年旅居莫斯科时，曾购到《殉国烈士瞿秋白》一书，收藏至今，现特转赠景唐同志，并请教研，以留纪念。

戈宝权（钤印）

一九六三年五一节于北京

丁景唐珍藏的“纪念册”扉页上，著名翻译家戈宝权写下以上一段话，字里行间流露出当年学者之间的真挚感情和至诚交往，至今读来倍感亲切。1959年1月，瞿秋白诞辰60周年之际，经华东局宣传部部长石西民批准，几经波折的丁景唐、方行（文操）合编的《瞿秋白著译系年目录》由上海人民出版社出版内部发行，同年10月再版，引起学术界广泛关注。戈宝权遍觅此书不得，来函向丁景唐要了一本。丁景唐与戈宝权之间的友情，早在抗战胜利之后。那时丁景唐参与编辑《文坛月报》和主持中共领导下的上海文艺青年联谊会，得到戈宝权的相助，此后“已逾半个世纪的介于师友情分交往”，丁景唐已将此写入《追思戈宝权同志》一文（收录丁景唐《六十年文集——犹恋风流纸墨香》，上海文艺出版社2004年版）。

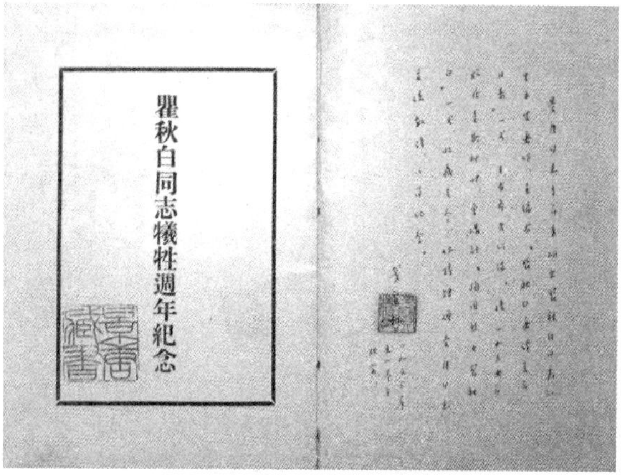

《殉国烈士瞿秋白》内封，右面扉页上戈宝权赠书之言

“纪念册”32开，文字竖排，目录、正文共有53页。印刷纸张较好，装帧简单。封面为土黄底色，左上为一幅瞿秋白头像的黑白照片，理应是瞿秋白担任中共驻共产国际代表团长时在莫斯科拍摄的，以后国内出版瞿秋白文集、纪念册等大多采用此照片，作为一种标准像。黑白照片下竖排“一九三六年印行”。封面右边为书名，其中“瞿秋白”三字根据他的手迹制作的。内封设有黑色围框，中间竖排一行醒目黑字“瞿秋白同志牺牲周年纪念”。

封底为俄文版权页，右上角为每册定价25戈比，中间为“悼念瞿秋白同志”和“中文版”。下端印着莫斯科外国工人出版社（莫斯科中心街25号），以及发行机构及其地址等。

封底里左下角有几行俄文小字，注明（大意）青年技术编辑出版社、全书总字数、印数（1100本），以及出版时间1937年3月14日、出版社征订（书刊）编号。由此产生一个疑问：为何这里注明的出版社、出版时间与封面、封底的不同。这至少有两种可能，一是编辑时间与正式出版时间不同，由原来出版社因故委托给另一家出版社正式出版。二是两家出版社的两种版本，因此出版时间不同，即初版本、再版本之分。这些有待于挖掘资料佐证，或者还有其他内情。

目录的“天地”和四周空间很大，目录（序号和括号原有）：引言；（一）瞿秋白同志殉难一周年；（二）瞿秋白同志传；（三）纪念我们亲爱的战友瞿秋白同志。“纪念册”后还有“附录”：（一）王明、康生追悼瞿秋白同志；（二）古（库）西宁追悼瞿秋白同志；（三）日本共产党追悼瞿秋白同志；（四）英国共产党追悼瞿秋白同志；（五）美国共产党追悼瞿秋白同志；（六）德国共产党追悼瞿秋白同志；（七）加拿大共产党追悼瞿秋白同志；（八）安南（越南）共产党追悼瞿秋白同志；（九）毛泽东同志《论苏维埃文化教育》（原目录上把“论”排印在书名号之前，正文标题无书名号，现以《引言》表述为准）。

瞿秋白同志不仅是中国共产党的最好领导者之一，而且是中国人民最优秀的领袖之一。他毕生为中国民族解放，和社会解放而奋斗到底。当他牺牲的周年纪念日，不仅中国共产党员，而且全中国人民都必然要纪念这位优秀的领袖。因此，本部特出版秋白同志牺牲周年纪念册。并将他被难以后各国共产党追悼他的文章收入于附录，以见秋白同志的牺牲全世界无产阶级都表示同声哀悼。

秋白同志是中华苏维埃中央政府教育部部长。苏区文化教育之发展，秋白同志努力极多，所以把毛泽东同志在苏维埃第二次全国代表大会的报告中《论苏维埃文化教育》的一段亦摘录放入附录里面。

这是“纪念册”《引言》，文中自称“本部”，可能是共产国际工作人员（中国籍）或中共驻共产国际代表团成员起草，以共产国际东方部名义发表的。

1931 年初瞿秋白被撤销中央领导职务，因病休养。中共中央曾想送他到莫斯科去治病。1931 年 5 月 7 日，共产国际表示同意。中共中央要求驻共产国际代表黄平回国工作，共产国际就提出让瞿秋白再次作为中共驻共产国际代表前来莫斯科[1]。但是，在上海的共产国际代表米夫及新上台的王明等人坚决不同意。因此，中共驻共产国际代表的重要职务最终还是由王明担任，于同年 10 月前往，显然这是由米夫等人与莫斯科方面商讨的最终结果。从另一个角度来看，瞿秋白在共产国际执委会中还是有影响的，因此他牺牲之后，共产国际执委会同意为他出版“纪念册”，也在情理之中。

“纪念册”第 1 篇文章《瞿秋白同志殉难一周年》开头写道：

今年六月十八日，是我们的秋白同志被国民党杀害底一周年。

在党的会议上，在苏维埃的会议上，不聆秋白同志的言论，不瞻秋白同志的风采，已经一年了！

在党的《实话》报上，在苏维埃政府的《红色中华》报上，不见秋白同志的论文，不见秋白同志的建议，已经一年了！

在中国文化界里，在中文拉丁化研究团体里，不见秋白同志的新贡献，不闻秋白同志的新提议，已经一年了！

在抗日救国的人民战线中，在红军游击队英勇抗战中，不见秋白同志的运筹帷幄，不见秋白同志的戎马倥偬，已经一年了！

流光真似水，惨痛的一九三五年的“六一八”，引起中国共产党数十万党员同声悲痛底“六一八”，引起中国数十万红军一致举哀底“六一八”，引起全中国劳动者，文化界和智识青年无限痛愤底“六一八”，引起共产国际号召全世界劳动者抗议国民党残暴兽行底“六一八”，距今已整整一年了。

全文千余字，散文体，何人起草，难以考证。文后落款为王明、康生、史平（陈云）、周和生（高自立）、李广（滕代远化名为李光）、徐杰（陈潭秋）、康谷（曾山化名为“唐古”）、李明（李立三），落款的这些化名如果有误，可能笔误或与音译名有关。这些人都是与杨之华一起参加共产国际“七大”的中共代表团成员。

此文还刊登于1936年6月20日《救国时报》（在巴黎出版）第3版“瞿秋白先生殉难一周年纪念”专版，改题为《我国共产党领袖王明等之纪念词》。

（二）

“纪念册”第2篇文章《瞿秋白同志传》有6000多字，第一次归纳整理了瞿秋白短暂的战斗一生，从不同角度高度评价了瞿秋白为革命事业所作出的杰出贡献，其中有一些重要评价。

瞿秋白是中国大革命时期的“最杰出的人物之一”；瞿秋白的著名长篇论文《中国革命中之争论问题》，“不仅对中共五次大会的反彭述之主义的斗争起了极大的作用，而且还定下了‘八七会议’反机会主义斗争的理论基础”。

瞿秋白是八七会议“最重要的领导者和组织者之一”，在八七会议至中共六大召开之前，“秋白同志代陈独秀而为中共中央的书记”（应为中共中央主要领导人）；“秋白同志是介绍斯达（大）林论列宁主义的著作到中国去的第一个人”；“秋白同志不仅是忠实于马克思列宁主义的革命家，同时又是文化运动中的一个学者。他有很多关于社会科学的译著。他极力主张改革中国文字，他是汉字拉丁化的发起人……”瞿秋白“是中华苏维埃共和国底杰出的治理国家的人物”，“在苏维埃中国实施了伟大的文化革命”，“中央苏区文化教育的发展，秋白同志有很大的功绩”。其中有些很容易被人们所接受，但是有些评价直到“文革”之后大量资料逐渐被挖掘面世，人们才明白其中的内情和重要价值。

文章指出瞿秋白回国纠正李立三“左”倾盲动错误时，“犯了调和派的错误”。中共六届四中会议“指出他的错误时，秋白同志便很快诚恳的求了解，并在实际工作中很虚心的学习和改正错误”。显然这是共产国际执委会和中共代表团王明等人审查的结果，半个多世纪后人们才逐渐知道真相。

文章最后摘编了中国国内报刊关于瞿秋白牺牲前后的有关报道，描述了瞿秋白从容就义的举止言行，鲜明地反映了大无畏的革命精神。但是因种种原因，其中有些细节与史实不相符合，可以参见刘小中、丁言模编著《瞿秋白年谱详编》（中央文献出版社2008年版）等。

《瞿秋白同志传》没有署名，1940年再版“纪念册”（见下文）时，仍然没有署名。1949年8月，苏南新华书店出版的《烈士传》收录此文，才署名为“杜静、萧三”。将前后收录的该文作一核对，发现两者基本内容相同，除了个别的文字、标点不同之外，后者删掉一段内容，正是以上提及的瞿秋白“犯了调和派的错误”等文字。由于1945年4月中共六届七中全会通过的《关于若干历史问题的决议》，已经对瞿秋白的历史问题作出了重要评价，应该删去那些文字。

萧三是著名诗人，曾在莫斯科作为左联代表参加国际革命作家代表会议，此后在国际革命作家联盟及《世界革命文学》工作。杜静，理应是杨之华“杜宁”化名之外的一个笔名，“静”与“宁”意思相仿，况且该文中许多内容只有杨之华很清楚。

首先，“他是《新青年》的编辑者之一……是五卅时上海《热血报》（应为《热血日报》——引者）的主编者，是上海大学社会科学系的主任……一九二四年为反帝而被上海当局通缉，家被英捕房检查，书籍被烧，从此以后他就过着地下党的生活了”。这段历史，只有杨之华最清楚，因为那时正是她与瞿秋白刚结婚之后的事。杨之华在各种回忆文章中提起，特别是书籍被烧毁等事，还是杨之华作为特殊联络员到瞿秋白秘密藏身之处，亲口告诉瞿秋白的。

其次，瞿秋白“后来又编了三部专书：《新俄罗斯游记》（应为《新俄国游记》即《饿乡纪程》——引者），一部有文艺价值的《赤都心史》以及《新俄革命史》（这部书内容丰富，仅以八百元稿费卖给书店……书局将该原稿数次呈当局审查，都不准许出版，在一二八上海抗日战争中日帝放弹焚毁上海商务印书馆时，这部被禁的原稿也就变成灰烬了）……”这里所说的《新俄革命史》，即《俄罗斯革命论》，其原稿被“焚烧”一事，当时正在白色恐怖环境中“隐居”的瞿秋白和杨之华都感到很惋惜。该书稿是瞿秋白写的关于苏俄十月革命各方面的论文，“琐碎的史实不载”。其中有一篇《世界社会运动中共产主义派之发展史》，曾发表在 1923 年 6 月 15 日瞿秋白主编的《新青年》季刊第 1 期上。由于《俄罗斯革命论》未能出版，因此知道的人很少。而且此书稿“仅以八百元稿费卖给书店”一事，知情者更少，甚至连现在出版的各种专著都未提及。

最后，“秋白同志对于妇女运动很注意，他于一九二七年一月一日曾在上海一个报纸上发表一篇《恭喜新年》的文章，（在）这篇文章（中）他痛骂资产阶级对于妇女的侮辱，他列举了许多事实证明共妻共夫的就是资产阶级自己。对于妇女的痛苦，特别是工厂妇女的痛苦以及她们最后的出路——他都用最通俗的歌谣把他（它）描写出来，使读者异常感动。一九二九年三月间他正在养病的时候，他为要纪念三八妇女节，就译了一首俄国很有名的三八妇女节歌。他在苏维埃区内的文化工作中非常注意青年妇女的文化工作”。

《恭喜新年》一文全名为《中国妇女之白化与赤化——中国妇女运动，恭贺新禧!》，写于 1926 年 12 月 9 日，发表在《赤女》创刊号上。该文正是应杨之华的要求，瞿秋白特意写的，文章开头就写道：“一九二六年年终，病中无事，之华与我谈中国妇女状况若干事，并造意令作此文，因随笔写成，亦一‘Feuilleton’也。”[2] 至于文中提及的三八妇女节译诗，如今各种版本《瞿秋白文集》都没有收录，因未找到原诗稿。不过那时瞿秋白与杨之华都在莫斯科，杨之华自然知道此译诗的情况，因此以上一段内容只有她才能写出来。

（三）

“纪念册”的第3篇文章《纪念我们亲爱的战友——瞿秋白同志》，约2000字，文后落款为“一九三六年五月十日 杜宁”，此为杨之华的化名。此文开头描述了瞿秋白被俘前后的一些情况，首次透露了瞿秋白说过的话：

当他在白区工作的时候，与我谈到准备被捕以后的口供时，他曾说过：“敌人来审判我的时候，我一定要说你们不配来审问我，我们对敌人，特别在自己已经到了生死关头的时候，一句废话都用不着说，不管是拷打到粉身碎骨，不管是用计来诱惑……”他有时候说：“如果要枪毙我的时候我很安宁的，我要唱革命歌。”

这段话以后经删改，出现在杨之华《回忆秋白》（人民出版社1984年版，第149页）里。对于瞿秋白牺牲前后诸事，当时各家报刊以不同角度争抢报道，国民党官方报刊更是大肆渲染，搞得真假难辨，杨之华感到非常气愤，因此在文章里坚决驳斥，也不相信《多余的话》等是瞿秋白写的。

杨之华饱含深情呼唤着瞿秋白的名字，愤怒地谴责反动当局杀害瞿秋白等革命志士的暴行。她说：“秋白同志，你最后的红军歌国际歌声，使我们全体战士们的热血沸腾。你临死时的安宁，正是你已在中国苏维埃区域内亲眼看见了人民自己的政权……你平日的劳力和临死时的鲜血，都是有保障的革命的种子，将来一定会在全中国的土地上怒放赤花，插遍红旗，保证中国被压迫人民走上平等自由愉快的社会主义的道路。”

此后，杨之华想尽一切办法搜集瞿秋白遗著，“以秋白精神宣传秋白”，直至“文革”开始。

杨之华先后提供了大量有关瞿秋白生平和思想的第一手材料，在瞿秋白研究史上占有许多的“第一次”——填补了空白：第一次归纳整理了瞿秋白的生平事迹；第一次展现了一个比较完整的瞿秋白形象；第一次透露了瞿秋白对于中国革命的性质、方针、道路、策略等的重要阐述，揭示了他在中国革命史、现代文学史、现代翻译史、汉字改革史等方面的重要历史地位；第一次披露了党内复杂尖锐斗争中的瞿秋白思想状况和具体遭遇，表现了他的崇高品质和革命精神；第一次描述了瞿秋白和鲁迅、沈雁冰的交往，表明了他在开创无产阶级革命文学方面所起的重要作用；第一次述说了瞿秋白、杨之华和孩子的生活，弥补了他在日常生活中的史料空白；第一次记录了毛泽东、周恩来等党内高级人物对于瞿秋白的评价；第一次揭示了瞿秋白与共产国际代表鲍罗廷、党内高级人物的交往和关系；等等[3]。

这些都为以后深入研究瞿秋白提供了极其重要的资料和线索，因此杨之华无愧为瞿秋白研究的开拓者之一，她所起的作用和影响是他人无法替代的。

（四）

“纪念册”“附录”首篇悼词为《王明康生追悼瞿秋白同志》（以下简称《追悼》），约2000字，文后落款“王明、康生等”。该文简要述说瞿秋白的生平，夹有点评。此文最初刊登在1935年10月“文总”（中国左翼文化总同盟）出版的内部油印刊《文报》第11期上，标题为《讣告——纪念热烈的革命者瞿秋白、何叔衡》（以下简称《讣告》），署名“驻莫斯科中国代表王明等”[4]，这是迄今为止看到的中共驻共产国际代表署名的第一份悼词。经过核对，《追悼》与《讣告》基本内容相同，由于中译俄、俄译中的问题，两文的词句并非完全相同。《追悼》一文经过修改，主要是在开头、中间和结尾。两文部分内容对照如下：

（《讣告》开头）国民党报纸载，瞿秋白在离红军撤退区域，而赴苏区的时候，肺结核病加剧，曾经被捕并已依蒋介石命令处决。又谓，六十岁的老革命者何叔衡同志在红军主力撤退之后，与游击部队留居“西部”，在拘捕中被杀。

瞿秋白、何叔衡同志底死亡及范昌明（党中央委员，中共苏维埃中央执行委员及赣东北省苏维埃政府主席）、陆道醒（赣东北省军区指挥）、万祖杰（第十军团指挥）同志底被捕是中国共产党在第六次围剿以后所受的最大的损失，因为党及革命底最大资产是老于经验的干部。

瞿秋白在一八九八年生于一个破败的知识分子底家庭中。

瞿秋白早先是一个中国的新闻记者，并求学于北京俄文专门学校文学系。一九二〇年他被派赴苏俄作北京资产阶级报纸《晨报》底通讯员。在留俄的时候，他曾亲眼看到无产阶级革命及内战底发展。

（《追悼》开头）瞿秋白即屈委它同志过去是中国的一个新闻记者，一八九九年，生于一个破产的知识分子的家中。

瞿秋白同志在北京俄文专修馆念过书。一九二〇年瞿秋白同志以北京资产阶级报纸晨报的新闻记者之资格被派赴苏联，他在苏联亲眼看见过国内战争。

（《讣告》中间）瞿秋白揭破资产阶级底联合的造谣和污蔑：说明发生于俄罗斯的事项底实况，他的论文、通讯等曾刊行于中国急进的刊物及报纸中。

他的论苏俄的著述，实际上是在这期间关于这个国家的唯一的教科书。

（《追悼》中间）瞿秋白同志摒弃资产阶级报纸对于苏联的不断的谣言和毁谤，不断的把苏联革命底真情实况介绍到中国。他有许多论文，通信杂记等等，不断的在中国急进派的杂志上和报纸上发表过。瞿秋白同志所著的新俄游记一书，差不多是当时研究苏联的唯一材料。

（《讣告》结尾）……现在苏维埃中国的妇女努力同等地求学。（根据中国苏维埃政府在“第二次苏维埃会议”上底正式报告。）

……瞿秋白及何叔衡同志底死亡，不仅是中国共产党及中国革命底一大损失，而且也是全世界无产阶级底一大损失。

瞿秋白及何叔衡同志给中国的革命者树立了一个榜样，表示出为中国民族及社会自由而斗争的战士是何等的英勇。

千百万的中国青年共产主义者将填补这二个战死的同志，继续瞿秋白及何叔衡底主张。帝国主义的强盗们及国民党蒋介石卖国贼和刽子手们，尽管继续他们底狂暴进攻，中华苏维埃革命是不可征服的！

（《追悼》结尾）……可是苏维埃中国里的妇女都与男子同样受教育。(这是根据苏维埃政府在第二次苏维埃代表大会上的报告。)

瞿秋白同志之死不仅是中国共产党和中国革命的损失，而且也是全世界无产阶级的损失。

瞿秋白同志的毕生行动可为中国革命者的模范，为着中国人民社会解放和民族解放而毕生进行大无畏之斗争。

瞿秋白虽然死了，但是继他而起的则有成千成万的共产党员来继续他的事业。让帝国主义强盗和国民党蒋介石卖国贼刽子手们发疯罢，中华苏维埃革命的事业是必然胜利的。

修改过的《追悼》有几点值得注意，如纠正瞿秋白出生为1899年，而不是1898年；仍然不清楚张太雷是瞿秋白的入党介绍人；增加了《新俄国游记》（《饿乡纪程》），但不提及“姐妹篇”《赤都心史》，其实按照文中“关于这个国家的唯一的教科书”来理解，更应该提及《赤都心史》；瞿秋白第一次在莫斯科采访时，以记者身份参加共产国际“三大”，但是仍然认为他参加了共产国际“二大”；删除了原来一句话即“他还是党报《前卫》底编辑”，《前卫》应是《前锋》，“编辑”应是主编；误写瞿秋白为中共三大中央委员；不提瞿秋白召开八七会议的重要功绩，也不承认他是继陈独秀之后党的主要负责人；强调瞿秋白犯了“调和主义和李立三路线的错误”，“承认和改正了自己的错误”；对于瞿秋白翻译马列主义文艺理论，参与领导左翼文化运动等重要历史功绩，则只字不提；抄录了毛泽东报告（即“纪念册”“附录”的毛泽东《论苏维埃文化教育》）有关列宁小学及学生、补习夜校及学生、识字组及组员、俱乐部及人员等统计数字，作为瞿秋白在中央苏区担任教育人民委员的政绩，这有疑问（见下文）。最后瞿秋白牺牲原文是“一大损失”，则改为“损失”，更不愿提及“重要损失”，因为在王明等人心目中，瞿秋白还够不上这种评价（《讣告》对何叔衡的生平事迹介绍得比较简单，也有笔误之处，在此不赘述）。

修改后的《追悼》述说和评价仍有许多漏洞，或刻意贬低，或佯装不知，或含糊其词，产生这种情况的复杂因素，一是不了解瞿秋白有些情况，二是不言而喻的政治原因，等等。

瞿秋白牺牲后，上海正处于白色恐怖日益猖獗的恶劣环境中，加之王明的“左”倾冒险主义所造成的严重危害，中共上海地下党组织已接连遭到严重破坏。幸好中央“文委”下属的左联、美联、剧联等中的党组织保存下来，党员约130人，但与上级关系中断，于是左联党团书记周扬、行政书记徐懋庸等自行领导，并与鲁迅商量，在文化战线上坚持斗争。

1935年7月前后，经周扬等积极筹备，正式建立新“文委”，周扬任书记，成员有夏衍、钱亦石、章汉夫、杨放之。“文委”领导的“文总”党团也重新组建，周扬、陈处泰、胡乔木等先后担任党团书记。刚入党的胡乔木起初调到“文总”，担任党团宣传部长，具体负责“社联”沪东区及“社联”编辑部，按常理他应兼管“文总”机关报《文报》，但尚需进一步佐证。

上海的共产党人失去党的领导后，千方百计地了解党的方针政策。当时上海的个别外文书店销售有关介绍苏联等情况的外文书报，如共产国际英文刊物《国际通讯》。中共驻共产国际代表团在法国巴黎出版的中文《救国报》（1935 年 5 月至 1935 年 12 月 8 日，后改为《救国时报》）通过邮局寄到国内，但经常被反动当局查扣，上海邮局系统的共青团员设法将被查扣的该报秘密送出。

因此，《文报》上刊登的《讣告》是通过以上渠道得来的，但未能查到具体出处。不过可以初步认为《讣告》是从外文翻译过来，其中许多词语和句子可以证实这一点，但是难以考证何人起草的。

1935 年 7 月 23 日至 8 月 20 日，中国共产党代表王明、康生、孔原、吴玉章（化名王荣）、高自立（化名周和生）、饶漱石（化名梁朴）、欧阳生（化名沈之生）、滕代远（化名李光）、张浩等 20 多人参加共产国际“七大”。王明作为代表团团长在大会上发言时，提到瞿秋白、何叔衡等人英勇牺牲，认为“这些同志的慷慨就义和英勇牺牲，不仅成为每个共产党员和革命战士的模范，而且引起了全国人民的赞叹和同情。……为苏维埃和红军的事业而奋斗到最后一滴血”[5]。大会上，王明被选为共产国际执行委员，后为共产国际执委会主席团委员、共产国际执委会书记处候补书记；康生为共产国际候补执行委员、主席团候补委员。当时王明、康生已是中共驻共产国际代表，这次大会提高了他俩的政治地位——“名正言顺”地参与共产国际决策层制定有关方针政策，指导中国革命。因此，《讣告》署名“驻莫斯科中国代表王明等”，《追悼》落款则增加了“康生”，也意味着此文又经过王明、康生修改审订。

瞿秋白牺牲后，王明曾假惺惺写了一首追悼诗：“意料随军北抗日，忽闻噩耗泪如泉。长汀取义成仁日，国际歌声动九天。”[6]“意料……”是指瞿秋白理应跟随中央红军主力战略性转移（长征），但是，瞿秋白被博古（秦邦宪）等强行留下，瞿秋白最后南下突围时被俘牺牲。另外，根据许多老同志的回忆，便可知道王明曾不惜动用一切手段，打击报复不同意见的大批党内同志。因此，王明悼念瞿秋白的诗歌，只能给世人留下一个辛辣讽刺的话柄。

(五)

“纪念册”“附录”还收录共产国际负责人库西宁和日本等共产党组织追悼瞿秋白同志的文章。有些文后落款是某国共产党代表，如日本共产党代表中田，美国共产党代表叟门，加拿大共产党代表泡透，这些人名均为译音，他们可能当时都在共产国际执委会工作。曾在莫斯科共产国际执委会工作的郭绍棠回忆说：

> 我第一个了解到他（秋白）牺牲的消息。我将发生的情况向共产国际执委会领导成员作了报告，他们听到这个悲痛的消息都很震惊。皮克、贝拉·库恩、马·卡申、曼努伊尔斯基、克诺林、科拉罗夫、库西宁、加·波利特等分别为共产国际悼念瞿秋白的专号墙报写了悼念文章，都对这位杰出的国际共产主义运动活动家、共产国际主席团成员、国际反帝联盟领导人之一表达了深切的敬意。他们指出了瞿秋白在世界革命运动中的杰出功绩，谈到了他的英勇精神，认为他的牺牲是不可弥补的损失。墙报上刊载的悼词是我以中共中央驻共产国际执委会代表团名义写的。我非常满意的是，后来这篇悼词几乎只字未改地收进了中华人民共和国出版的纪念烈士文集。[7]

郭绍棠起草、王明等人审订的最初《讣告》是否是以上提及的“附录”首篇文章，有待考证。以上回忆的库西宁悼词有可能是“附录”的《古（库）西宁追悼瞿秋白同志》悼词。由于翻译的缘故，这篇悼词文理不通畅，词不达意，比较别扭。

“附录”最后一篇是毛泽东《论苏维埃文化教育》，编辑在文后注明：“毛泽东同志此处所讲的当时中央苏区的文化教育工作的成绩，与中央苏维埃政府的人民教育委员长瞿秋白同志有不可分离的关系，特节录于此，作为对秋白同志的纪念。”这里产生一个问题：毛泽东报告有关中央苏区教育文化的成果与瞿秋白有关系吗？

1931 年 11 月，在江西瑞金召开中华苏维埃第一次全国代表大会，瞿秋白被任命为教育人民委员，因在上海未到任，由徐特立代理。1934 年 2 月 5 日，瞿秋白奉命离沪到达瑞金，但是，中华苏维埃第二次全国代表大会已结束，瞿秋白继任教育人民委员。毛泽东在这次大会上作了长篇报告，总结了苏维埃中央政府工作[8]。这时，瞿秋白还未正式上任，却把徐特立等人的工作成绩归入在瞿秋白的名下。这至少有几种可能性，首先，莫斯科方面不了解瞿秋白正式上任后有关工作情况，也难以找到有关报告，只好以毛泽东报告的部分内容暂且弥补缺憾。其次，王明等人悼词里已经引用毛泽东报告的有关内容，只好将错就错。这个“暂且弥补”问题还出现在《救国时报》刊登的有关纪念文章里，在此不赘述。

史社再版《民族解放先驱瞿秋白》

1940年上海史社再版纪念册，改名为《民族解放先驱瞿秋白》（以下简称“再版本”），版式依旧。封面也是仿照初版本，仍为土黄底色，改换了书名中“瞿秋白”3个字的本人生前手迹，左边瞿秋白头像黑白照片下方为横排的“史社刊行”字样。扉页刊登《再版序言》（落款“史社”）：

一个革命者所受到的摧残和打击，不仅是肉体上的痛苦和死亡，同时更会在精神上。中伤，诬蔑，挑拨，离间，这些都是罪恶者惯用的伎俩，他们用以抹杀自己血腥的事实，侮辱革命者坚贞的精神。可是真理是不灭的，肉体虽然会腐蚀，然而精神却是永恒的，不灭的。同时更非常明显，这精神的不灭，是须要我们未死的人来肩负的。所以目前民族解放的斗争中，那些活跃在前线，后方，敌人的后方的千百万战士，在艰苦地战斗着，这也正是说明我们殉难者的精神不死。

“历史是残酷的”，可是我们却永远这样地坚信着，时代是前进的。

下一页（口号页）竖排两行字：“为中国革命而牺牲，是人生最大的光荣。”“自己的死是为千万群众的生。”落款“瞿秋白”。

关于史社的材料很少，只能作一些推论。“再版本”封面上“瞿秋白”手迹，除了鲁迅，只有谢旦如藏有（瞿秋白手稿），而且他有出版瞿秋白遗著的经验，形成“霞社版”系列。“再版本”面世的前一年（1939年）纪念方志敏烈士就义4周年时，谢旦如以霞社名义出版了方志敏的《方志敏自传》(收录《清贫》、《可爱的中国》等文)。同时，上海史社出版了《民族解放先驱方志敏》，这是国内最早出版方志敏部分狱中文稿的两本书。

史社先后出版这两种纪念书籍，书名也有延续之处，都采用“民族解放先驱”作为前置语，理应都与谢旦如有密切关系。另外，陈君实曾以史社名义翻印莫斯科出版的《瞿秋白小传》、《方志敏小传》[9]，但是他与史社内情均不详，有待挖掘资料，必将揭开一段尘封多年的历史真相。

[注]

[1]《联共(布)、共产国际与中国苏维埃运动》第10卷，中央文献出版社2002年版，第257页、第312—313页。

[2]《瞿秋白文集》(政治理论编)第4卷，人民出版社1993年版，第408页。

[3] 详见陈福康、丁言模《杨之华评传》有关章节，上海社会科学院出版社2005年版。

[4] 孔海珠《左翼·上海(1934—1936)》，上海文艺出版社2003年版，第323页影印件、第326—329页。

[5]《共产国际有关中国革命的文献资料》第2册，中国社会科学出版社1982年版，第411页。

[6] 周国全、郭德宏《王明年谱》，安徽人民出版社1991年版，第78页。

[7] 郭绍棠《回忆瞿秋白》，载《瞿秋白研究》第6辑，上海学林出版社1994年版。

郭绍棠，俄文名为阿法纳西·加夫里洛维奇·克雷莫夫，与瞿秋白相识于1923年，进入上海大学学习。五卅运动时期，他参加学联报纸《学潮》的有关工作，与瞿秋白有工作上联系。1925年底，他进入莫斯科中山大学。1928年9月，他与张闻天、王稼祥、沈泽民等被共产国际和联共(布)中央选送到红色教授学院深造。他后来留在共产国际工作，加入苏联国籍，转入学术界，研究中国现代社会思想史。著有《一个中国革命者的历史回忆》(莫斯科1990年版)。

[8] 毛泽东报告题为《中华苏维埃共和国中央执行委员会与人民委员会对第二次全国苏维埃代表大会的报告》，载《中央革命根据地史料选编》(下)，江西人民出版社1982年版。

[9] 陈君实(1916—1980)，原名陈德宣，笔名梦海、村野、思立、史源等，江苏武进人，中国作家协会会员。1932年在上海读过半年高中，因家贫辍学谋生。1934年进入开明书店当店员。1937年与友人合伙开青年书店，经销进步书刊。1940年自费创办青年文化出版社，并以史社名义翻印莫斯科出版的《瞿秋白小传》、《方志敏小传》。1941年进

时代出版社工作。抗战胜利后在《时代日报》任校对、编辑、编译等职。新中国成立后曾在新文艺出版社任编辑，1953 年因病退职，在家从事专业翻译，发表诗歌和儿童文学作品，出版的主要译作有《盖达尔中短篇小说》《克雷洛夫寓言》《克雷洛夫评传》《普希金童话诗》等（《上海作家辞典》，百家出版社 1994 年版，第 134 页）。

《救国时报》纪念瞿秋白烈士专版等

《救国时报》先后刊登了纪念瞿秋白烈士牺牲周年专版、杨之华等人回忆文章，内容丰富，视角不同，是一份重要的历史资料。况且这份报纸的影印合订本[1]，如今也不容易见到。

《救国时报》“瞿秋白先生殉难一周年纪念”专版

（一）

《救国时报》是中国共产党在国外从事抗日民族统一战线宣传的机关报，一九三五年十二月九日在法国巴黎创刊，主编是吴玉章等同志。初为周刊，不久改为五日刊。一九三八年十二月十日出版了第一百五十二期后，决定移到美国继续出版，但未能实现。这次影印，尚缺第四十二期到第四十四期、第四十六期至五十期。

这是1980年商务印书馆香港分馆出版《救国时报》影印合订本的说明，合订本外面硬壳精装，对开，厚实较沉。

《救国时报》前身是《救国报》，创刊于1935年5月15日，该报系中共驻共产国际代表团创办，在巴黎出版，编辑部设在莫斯科。起初提供稿件的大都是在莫斯科的中国共产党人，还有从不同途径辗转而来的国内消息。

1935年8月共产国际“七大”召开后，党组织决定派吴玉章去巴黎，扩大出版《救国报》，加强宣传世界反法西斯和中国抗日民族统一战线政策。

1935 年 11 月初，吴玉章秘密去巴黎，这时法国政府在中国南京政府的要求下，下令《救国报》停刊。吴玉章提出改报头、继续出版的建议得到上级批准，急忙把莫斯科寄来的报纸版样改了报头，使报纸没有漏脱一期，12 月 9 日，报头多了一个“时”字的《救国时报》按时出版。1936 年通过陈云与上海商务印书馆的关系，从国内运来的汉字铜模到了巴黎。吴玉章等人设法从苏联抽调陈大邦、文士祯等排字工人来巴黎，建立起印刷所。这“不仅避免了由莫斯科航运纸版常因气候关系致使报纸有脱期的危险，而且从此扩大了报纸印刷的规模，解决了国内外所需要的发行数量”。

《救国时报》改半月报为周报后，中共代表团决定报纸主要内容在莫斯科编定，但可“由在巴黎的同志们根据具体情况，及时通知编辑部每期留下一定的篇幅，以使他们就地编写和刊登有关法国和其他地区华侨的消息，以及必要的启事、通知等等”[2]。

《救国时报》第 1 期 4 版，辟有“社论”、“祖国要闻”、“国际要闻”、“救国阵地”（副刊）等专栏，内容比较多，以后也有中共代表团王明、康生等人“左”倾的观点，包括污蔑陈独秀是汉奸，等等。1938 年 3 月，任弼时接替中共代表团的工作后，他的秘书师哲回忆说，当时“我党在莫斯科办有中文杂志，如《群众》、《救国时报》（在巴黎发行），加上国际和苏联办的报刊经常约写稿件，代表团写稿子的任务很重，弼时同时难以应付，只得把题目分给大家写。（陈）潭秋同志是写过不少文章的。当时多用化名……”[3]

当时《救国时报》编辑人员有多少，至今也没有看到一个完整的材料，根据零碎的史料记载，先后在巴黎搞过编辑工作的有吴玉章、李立三（主编）、艾寒松、卢竞如、胡秋原等。

本报为发扬救国精神，阐扬自九一八以来在抗日杀贼一切事变中以身殉国诸烈士之潜德幽光，纪念其丰功伟烈起见，特征求各民族烈士之传记及史料，或刊载本报，或汇为专书，不但将来以崇德显功，亦且将以发聋震聩。海内外同胞，与诸烈士或属亲故，或系同志，或曾亲睹义举，或曾多闻往事，深盼咸本仰止精神，纪其不朽事业，来稿无论文言白话，均所欢迎，一经采用，将致薄酬。

1935 年 12 月 14 日《救国时报》第 2 期报头旁刊登了这则《本报征求民

族烈士传记或史料启事》，次年春便推出纪念瞿秋白烈士专版等。

（二）

1936年6月20日，《救国时报》第3版推出“瞿秋白先生殉难一周年纪念”专版，这是中共党史上第一次以专版的形式纪念党的领导人。其中有《纪念瞿秋白先生》（未署名）等5篇文章，另外还刊登了瞿秋白烈士的照片和瞿秋白的遗墨。

现在去秋白先生在汀州遇害竟已一年过去了。

先生是我国主张抗日救亡最彻底的政党（中国共产党）的领袖之一，为了救国，为了抗日，为了致力于人民抗日统一战线之组织与宣传，他是死在投降日寇、出卖祖国的蒋介石底刀下。

先生不独是我国的革命巨子，不独是我国有数的政治家，而且也是我们新闻界文化界的同人之一…… 我们在纪念先生的时候，更不能不感谢先生所属的党之能于为我们的救国运动，提出正确的纲领，之能于艰苦地为实现这一纲领而首先奋斗，以至于它的一些领导人和干部都为了救国而牺牲于汉奸的刀下。

专版首篇文章《纪念瞿秋白先生》点明了该报纪念的特点，首先是在抗日统一战线的大背景下，称瞿秋白先生，而不是同志。

第2篇《瞿秋白先生略传》文字比较长，瞿秋白生平主要事迹类似于杜静、萧三《瞿秋白同志传》（详见本书《第一本纪念册〈殉国烈士瞿秋白〉》），但是没有后者那么多的重要评价。谈到瞿秋白在中央苏区担任教育人民委员的政绩时，大段地引用毛泽东在中华苏维埃第二次全国代表大会上所作报告中的统计数字。最后写道：

蒋介石虽知先生已无可如何，但以先生为政治界文化界名人，且为主张抗日救国的政党领袖之一，自被囚后，各方营救者纷起，文化界要求释先生亦最力，蒋惮于民气，犹不敢遽然加害。……蒋遂电汀州令杀先生。一九三五年六月十八日，先生竟在汀州中山公园遇害，时年三十八岁。就义前片刻，先生尚返狱写完其前一夕所作的诗，就义时高唱国际歌及红军歌各一阕，并向围观者勉以努力抗日救国，不要徒视大好河山竟为蒋贼所卖；情辞慷慨，闻者有感泣者。

此文对瞿秋白牺牲地点、时年分别有误，牺牲地点应在福建省长汀县城外于罗汉岭；文中写为38岁（应为36岁），也许是按照虚岁计算的。

第3篇文章《我国共产党领袖王明等之纪念词》，还被收录《殉国烈士瞿秋白》纪念册“附录”，题为《王明康生追悼瞿秋白同志》。

第4篇文章《瞿烈士风度一瞥，国闻周报记者之〈瞿秋白访问记〉》，即摘录记者李克长采访狱中的瞿秋白之后撰写《瞿秋白访问记》一文的片段。李克长一文刊登于1935年7月8日出版的《国闻周报》第12卷26期，影响很大，引起国内外新闻界的广泛关注。

《救国时报》编辑摘录时还写了按语：“瞿秋白氏在狱中及殉难之状况，各报多有登载，虽因言禁及政治成见关系，记载多有失实；但瞿氏一生为民族解放而斗争之精神，及其不折不挠、闲逸自在之风度亦流露于字里行间……”其摘录的内容比较少，主要是有关瞿秋白外表、苏区的教育和狱中诗、篆刻等情况，完全避开原文中许多有关政治、点评人物等重要内容。

第5篇文章《闽粤民众纪念抗日志士瞿秋白——他们以武装抗日来继承烈士救国救民之遗志》，应属于消息报道，最后写道：“从瞿秋白烈士就义那日起，全中国的爱国同胞莫不义愤填胸，誓愿继承烈士之志，为烈士报仇。今值烈士就义的第一周年纪念日，抗日救国浪潮已在全国高涨，民众和士兵的抗日救国斗争，已在烈士就义之地加紧！！闽粤这支抗日先锋队，将在瞿烈士之旗帜下，而将随从全国之抗日救国军得着最后之胜利，这不是很可预见的事吗？”

专版左上方刊登了瞿秋白遗像照片，如今已为大家所熟悉。专版中间插进“瞿烈士遗墨”手迹照片，那是他生前写给瞿独伊的一句题词：“准备着建设中国苏维埃航空队！”

专版5篇文章除了第4篇，其余以后收录于《纪念我们的民族英雄和人民战士》小册子。1936年中共上海地下党组织设法油印这个小册子，用钢针刻出蝇头小字，悼念十几位共产党烈士。其中悼念瞿秋白烈士的文章还有《旅英侨胞纪念先烈瞿秋白》（原载1936年7月3日《救国时报》）、《瞿秋白的故事》（原载1936年4月3日《少共真理报》第122期，该文有误之处）、《纪念我们的死难同志》（诗歌）。悼念方志敏烈士的文章有《方志敏同志等被俘一周年纪念》（王明）、《民族英雄方志敏传》（王明）、《方志敏烈士遗嘱》。这两位烈士的悼念文章占了小册子的较大篇幅。可惜保存下来的小册子早已被损坏，仅存一些目录和悼念瞿秋白烈士的文章[4]。

（三）

1937年2月10日，《救国时报》第4版第一次发表杨之华的文章《回忆敬爱的导师——鲁迅先生》，落款“文尹写于一九三六年十二月九日——鲁迅先生死后的二个月”。她回忆了鲁迅与瞿秋白之间“人生得一知己”的真挚友情，“他是我们寂寞和患难中的知己，当他笑嘻嘻的夹着黑印度绸的书包走进房内的时候，我们充溢着说不出的愉快，等他的包袱一打开时，外国文的中文的杂志呀，小说呀，笔头呀，好纸呀，还有糖果呢！”

杨之华悲痛地写道：“先生死的噩耗传来，惊哀交集，然而我还在幻想消息不确。那知到十一月间，在朋友处见到了国内寄来的杂志，消息证实了！我的神经由兴奋转到麻木，无可奈何读先生著作以自慰。我把先生的自选集从头到尾的又看了一遍，当我读着他的作品的时候，我并不觉到先生已死，他是永久活在我们读者的心里！”

1937年6月17日，《救国时报》第4版上再次发表了纪念瞿秋白烈士的文章，主要有《秋白殉难两周年纪》（方林）、《“热血”重温——纪念秋白同志死难二周年》（杜宁）两文，以及一张上年专版刊登过的瞿秋白烈士照片（此照片还刊登在1937年9月18日《救国时报》“以争取抗战的胜利来纪念民族诸先烈”图片专栏的首位）。这次虽然不是以专版形式出现，但这两文占据整版面的大部分篇幅，只是在版面的最下面部分才是《读者通讯——矢志再接再厉的干去》一组小文章。

《秋白殉难两周年纪》写道：“我们秋白的奋斗历史不管在中国共产党史上，在中国革命史上，都占着光明的篇幅，秋白同志的慷慨就义，正是共产党员的最好表率，他最后五分钟的歌声，在民众的心坎中是永远不会消散的，而且会成为鼓励一切不愿当亡国奴的人民向前斗争的前进曲！”

杜宁即杨之华一文，落款“杜宁于秋白同志死难二周年纪念日”。为了配合《救国时报》宣传抗日统一战线，该文也着重谈了瞿秋白关于统一战线的指导思想及其有关论述，她写道："我们如果把秋白同志在热血日报上发表的文章和歌曲来全部的研究，他抓住了当时的最中心的最紧急的问题——反帝的统一战线，而苦心的向各方面提出意见，做艰难的解释工作，要求商会、政府与民众一致。然而他对于谁来破坏群众组织的时候，他一点不客气的指出。他在统一战线上的警惕心是异常敏捷的。"

最后，杨之华写道："我们在纪念秋白同志殉难二周年的今日，在沉痛中呼号中国人不杀中国人！……我们数十万被难的家属时刻在沈痛中追念着自己的亲人！但在沈痛中还时刻都在认清谁是我们全体民族的最大敌人，我们为国不计私仇，然而我们坚决的要求南京政府应当立改前此错误的政策，以抗日为前提，与我们民众站在一起来救我们危如垒卵的民族生命!"

该文写得很有气势，以宏观大局审视动荡复杂的政局形势，将"小我"与"大我"很好地结合起来——感情交融在政论里，使人感受到回肠荡气的高尚情操。此文堪称杨之华一生中的杰作之一。

［注］

［1］丁景唐在苏州古旧书店意外地买到两册《救国时报》合订本，先后赠送给两位友人，其中一位友人不幸英年病逝，其家属送还合订本，供笔者研究所用，在此表示衷心感谢。其合订本的扉页上留存丁景唐原题赠文字，落款为"一九九三年二月十七日于苏州古旧书店"。

［2］《吴玉章回忆录》，中国青年出版社 1978 年版，第 177—179 页。

［3］《回忆陈潭秋》，华中工学院出版社 1981 年版，第 125 页。

［4］丁景唐《记两本悼念瞿秋白同志的书》，收录于丁景唐《学习鲁迅和瞿秋白作品的札记》，新文艺出版社（后改为上海文艺出版社）1958 年 8 月初版，以后多次再版（详见本书《丁景唐〈学习鲁迅和瞿秋白作品的札记〉》）。

被淡忘的《一个回忆》

鲁迅先生逝世后，1936年11月6日《申报》“文艺专刊”发表了一组纪念诗文，其中有许钦文《鲁迅先生与文学》、平林杏子《悼鲁迅》，以及《一个回忆》（署名庸之），该文不长，现抄录如下：

因为海外一位朋友要我转给鲁迅一封信，我才与他有一面之缘。信原是很普通的，我可以交到内山书店转给他便完了。不过朋友的叮嘱要我面交，并有事要我同他面谈，因此，不得不去找他见面。

那天我浴着温和的日光走到内山书店，说明了来意，内山先生要我等一等，他代我通知。我坐着等了一时，不料来的却是一位女士，经内山先生的说明，我才知道她是鲁迅先生派来的。

“我是周先生的学生，”她自己先介绍了：“周先生不在家，有什么事，我们不妨先谈谈。”她很温和的说。

“这是×君的一封信，你可以看看。”我从衣袋中拿出一封信，一面递给那位女士，

一個回憶

庸之

《申报》刊登庸之《一个回忆》

一面这样说。

她看了后，知道×君嘱咐有事要我们面谈，信也须面交，她依旧将信交还了我。并代约定了第二日的见面的时间和地点。

次日我到内山书店，鲁迅先生已经来了，他当门斜坐着，面色很灰暗苍老，衣服不大整洁，两眼却很有力的看视我。当然也是经内山先生说明一下，我们便开始谈话。

我把×君的信递给他。

"昨天同你见面的那位，是我的老婆，她告诉你，她是我的学生吧?"他一面看信，一面微笑着申（声）明似的说。

"呵呵，"我只这样应了一下。"那就是你们两地书上的广平女士吧？"想这样说一句，但只差着未说出口。他旋即站了起来。

"我们到前边咖啡馆里细谈好吧?"他看着我，我只点了下头，便同他走出内山书店。

我们走到距内山书店约有半里许的一家小咖啡馆中。坐定后，他拿着信在继续看着。看完了信，很愉快的向我说:

"你看我的身体怎样呢? 他们总是担心我的身体。其实他们在国外过久了，见惯了硕大的西洋人，自然觉得我的身体瘦弱了。究竟我并没有什么病，看来似乎不结实，实则也还好，我天天都在劳动呀。"他操着杂有些绍兴土音不纯熟的普通话在幽幽的说。

"我倒盼望你能如朋友们的期望，到国外去休养一时。"我不加考虑的这样回答他。实则我真有点可怜这位老战士，他身体是那样不行，环境又极惨酷的压迫他。这样内外交攻，他怎样支持呢?"并且×君恐怕你在经济上有困难，他另外托了朋友代你筹借，到了那里才归还，而且这位朋友已慨诺了。"我继续着说。——这是朋友要我当面说穿，怕他为经济而烦恼。可是他的身体好不好，我却没有回答他。因为我看他对自己的身体相信颇强，实则他的身体又那样不行，我怎好直答呢。顺便我还告诉他，海外的朋友们听到许多不利于他的谣言。大家都放心不下，因此更是希望他到国外去住一时。

他笑了笑，吸着纸烟，慢吞吞的说:

"谣言呢，这是一年到头都有的，怎能顾得了那许多，到国外去住一时，自然是好，而且也曾经这样打算过。但若果是为谣言嚇走的，那倒不必。因为在国外也是不能久住呀，回来还不是要到中国来，那时谣言或者更多了。"

他说了这些话，跟着突然问我认不认识先生。我告诉他在十年前便认识，并且还是我在大学的教员。

他听到我认识徐先生。因此他告诉我许多关于徐先生的消息，从徐先生的近年生活，和他死的经过，以及他自死后还有许多关于他的谣言。并且告诉我他正在为他搜集各种遗作，预备要半年的工夫，将徐先生的遗著编成功。并整理好自己的一切东西，然后才谈到出国的事，现在不能即时出国，这也是重要的原因。

“他的遗作实在是可宝贵的，它将给予人类很大的贡献，我为他编辑遗著，倒不仅是为朋友的私情。”最后他微带一点伤感的声调这样说。

我静默了一时，问他是否预备写复信与×君，他略一思索，说：“不必了，请你代我告诉他们吧。”

最后，我们约定了通信和见面的所在。因为我曾经要求他将来在文字上，或者有请求他的地方。

我们相偕走出咖啡馆，彼此轻轻的点了下头，便背道走开了。我走了约有五码远近，回头来看他，他正慢慢的斜披着阳光向西北角上走去。

分别后，未曾有第二次见面的机会。后来在报纸上，发现这位老战士死的消息，给予我一下严重的刺激！半天我都透不过气来。这几天来，我只是在报纸上找寻关于他死后的消息。毕竟我们这位为民族解放斗争的老战士的精神已分布给广大群众！连日来成千成万的工人学生及店员都争着去瞻仰我们已死的老战士的遗容，这不是说明，他的未了事业，已有这些后死者继承了吗？

长期以来，《一个回忆》并没有引起鲁迅、瞿秋白研究者的重视，更没有人去探究此文作者“庸之”是何人。

其实，“庸之”是南京大学历史系教授胡允恭。当初他订阅《申报》时曾使用“胡庸之”名字，此后第二次被捕时，他把“胡庸之”的“之”字去掉，填上“胡庸”。他撰写的《金陵丛谈》（人民出版社1986年版），由各种回忆内容的文章组成，其中也有同标题的一文，最后写道：“一九三六年我从国民党监狱出来不久，即听到鲁迅先生不幸逝世的噩耗，我十分悲痛。为了哀悼鲁迅先生，我以‘庸之’的别名写了《一个回忆》一文，发表一九三六年十一月六日上海的《申报》上。内容大致与本文（相）同，但限于当时的环境，有些内容不能说得很明朗。”

20 世纪 90 年代，胡允恭和患难与共的妻子陈桓乔先后辞世，他们夫妇早年曾为党工作。1926 年秋，陈桓乔在广州周恩来家里认识著名共产党人向警予（刚从苏联回来），称她为“大姐”。大革命失败后，她被向警予提名做助手，她俩一起被捕，同牢难友，直至向警予英勇牺牲。陈桓乔写有《我和向警予相处的日子》一文，也收录《金陵丛谈》（附录）。

胡允恭（1902—1991），安徽长丰人，又名胡邦宪、胡克波、胡萍舟，早年就读于国共两党合办的上海大学社会学系，与杨之华等人同班，听过社会学系主任瞿秋白讲课，在校时胡允恭加入共产党。此后调到广州工作，担任黄埔军校秘书，兼任《青年军人联合会》会刊记者。他在周恩来领导下开展工作，与陈赓、蒋先云、许继慎等关系密切。

北伐战争中胡允恭受伤，经前委书记聂荣臻安排，改为从事党的政治工作，办过刊物。大革命失败后，他坚持搞地下斗争。1929 年春，胡允恭奉命到上海，担任江苏省军委秘书（省委书记李维汉）。经周恩来建议，胡允恭办起秋阳书店，其营业部设在南成都路、西藏路口租的一幢石库门房子。按照周恩来指示，书店出版发行进步书刊，并作为党的秘密国际通信机关。后被张国淦（张国焘弟弟）出卖，胡允恭等人被捕，书店被查封。1930 年 7 月，胡允恭无罪释放，转到青岛工作。

1932 年 4 月，胡允恭被调回上海工作，却受到王明小宗派骨干李竹声（上海中央局书记，后叛变）排挤，致使他的工作迟迟没有被安排。几个月后，因叛徒出卖，胡允恭的妻子陈桓乔被捕。经朱蕴山设法相救，陈桓乔“保外就医”出狱。朱蕴山还介绍胡允恭去十九路军工作，协助联合红军反蒋工作。“福建事变”失败后，陈铭枢等人在香港成立“中华民族革命大同盟”，胡允恭被委派到上海筹建该机构的上海支部。

一九三六年春初，我在香港陈铭枢处，陈告诉我：苏联党和政府邀他和鲁迅先生一同访问苏联，还有些旅苏青年作家也来信邀请鲁迅先生去苏联休养。苏联政府及青年作家给鲁迅先生的信不便邮寄，要我去上海把信直接交给鲁迅。

我受陈铭枢之托，来到上海内山书店，说明了来意，内山先生要我等一等，他代我通知。我坐着等了一时，不料来的却是一位女同志。经内山先生的介绍，我才知道她是鲁迅先生派来的。……

这是胡允恭收录《金陵丛谈》中的《一个回忆》（以下简称“新文”）开头，与以上《申报》刊登的同标题一文（以下简称“旧文”）对照，便可知道当时胡允恭去上海内山书店找鲁迅的原因。

安排鲁迅去苏联休养一事，据胡愈之回忆，苏联方面通过共产党组织邀请鲁迅去休养不止一次。1936 年初，共产国际号召建立反法西斯人民阵线。中共代表团已在巴黎办有《救国时报》，邀请国内外抗日民主人士去莫斯科，其中有陈铭枢，他后来从香港搭乘法国轮船，经巴黎去莫斯科。

这时，胡愈之从香港到上海，在北四川路一家饭馆约鲁迅见面，述说了去莫斯科的交通情况。鲁迅说：“非常感谢苏联朋友的好意，但是我不去。……我五十多岁了，人总要死的，死了也不算短命，病也没那么危险。我在上海住惯了，离开有困难。另外我在这儿还要斗争，还有任务，去苏联就完不成我的任务。……我离开上海去莫斯科，只会敌人高兴。”

胡愈之回忆此事时，强调说：“这件事完全是由党办的，外面从未泄露过。鲁迅也从来未告诉人。许广平同志写的回忆中说，是陈铭枢来信邀请鲁迅去莫斯科，是不符合事实的。可能鲁迅无意中说过陈铭枢要去莫斯科，许广平同志记错了，以为是陈铭枢邀他去，事实并非如此。”[1]

显然，胡愈之未看到胡允恭写的《一个回忆》，也不清楚陈铭枢派胡允恭后去会见鲁迅，并写了一封信。许广平是当事人，见到胡允恭，并把陈铭枢的信转交给鲁迅，当然知道陈铭枢邀请一事，但是她并不清楚此事的政治背景。陈铭枢也回忆说：“1936 年我应第三国际……之邀赴莫斯科（原欲我与鲁迅先生同往并照顾他，后他病了不能同去）……”[2]

胡愈之约见鲁迅，可看作是先行“吹风”。此后，胡允恭到上海再次邀请，则是落实“同赴”，前后两件事互有关联，并不矛盾。

多年后，胡允恭重写“新文”，可以作为“旧文”的注解，便于读者看明白，包括关于鲁迅编辑瞿秋白遗文《海上述林》等事。“新文”写道：

我们在闲谈中突然谈到了瞿秋白同志，鲁迅先生问：“你认识秋白同志?”我答：“在十多年前便认识。”

他听到我认识秋白，因此他告诉我许多关于秋白的消息：从秋白近年的生活和他死的经过，以及他死后还有许多关于他的谣言。他告诉我：秋白丢下好多翻译文稿，要我整理。我决定在健康还许可的情况下，尽快把他的两本书编成，只有这样，才对得起死去的朋友。其实，这也是我不能去苏（联）的原因之一。

由于鲁迅先生谈到瞿秋白同志的译文，我问："译文叫什么名字?"鲁迅先生答："叫《海上述林》，预计有两厚册，今冬明春一定出版。"我说："秋白同志是我的老师。"鲁迅先生说："那你是上海大学的学生了?"我答："是的，当时秋白同志是我们的系主任。"鲁迅先生问："在《逸经》上发表秋白《多余的话》，你看到了吗?"我答："早就看过了。《逸经》向来善于造谣，但文字似乎象秋白的。豫翁，你看会不会是秋白写的呢?"鲁迅先生说：是瞿秋白的文字，这点用不到怀疑。他临牺牲前还有过类似的诗。

夕阳明灭乱山中，落叶寒泉听不同。

回首十年坎坷事，心持贝叶万缘空。

我说："上海国民党特务方面，对秋白的谣言很多，你是如何看法呢?"鲁迅先生说："我同秋白相处很久，我家一张帆布床可说是专门为他准备的，我们有时谈到通宵。他一向多愁善感，说明还有一点小资产阶级习性。《多余的话》就是这种反映。至于那些造谣专家们，幸灾乐祸，把《多余的话》说成是秋白同志以此向国民党请命，这是他们的惯伎，毫不奇怪。柔石被捕时，我还搬到旅馆去住了。我不是不相信柔石，而是怕国民党特务跟踪到我家。秋白离沪前常住我家，但他被捕后，我连家也未搬。我知道他是作过多年地下工作的老布尔什维克，而且他又是夜间来，夜间去，根本不会出问题。因此，我当然用不着搬家。据我所知，其他常和秋白同志来往的一些朋友也都没有搬家。因为我们坚信秋白同志政治上是坚定的。秋白同志遇害时，仍神态自若，生死置之度外，这也就是明证。"我插话说："我知道秋白同志的生世，他多愁善感的弱点是和他出身在一个没落的家庭里，幼年就倍尝辛酸有关。秋白同志在苏联写的《赤都心史》也充满了多愁善感的情绪。同时我亲眼看到他第一个夫人王剑虹同志病逝时，秋白同志相当悲伤的情景，这也反映了他的多愁善感。"

鲁迅先生又说，宋希濂杀害秋白时，秋白的态度自然，从容就义，"求仁得仁"！凭借《多余的话》来造谣生事，我们应予以坚决的抨击。

鲁迅先生谈得很愤慨，我不敢再谈下去，恐（怕）影响他的身体，便向他告辞。不料我未及回到日本，便被国民党逮捕，因之和鲁迅先生一别竟成永诀！

“新文”“旧文”相对照，便可得知“旧文”中提及的“大学”，系上海大学；“先生”、“徐先生”（徐，瞿的谐音），即瞿秋白；“为他编辑遗著”，指鲁迅编的《海上述林》。不过引用的瞿秋白绝命诗《偶成》，与原诗有些出入。

“新文”双方对话时，都称“秋白同志”，而不是“瞿先生”。值得注意的是“旧文”关于“他自死后还有许多关于他的谣言”等简单内容，在“新文”里出现的却是几大段文字，特别是鲁迅说的一席话，完全不像出自谨慎多疑的鲁迅之口，而是像共产党人一番慷慨激昂之言论，极大地冲淡了“新文”内容的真实性。

“旧文”虽然有些事情和名字被迫隐去，但发表于瞿秋白牺牲的第2年，鲁迅逝世的半个月后，仅从纪念这两位曾共同领导20世纪30年代左翼文艺运动的著名人物来说，“旧文”具有不寻常的意义——第一次出现，这是作者当初写此文未曾料到的。

其次，“旧文”中鲁迅有些话语还是可信的，可以与胡愈之回忆相印证，互为补充，或多或少反映了鲁迅婉言谢绝赴莫斯科的真实想法，其中也有鲁迅执意要编完瞿秋白遗著《海上述林》的决心。

再次，“旧文”补充了鲁迅一段生平史料，包括他谢绝赴莫斯科的一些生动细节。

［注］

［1］胡愈之、冯雪峰《谈有关鲁迅的一些事情》，载《鲁迅研究资料》第1辑。

［2］《陈铭枢回忆录》，中国文联出版社1997年版，第130页脚注。

瞿秋白遗著《乱弹及其他》

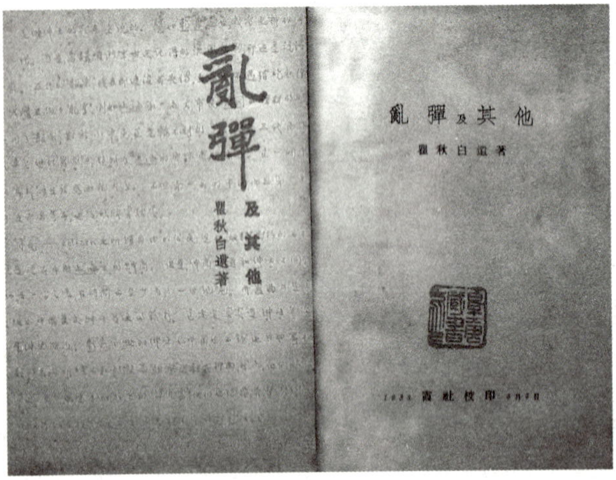

霞社初版本《乱弹及其他》

1938 年 5 月 5 日，谢旦如以霞社名义出版了瞿秋白遗著《乱弹及其他》，完成了鲁迅生前来不及完成的事情。此书影响很大，流传的各种版本也很多，造成一些误传。1956 年 9 月，在上海市委宣传部工作的丁景唐经过一番搜寻、考证，撰写了6000 多字的长文《关于〈乱弹及其他〉的出版》（后经修改，收录《学习鲁迅和瞿秋白作品的札记》，上海文艺出版社 1961 年 9 月新 2 版），披露了大量的第一手资料，纠正了多年的误传，澄清了事实。丁景唐和方行（文操）合编《瞿秋白著译系年目录》（上海人民出版社 1959 年 1 月初版）首次简要介绍《乱弹及其他》各种版本。

（一）

1933 年 2 月，瞿秋白夫妇离开隐居的南市紫霞路 68 号之前，瞿秋白将许多原稿交给谢旦如保存，其中就有第一份编辑的《乱弹》原稿。此后，瞿秋白把删改的另一份《乱弹》稿本，并增加了一些文章，交给鲁迅保存。瞿秋白牺牲后，谢旦如精心保存瞿秋白等人文稿，并开设金星书店，自费出版瞿秋白等人译著。

1938 年 5 月，中国军队撤离上海，日军还未完全侵占上海租界，使上海成为错综复杂的“孤岛”局面。在中共地下党组织的领导下，团结留下来的文人，讲究策略，占领阵地，各种进步书刊蓬勃出版，与其他灰色、黑色的出版物形成鲜明对比。

为了避免“因失火或日寇查抄等原因而致失落的可能”，谢旦如选择马克思诞辰纪念日（5 月 5 日），出版瞿秋白留下的《乱弹》等遗稿，取名为《乱弹及其他》；出版机构霞社名称取自紫霞路名，“霞”字又含有东方黎明、朝霞初升之意，以纪念瞿秋白住在紫霞路时期投身左翼文化运动的杰出历史功绩。

《乱弹及其他》是谢旦如自费出版瞿秋白遗著遗译中第一种，接着他还重版或拟校印出版瞿秋白的其他著作，《社会科学概论·附论马·列》、《新哲学——唯物论》、《政治的战术与策略》、《俄国革命运动史》等，在《社会科学概论·附论马·列》（霞社 1939 年 2 月初版）最后的出书广告里，第 1 本就是瞿秋白《乱弹及其他》，定价 1 元 3 角（后调价为 1 元 7 角），在其他书价中是最高的。谢旦如还校印了瞿秋白遗文集《街头集》（1940 年 1 月 1 日出版），书后有《乱弹及其他》广告：

瞿秋白先生是一位革命的先驱，在中国大革命史上占着极重要的地位，著作很多，但关于文艺方面的却少见，本书为作者三十余万言之文艺遗著，大抵依据原稿核印，版式与《街头集》一例。

《乱弹及其他》初版本比较精美，25 开，比一般 32 开书籍的高宽尺寸要大出许多，正文 468 页，比较厚实。初版本分为 3 种类型：纪念本（黑色皮封面，书名烫金）、精装本（黑布面，书脊红字），以及平装本。这 3 种的整体策划和装帧、版式等可以与鲁迅编校的瞿秋白译文集《海上述林》相媲美。

平装本封面设计很大气，成为霞社版的典范。封面右上为竖排的红字书名，设计比较新颖，“乱弹”繁体字很大，为瞿秋白手迹；其下竖排左右两行标宋印刷字体，右边为书名后半部分“及其他”，左边为“瞿秋白遗著”，这是第一次公开亮出，《海上述林》封面也未这样设计。封面浅黄色底纹，浅印瞿秋白《乱弹（代序）》的手迹小字。封面外面还加了橘红色护腰，特别醒目，其上为横排上下两行黑字，“瞿秋白遗著乱弹”，“平装 1 元 3 角”。

内封书名横排，署名仍为“瞿秋白遗著”，下端居中“霞社校印”（即与作者手稿进行“校排”），字体大些，两旁是小字，分别为“1938”和“5 月 5 日”。背面下端注明“精装二元五角”，“平装一元三角”。扉页上是一幅首次公开的瞿秋白黑色侧面胸像剪影，这是 1930 年 8 月瞿秋白离开莫斯科回国途经德国柏林时，请当地艺人创作的剪影作品，删去了原来剪影右下侧的一行拉丁拼音化名和“1930、8”。

全书分为上编、下编，上编为《乱弹》，共有 26 篇文章和诗歌《“向光明”——新打油二章》、小说《“矛盾”的继续》。下编分为 4 个部分，有“论中国文学革命”（5 篇），“论‘大众文艺’”（4 篇），“论文辑存”（15 篇），“译文补遗”（2 篇），这绝大部分文章都是首次发表。

瞿秋白生前曾自编《笑峰乱弹》一组 5 篇杂文，并写《乱弹（代序）》（1931 年 9 月 7 日），先后发表于丁玲主编的左联机关刊物《北斗》。这 5 篇正是《乱弹及其他》初版本上编《乱弹》前面 5 篇，排列顺序也相同。显然初版本的目录应是瞿秋白亲自确定的，或者说当初他把《乱弹》等文稿交给谢旦如时，已有希望以后出版的意图。

瞿秋白交给鲁迅的是另一份删改的《乱弹》等文稿（现在已辑入 14 卷《瞿秋白文集》），与霞社初版本上编《乱弹》文章进行核对，可以发现比前者缺少《猫样的诗人》（原题《猫样的温文》）等不少篇目，而且文字上有删改，编排也有变动，除了前面增加文章以外，再分为《水陆道场》、《财神还是反财神?》、《新英雄》为小标题的一组组文章，形成完整的整体编目。

霞社初版本上编还有诗歌《“向光明”——新打油二章》、小说《“矛盾”的继续》，这是首次发表，但是至今已过去 80 年了，依然无人评析。

《“向光明”——新打油二章》，落款“十一，十一”，应是 1931 年 11 月 11 日。事前瞿秋白写了千字文《猫样的温文》（后改为《猫样的诗人》，删改比较多），热嘲冷讽之后，意犹未尽，写下《“向光明”》第一首打油诗，“怎么连这玩艺儿也不来跟我学习，性的理论需要我的爱的实习。……你忍心叫人‘三月不知肉味’？”当然这并非专指徐志摩，应理解为泛指。

《“向光明”》第 2 首打油诗，讽刺类似胡秋原“勿侵略文艺”的论调，并在诗后说明里列举苏俄文学家卢那察尔斯基的剧作《解放了的董吉诃德》

的台词进行反驳。当初鲁迅根据该剧本的日文版和德文版转译了第一场，以后由精通俄文的瞿秋白直接翻译，因此他很熟悉剧中的台词。

瞿秋白把《“矛盾”的继续》称作为小说，这在他的500万字的著作中很少见（他还写了另一篇小说《小妹妹》，另撰文详述）。该小说揭示了社会各种矛盾，其中出现了丝厂女工的形象，这与杨之华提供的素材有关（杨之华在大革命时期搞女工运动）。小说还通过人物的言行，批判和讽刺反动的“民族主义文学”和反动当局卖国政策。

《乱弹及其他》下编辑入瞿秋白遗作《学阀万岁》、《大众文艺的问题》等26篇，如今绝大部分都收录《瞿秋白文集》（文学编）第1卷至第6卷，但未收录《请脱弃“五四”的衣衫》一文。当时谢旦如整理瞿秋白《乱弹》等文稿时，发现粘贴的此文剪报，便认为是瞿秋白撰写，顺手辑入《乱弹及其他》。丁景唐和方行（文操）合编《瞿秋白著译系年目录》首先指出这是误排，这个观点一直延续至今。此文究竟是瞿秋白撰写，还是他人撰写，有待考证。

下编最后的一组两篇“译文补遗”，分别是《高尔基和第二次的世界大战》和《新土地》残稿。鲁迅保存另一份《乱弹》等文稿，其中《高尔基和第二次的世界大战》一文也作了修改，如第一段原来没有明确为“译者按”即瞿秋白写的说明，改为“译者按”后，便于区分下面的问答译文，层次分明，让读者明了。新中国成立初，冯雪峰将此译文辑入4册8卷《瞿秋白文集》时，进一步改题为《关于第二次世界大战的问题的答复》，这更符合译文问答形式。

瞿秋白《新土地》残稿一事，令人非常惋惜。这是鲁迅最初交给瞿秋白翻译的苏联作家格拉特柯夫长篇小说《新土地》，反映苏联现实生活的。为了设法得到俄文原著，防止反动当局查获，瞿秋白想起远在苏联列宁格勒的曹靖华，把需要翻译的书籍列出单子，辗转寄给曹靖华。曹靖华把瞿秋白所需的书籍报刊经欧洲寄给鲁迅，然后再由鲁迅转给瞿秋白。

瞿秋白抓紧时间译完《新土地》，写信给曹靖华：“这书已译好，交商务印行。出版时，我要写一篇序文印在书前，这序文只有五个大字，就是‘并非乌托邦！’”小说译稿原拟在1932年第4期《小说月报》上刊登，但是，在“一二八”淞沪抗战中，商务印书馆遭受日军炮火的轰击，小说译稿也被同时焚毁，只留下未定稿几页残篇。

如今能查到的当时评论霞社版的文章仅有一文，即编辑《鲁迅风》的金性尧写的《大恋之所存》（详见本书《〈鲁迅风〉刊载瞿秋白遗文》）。

（二）

霞社初版本《乱弹及其他》问世后，受到广大不同层次读者的热烈欢迎，成为传诵一时的文艺理论著作，产生很大影响。霞社 3 年里接连再版 3 次，时间分别是 1938 年 12 月 1 日（“二版”）、1939 年 11 月 20 日（“三版”）、1940 年 7 月 15 日（“四版”），解放初（1949 年 6 月 18 日）又印行新版改名为《乱弹》，创造了此类书籍销售量的惊人纪录。

“二版”与初版本同样为 25 开本，其余装帧等都相同。“三版”、“四版”印行时，受到纸张价格上涨的影响，版式改为 28 开本，把原来 25 开本内的“天地”和四周都缩小。封面书名和作者名字套红，改为上下两行横排，衬底浅印的瞿秋白手迹改为《马克思》译稿的笔迹，而不是原来的《乱弹（代序）》手迹（与霞社版的《社会科学概论》封面衬底手迹相似），“四版”封面左下角还盖有朱红的“霞社印章”。扉页是瞿秋白胸像剪影，随后才是内封书名等，其余的总页码等均未变，书价提高为每册 2 元 5 角，几乎是原来书价的一倍，这是当时物价飞涨所迫。

值得注意的是书末出现一张勘误表（紧接着《新土地》残稿文后），列出 9 处，大部分为漏字，一处是外文字母排错，这些在鲁迅保存的另一份《乱弹》等文稿中则已改正。这张勘误表带来许多疑问，有待考证解决。

解放初，霞社新版本书名改为《乱弹》，封面书名和“瞿秋白遗著”套红，仍然是上下两行横排，并恢复初版本的瞿秋白《乱弹（代序）》手迹衬底。内封增添四周细框，书名、署名均同初版本，下端中间仍为“霞社校刊”，左右两边为“1949 年”、“6 月 18 日”。这时间是瞿秋白就义的纪念日，显然是特地挑选的，并同初版本的马克思诞辰纪念日“遥相呼应”，这在瞿秋白著译所有的版本中独一无二。

内封背面是版权页，其中总经售为香港（三联书店）“生活 · 读书 · 新知联合发行所”，香港嘉华印刷公司承印。显然此书是在香港完成出版诸事，定价每册 8 元港币，印行 2000 本。扉页上的瞿秋白胸像剪影，正好与初版本的剪影换个方向，即将原面朝左改为向右，剪影作品的高度也略有压缩。

目录仍然分为上编、下编两大部分，但是删除了初版本下编最后的一组两篇“译文补遗”。正文共有442页，完全按照初版本依次排版的页数，后面删除的第443页至第468页，正好是初版本下编的最后两篇“译文补遗”。“三版”、“四版”最后勘误表中的9处错漏字等，仍然未改，保持初版本的原貌。

新版改名的《乱弹》还有一种版本，也是香港印刷的，基本版式、总页码和售价相同，但是有几处不同。封面设计相似，不过右下角增加了“霞社校刊”，左下角增添了瞿秋白胸像剪影小样，删除了原来扉页上的胸像。

（三）

1946年7月1日，佳木斯东北书店、西北晋察冀新华书店分店根据霞社初版本进行翻印，采用相同书名《乱弹及其他》。

1946年东北书店翻印本，有两种不同封面的版本，一是黑绢封面的精装本，一是蓝色布封面的精装本。两者封面的书名均为烫金，行楷，简体字，书脊上有书名和“东北书店印行”烫金字样。两者均为32开，小于晋察冀翻印的25开本。

内封重新设计，整页底纹淡黄色花纹，最上端为咖啡色小字“瞿秋白遗著”，横排居中。其下居中为咖啡色书名，美术字体，且拉长。下端居中为“东北书店印行”，衬底为咖啡色的弧形长带状花纹。扉页上没有瞿秋白胸像剪影，上编和下编则各占1页，印刷纸张稍差些。

目录3页，也是分为上编、下编两大部分，最后保存一组两文的“译文补遗”。正文384页，书后附有《出版者后记》和编辑的《一点声明》，共4页。每个页码数字均排在上面偏旁，这与霞社版本截然不同。

晋察冀翻印本的开本、版式均同霞社版本，也是25开本，目录4页，正文466页（比霞社版本少了2页）。两种翻印本书后都附有同一人写的《出版者后记》和编辑的《一点声明》，共4页，扉页上没有瞿秋白胸像剪影。

这本书因辗转传阅，封面脱落，末页脱落。又因原书在解放区再没有发现第二部，只付缺如，将来找着了另一部原书，再补印一页。特此声明，并向读者深致歉意。

这《一点声明》附录在最后 1 页，占据中间部位，以示醒目。由于幸存一本霞社版本的封面和末页脱落，因此两种翻印本的封面都采用美术字体，最后“译文补遗”的《新土地》残稿也缺少了最后近两页的内容文字。

此翻印本是邓拓主持的晋察冀日报社出版的。该报社除了正常的出报工作之外，还是一家出版社，发行机构为新华书店晋察冀分店，翻印延安解放社出版的马列著作，并出版普及读物。邓拓在《报社五年回顾》的讲话中说：4 年多出版书籍 129 种，近 80 万册。其中出版的《毛泽东选集》，被称为“第一个系统的版本”。为了充实报社的资料室，邓拓到处搜罗书籍、文物、地方志，多达几十万册，他还指示资料室编写了有关索引、摘录、统计资料、大事记、手册等。晋察冀日报社还翻印瞿秋白其他的著作，1940 年 12 月，翻印瞿秋白翻译的高尔基小说《马尔华》；1943 年 6 月，印行沙可夫编的《秋白文选》（署名为“文化供应社印”）等[1]。

此翻印本的《出版者后记》具有重要的纪念意义，现抄录如下：

《乱弹》大约出版于一九三六年，去秋白同志遇害的时候不多久。秋白同志是一九三五年六月十八日为反动者所虐杀的，这是一个黑暗的日子。遗文由鲁迅先生收存起来，他这本书，还有他的《海上述林》，都是鲁迅先生编辑出版而流布的。这是最崇高的革命友情的表现。

现在，我们来翻印这本书，去秋白同志就义的时候，已经十年了。秋白同志被害的时候，还在壮年，正当他的革命事业的绚烂时代，倘使他至今还活在人间，在文化运动上，以他的卓越的思想，以他的丰富的革命经验，以他的深博的社会科学和文学理论的造诣，以他的独特的文章风格，他将要写出多少有价值的著作呢！

秋白同志的处女作是《新俄游记》和《赤都心史》，这是他以北京《晨报》记者到革命了的苏维埃俄罗斯去游历后的印象和杂感，出版不久，反动者以“过激”为辞，禁止发行，而且原版也被毁。另外还有一本研究苏联社会主义的著作，原稿售给某书局，由于北洋军阀政府以至国民党政府，都不准印行，“一二八”又被毁于炮火了。

大革命时代，秋白同志写了很多政治论文，对于戴季陶反动思想的批判，以至陈独秀孟什维克路线的斗争，起了重要的作用，研究中国大革命史，研究中国共产党史，那些论文，都有极高的价值。

这一本书，是秋白同志的文艺论文的结集，里面所收辑的主要是关于文艺评论，文学革命，文艺大众化等问题。这些论文，写于一九三一至三三年之间，那时秋白同志在上海，领导着左翼文化斗争，在极端反动政治之下，他用了马克思主义的观点和特别的文章形式，来评论那时文艺问题，这和鲁迅先生一样，如空谷的足音，引起普遍的反响，是新文学运动的最重要文献之一。

秋白同志的政治论文之外，《海上述林》是他的译书，而他的几本初期作品，又被反动者所毁，所以这一本关于文艺问题的著作，是他的仅存的遗著。这是革命前驱者的丰碑。但是本书在解放区里，恐怕已是一个孤本，为了使革命者的业绩不至于被湮没，为了便利解放区文艺工作者以及文艺青年们来研究秋白同志的文艺思想，我们特地来翻印这本书。

本书的排版，全照原样。原样大抵是鲁迅先生所设计，质朴而精美。可惜原书的封面已经脱落，我们不得不另外补制一个。原书里面有若干显然的错字，都已依着上下文的意思加以改正。

由这一本遗书的出版，我们可以深切的知道反动者对于革命者的格杀是怎样的残酷。这一点，正如鲁迅先生所说："我在中国，看不见资本主义各国之所谓'文化'；我单知道他们和他们的奴才们在中国正在用力学和化学的方法，还有电气机械，以拷问革命者，并用飞机和炸弹，以屠杀革命群众。"（《且介亭杂文》：《答国际文学社问》）此刻去鲁迅先生说这话的时候，已经十二年，但是鲁迅先生所揭示的帝国主义及其奴才们——中国反动者用近代科学以拷问革命者的事，这，我们在秋白同志身上看见一个深刻的实证。胜利以后，帝国主义及其奴才们在中国用飞机，用炸弹，还用坦克，用火箭炮来屠杀民众的事，这，更是我们此刻身历其境的大灾难了。

一九四六年六月十八日

经张闻天研究专家程中原考证，初步认为此《出版者后记》系张闻天撰写。张闻天远在东北佳木斯，时任中共合江省委书记兼省军区组织部长，他写的后记怎么送到路途遥远的张家口晋察冀日报社，双方怎么沟通和联系，等等，这些疑问有待于考证。

张闻天与瞿秋白之间的复杂关系，另撰文述说。以上这篇后记高度评价了最初出版《乱弹及其他》的重要意义，以及述说了翻印此书的必要性。由于各种原因，后记中有些差错，最突出的是把最初出版者误为鲁迅，并推测是鲁迅亲自设计该书装帧、版式等。此言论直接影响了有些研究者的思路，出现了一些误传的说法。对此，丁景唐撰写了长文《关于〈乱弹及其他〉的出版》，澄清了事实，才使得后来众多瞿秋白、鲁迅研究者少走弯路。

1949 年 6 月，山东新华书店根据晋察冀翻印本订正后印行，也是 25 开本，横排。封面整体设计与霞社版初版本相似，淡黄色底色，右上为繁体字的书名和“瞿秋白遗著”字样，左下为“山东新华书店出版”，其中“新华书店”四字为毛泽东手迹，其余为印刷体。

内封上方为横排的书名、作者，下端居中仍为“山东新华书店出版”。背面为版权页，注明“一九四九年六月初版七千册”，“本书系根据晋察冀一九四六年版订正后翻印”。这主要指晋察冀翻印本最后缺少近两页的内容，现已补上。此版本的目录占 4 页，正文有 477 页，比霞社初版本多出 9 页。书后也附有《出版者后记》，仅将文中瞿秋白逝世 10 年改作 13 年，删除“可惜原书的封面已经脱落，我们不得不另外补制一个”的文字，其余与晋察冀翻印本相同。

1953 年 10 月至 1954 年 2 月，冯雪峰主编的第 1 套 200 多万文字 4 册 8 卷《瞿秋白文集》由人民文学出版社出版，该文集收录了瞿秋白交给鲁迅另一份修改的《乱弹》等文章，由此正式结束了霞社版本《乱弹及其他》的历史使命。

［注］

［1］张帆《才子邓拓》，海天出版社 1999 年版，第 168 页、第 234 页；《晋察冀日报社书刊出版概况》，载《晋察冀日报大事记》，群众出版社 1986 年版。

《文献》刊登《瞿秋白全集》出版预告

抗战初期，上海沦为“孤岛”时期，钱杏邨（阿英）主持的《文献》刊物第 1 次接连刊登由他主编的《瞿秋白全集》出版预告，但因故未出版。

（一）

1937 年 11 月国民党军队全线撤离上海，只有上海繁华中心区域为法租界和英美公共租界，四周被日军包围，上海沦为“孤岛”，时局险恶。八路军驻上海办事处即“八办”（潘汉年主任，1937 年 12 月奉命调去武汉工作，由秘书长刘少文主持）与中共江苏省委（刘晓书记）密切配合，根据中央指示坚

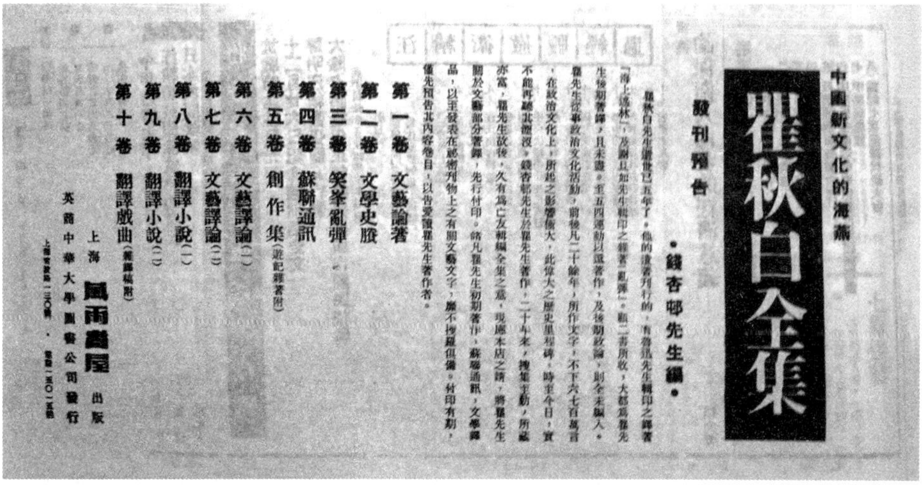

《文献》联页大广告

持斗争。钱杏邨建议创办《文献》月刊，得到“八办”和一些爱国人士的热情支持，组成《文献》编辑部，钱杏邨为总编辑，金学成担任对外经理（解放初任华东军政委员会副秘书长等职务），编辑部成员有李一（李之华，编辑）、张大任（图版编辑，不久离去）、陈宜郁（校对兼总务）等。1938年10月出版创刊号，出至第8卷（1939年5月10日）被迫停止。

1984年，上海书店影印了厚厚的精装本3册，红色硬壳封面，32开，收录《文献》8期，以及附刊3册：《艺术文献》第1册，《妇女文献》第1册、第2册。影印本前添加著名文学家柯灵写的《复印〈文献〉赘言》，以便读者了解有关情况。

《文献》是一个“文摘”式的资料性刊物，按月汇编各报刊发表有关抗战的文章、图片，它与其他爱国刊物成为上海“孤岛”进步文化独特的风景线。柯灵赞道：当时出版《文献》“目的是在斧钺丛中散播火星，划破长夜的黑暗，并为伟大的民族解放战争保存历史文献”，“是一种扎扎实实的奠基工程”（《复印〈文献〉赘言》）。《文献》不仅刊登国共两党领导人近期抗日言论，开设中共六届六中全会特辑（毛泽东讲话等），也设有纪念列宁、鲁迅等人逝世的专题栏目，以及来自国内抗日战况和群众抗日消息，综合分析阐述国际局势和世界反法西斯斗争的进程。刊物设置的栏目富有特色，内容精彩纷呈，抗战政治色彩鲜明，凝聚了钱杏邨等人大量心血。

钱杏邨比瞿秋白小1岁，安徽芜湖人，受到恽代英的启发教育，1926年参加共产党。他与瞿秋白曾同为太阳社成员，但是瞿秋白无暇过问太阳社的具体事务。1931年瞿秋白参与领导左联，为中央“文委”起草有关文件等，钱杏邨以不同方式接受瞿秋白的批评意见。后来，依据瞿秋白指示，钱杏邨、夏衍、郑伯奇打入电影界，为党建立一个具有广泛影响的左翼文化新阵地。钱杏邨代写的立据，见证鲁迅出售《二心集》版权，帮助解决瞿秋白夫妇的生活困难。钱杏邨与瞿秋白有许多相似之处，文思敏捷，多才多艺，著作等身，具有丰富的编辑经验。

瞿秋白先生逝世已五年了。他的遗著刊行的，有鲁迅先生辑印之译著《海上述林》，及谢旦如先生辑印之杂著《乱弹》。顾二书所收，大都为瞿先生后期著译，且未尽。至五四运动以还著作，及后期政论，则全未编入。瞿先生从事政治文化活动，前后凡二十余年，所作文字，不下六七百万言，在政治文化上，所起之影响极大，此伟大之历史里程碑，时至今日，实不能再听其湮没。钱杏邨先生于瞿先生著作，二十年来，搜集至勤，所藏亦富，瞿先生故后，久有为亡友编辑全集之意，现应本店之请，将瞿先生关于文艺部分著译，先行付印。诸凡瞿先生初期著作，苏联通讯，文学译品，以至发表在秘密刊物上之有关文艺文字，靡不搜罗俱备。付印有期，仅先预告其内容卷目，以告爱读瞿先生著作者。

第一卷　文艺论著

第二卷　文学史剩

第三卷　笑峰乱弹

第四卷　苏联通讯

第五卷　创作集（游记杂著附）

第六卷　文艺译论（一）

第七卷　文艺译论（二）

第八卷　翻译小说（一）

第九卷　翻译小说（二）

第十卷　翻译戏曲（杂译稿附）

这是钱杏邨主编《文献》月刊第 4 卷（1939 年 1 月 10 日）刊登一则联页大广告，前面冠以醒目的超大粗黑字体："中国新文化的海燕《瞿秋白全集》发刊预告 钱杏邨先生主编"。落款为"上海风雨书屋出版，英商中华大学图书公司发行 上海宁波路一二〇号 电话一五〇一五号"。

钱杏邨精力旺盛，他负责的风雨书屋有一个庞大的丛书出版计划，准备出版政治、文学、戏剧、翻译等各种书籍，大有成为抗战书籍出版中心之趋势，钱杏邨拟主编的《瞿秋白全集》便是其中一种。除了《文献》第 4 卷刊登此新书预告，第 6 卷、第 7 卷接连以不同形式继续刊登。

按照以上这套 10 卷本的规模，这是第 1 套瞿秋白"文艺部分著译"文集版本，基本囊括了瞿秋白短暂一生的著译活动。如果这套书面世，那么比新中国成立初出版冯雪峰主编的 4 册 8 卷《瞿秋白文集》提前了十几年，令人不得不佩服钱杏邨的胆略和毅力。鉴于瞿秋白著译"影响极大"，钱杏邨竭力想早日完成"此伟大之历史里程碑"——"在斧钺丛中散播火星"。

素有搜集爱好的钱杏邨"二十年来，搜集至勤，所藏亦富"，他是当时搜集和通读瞿秋白遗文最多的人。屈指算来，自1919年五四运动起，他一直关注着瞿秋白的著译活动，是一位很熟悉瞿秋白的“知音人”。

创办《文献》月刊之前，钱杏邨撰写《关于瞿秋白的文学遗著》一文，概括了瞿秋白短暂一生的文学活动，比较完整，在某些方面甚至超过了瞿秋白牺牲后的各种纪念文章。该文透露了“搜集至勤”的一些内容：

> 说到前期，那是更不必说，除掉翻译的托尔斯泰的短篇，一部分收在商务印行的《托尔斯泰短篇小说集》外，可以说全未收集。随手举例，如《曙光》杂志里的译稿《俄国革命纪念》、《马德志尼论不死书》，都是极富有文学性的作品，《人道》月刊上也有《心的声音》，《妇女评论》上也有《托尔斯泰妇女观》，还有许多其他的论著，和《北京晨报》的通讯。回国以后的作品是更多，在记忆中的，就有杂志《中国青年》里的《猪八戒》（创作小说）、《那个城》……[1]

钱杏邨确实很了解瞿秋白的著译活动，如瞿秋白早年发表托尔斯泰短篇小说《祈祷》，与郑振铎等人继办《人道》月刊（前身为《新社会》），筹划《俄罗斯名家短篇小说集》等，直到解放后才逐渐被人们所知。

为了让保存的瞿秋白遗文早日面世，钱杏邨编辑其他文集时设法收录瞿秋白的著译作品。1947年他以“魏如晦”笔名编选《现代名剧精华》（上海潮锋出版社1947年4月出版），收录瞿秋白1920年2月翻译的果戈理短剧《仆御室》（《曙光》第1卷4期）。钱杏邨写的“题记”落款时间却是1937年，指出：“由于作家自己的爱好，或思想转化的关系，常常地有一些作品，被作家自己摒弃诸集外，但这些作品，无论在历史的意义上，抑艺术的观点，却都有保存着的必要，尤其是对于一些有‘历史癖’的读者或戏剧研究者。”由于政治环境险恶，无法直接写明瞿秋白的名字，文字中多用隐喻之义，“保存着的必要”已显示“收录”的宗旨。

在长达半个多世纪的瞿秋白研究史上，钱杏邨应占据早期重要地位，发挥了重要的历史作用，作出了杰出的贡献，但是鲜为人知。

（二）

1939 年 3 月 10 日，新出版的《文献》第 6 卷目录开头的“画报”专栏里，注明“瞿秋白遗像及其手迹（二幅）”。目录后刊有两张照片，一是瞿秋白临刑前的半身遗像，二是他在监狱中书写赠予军医陈炎冰旧体诗的手迹，这在上海是第一次公开发表。这些与连载《瞿秋白全集》新书预告形成了一个纪念瞿秋白牺牲的气氛，也是愤怒控诉反动当局杀害共产党领袖瞿秋白的罪行。瞿秋白的遗像和手迹照片是怎么辗转送到钱杏邨的手里的呢？

瞿秋白牺牲前被关押时，国民党三十六师师长宋希濂下令“优待”，师部军医轮流为瞿秋白“看病”。军医陈炎冰早年曾参加革命，景仰瞿秋白，多次为他看病时交谈，瞿秋白让他转交一信给郭沫若。瞿秋白还将在狱中拍摄的半身照片赠予陈炎冰，并在照片背面题词：“‘如果人有灵魂的话，何必要这个躯壳！但是，如果没有的话，这个躯壳又有什么用处？’这并不是格言，也不是哲理，而是另外有些意思的话。一九三五年五月摄于汀州狱中。”另赠给陈炎冰 3 首诗词《浣溪沙》、《卜算子》、《梦回》，写在 1 尺宽、1 尺 7 寸长的宣纸上。

瞿秋白牺牲后，三十六师移防瑞金，陈炎冰把这些遗件转交给另一位师部军医王廷俊，再三叮嘱要保存好。同年 10 月，王廷俊到南京，生怕出意外，把这些遗件用双挂号寄给美国佛罗里达州威斯康星大学留学的柳亚子二女儿柳无垢。

柳无垢堪称才女，精通英语，译著俱佳，曾任宋庆龄的秘书。柳无垢曾多次听父亲谈起瞿秋白夫人杨之华，留下较深印象。她收到瞿秋白 3 份遗件，心头一震，不由得流下热泪。她专程去纽约，约见华文《先锋报》（周刊）常务编辑陈其瑗（柳亚子老友），转交瞿秋白致郭沫若遗札。

柳亚子设法得知郭沫若在日本的寓址，函告柳无垢。柳无垢想把遗札原件取回寄去，但未能如愿，于是将刊登遗札的《先锋报》寄去，另抄一份保存。1937 年 4 月，柳无垢回国，把遗札抄件和另两遗件交给父亲柳亚子。以后，陈其瑗回国，把瞿秋白遗札原件交给郭沫若。

一日，柳亚子蛰居上海“活埋庵”，看到钱杏邨主编《文献》月刊第 4 卷刊登《瞿秋白全集》出版预告。柳亚子把瞿秋白遗札抄件和另两遗件翻拍成照片，托人辗转送去，希望这些遗件能收录《瞿秋白全集》。

钱杏邨收到抄件和照片后非常重视，设法编入《文献》月刊第6卷“画报”专栏，刊登瞿秋白半身遗像和题词。因未见到瞿秋白遗札原件，未能刊登。

（三）

当时，上海北京路、河南路口有一座通易信托公司大楼，楼上是上海法政学院新办的新闻专修科，讲课的都是共产党人和进步文化人士，钱杏邨也是其中主持人之一，许多毕业的学员后来成为新四军干部。

大楼的地下室就是钱杏邨称为“风雨书屋”即《文献》编辑部，那里原来是堆放杂物的储存室，经整理后，放进书橱，钱杏邨把原来放在新文艺部门的藏书也搬过来，室内又潮湿又阴暗，白天也要开灯。协助钱杏邨编刊物的李一，笔名忻欣，中共地下党员，瘦高个子，受到钱杏邨的影响，也喜欢随手收集史料。他原来是小报《铁报》记者，后来他与钱杏邨一起搞戏剧活动，他俩相处得关系很好，直到钱杏邨去新四军工作。

创办《文献》时，钱杏邨等人设法筹集一批资金，共有十几股，每股50元，但是编辑部经济状况始终很拮据，每期都要亏本，钱杏邨等编辑每月只有15元或20元生活费。有时没有钱吃饭，钱杏邨去买个面包，放在电炉上烤，大家分来吃，喝着白开水，边翻书边聊天。有时闯进来穷朋友，还分享几片面包，钱杏邨只得掏出最后几个钱，再去买个面包，晚上安步当车走回家。钱杏邨有时拿到稿费，便请大家去饭馆吃一顿。平时钱杏邨的钱都花在买书上，看到好文章，还推荐给李一[2]。

编辑《文献》创刊号时只有十几天的时间，内容很丰富，既要设置栏目，编辑来自各方的文字材料，又要插进图片，制作广告，编辑工作非常紧张，每天夜里都要加班加点干。钱杏邨在《编辑部启事》里叹道：“时间实在过于匆促，加以剪辑材料紊乱，缺点当然很多。即在编辑人自己，也感觉着许多地方，不能符合原拟的计划。这只有在第二卷里充实改善了。”钱杏邨的自我要求很高，也很有经营头脑，编辑《文献》创刊号时，已经考虑到合订本和尽快回笼资金等问题，在后面版权页上注明：“每四卷为一辑，预约一辑，特别优待一元计算，以直接向中华大学图书有限公司预约者为限。”“每两辑附增刊一册，约四五十万字，连订两辑者得享半价优待。”钱杏邨的孩子回忆：

每期出版，爸爸总是兴高采烈地带回家，一面给我们看，一面告诉我们党中央、毛主席又发表了什么重要言论，时局又有什么重要进展。……一天傍晚，爸爸从外面回来，他把我们叫到桌边，打开手里的纸包，小心翼翼地取出一叠画片。我们一看，都是照相制版的，大约有二十几张，上面用毛笔画着战士们翻雪山、过草地，……后来，他（爸爸）冒着风险，把这些画用好的铜版纸、道令纸精印了两千册，书名就叫《西行漫记》。解放后，一九六二年这本书再版时，改名为《长征画集》，爸爸告诉我们画的作者找到了，是黄镇同志。[3]

《西行漫记》广告刊登在《文献》创刊号上，与《瞿秋白全集》出版预告一样，也是联页大广告，醒目的超大粗黑字体“西行漫记”，称之为“伟大的历史里程碑！漫画界划时代杰作！”不过因故把漫画作者误为萧华。钱杏邨写下激情昂扬的文字：“当我从一位参加了二万五千里长征同志的手里，接到这一束生活漫画，而逐一看过的时候，我内心的喜悦和激动，真是任何样的语言文字，都不足以形容。虽只是二十五点（幅）的漫画，却充分的表白了中华民族性的伟大，坚实，以及作为民族自己的艺术，在斗争与苦难之中开始生长。”《文献》第6卷后面同时刊登《西行漫记》和《瞿秋白全集》后续广告，一上一下，互为映衬，成为珍贵的历史档案。

1939年夏天的一个晚上，日军和租界巡捕突然出现在《文献》编辑部所在的大楼外面，敌人抄去了钱杏邨等人搜集的所有抗战史料和书籍，连墨水瓶都拿去化验，还在地下室留守了三天三夜，但是他们失望了，空手而归。

当天晚上，编辑部工友小程睡在楼上另一间屋里，没有被找到。他得到好心人的通知，连汗背心都没穿急忙去找钱杏邨。钱杏邨又去通知李一等人，才免遭被捕。随着《文献》被查禁，钱杏邨原拟主编《瞿秋白全集》计划也夭折了，只留下联页大广告，以示后人。

［注］

［1］钱杏邨（鹰隼）《关于瞿秋白的文学遗著》，载《文汇报·世纪风》1938年6月9日。

［2］［3］钱小惠《父亲阿英和李之华同志的友谊》，钱璎、钱小惠《回忆爸爸阿英在“孤岛”上的创作活动》，载《上海“孤岛”文学回忆录》（上），中国社会科学出版社1985年版。

瞿秋白等合译高尔基论文集《为了人类》

挣扎社初版本《为了人类》

1939 年 2 月，挣扎社出版瞿秋白、吕伯勤合译的高尔基论文集《为了人类》，以后多次再版，客观上宣传了瞿秋白（封面上署名）及其部分译作。

丁景唐珍藏了初版本《为了人类》，封面整体为白色，中间偏上为长方形红色底块（贯穿左右），衬托白色书名字体。其右为“高尔基原著”，“瞿秋白、吕伯勤合译”。内封文字与封面相同，四周有双线套红围框。

版权页注明“一九三九年二月初版”，套红图案下印着“精装本九角，平装本七角”。下端为几行竖排铅字，除了注明原著者、合译者等之外，还有“本市经售者：光明书局、潮锋出版社、五洲书报社；浙江总经售：丽水大时代书店”。

（一）

1932 年 12 月，瞿秋白编译《高尔基创作选集》、《高尔基论文选集》，后者根据 1931 年出版的高尔基《社会论文》选译，收录高尔基的原序（1931 年 4 月 15 日），以及他近 3 年内写的 23 篇文章，这些评论、政论性书信、随感等是用散文笔法写的，大部分曾发表于苏联报刊上。

为了便于读者理解这些论文，瞿秋白写的“导言”《写在前面》指出，

“高尔基是新时代的最伟大的现实主义的艺术家”。中国读者已看到了一些高尔基的小说、戏剧，但是还没有《高尔基论文选集》中文本。他认为，这本论文选集反映社会主义建设过程中的各种人物状况，浓缩“几千百万群众的新生活的痛苦艰难的产生过程”。在高尔基的笔下，关于社会一切种种社会现象，“都有透辟的见解和深刻的考察”。能够帮助一般读者了解苏联各方面的社会现象，了解国际资本主义社会的崩溃，能够帮助中国文学界，更深刻地提出许多从来没有人注意的问题，例如反市侩主义的问题等等[1]。

经鲁迅热情推荐，生活书店印行《高尔基创作选集》，却不愿意出版《高尔基论文选集》。鲁迅又向现代书局杜衡等人推荐《高尔基论文选集》，说是译者需要钱，杜衡便寄上预支稿费百元。瞿秋白牺牲后，鲁迅设法赎回《高尔基论文选集》译稿，编入瞿秋白译文集《海上述林》上卷。《海上述林》两卷约有80万字，一半以上是高尔基的论文、小说、散文、故事和诗歌等，其中大多数是瞿秋白在30年代初重返文学园地后翻译的。

《海上述林》的影响很大，引起社会各界关注。此后出现各种翻印版本。挣扎社出版的《为了人类》，与其他赤裸裸的翻印书有所不同，以“合译”名义出现。译者之一吕伯勤写的《序言》介绍了法国著名作家罗曼·罗兰对高尔基论文的评价，最后写道：

> 罗曼·罗兰的这种见解，我是完全同意的，因此曾陆续地译出了高尔基的论文十多篇，在武汉各大报及杂志上部分地发表过，一时搜不及，出版者却又急欲把它出版，同时他擅自主张把瞿译的文字一并编入，在篇幅上，两方面差不多，勉强得很的称之合译。付印后，要我写一点序言，不得已，就此忠实地说述一下，以免剽刮之诮。
>
> 此外，我还要说明一点：原著者的许多论文中，重复的议论很多，他自己也承认，这一点在本书中似乎减少了，却仍多方面反映着新社会的建设过程，关于个人，社会，农民，工人，智识份子，妇女，小孩，文学，哲学，道德等方面，都有极坚强而且透彻的见解。
>
> 对于本书出版者的劳绩，亲自奔走印刷，日夜编校，我仍然是表示十二分的铭感！

《为了人类》中哪些文章是瞿秋白翻译的？其中共收录译文14篇（以下

为前者），与《海上述林》上卷收录的瞿秋白译文（以下为后者，注释以此为准）作个简单比较：

1.《论劳动个人主义与第三种战士》，此未在瞿秋白译文目录中出现。

2.《论个人与大众——相互的赏识》——《亲爱的回音》，译自高尔基同一篇原文。

3.《论第二次世界大战》——《关于第二次世界大战的问题的答复》，前者删除开头“编者按”3个字和原有的1个注释。本文曾收录谢旦如以霞社名义出版的《乱弹及其他》“译文补遗”（1938年5月5日出版），题为《高尔基和第二次世界大战》。

4.《论农村妇女生活》，此未在瞿秋白译文目录中出现。

5.《论妇女》——《关于妇女》，原有注释7个，现有6个注释，删除1个。

6.《论小孩子》——《关于小孩子》，原有注释9个，现有注释8个，删除1个。

7.《论智识份子》（原文如此），分为两部分，其一《给美国的智识份子》，其二《复智识份子》——其一未在瞿秋白译文目录中出现，瞿秋白译文为其二，题为《答复知识分子》，原注释15个，现为15个，或删除，或解拆一为二，或另加。

8.《论仇敌——如果敌人不投降，那就要消灭他》——《如果敌人不投降，那就要消灭他》，后者原标题作为前者的副标题，原注释1个，现删除。

9.《论叛徒》——《论叛徒》，原注释8个，现为7个，删除1个。

10.《论文化》——《说文化》，原注释1个，现删除。

11.《论文化·哲学·恋爱及死亡——答复》——《答复》，后者原标题作为前者的副标题，原注释2个，现为1个，删除1个。

12.《论真实的教育》——《关于真实的教育》，保留瞿秋白原来写的“译者志”，原注释2个，现为2个，未删改。

13.《论文艺及其他》，此未在瞿秋白译文目录中出现。

14.《论人道主义》——《给人道主义者》，原注释4个，现为3个，删除1个。

从以上简单的比较，可以得出如下一些初步看法：

一是《为了人类》翻译者之一吕伯勤也是根据1931年苏联出版的高尔基

《社会论文》或其他俄文材料选译的，翻译了第 1 篇、第 2 篇、第 4 篇、第 7 篇（其一）、第 13 篇文章，其余都是瞿秋白翻译的；前者译文第 7 篇其一（现标题译为《“文化大师们”，你们跟谁在一起？——答美国记者》，最初刊登于 1932 年 3 月 22 日《真理报》、《消息报》），弥补了瞿秋白译文的不足。

二是修改瞿秋白译文标题，显然为了统一，即前面都有个“论”字；或者加上正式标题，保留副标题（即瞿秋白译文标题）。

三是瞿秋白译文原注解，被删除的主要是译文末的注明原文出处（苏联报刊），这是为了减少“赤色”宣传，以免引起上海“孤岛”租界当局和周围地区侵华日军的注意和敌视。

四是打乱原来《海上述林》的译文编排顺序，而是按照吕伯勤的思路编排，把他的译文放在前面。他在序言里提及“我还要说明一点：原著者的许多论文中，重复的议论很多，他自己也承认，这一点在本书中似乎减少了”。“他”，指高尔基；“他自己也承认”，指高尔基原序中解释“重复”一事。因此，吕伯勤试图减少“重复”，这成为他挑选瞿秋白译文的宗旨之一。

五是《为了人类》是竖排本，不同于《海上述林》的横排版，况且收录的瞿秋白译文和挑选保留的原注释基本上没有修改，还是按照脚注的方式；重新排版时，校对下了一番功夫——尊重原译者瞿秋白。该书使用白报纸张，不是黄土纸，保存至今，仍较好。因此，该书并不是草率、拙劣的“翻印书”。

最后附录 3 篇译文（下文详谈）是吕伯勤翻译的，加之前面 5 篇译文，基本上与瞿秋白译文数目相等（吕伯勤在序言中坦言此事）。但是，瞿秋白生前从未提起吕伯勤（可能是化名），他牺牲后却成为《为了人类》的“合译者”，后人因故都不愿意提起此事。

（二）

《为了人类》第 2 篇译文《论个人与大众》（以下简称“吕文”）与瞿秋白《亲爱的回音》（以下简称“瞿文”），译自高尔基同一篇原文。两文开头部分作个比较：

（“吕文”开头）：亲爱的同志们！你们对于我六十四岁的祝贺，不由得给了我很大的感动。我要答以由衷的感谢！老是这样感谢你们对我的友谊和注意，我真感到次数太多了，可是这是你们的不好，并不是我的不好。

好，这些且不去管它吧。可是我们得同意：个人和大众之间的这种相互的赏识，是绝对不能避免的，只要这个人是具有某种程度的成功和忠实而反映着历史所赋与的革命工作的执行者的大众的积极情绪。

同意了这一点之后，我们就可以从大众和个人之间的这些相互的赏识之中，获得了十分单纯的而在我却含有教训意味的结论了。第一个结论，就是大众的不可争辩的教育力量：这种精力影响着个人，而个人呢，反过来把这种精力献给了大众。关于这点，我们已经谈到过不只一次了。

（“瞿文”开头）：亲爱的同志们，对于我六十四岁的庆祝使得我非常感动；诚心的感谢！感谢你们对我的亲爱和注意，在我是似乎太时常了，然而这是你们不好，而不是我。唔，好罢，我们同意：个人和群众互相同情的回音是不可避免的，只要个人多多少少成功的，确定的在自己里面反映着群众的积极情绪，群众是在执行着历史上必要的革命工作。

同意了这个，我们应当从群众和个人亲爱的回音的事实里得到一些简单的，在我看来是很有教训意义的结论。这一个——是群众的无可争论的教育力量：群众的精力充实着个人，而个人把这种充实的力量反映给群众；关于这个，我已经不止说了一次。

显然，瞿秋白严格履行自己定下的翻译原则——直译，忠实于原文。他曾坦率地说：“我的译文，除出按照中国白话的句法和修辞法，有些比起原文来是倒装的，或者主词，动词，宾词是重复的，此外，完完全全是直译的。”[2]“吕文”与“瞿文”相比，有一定差距（可能依据不同外文版报刊翻译所造成的），但是也比较流畅，具有翻译功底，并不是滥竽充数。

《为了人类》附录的3篇译文《世界文化的怆痛》、《直接地从民间来的——有力的，坚强的》、《为人类幸福而生活》。

前两篇译文分别是安德烈·纪德、罗曼·罗兰所作。这两位法国著名作家曾参与筹建“国际作家保卫文化大会”，1935年6月成立时，他俩均为负责人。他俩先后访问苏联，罗曼·罗兰与高尔基多次交谈，但未能私下面谈。纪德则未能与重病的高尔基会谈，6月20日，他参加了在莫斯科红场举行的高尔基下葬仪式，并获得演讲机会，他亲眼见到斯大林、莫洛托夫、卡岗冈诺维奇等抬着高尔基的骨灰盒为其送葬。

回国后，纪德却大胆地撰写了《从苏联归来》（1936 年 11 月出版），尖锐地批评苏联政治状况等。郑超麟（晚年为上海市政协委员）在国民党监狱里根据法文版原文翻译了《从苏联归来》，1937 年 4 月亚东图书馆出版，附录首篇为纪德参加莫斯科红场高尔基下葬仪式时的演讲，即《为了人类》附录首篇译文。前后两者译文基本内容相似，但是具体文字有较大不同；前者未有标题，后者标题显然是苏联官方刊登此演说时加上的，由吕伯勤翻译过来。

罗曼·罗兰写下《莫斯科日记》，表示50年内不发表（现已出版），与纪德当时立即发表见解的态度截然不同。吕伯勤说是“我疑心这题目已经不是罗兰的原稿了”，即罗曼·罗兰纪念高尔基之文，他可能听到罗曼·罗兰不发表《莫斯科日记》一事的传闻。

第 3 篇译文是苏联作家曼代支威格（此为英文译名，可能是奥西普·埃米利也维奇·曼德尔施塔姆，苏联诗人）所作的悼文。该文标题与《为了人类》书名有关，文中指出“高尔基底一切作品底枢轴，就是人类”。并引用高尔基的原话：“一定要学习去爱人类，视为我们行星上的最美丽最特异的物象的时候，我们才可从我们的生活底卑劣性和虚伪性里面解放出来。怀着这样的信念，我将离开人间，而在告别之际，我将毫不动摇地相信，总有一天，世界一定要认出人类乃是‘圣中之圣’。”

吕伯勤认为，这 3 篇译文“一并收入本书，作为我对于这一巨人之死的永久纪念”。

（三）

《为了人类》托名为挣扎社出版，显然这是策划者和编辑、出版者使用的“障眼法”，为了应付反动当局的检查。但是，编辑、出版者是何人呢？

先从第 3 篇译文《论第二次世界大战》谈起，这与谢旦如有关。1931 年初，瞿秋白夫妇被撤销党内职务，经冯雪峰推荐，住进紫霞路 68 号谢旦如家里，隐居近两年后离开谢家。临行前，瞿秋白将第一份自编《乱弹》原稿等交给谢旦如保存。经谢旦如重加编选，1938 年 5 月 5 日以霞社名义出版《乱弹及其他》（由谢旦如自办的金星书店销售），以后几次再版，解放区《乱弹及其他》也是据此翻印。瞿秋白另有一份修改的《乱弹》稿本，则由鲁迅保存，新中国成立后收录《瞿秋白文集》。

谢旦如出版的《乱弹及其他》收录《高尔基和第二次世界大战》，这在当时书市上是“独一无二”，并注明“译文补遗”（对于《海上述林》上卷而言）。显然《为了人类》能够收录此译文，谢旦如理应知道此事，或者得到他的帮助，况且谢旦如与销售《为了人类》的几家出版社（书店）都有来往。吕伯勤在《序言》中有点不耐烦地说：“出版者却又急欲把它出版，同时他擅自主张把瞿译的文字一并编入。”“他”，可能是谢旦如。现在还有一个旁证，也与谢旦如有关。

谢旦如投资改版《鲁迅风》时，也为上海一家天马书店注入资金（详见本书《〈鲁迅风〉刊载瞿秋白遗文》），并在《鲁迅风》上刊登天马书店的新书广告，其中有《苏联文学》（1—3集），每集4角。这是天马书店策划的一套《世界文学连丛·苏联文学》，第1集辑入曹靖华、叶籁士、郭沫若、林淡秋、何家槐、许幸之、郑伯奇等人译文，其中《被压迫的中国人民的挚友高尔基》一文，竟然署名“萧参等”。“萧参”是已牺牲的瞿秋白笔名，生前以此笔名出版《高尔基创作选集》等，显然这是策划者借此笔名为此书作宣传。

《苏联文学》第1集还刊登3篇译文，正是《为了人类》附录的3篇译文（见前文），标题略有不同，文字基本相同，文中还有小标题（《为了人类》辑入时则删除）。但是，前两篇署名为“周游”（文后还有注解，说明原文的出处，第2篇注解还有落款时间“一九三六年七、二五”），第3篇署名“叶舟”，这两个笔名理应是吕伯勤一人所为。《为了人类》辑入这3篇译文时，把原两篇译文注解内容删改，又增加第3篇说明，归纳整理为文后一个注解，介绍了附录3篇文章的各个原作者及文章出处。

这3篇译文再次出现，这与策划者谢旦如等人有密切关系，也可以进一步推断吕伯勤抱怨的“他”——谢旦如是合适的人选。

《为了人类》的经销书店最初有光明书局、潮锋出版社等。光明书局由宁波人王子澄（新中国成立后为上海市政协委员）创办，他为人正派，有正义感，在上海出版同业中享有盛誉。1937年“八一三”淞沪抗战爆发后，国民党军队撤退，上海沦为“孤岛”，光明书局搬入福州路296号一幢三层楼房，楼下设门市部，二楼为办公室，其余地方为书栈。该书局与许多进步作家有关系，出版了许多关于苏联文学的论集。

潮锋出版社创办于1934年，设在江西路（今江西中路）170号238室，经理卢春生。出版社科和文艺方面的书籍，也出版许多苏联文学作品（延续到抗战胜利之后）。最为出名的是首次出版《钢铁是怎样炼成的》（1937年6月），由段洛夫、陈非璜据日译本转译成中文，1939年5月推出战时订正初版，以后多次再版。抗战时期迁移到汉口，改名为大众出版社，后迁到广州、浙江丽水，改名为大时代书局。抗战胜利后返回上海。新中国成立初期，光明书局、潮锋出版社等先后组建或并入新文艺出版社，后为上海文艺出版社。

抗战时期，国统区文学翻译主要特点之一，俄（国）苏（联）文学成为译介的重点和热点，特别是在苏联卫国战争爆发后，出现了俄苏文学译介的高潮，涌现了一批俄苏文学翻译家，为新中国成立后俄苏文学翻译的繁荣奠定了坚实的基础。

上海沦为“孤岛”时期，在中共地下党组织的领导和影响下，通过组织读书会，办书店、演出、编刊，发挥文艺青年的战斗作用。文艺青年的主要活动之一是举办读书会，特别是学习苏联的文学作品，如高尔基三部曲、《母亲》等。

因此，《为了人类》译文集出现并不是偶然的，并成为一本畅销书。出版一个月后就开始再版，至1941年3月已是第5版，价格也随着翻一番。

抗战胜利后，1946年8月恢复出版《为了人类》，说是“新二版”，其实版本式和内容照旧，但封面改为双色油墨——红竖框黑底，中间则是红底白字“书名”（此后封面又改为黑竖框红底）。版权页仍然写着“高尔基原著”，“瞿秋白、吕伯勤合译”，出版兼发行者挣扎社，经营者只剩下潮锋出版社。封四还增添内容简介：

是文学家的刀笔 是全人类的智囊（外有细黑框）

这是最近出版界的第一名著！

苏联伟大作家高尔基，以赅博的学问和葱笼的睿智，在本书中深入浅出地讲明了个人与社会、农民与工人、革命家和叛徒、智识分子和青年学生、妇女与孩子的问题，灌输文化、科学、哲学、文学、道德、恋爱等各方面的知识；对友人们处处表示着说服和宽容的态度，对敌人则不惜用大刀阔斧般的讽击，读来十分痛快。总之，本书是为了人类提出了血淋淋的经验和教训，替我们开辟了蒸蒸日上的生活之路。瞿氏乃文坛泰斗，译界名手，无须介绍，吕氏所译，亦极流利明畅，益见本书之充实名贵。

此后，《为了人类》究竟再版多少次，无从考证，其中1948年5月版本的价格8元5角，这与1939年2月初版本（平装本）7角相比，几乎相差10倍之多，这与当时国统区通货膨胀有关。

由于《为了人类》成为畅销书，从抗战时期及其后翻印书应运而生。其初衷之一为了追求商业盈利，也有借高尔基、瞿秋白之名而炒作之嫌。但是，客观上形成一种宣传：以译文为载体，长时期公开传播高尔基及其论文集以及译者瞿秋白烈士的英名，以此作为一种纪念。瞿、高相隔一年同为6月18日牺牲或逝世，每年此祭日，共产党办的《新华日报》、《解放日报》等都同时发表文章纪念他俩。

［注］

［1］《瞿秋白文集》（文学编）第5卷，人民文学出版社1987年版，第323—326页。

［2］《瞿秋白文集》（文学编）第1卷，人民文学出版社1985年版，第512页。

《鲁迅风》刊载瞿秋白遗文

1939年初抗战时期，上海已沦陷为“孤岛”，却产生了很有影响的杂文刊物《鲁迅风》。此后，谢旦如投资《鲁迅风》，改为半月刊，首次刊登了他精心保存的瞿秋白早期诗文，这也是悼念瞿秋白烈士的一种方式。

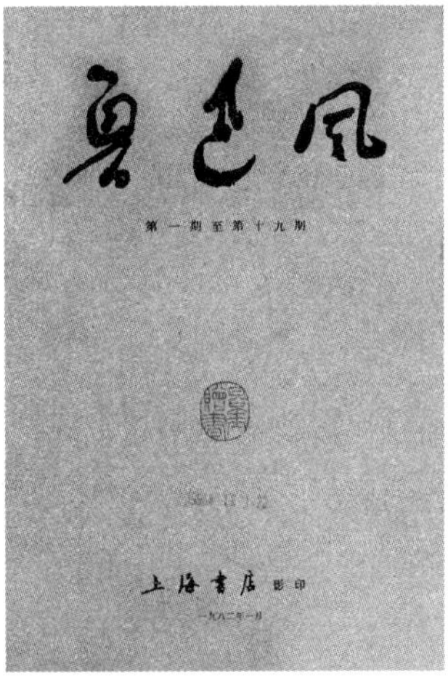

《鲁迅风》影印合订本内封

（一）

《鲁迅风》创办的缘由与一场争论有关。1938年秋天，正值鲁迅逝世两周年纪念日，阿英（钱杏邨）编辑的《译报·大家谈》发表了自己写的文章，认为鲁迅时代已经过去了，现在是民族抗日统一战线的时代，不应该停留在模仿鲁迅风的杂文的阶段，一定要超越鲁迅。要战斗的，不要讽刺的；要明快的直接的，不要迂回曲折的，等等，同时批评王任叔（巴人）、唐弢、柯灵、金性尧（文载道）、周木斋、周黎庵写的杂文合集《边鼓集》。王任叔率先进行反驳，引起众多进步文人加入。为了结束这场争论，《译报》主编钱纳水发起座谈会，大家辩论一通，各抒己见。此后发表了《我们对于“鲁迅风”杂文的意见》，联合署名有37人，即论争双方的主将，认为应该避免无谓的争论，把笔尖对着共同的敌人。但是，别有用心的人对于“鲁迅风”杂文的抨击并未结束，甚至谩骂已故的鲁迅先生。这时，金性尧向王任叔等人提议，干脆创办一个《鲁迅风》的刊物。

金性尧回忆说，当初创办《鲁迅风》时，经费由王任叔、许广平、柯灵、金性尧等几个发起人凑起来的，每股15元，每人各认1股或2股，孔另境担任经理。没有固定的办公地点，集稿、发稿都在金性尧家里。作者都是熟人，几乎没有一篇是"外稿"，必要时到西门路的王任叔家里商谈一下。考虑到刊物销路不会大，可能要亏本，因此一律不发稿费，力求"保本自给"。金性尧设法从亲友那里拉广告，弥补办刊物的经费不足[1]。

《鲁迅风》名义上的"编辑人"冯梦云[2]，"发行人"来小雍（来岚声），他俩都不是搞新文艺的，从事小型报刊多年，与租界工部局警务处（巡捕房）人员相熟。王任叔辗转设法找到他俩（也是利用合法、开展统战一种方式），请他俩出面申请办理出版刊物的执照。他俩也没有得到什么回报，只是《鲁迅风》每期出版时刊登一则"貂蝉食品公司附设茶社"的广告，声称为"法租界唯一高等饮食处"，由来小雍开办，地点在马浪路、霞飞路口（今马当路、淮海中路口）。有时稿件多，就拉掉了此广告。来小雍曾告诫金性尧，文章不要写得"太尖锐"，弄到一张执照很不容易。

《鲁迅风》创刊号是在一家设在弄堂里的小厂印的，一校后就付印，金性尧是生手，校样上未校改的错字比较多，甚至创刊号的时间都搞错了，把"一月"误印为"十月"。创刊号原定1939年元旦出版，因印刷和"拉稿"等原因，延误了时间。

1939年1月11日《鲁迅风》创刊号问世，16开，共12页，周三出版，每份定价3分（第3期确定"每期三分，三月三角，半年五角半，全年一元"）。创刊号无封面，首页上端刊头以长条黑底色块衬托"鲁迅风"白字（横排），刊名以鲁迅手迹制作。

首页中间为王任叔撰写的《发刊词》，开宗明义写道："以政治家的立场，来估量鲁迅先生，毛泽东先生说他'是中国的第一等圣人'，而且是'新中国的圣人'。我们为文艺学徒，总觉得鲁迅先生是文坛的宗匠，处处值得我们取法。"

下端为"本期内容"（目录），其中有许广平（景宋）提供的鲁迅书简，以及她写的《"鲁迅风"与鲁迅》、唐弢《鲁迅的杂文》、柯灵《逆旅》、孙石灵《圣诞树下》、金性尧（文载道）《岁寒漫笔》等文。这些执笔者以《边鼓集》作者为主，继续保持幽默讽刺、明快泼辣的写作风格，揭露敌人和汉奸的阴谋丑态，冷嘲热讽对抗战没有信心的动摇分子。以后作者队伍扩大，其中有陈望道、郑振铎、魏金枝、恽逸群、王统照、骆宾基、林淡秋、梅益、赵景深、钟望阳、何家槐等人，他们大多数文稿并不是专为《鲁迅风》撰写的，但是具体操办刊物的金性尧等人已经很满足了，因为稿源比较紧张，往往要登门“勒索”，大家作为一种义务来完成的。

《鲁迅风》问世后，得到各方进步人士的支持，曾参加争论的阿英主编《文献》第6卷（1939年3月10日出版）也刊登了《鲁迅风》的广告：“《鲁迅风》孤岛上唯一文艺周刊，每星期三出版，每期售价三分，已出八期，欢迎投稿。”并引用了王任叔写的《发刊词》最后一段话：“生在斗争的时代，是无法逃避斗争的。采取鲁迅先生使用的武器的秘奥，使用我们可能使用的武器，袭击当前的大敌；说我们这刊物有些‘用意’，那便是唯一的‘用意’了。”

王任叔、金性尧等人创办《鲁迅风》时就有一个大胆的设想，每期页码是接排的，如第2期续接第1期最后页码，第1页便是第13页，依次类推。因此，《鲁迅风》总共出版了19期（1939年9月5日终刊期），正文共有360页（不包括广告页），这为王任叔、金性尧等人出版合订本打下基础。1982年1月，上海书店影印《鲁迅风》合订本，为世人提供了珍贵的“孤岛文学”资料。

（二）

《鲁迅风》起初为周刊，印数几千份，金性尧原想把此刊物编成《语丝》那样的“同人杂志”，以杂文为主。随着刊物影响扩大，进步作家稿件增多，刊物内容也随之扩大，不仅有鲁迅早期日记、高尔基日记（摘译稿），也有来自西安的白危（谈及延安文艺界情况等）、重庆的曹靖华书简等。成仿吾也特地寄来《纪念鲁迅》，标题下面注明“特稿”（此文由沈雁冰转交）。巴金《石龙——柳州——旅途杂记之一》竟然也出现，让读者感到惊喜。文章体裁也开始多样化，有时事评论、诗歌、散文、小说、游记等，牵涉面比较广泛，信息量增多。

《鲁迅风》第13期（1939年4月12日）刊登一则启事：“（一）自本期（十三期）出版后，本刊拟改为半月刊，每逢十日及廿五日出版，希读者注意。（二）凡自第一期起订阅三个月之定户者，至本期止，即告满期。（三）改半月刊后，凡未满期之定户，嗣后即以半月刊一期，折周刊三期。（四）自本刊出版后，所有前订之价目一律取消，欲订购者请即交半月刊价目。”这是谢旦如[3]接手投资的结果。金性尧回忆说：

周刊出到一段时间后，有一次，谢旦如同志说起，是否可改为半月刊，由他投资的天马书店出版。我们只管组稿、发稿，纸张、印刷、发行都由天马书店负责。在出周刊时，有的同志也感到，由于周刊的篇幅关系（每期约二万字），字数多的短篇（小说）、报告、论文就没法刊登，……经过和巴人商量后，便决定从第十四期起改出半月刊，也有道林纸的封面了，但阅稿、发稿，仍在我家里。……

天马书店曾出过鲁迅、茅盾等的《自选集》，编印、设计都很精致，谢旦如同志还主持过《乱弹及其他》的出版，第十四期上那篇《瞿秋白先生未刊诗稿》，也是他校勘的。他还办过金星书店，所以半月刊上就登过天马和金星的广告。“一二八”前，他自己在南市有一座房子，收藏了“五四”以来的各种文艺作品。“一二八”沪战发生，全部被烧毁了。后来我曾经问石灵：“如果换了你，又怎样？”他笑笑说：“我大概要发疯了。”[4]

金性尧没有说明怎样认识谢旦如，以及谢旦如为《鲁迅风》投资多少等等，不过有一点可以肯定，《鲁迅风》第 14 期起，给人耳目一新的感觉。首先增加了刊物道林纸的封面，设计风格极为简朴，中间竖排刊名“鲁迅风”，字体粗大醒目，右上方排印“第十四期”，其余均为空白。封面背面上端木刻图案，中间为目录，下端为版权页的内容，其中编辑人和发行人名字照旧，增加经售处金星书店、天马书店，地址为上海九江路 210 号 405 室。半月刊每月 5 日和 20 日出版，定价 1 角 2 分。半年 12 册 1 元 4 角，全年 24 册 2 元 6 角，另有香港、澳门和国外的价格。显然，谢旦如很有经营意识，准备继续增加刊物的影响，销售市场进一步扩大。

扉页“破例”出现一幅大尺寸的木刻作品，题为《五月的太阳起来吧》（作者张望），画面上有建筑工地和操作的工人、拉车的苦力、播种的农夫，背景是外滩的海关钟楼和旭日东升的耀眼光芒，意味深长，含义丰富。

首篇便是《瞿秋白先生未刊诗稿》，即《失题》、《寄》两首，竖排，上下分为 3 大栏，占据整整 1 页。这是自瞿秋白牺牲之后首次公开发表他的遗诗，如果与扉页的木刻作品联系起来，那么这是一个很有意义的纪念方式。显然，谢旦如早已有这方面的策划，现在他开启了“宣泄感情”的窗口。这不是中共地下党组织的行为，而是出自一个敬仰瞿秋白烈士的党外人士，谢旦如不畏白色恐怖的种种威胁，毅然表达了真挚的悼念之情。

新诗体的《失题》比较短，共 14 行，“那网罗宇宙的诗意，它唯一的仇敌，便是语言文字。……当前坦荡荡的大道，只要你大踏步的前去；又何必再踌躇踯蠋，绞尽了脑髓?”这首诗歌已触及诗人内心复杂世界的表层，告诫自己要大踏步地前进，同时很留恋和思考“宇宙的诗意”。

《寄》则是进一步地考问自己，一方面热情歌颂“洪炉大冶的人间，正好似轮机声里的钢铁，——锻炼得你只剩下些汗与血；……澎湃的赤潮，涌出诗神历万劫”。一方面则揭示自己思想意识和性格的两重性，“同样是历史的误会，同样是时代的牺牲，沧海中的波涛，沉溺了几多个性！一个是浪漫世界中的豪客，一个是情天万劫里的皇冠；一个是撒废了一切藩篱，一个却还尽着痴憨；这其间数不清的泪珠儿”。这些两重性含义也曾体现在《饿乡纪程》、《赤都心史》里，“我生来就是一浪漫派，时时想超越范围，突进猛出，有一番惊愕歌泣之奇迹。……然而我自幼倾向于现实派的内力，亦坚固得很，‘总应当’脚踏实地，好好的去实练明察”。“噫！心智不调。无谓的浪漫，抽象的现实，陷我于深渊；当寻流动的浪漫，现实的现实，不要存心智相异的‘不正见’”[5]。这些现实与浪漫的两重性意识，均被瞿秋白冠以《中国之“多余的人”》标题之下。十几年后，瞿秋白笔下出现《多余的话》，前后两者之间也存在某种内在联系，在此不赘述。

《寄》比较长，分为两节，但是第 2 节未完，刊登时诗后注明“残稿”，并落款“一九二三年冬或一九二四年春作”。这落款时间可能是瞿秋白写的（指两首诗的写作时间），因这两首诗都是按照瞿秋白诗稿手迹排版的，谢旦如不大可能贸然添写。这两首诗歌收录《瞿秋白文集》（文学编）第 1 卷（人民文学出版社 1985 年版）时，却删除落款时间，改为编辑注解，这反而模糊了原作时间的“真实性”。

（三）

《鲁迅风》第 13 期预告改为半月刊之前，第 10 期（1939 年 3 月 22 日出版）刊登一则启事“下列各篇，将在此后的本刊物陆续发表”：郑振铎（西谛）《鲁迅与北平笺谱》、周建人《鲁迅与自然科学》、许广平（景宋）《鲁迅的藏书》、王任叔（巴人）《关于鲁迅全集》、孔另境《第一次与鲁迅见面》、柯灵《鲁迅文中的绍兴话》等，这完全可以编为纪念鲁迅专辑。

其中还预告“丹如《鲁迅与瞿秋白》”，此内容从未有人撰写，并准备公开发表，作者和编者的勇气可嘉，但是“丹如”是何人？可能是冯雪峰（曾用笔名丹仁等），曾任瞿秋白与鲁迅之间的特殊联络员，对瞿、鲁都比较熟悉。当时他隐居在老家浙江义乌，发表《鲁迅与民族统一战线》、《关于“艺术大众化”》等文，准备撰写关于红军长征的小说。1939 年 3 月 1 日，骆宾基前去义乌探访冯雪峰，谈起关于创作长征小说等事，也许还谈起准备撰写《鲁迅与瞿秋白》。骆宾基与《鲁迅风》同人比较熟悉，可能转告冯雪峰的写作情况，但是，《鲁迅与瞿秋白》等文都因故未能在《鲁迅风》上发表。新中国成立初，冯雪峰撰写了《回忆鲁迅》长文，其中就有《关于他（鲁迅）与瞿秋白同志的友谊》万余字的章节，现收入《雪峰文集》第 4 卷（人民文学出版社 1985 年版）。

《鲁迅风》改为半月刊的第 14 期至第 18 期封底，接连刊登谢旦如开设的金星书店和投资的天马书店新书广告，金星书店已经出版或准备出版的 9 本书籍目录中有瞿秋白 4 本书，即《乱弹及其他》、《社会科学概论・附论马・列》、《新哲学——唯物论》、《政治的战术与策略》。

金性尧与谢旦如有许多相似之处，家境殷实，藏书丰富，都保持着传统文人的本色。谢旦如设法出版瞿秋白遗著《乱弹及其他》（上海霞社 1938 年 5 月 5 日初版，以后几次再版），金性尧由此联想到牺牲的瞿秋白烈士，撰文称道：

看到了今年出版的《乱弹及其他》，使我想起了这样的感想；但也立即击退了我的这种感想的太近悲凉，虚无，因为世间毕竟还有面向着正义，心关着战士的人们。

不错，瞿秋白三字，不论在中国的革命史上，文化界中，以及全国青年的愤怒的心里，是永久闪着明朗，嘹亮的声辉的。即单以文艺上业绩而论，他所译的许多文艺理论，至于使鲁迅先生推崇为“中国尚无第二人”，介绍外国的文艺作品给青年来学习，探讨，虽然被人讥为“媒婆”，说是因此而妨害创作的发展。但在我们，却觉得是一种非常迫切健康的食粮。……

一九三六年五月，诸夏怀霜社校印的《海上述林》出版了，厚厚的两大本，惊喜，优美，是其余事。而其中的译者的艰苦忠实的心血，跟他的伙伴，友朋，读者的悲哀创痛的心境凝在一起，从整密的字缝中，浮起了一个“一瞑之后”的瞿秋白来！

这一回霞社的印行《乱弹及其他》，是正在烽火弥漫的时候：掉转对内的枪口，装上团结的弹丸，《乱弹》的出版，不失为一块伟大的史碑。尤其是书中所涉及的抗日的一点上，是值得加以强调，接受与警惕的。其他的论翻译，论大众文艺，论中国文学革命以及批评鲁迅……等，则有《乱弹》的原书在，更无须我多说了。

写了这一篇短文以后，自己也觉得这对《乱弹》是并无多大意义的。然在我也只能如此而已。夜色在深沉中愈显得清凉，使我想起了陆士衡的四句子来，是吊曹孟德的：嗟大恋之所存，故虽哲而不忘。觅遗籍以慷慨，献兹文而凄伤！[6]

金性尧写出了谢旦如等人的心声，“大恋之所存”。金性尧回忆中谈到“八一三”战火中，谢旦如的紫霞路68号住处被毁，所有的藏书都化为灰烬。幸好他随身带了一个小皮箱，视为他的生命一部分，小皮箱的钥匙随身携带。小皮箱里藏着瞿秋白、方志敏等珍贵文稿和其他材料，谢旦如一直寻找机会要出版瞿秋白的遗著《乱弹及其他》，同时他投资《鲁迅风》的第一件事情就是刊登《瞿秋白先生未刊诗稿》。

《鲁迅风》接连刊登金星书店出版新书广告中有《方志敏自传一章》，1939年出版时题为《方志敏自传》，收录《清贫》、《可爱的中国》等文。《清贫》、《可爱的中国》原稿多次辗转后才到鲁迅手里，后经由冯雪峰交给了谢旦如保存，谢旦如也是存放在随身携带的小皮箱里。新中国成立后，谢旦如将长期收藏保存的瞿秋白、方志敏和鲁迅等手迹、原稿和书刊等慷慨捐献给人民政府和上海鲁迅纪念馆。

谢旦如投资的《鲁迅风》半月刊仅出版6期，第17期改由孙石灵[7]接替编辑。当时孙石灵在暨南大学文学院担任讲师，郑振铎是文学院长。孙石灵在第19期《编后记》最后感叹地写道：“再见吧，读者诸君！”《鲁迅风》停刊后，金性尧是通过孙石灵与王任叔联系的。

后人应该感谢王任叔、金性尧、谢旦如等热心人，才让瞿、鲁的部分遗文得以流传。

［注］

［1］［4］金性尧《〈鲁迅风〉回忆》，载《上海“孤岛”文学回忆录》（上），中国社会科学出版社1985年版。

金性尧（1916—2007），笔名文载道、星屋等，浙江定海人，著名古典文学学者。曾参与校勘《鲁迅全集》，后编辑《萧萧》、《文史》等杂志。新中国成立后，先后担任春明出版社、上海文化出版社、中华书局上海编译所、上海古籍出版社编辑、编审，晚年时依然笔耕不已，现已出版多卷本的《金性尧全集》（上海百家出版社2009年版）。

［2］冯梦云，笔名玲珑，化名周大公。1937年“八一三”抗战爆发后，《上海报》等十家报纸联合出版《战时日报》，龚之方主编，冯梦云任编辑顾问，发表宣传抗战、抗日新闻。同年12月被迫停刊，冯梦云进《正言报》工作，后被日本宪兵队杀害。

［3］谢旦如，见本书《瞿秋白讲稿〈社会科学概论〉》注解［1］。

［5］《瞿秋白文集》（文学编）第1卷，人民文学出版社1985年版，第219—220页。

［6］金性尧《大恋之所存》，载《金性尧全集》第1卷，上海百家出版社2009年版。

［7］孙石灵（1906—1956），江苏滨海人，原名孙大珂，笔名石灵。早年就读上海中国公学、暨南大学，加入左联。毕业后留校任助教，后转苏北抗日根据地。1949年底，担任南通学院辅导主任兼副教授，加入共产党。1952年到上海，担任新文艺出版社副总编辑，著有《灵石选集》。

瞿秋白著、冯乃超编辑《论中国文学革命》

1947 年 7 月，瞿秋白著、冯乃超编辑的《论中国文学革命》由香港海洋书屋出版发行，从中可以引出许多往事。

香港海洋书屋版本《论中国文学革命》

（一）

瞿秋白与冯乃超之间没有留下直接往来的动人故事，主要是间接的工作关系。

冯乃超是广东省南海人，出生在日本横滨，自幼在日本求学。1927 年回国参加革命工作，次年 27 岁时加入共产党，这时 29 岁的瞿秋白已是党的重要领导人。1930 年春，冯乃超先后 3 次到景云里拜访鲁迅，商谈成立左联事宜。左联成立后，他成为第一任党团书记兼宣传部长。那时他住在北四川路底施高塔路（今山阴路）东照里，楼适夷曾去过，很羡慕他独居的书斋兼卧室。几年后，东照里也成了瞿秋白夫妇居住之地，与斜对面大陆新村的鲁迅经常往来，留下一段佳话。

冯乃超主持左联工作时，认为“大众化——到工农群众中去！这是目前文学运动的中心口号”。还参加《大众文艺》编辑部举行的第 2 次文艺大众化座谈会，尖锐地批评《大众文艺》“过去是文艺的垃圾桶，现在应该克服这样的无组织性”[1]。这种激进的思想情绪以后延续在瞿秋白大力提倡文艺大众化的观点里。1931 年初，瞿秋白被撤销中共中央领导职务，冯乃超接任中央

“文委”书记兼“文总”书记。此后，瞿秋白参与左联领导工作，与冯雪峰、沈雁冰等人合作时，冯乃超已调离“文委”，奉命恢复中共中央机关报《红旗周报》的工作。

冯乃超曾主持左联工作的指导思想，体现在左联执委会通过的《无产阶级文学运动新的情势及我们的任务》决议里。对此，瞿秋白不满意，建议另起草一个新的决议。结果由冯雪峰起草《中国无产阶级革命文学的新任务》，经过瞿秋白精心修改后定稿。虽然决议中仍存在“左”倾思想，但是决议敢于明确作家的重要职责就是搞创作，并对文学创作的各个环节提出具体意见。沈雁冰等文学家立即感到这个“转变”的重要性，也得到鲁迅的赞成。冯乃超晚年时回忆说：“瞿秋白没有参加左联，但对左联有影响。……瞿秋白似乎对左联工作也提过一些意见，我记不清楚了。”[2]

1932 年 3 月，冯乃超调离上海，赴湖北工作，从此离开上海，再也没有机会遇见瞿秋白。十几年后，中国政治局势发生很大变化，抗战胜利后进入解放战争时期。1947 年 1 月初，香港华南分局“工委”组织成立“文委”，夏衍任书记，委员有冯乃超、邵荃麟、胡绳、周而复。两个月后，冯乃超接任“文委”书记，主管香港文化工作。这时，冯乃超、李声韵夫妇与周而复、夏衍同住在香港英皇道 172 号。周而复应邀担任海洋书屋总编辑，编辑《北方文丛》、《万人丛书》。前者主要介绍解放区的文艺作品，有小说、诗歌、戏剧、散文、文艺评论等，每辑 10 本，共出了 3 辑。冯乃超为海洋书屋编辑了瞿秋白的《论中国文学革命》。

1946 年 6 月 18 日，瞿秋白英勇就义 11 周年前后，解放区翻印霞社版《乱弹》，以示纪念。次年 6 月 18 日，又逢瞿秋白牺牲纪念日，纪念活动的“亮点”则首次出现在南方，主角正是冯乃超。他接连发表文章，首先在香港《华商报》副刊《热风》发表他写的《〈瞿秋白文集〉后记》：

瞿秋白先生对于建立中国文艺理论做了很多的工作。他翻译了不少马列主义关于文艺理论的文献，这个介绍工作清除了当时许多错误的文艺理论的影响。他的文艺批评文字纠正了当时不少作家及文艺理论工作者的错误倾向。他对于中国的新文字运动，留下了很宝贵的意见。他又是最先用马列主义的方法来处理中国文艺问题的人。这里特别搜集他总结中国文学革命和讨论大众文艺的七篇文章。

《鲁迅杂感选集序言》，分析了中国的知识分子——作家的发展过程，指出“五四”以来各个论争的意义和鲁迅先生在思想斗争史上的重要地位，总结了新文艺运动以来到一九三二年间的文艺思想斗争的经验。这一篇文章，成为中国文艺理论上的光辉瑰宝。其他各篇分析了“五四”文学革命的发展过程，指出了文学革命的狭隘性，从理论上解决了大众文艺的问题。今天大众文艺的问题，在某些地区上已经初步得到具体的解决，而其他地区仍须继续努力探讨的时候，有时得回顾过去的足迹，检查旧日的资料。因此，把秋白先生的几篇文章，从那本散布不很广泛的《乱弹》中抽出来刊行，以普及于青年读者，对于发展文艺的大众化，是有此必要的。

此文发表的几十天后，冯乃超编辑的《论中国文学革命》出版发行，书后正是以上这篇《后记》，说明了编选此文集的初衷，并指出瞿秋白大众文艺（包括大众文学）理论的历史地位，“从理论上解决了大众文艺的问题”。拉开历史距离来观审，此观点很有前瞻性。

纵观中国现代文学史长河，中国新文学“建设和破坏”成为一种主旋律，瞿秋白倡导的大众文学便是其中一个重要的“中介环节”，两头分别连接着胡适的白话文学和毛泽东的工农兵文学。在重建中国新文化的战略目标下，胡适、瞿秋白、毛泽东分别提出不同政治内涵的新文学建设论，三者之间存在着历史承接和扬弃发展关系。五四时期胡适提出的“再造文明”现转变为瞿秋白的“无产阶级‘新五四’”的战略目标，胡适原先的新文学建设宗旨也转为瞿秋白大众文学建设所服务，这是瞿秋白在呼吁“第三次文学革命”——大众文学时主动地提出、大胆地转化。这种历史性转变以后由毛泽东进一步加以深刻的概括而奠定，毛泽东工农兵文学观念中包含了瞿秋白建设大众文学的许多主张，其中最突出的是瞿秋白明确提出为民众服务是革命文学的中心问题。

但是，瞿秋白准备同时实现“双重性转型”向革命的大众文学发展时，难以瞬间缩短“建设和破坏”宗旨的理想与现实、意志与效果、愿望与条件之间的历史距离，也很难以完美的内涵与外延的理论形象，去接受来自不同层次的各种挑战，更无法担负起超负荷的“双重性转型”的政治文学和新文化相结合的艰难任务，让当时许多不同阶层的文学家难以“转变”去接受。对此，瞿秋白也已有感觉，坦率地承认“革命的大众文艺创造是一个伟大的艰难的长期的斗争……”

冯乃超初步论及瞿秋白“从理论上解决了大众文艺的问题”这一命题，但没有继续发挥，这是一件无法弥补的憾事。

（二）

冯乃超发表《〈瞿秋白文集〉后记》的第2天（1947年6月19日），香港《群众》周刊第21期还刊登了冯乃超（成穷）赶写的另一篇文章《瞿秋白同志的文艺工作》：

一九三五年六月，秋白同志给反动派枪杀了。我们的党因此失去一位优秀的领导者，同时也失去了一位优秀的文艺工作者。

秋白同志曾进北京俄文专修学校，专攻俄文。后转北京大学研究哲学与文学。一九二〇年曾与朋友合作出版《新社会》，同年秋，以《晨报》特派记者身份赴苏联。在留苏期间，他研究这个人类史第一次出现的人民朝代的国家，潜心研讨了马列主义，这使他变成了一个共产主义者。在留苏期间，他将见闻写成一本《赤都心史》，这恐怕是中国人介绍苏联的第一本著作。秋白同志回国后，即从事教育及理论工作，留下了不少的讲义和论文，《向导》和《布尔塞维克》杂志上，经常有他的著作发表。

每一位无产阶级的革命领导者，都是极端尊重文学艺术对群众的教育作用的，同时也认为文艺是研究社会史的一种知识的源泉。秋白同志对中国的旧文学通俗文学，西洋的文学都有多方面的兴趣。一九三五年被枪杀以前，他被关在福建一个小县份的一个监牢里，狱中他写下几首旧诗，填了几首词，还刻了不少的图章。在狱中，他的悠闲自适的态度，感动了周围的人，有不少的人至今仍珍藏着他当时留下的墨宝，他还给许多人刻了图章。

“九一八”前后的三年间，他亲自领导了当时的文学革命运动。他和鲁迅先生结成很深的友谊。对鲁迅先生的事业给以很大的帮助。《鲁迅杂感选集序言》（一九三三年）是一篇研究鲁迅先生的战斗思想发展历史的最杰出的论文。这篇文章对中国革命文艺思想发展有了很深刻的分析，指出了鲁迅先生在思想斗争史上的重要地位和他的杂感文的价值。

为清除普洛文艺运动初期许多不正确的理论倾向，他不得不从事马列主义文艺理论的翻译和介绍工作。他翻译了恩格斯，列宁，普列哈诺夫，拉法格等分析研究文艺作品的文献，给中国的文艺理论和文艺批评奠下了最重要的基础；也介绍了高尔基的一些社会论文，以便“能够帮助中国的文学界，更深刻的提出许多从来都没有人注意的问题”。他翻译了一些文艺作品，他的译笔的畅达准确，至今仍为许多翻译工作者所钦佩。这方面的译作，都搜集到《海上述林》（上下二卷）里面。

他留下好几篇关于中国文学革命和新文字运动的论文。他总结了“五四”以来文学革命的经验，提出了具体解决文艺大众化的初步计划——创造革命的大众文艺的问题。同时，他因为看到“实际生活的需要，已经发展了新的言语”，“中国的言语要充分的发展下去，要成为现代的，能够适应广大群众的新的文化生活”，他制定了中国新文字的方案。

他是诗人也是作家。他写过一些新诗和旧诗，写过几篇小说，但烦忙的斗争生活显然没有时间让他从这方面发展。他又是文艺批评和文艺理论的优秀工作者。《乱弹》集中的杂文和论文，批评了“九一八”前后的文艺思想上的各种倾向。

一九三一年至一九三三年间，秋白同志在文化革命文艺革命运动上，做了惊人的巨大的工作，方面多，字数多，固然表现出他的非凡的精力，而态度的严谨和负责，更是从事文化工作的同志应该向他学习的。

这既是纪念文章，又是补充意犹未尽的《后记》内容。冯乃超根据手边的瞿秋白生平资料，主要述说了瞿秋白的著译活动，没有牵涉到复杂尖锐的政治活动，即使新中国成立后很长一段时间，瞿秋白研究方面仍侧重于文艺活动。虽然此文有误之处，如“后转北京大学”等，但是其中仍有许多“亮点”。

1. 对于1931年初至1933年期间瞿秋白在上海的著译活动，冯乃超作为当事人进一步补充了张闻天《后记》的有关述说（详见本书《瞿秋白遗著〈乱弹及其他〉》）。

1936年6月20日，中国共产党在国外从事抗日民族统一战线宣传的机关报《救国时报》（在巴黎出版）第3版是“瞿秋白先生殉难一周年纪念”专版，其中《瞿秋白先生传略》（南田）较多地述说了瞿秋白短暂的光辉一生，但是偏偏留下一个空白——20世纪30年代瞿秋白在上海的著译活动。

1938年6月9日，钱杏邨（鹰隼）发表《关于瞿秋白的文学遗著》（载同日《文汇报·世纪风》），侧重于介绍、探寻瞿秋白短暂一生的文学作品，以及许多出版内情，但没有刻意去点评。张闻天、冯乃超则是高度概括，他们3人不约而同从不同角度填补了这个空白。新中国成立后，出版了冯雪峰主编的4册8卷《瞿秋白文集》，主要收录瞿秋白文学创作、评论和翻译的重要作品，以及《新中国文草案》。冯雪峰写的《序言》比较全面地评价和总结了瞿秋白短暂一生的著译活动，与冯乃超、张闻天一些重要观点“不谋而合”。

2. 冯乃超赞同张闻天的观点即“秋白同志在上海，领导着左翼文化斗争”，再次明确指出瞿秋白“亲自领导了当时的文学革命运动”，这在当时是首次提出。

1955年6月18日，瞿秋白殉难20周年忌辰，中共中央在北京八宝山革命烈士公墓为他的遗骨安葬举行隆重仪式，中共中央宣传部长陆定一代表党中央作瞿秋白烈士生平报告，指出“瞿秋白同志在上海同鲁迅先生一起领导左翼文化运动”。这是在当初张闻天、冯乃超看法的基础上进一步完善，所得出的定论。

3. 冯乃超首次指出瞿秋白对于鲁迅的影响，“对鲁迅先生的事业给以很大的帮助”，以《〈鲁迅杂感选集〉序言》（见下文）为主要事例。这也体现在以后陆定一的报告里，提出更为明确的说法。其实，瞿秋白与鲁迅是互为影响，不是单方面的，现已有许多论文作了精彩的阐述。

4. 冯乃超首次高度评价瞿秋白编译的《“现实”——马克斯主义文艺论文集》（以下简称《“现实”》），“给中国的文艺理论和文艺批评奠下了最重要的基础”。

对于当时传播马克思主义文艺学说，冯乃超作出应有的贡献，也很了解《“现实”》的指导作用和深远影响。鲁迅把《“现实”》编入《海上述林》上卷，更显示出不同凡响的意义。冯乃超“奠下……”之说，直到30多年后才被正式提升——公开承认瞿秋白是“我国无产阶级革命文学运动的主要奠基人之一”，这体现在周扬写的《“为大家开辟一条光明的路”——纪念瞿秋白同志就义四十五周年》（1980年6月18日《人民日报》）一文里。

5. 冯乃超首次注意到瞿秋白撰写的“新文字运动的论文”，“他制定了中国新文字的方案”，并揭示文字改革与中国文学革命运动之间的关系。

瞿秋白是我国文字改革的开创者之一，对汉语文字作了深入的研究。20世纪30年代在上海，他把原《中国拉丁化的字母》小册子订正为《新中国文草案》，并认为要开展和实现文艺大众化，汉字改革是一个重要前提，并置于建设“苏维埃文化”的总框架之中。可惜他阐述文字改革与文学大众化之间关系的观点引起不同看法，后人很少再花精力进一步阐述。有关论述文字改革的专著承认瞿秋白是文字改革的先驱，但仅仅占了很少篇幅，世人也鲜有所知。

当时冯乃超作为主管香港文化工作的“文委”书记，能够撰写这样很有分量的评价文章，与北方解放区纪念瞿秋白的文章遥相呼应，并且基于这样的认识，编辑了《论中国文学革命》。

（三）

《论中国文学革命》，32开，正文142页。版权页上注明海洋书屋地址“香港坚道一三五号地下（室）”，每册售价港币2元5角。收录各篇文章时保留作者原注，都作为脚注处理。封底里书籍广告为周而复主编的《北方文丛》第2辑，也是海洋书屋出版，其中有柯蓝《洋铁桶的故事》、赵树理《李有才板话》、东平《茅山下》、周而复《高原短曲》等文艺作品。

冯乃超在《后记》中提及的《乱弹》主要指谢旦如以霞社名义出版的版本。

解放区翻印了霞社版。冯乃超从霞社版《乱弹》里挑选7篇文章：《〈鲁迅杂感选集〉序言》、《学阀万岁!》、《鬼门关以外的战争》、《大众文艺的问题》、《再论大众文艺答止敬》、《“我们”是谁?》、《欧化文艺和大众化》。

1931年5月底，瞿秋白与沈雁冰（刚同意担任左联行政书记）商量后，撰写了重返文学战线的第一篇近两万字长文《鬼门关以外的战争》，重新解释胡适在五四时期提出“文学的国语，国语的文学”的建设目标，希望发动第三次文学革命（前两次为白话小说、五四文学运动）。写完此文后，他看到各种报刊上的文艺创作仍然充斥“新式文言”，便指出必须发动无产阶级领导下的“新五四”运动即文艺大众化运动，又写了《学阀万岁!》等文，其中《再论大众文艺答止敬》是与沈雁冰争论之文。《“我们”是谁?》则是批评左联常委郑伯奇的某些看法。

《论中国文学革命》7篇文章后面都保留原作的落款时间，如果按照瞿秋白写作时间排列，《〈鲁迅杂感选集〉序言》应排在其他6篇文章之后，况且该文并非是专论“文学革命”——文艺大众化的问题，但是冯乃超将此文编排在首篇，并认为这是“中国文艺理论上的光辉瑰宝”。

以上提及冯乃超赶写《瞿秋白同志的文艺工作》时再次指出《〈鲁迅杂感选集〉序言》的重要价值，认为“是一篇研究鲁迅先生的战斗思想发展历史的最杰出的论文。这篇文章对中国革命文艺思想发展有了很深刻的分析，指出鲁迅先生在思想斗争史上的重要地位和他的杂感文的价值”。

同年7月16日，冯乃超发表通信《关于创造社和鲁迅先生的论争》（香港《知识青年》月刊第24期），根据瞿秋白《〈鲁迅杂感选集〉序言》的意见，答复了读者关于革命文学论争的疑问。对于当时论争的情况，冯乃超作为当事人知道许多内情，却着重把瞿秋白《〈鲁迅杂感选集〉序言》作为答复的依据，足见他反复看了此文，深知其见解之精辟、内涵之深刻。

冯乃超这些看法已全然不同于当初与鲁迅争论革命文学时的思想认识，可以看作是他对过去文艺思想论争的重新认识和反思的结果。

冯乃超是后期创造社成员。1928年1月，他协助朱镜我主编的《文化批判》月刊创刊号上，发表了他写的《艺术与社会生活》一文，对鲁迅作了错误的评价，成仿吾、李初梨、彭康、钱杏邨等等纷纷撰文响应。鲁迅也撰文反驳，先后写了《“醉眼”中的朦胧》、《文艺与革命》、《我的态度气量和年纪》等文（均收入《三闲集》），双方唇枪舌剑，形成一场历时半年多的革命文学论争。

“文革”后（1978年9月4日），冯乃超撰写《鲁迅与创造社》一文，作了一番解释：

我们都认识到中国无产阶级已经登上历史舞台，大革命失败后有必要加强马列主义的传播工作，这是我们心目中的共同想法。至于在文化领域内反对什么人，批判哪些思想，我们的认识不是那么明确的。诚然，在《文化批判》中，朱镜我写了一篇文章，批判了资产阶级社会学（国内对象是郭任远之流，这篇文章得到瞿秋白的肯定）；彭康写了一篇批判“人生观论战”的文章（这篇文章得到郭沫若的赏识，称彭为“后起之秀”）；李初梨介绍了自然生长论与目的意识论这样一篇有针对性的文章。……真没有想到，一九二八年大半年竟是我们和鲁迅论战的大半年。人们很自然地得出结论，说我们早就有计划要打倒鲁迅的。或者认为成仿吾有意组织我们回国来“围剿”鲁迅的。[3]

冯乃超等人与鲁迅关于革命文学论争之事，时为中共中央负责人瞿秋白知道一些情况，但因党务繁忙，无暇过问。

1933 年春，瞿秋白仔细看了鲁迅《三闲集》等主要杂文，精心编选，进一步了解鲁迅思想历程和杂文特点。瞿秋白编选《鲁迅杂感选集》时，挑选的关于革命文学论争出名之作只有《文艺与革命》、《上海文艺之一瞥》等几篇，论争“火药味”浓厚的《“醉眼”中的朦胧》、《我的态度气量和年纪》等文则一律不收录。

瞿秋白花了 4 天时间写完著名长文《〈鲁迅杂感选集〉序言》，他指出：

“……只图自己说得畅快的态度，也还是中了才子 + 流氓的毒。”(《二心集·上海文艺之一瞥》)。于是要“包办”工人阶级文艺代表的“事务”。

《三闲集》以及其他杂感集之中保留着的鲁迅批评创造社的文章，反映着二七年以后中国文艺界之中这两种态度，两种倾向的争论。自然，鲁迅杂感的特点，在那时特别显露那种经过私人问题去照耀社会思想和社会现象的笔调。然而创造社等类的文学家，单说真有革命志愿的（像叶灵凤之流的投机分子，我们不屑去说到了），也大半扭缠着私人的态度、年纪、气量以至酒量的问题。至少，这里都表现着文人的小集团主义。

这时期的争论和纠葛转变到原则和理论的研究，真正革命文艺学说的介绍，那正是革命普洛文学的新的生命的产生。而还有人说：那是鲁迅“投降”了。现在看来，这种小市民的虚荣心，这种“剥削别人的自尊心”的态度，实在天真得可笑。

这是已经过去的问题了，也应当是过去的了。

鲁迅现在说：“我有一件事要感谢创造社的，是他们‘挤’我看了几种科学底文艺论，明白了先前的文学史家们说了一大堆，还是纠缠不清的问题……以救正我——还因我而及于别人——的只信进化论的偏颇。”(《三闲集·序言》)。[4]

显然，瞿秋白的评说偏向于鲁迅，批评冯乃超等人“文人的小集团主义”。多年后，冯乃超回忆说：“对于争论，瞿秋白是有他自己的看法的，就写在《〈鲁迅杂感选集〉序言》里，他说，创造社和太阳社‘都表现着文人和小集团主义’，要‘包办’工人阶级文艺代表的‘事务’”[5]。瞿秋白指出这场论争取得可喜的成果，双方“转变到原则和理论的研究，真正革命文艺学说的介绍”。他还谈到激烈论争逼迫鲁迅学习和接受马克思列宁主义，“从进化论进到阶级论，从绅士阶级的逆子贰臣进到无产阶级和劳动群众的真正的友人，以至于战士”。1928 年那场革命文学论争之后，冯乃超由潘汉年介绍加入共产党，此后转变对鲁迅的态度，一起筹组左联。鲁迅也曾撰文声援冯乃超批判梁实秋，写下名篇《“丧家的”“资本家的乏走狗”》。

14 年后，瞿秋白和鲁迅已不在人世，冯乃超认真看了《〈鲁迅杂感选集〉序言》，引起深刻反思，承认当年瞿秋白对革命文学论争的评价是对的，由衷地赞扬此文。

当年冯乃超编辑的《论中国文学革命》，很可能是在香港第一次出版的瞿秋白文集，但是如今已被世人遗忘了。

［注］

［1］《冯乃超文集》下卷，中山大学出版社 1991 年版，第 230 页、第 208 页。

［2］冯乃超《左联成立前后的一些情况》，载《鲁迅研究资料》第 6 辑（1980 年 10 月）。

［3］冯乃超《鲁迅与创造社》，载《新文学史料》1978 年第 1 期。

［4］《瞿秋白文集》（文学编）第 3 卷，人民文学出版社 1986 年版，第 114—115 页。

［5］冯乃超口述，蒋锡金笔录《革命文学论争·鲁迅·左翼作家联盟——我的一些回忆》，载《新文学史料》1986 年第 3 期。

胡绳《读秋白遗文》等

1947 年 7 月 5 日，胡绳《读秋白遗文》发表于香港《野草》第 4 期，这是新中国成立前他写的唯一点评瞿秋白政论文之作，当时几乎无人专题写过，绝大部分人都是介绍和评论瞿秋白文艺思想和创作。

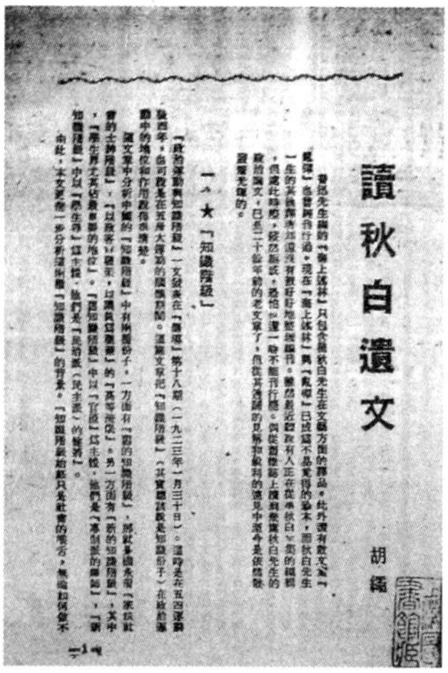
读秋白遗文

胡绳

一、「知识阶级」

香港《野草》刊登《读秋白遗文》

（一）

胡绳出生于苏州，相距瞿秋白家乡常州不远。瞿秋白牺牲那一年（1935 年），胡绳已从北京大学哲学系毕业，在上海参加革命工作，从事共产党领导的文化活动和抗日救亡运动，1938 年加入共产党。解放战争时期，胡绳在上海和香港为党工作，先后担任中共上海“工委”候补委员、文委委员，上海、香港生活书店总编辑，经常为上海、香港刊物撰稿。1948 年 10 月，他离开香港去河北省平山县解放区工作。多年后，他回忆说：

当时又有上海的几个进步刊物，包括柯灵、唐弢主编的《周报》，马叙伦、郑振铎主编的《民主》，黎澍等编辑的《文萃》，需要我写文章。后来到了香港，也有《群众》杂志和其他一些杂志需要我写文章。因此，我在这个时期，陆续地跟着时势的变化写了一系列的文章。虽然局限于当时的见闻，也难免有不足之处，但这些文章集在一起，也许能让人比较系统地看到那个时

期的政治形势的发展。因为这些评论文章带有身历其境的人的感情……[1]

胡绳没有提及撰写《读秋白遗文》的缘由，以及发表此文的《野草》刊物。1940 年 7 月，夏衍、聂绀弩、孟超、秦似、宋云彬等人在桂林商量创办一份杂志，聂绀弩想到了鲁迅的散文诗《野草》，大家一致同意刊物名为《野草》，推选年轻的秦似为主编。他们专写短小杂文抨击时弊，宣传抗日，在群众中产生较大影响。桂林沦陷后，1946 年在香港时秦似提议复刊《野草》，经大家支持，得以丛刊形式恢复。

香港《野草》第 4 期（1947 年 7 月 5 日出版）首篇为胡绳撰写 5000 多字的《读秋白遗文》，还有聂绀弩《鬼谷子》、千家驹《怀念马叙伦先生》、秦似《浮尸颂》、冯雪峰（画室）《曾为反对派而后为宣传家的鸭》、林默涵《天上与人间》、周而复《〈高原短曲〉后记》等文。

发表胡绳《读秋白遗文》时，正值纪念瞿秋白英勇就义 12 周年之际，纪念活动的"亮点"首次出现在南方，这与香港"文委"（香港华南分局"工委"领导）有关，这时冯乃超接替夏衍任"文委"书记，主管香港文化工作，委员有邵荃麟、胡绳、周而复等人。1947 年 6 月 18 日（瞿秋白牺牲 12 周年的纪念日），香港《华商报》副刊《热风》发表冯乃超《〈瞿秋白文集〉后记》。几十天后，出版了瞿秋白著、冯乃超编辑的《论中国文学革命》（详见本书《瞿秋白著、冯乃超编辑〈论中国文学革命〉》）。因此，胡绳撰文也是"命题"之意，文章一开头就说：

鲁迅先生编的《海上述林》只包含瞿秋白先生在文艺方面的译品。此外还有散文集《乱弹》也曾经刊行过。现在《海上述林》与《乱弹》已成为不易觅得的珍本，而秋白先生一生的其他译著却还没有被好好地整理编刊。虽然最近听说有人正在从事秋白全集的编辑，但处此时际，纵然编成，恐怕也还一时不能刊行吧。偶从旧杂志上读到几篇秋白先生的政治论文，已是 20 余年前的老文章了，但从其透辟的见解和锐利的远见中至今是依然散发着光辉的。

胡绳《读秋白遗文》分为 3 个小节即《"知识阶级"》、《宪法与国会》、《义和团》，主要谈及瞿秋白 3 篇文章：《政治运动与智识阶级》、《最近中国之中央政府问题》、《义和团运动之意义与五卅运动之前途》。此 3 文均发表于 1923 年至 1926 年的中共中央机关刊物《向导》，不过胡绳文中注明的 3 期《向导》出版时间有误，并把“智识”统一改成“知识”。

1923 年初，瞿秋白经陈独秀劝说回国工作，起初协助编辑《向导》（主编蔡和森），《政治运动与智识阶级》是他归国后为中共中央机关周报《向导》撰写的第 1 篇文章。胡绳指出，该文把知识分子在政治运动中的地位和作用说得很清楚，认为“在两种政治倾向的冲突中”，知识阶级始终只是“社会的喉舌，无论如何做不到主体”。因此，革命的知识分子必须同“主体”——革命主力军工农群众相结合。胡绳很赞赏瞿秋白的重要观点，即“鼓励知识分子要信任他背后的广大的主力军，二十多年来的历史证明这是勇敢的远见”。这也是五四青年——中国新一代知识分子瞿秋白等以及后来胡绳革命青年的亲身体会和经验教训，“‘两军交战了，容不得犹豫怀疑’！二十五年前秋白先生向知识分子提出的一声棒喝，至今似乎犹在空际回荡着”。

对于瞿秋白《最近中国之中央政府问题》一文，胡绳继续有感而发，介绍瞿秋白文章的同时，借题发挥，批判张君劢等知识分子人在解放战争时期的“老调新弹”——“表示赞助另一套的同类的宪法”。胡绳指出，再过 3 年，张君劢“还敢不敢拥护民国三十五年十一月制成的宪法？——历史的教训对于这种聪明的‘学者’竟连一点作用也没有，其性格和命运是已被秋白先生在二十多年前就已说定的”。

瞿秋白参与领导五卅运动，主编《热血日报》，写了不少关于五卅运动总结之文，提出许多精辟见解，如争夺革命领导权、统一战线的策略、警惕资产阶级的两重性等，其中便有《义和团运动之意义与五卅运动之前途》。

胡绳则抓住此文涉及的一个问题，侧重于评析中国近代史重大事件，显然与点评前两文有所不同。他认为：瞿秋白充分肯定义和团运动反帝的重要意义，也提出严正批评，“义和团的行动与思想不在于反帝运动的激烈，而在于其缺乏阶级的觉悟，为反动贵族所利用，所以才在反帝行动上表现得盲目与幼稚。——这种看法是十分正确的”。接着，胡绳的笔锋一转，指向中国民主革命时期，特别是当前解放战争时期，指出“按照秋白先生的正确的分析——反动统治者以错误的国家观念来麻痹人民，要人民相信他们是国家民族的代表，并把人民的明确的反帝国主义思想转变为盲目而笼统的排外观念，使人民忘记了反动统治者其实是中国民族独立解放的一大障碍——这才是应该反对的义和团主义!”

30年后，胡绳的专著《从鸦片战争到五四运动》谈到义和团时，进一步发挥以上瞿秋白的“肯定意义”与“严正批评”的观点，并且深刻地指出：“在充分估计义和团运动的反帝斗争意义的时候，必须看到它具有的严重弱点；同时，也不能因为在当时的历史条件下，义和团运动不可能发展为一个健康的反帝斗争，就把它的历史地位抹煞掉。义和团虽然是传统的农民斗争形式的继续，但是把打击的矛盾直接指向帝国主义侵略势力，而且义和团运动时期已经有了资产阶级倾向的政治力量。包括戊戌维新和义和团运动在内的第二次革命高潮时期是中国近代历史中的一个重要环节。”[2]

《读秋白遗文》以后收录《胡绳全书》第1卷（人民出版社1998年版），字句、标点等略有改动。

（二）

1948年在香港英皇道住处，经邵荃麟、夏衍、冯乃超、周而复等商议，胡绳撰写了万余字的长文《鲁迅思想发展的道路》，1948年9月发表于香港《大众文艺丛刊》第4辑[3]。该文首先重点介绍瞿秋白《〈鲁迅杂感选集〉序言》（简称《序言》），不同于《读秋白遗文》点评之作。该文开宗明义写道：

瞿秋白在一九三三年所作《〈鲁迅杂感选集〉序言》中的分析，至今仍应视为对于鲁迅思想发展道路的最好的说明。“鲁迅从进化论进到阶级论，从绅士阶级的逆子贰臣进到无产阶级和劳动群众的真正的友人以至于战士。他是经历了辛亥革命以前直到现在的四分之一世纪的战斗，从痛苦的经验和深刻的观察中带着宝贵的革命传统到新的阵营里来的。”——这就是瞿秋白分析鲁迅思想发展的道路所达到的结论。

如果不从鲁迅思想发展的全部过程上来看，就不可能懂得，为什么“鲁迅的方向就是中华民族新文化的方向”。

“鲁迅的方向就是中华民族新文化的方向”，这是毛泽东在《新民主主义论》中说的一句名言，并提出文化与政治、经济的辩证统一，以及民族的科学的大众的革命文化等重要观点。这些都是党内从事文化工作的胡绳等人反复学习的重点，并结合毛泽东对鲁迅多次高度评价，围绕中华民族新文化的宏观建设目标进行深入思考和研究。胡绳认为很有必要以瞿秋白《序言》重要论述为基础，作为理解毛泽东重要指示的一个契机，进一步阐述鲁迅思想发展，这是《鲁迅思想发展的道路》一文的过人之处，事前还从未有人进行这种“三结合”的论述。胡绳把鲁迅思想发展大致分为以下几个阶段。

首先，五四运动前——“民国初年的混乱的中国对于鲁迅是个锻炼，但这几年间，他的思想发展极少被用文字表现出来。到了‘五四’运动的前夜——从一九一八年起，鲁迅的战斗光芒才开始辉煌地展开了。”

其次，五四运动后，“鲁迅从进化论最终的走到了阶级论，从进取的争求解放的个性主义进到了战斗的改造世界的集体主义”。胡绳同意瞿秋白这种看法，并认为这固然是到了大革命风暴以后才彻底完成，“但是五四运动后十年间，对于鲁迅，正是循着这个方向而从事着艰苦卓绝的斗争的历程”。胡绳由此展开重点论述，指出革命的知识分子必须和无产阶级革命道路紧密相连，勇敢坚定地奋斗，“这是近代中国文化革命发展上的一个规律。鲁迅是在真正意义上完成这样的发展的一个伟大的先驱者”。

最后，鲁迅后期思想变化，成为胡绳论述的重点。他认为“整个中国正沸腾在大矛盾、大分裂中，鲁迅的苦痛是与整个时代相关连着的，这不是引导向退婴萎缩的失败主义者的心情，恰恰相反，倒是向前跨进更大一步的新生因素，虽然里面包含着悲观绝望的成分。鲁迅的伟大就在于他能够通过大悲观而走向真实的大希望，通过绝望而开始去学习‘别种方法的战斗’”。大悲观与大希望的辩证关系，这是在瞿秋白《序言》基础上的提炼和升华。

胡绳认为1930年后的鲁迅作品与以前相比，在风格、思想内容等方面有了明显的区别，“我们所能接触到的是沉着稳定的坚毅的进军，是对于通过一切阻难妨害而必将达到的前途的巨大信心，是与科学的分析与批判相结合着的分明而热烈的是非爱憎”。而且“后期的鲁迅思想中，文艺大众化的问题占了主要位置。关于旧形式的采用问题最足以表现他的为大众的观点和辩证唯物论的思想方法”。可惜这里没有与瞿秋白文艺大众化、毛泽东工农兵文学思想相结合进行阐述，否则会留下更多的精彩论述。

胡绳还论述了鲁迅后期思想变化的其他特征。对于其他曲解和片面解读鲁迅思想发展的各种观点，胡绳给予了严肃的批评，还特别指出，鲁迅“在无产阶级文艺运动由小资产阶级出身的作家支持的时候，向革命作家们经常提出了及时而有力的诤戒和策励”。

瞿秋白、胡绳论述鲁迅思想发展时，都是侧重于政治层面，忠诚地服务于现实斗争。瞿秋白把鲁迅思想发展的每个阶段放置在历史纵横的坐标交叉点上，揭示内涵与外延的特点，指出鲁迅各时期的思想、观点和各种活动等发生的原因和所包含的进步性、必然性和社会价值，以及与创作杂文的密切联系，最后指出鲁迅杂文所体现的革命文学传统：最清醒的现实主义；“韧”的战斗；“反自由主义”；反虚伪的精神。

胡绳强调鲁迅思想发展的重点落在“转变”二字上，认为鲁迅与实际斗争相接触，经过艰难奋斗的历程，“终于使自己和中国无产阶级政治运动相结合”，在思想上从进化论转为阶级论，“所以才能代表了中国人民中最强的骨头，最强的主观力量”。这也是在演绎和解释毛泽东对鲁迅的高度评价，即“鲁迅的骨头是最硬的……”（毛泽东《新民主主义论》）——确立鲁迅在中国现代文化史上的重要地位，胡绳希望中国知识分子都要向鲁迅学习，转变世界观，投入到民主革命洪流中去。胡绳论述的内容牵涉面很广泛，可以引申出许多重要的课题，并随着历史的进展，还会出现更为精彩的阐述。但是，不必去苛求前辈文章的各种局限性，因为那是“时势造文”。

胡绳《鲁迅思想发展的道路》与邵筌麟、林默涵、胡乔木、吕荧等文还收录于《大众文艺丛刊——批评论文选》，该书由大众文艺丛刊社编辑，（北平）新中国书局1949年6月发行。该书《前记》写道：

大众文艺丛刊是在香港出版的一个以文艺批评为主体的不定期刊物，每隔二个或三个月出版一辑。从一九四八年三月开始到一九四九年三月共已出版过六辑。此地所选辑刊印的就是这六辑中的批评论文，因为过去这个刊物的发行区域都在国民党统治区内，所以所讨论的内容大体上均针对国内的文艺运动中的问题。[4]

1955年6月18日是瞿秋白殉难20周年忌辰，中共中央在北京八宝山革命烈士公墓为他的遗骨安葬举行隆重仪式。20世纪80年代，胡绳前去长汀等地，凭吊瞿秋白英勇就义之处，写下一组8首诗《旅踪杂记》，其中一首是《长汀秋白同志殉难处》：“从容就义早忘身，荒冢空山草拂茵。莫道书生非大器，怀霜诸夏尽沾巾。”

1995年举行瞿秋白就义60周年纪念暨学术讨论会时，时任全国政协副主席、中央党史研究室主任的胡绳作了题为《对瞿秋白的纪念》的重要讲话，高度评价了瞿秋白的光辉一生。他指出，1931年1月瞿秋白被解除中央领导职务，“此后3年他在上海白色恐怖下与鲁迅共同指导左翼文化运动，使革命文化事业能够冲破敌人的‘围剿’出现繁荣。这时他为用马克思主义解决中国现代思想文化问题，作了许多开创性的工作。”这其中包括瞿秋白撰写的《〈鲁迅杂感选集〉序言》，以及产生的长远影响。

［注］

［1］胡绳《第一卷引言二》，载《胡绳全书》第1卷（上），人民出版社1998年版。

《第一卷引言二》原刊登于1991年民盟中央刊物《群言》第9期，题为《胡绳同志谈〈胡绳文集（一九三五——一九四八）〉》，其中也谈到了他早年杂文《报复》，他说：写这篇杂文时，还在北京大学读一年级。“我本来已经忘记了这篇文章。但是有一次偶然看到1927年到1936年（应为1937年——引者）的《新文学大系》（杂文卷）中收入了《报复》这篇文章。这篇文章当时是投寄给上海由曹聚仁主编的《芒种》杂志的。我很佩服杂文卷的编者丁景唐同志，他竟然这样勤于爬罗剔抉，注意到了这篇短文。因为《新文学大系》选登了这一篇文章，就使我有勇气把我在20岁以前写的这篇文章收入本文集里面。”

丁景唐看到《群言》的此文后，欣然提笔撰写一文，认为：“收入《报复》一文，勾起胡绳同志的回忆，使他能更系统地编纂自己的文集，这却是我们始料不及的。我们为胡绳同志高兴，也为《大系》高兴。一九二七——一九三七年的《中国新文学大系》，是在我主持下编纂的。因此胡绳同志的话对我个人也是种鼓励，我感到荣幸。我也觉得这更是对《中国新文学大系》这套书的肯定，也更是对我社工作的肯定。这里，还需要说明的是，杂文卷的初选工作由郝铭鉴、陈福康同志负责，他们的努力，应当享有胡绳同志的赞赏。而对我和参加杂文卷工作的其他几位同仁，自然也是一种鞭策和荣誉”（丁景唐《六十年文集——犹恋风流纸墨香》，上海文艺出版社2004年版，第842—843页）。

［2］胡绳《从鸦片战争到五四运动·序言》，载《胡绳全书》第6卷（上），人民出版社1998年版。

［3］［4］关于创办《大众文艺丛刊》，周而复回忆说：解放战争时期，从上海等先后地来香港的有许多文化界名人，“当时，党中央和毛泽东同志的革命文艺路线有待进一步阐述，文艺界存在一些理论问题需要探讨，解放区的文艺作品在香港和东南亚一带读者渴望读到，原在国民党统治区的作家盼望有地方发表作品。……发表和出版文艺作品地方虽然不少，但缺少文艺理论方面的刊物。有一天，我们在英皇道住处谈起这个问题，大家觉得有出版一种文艺理论刊物的必要。夏衍和冯乃超同志十分赞成，最积极的是荃麟同志，

好像胸有成竹，早就想好怎么出这个刊物。……最后大家一致的意见是出不定期的丛刊，有文章就出一期；文章少或者一时写不出文章来，可以推迟出版时间。丛刊取名费了一番斟酌，既要表明这个刊物的立场和性质，又要照顾到香港的具体环境，经大家商议，决定取名《大众文艺丛刊》。……决定由胡绳同志向生活·读书·新知三联书店联系发行，当时胡绳同志担任三联书店编辑部工作。这个丛刊没有固定的编辑，也很少有人投稿的，每期出版以前，在英皇道碰头议论一下中心内容是什么，约一些作家去写，花的精力最多的是荃麟同志。因为他是从事文艺理论工作的，对这方面的问题熟悉，看的文章和作品也多，也了解应该讨论哪些理论问题。他自己写的文章很多，每期丛刊几乎都有他的文章”（周而复《回忆荃麟同志》，收录周而复《怀念集》，人民文学出版社 1983 年版）。

首次公开发表《瞿秋白同志年表》

杨之华《瞿秋白同志年谱》（未刊稿）曾在小范围内散发，看到全文的知情人比较少。至于首次公开发表的辛民《瞿秋白同志年表》（以下简称《年表》），则知情者更少。丁景唐撰写的《学习鲁迅和瞿秋白作品的札记》（新文艺出版社 1958 年 8 月初版）“附录”《有关瞿秋白同志及其著译的参考资料目录》，对《年表》作过简要介绍。

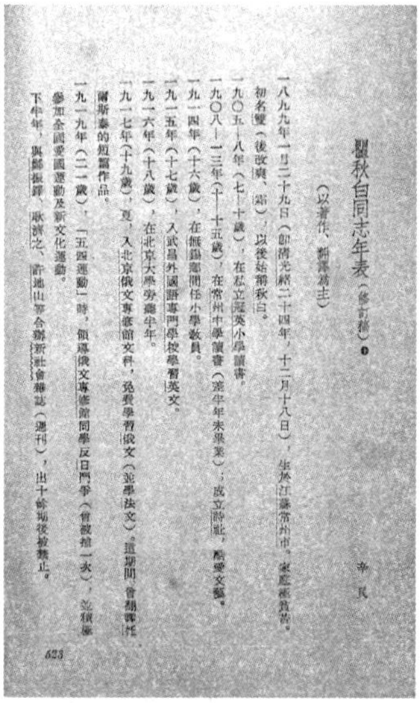
瞿秋白同志年表（修訂稿）❶　辛民
（以著作、翻譯為主）
一八九九年一月二十九日（即清光緒二十四年，十二月十八日），生於江蘇常州市。家庭極貧苦。初名雙（後改爽、霜），以後始稱秋白。
一九〇五—八年（七—十歲），在私立冠英小學讀書。
一九〇八—一三年（十—十五歲），在常州中學讀書（差半年未畢業）；成立詩社，酷愛文藝。
一九一四年（十六歲），在無錫鄉間任小學教員。
一九一五年（十七歲），入武昌外國語專門學校學習英文。
一九一六年（十八歲），在北京大學旁聽半年。
一九一七年（十九歲），夏，入北京俄文專修館文科，免費學習俄文（並學法文）。這期間，曾翻譯托爾斯泰的短篇作品。
一九一九年（二十一歲），「五四運動」時，領導俄文專修館同學反日鬥爭（曾被捕一次），並積極參加全國愛國運動及新文化運動。
下半年，與鄭振鐸、耿濟之、許地山等合辦新社會雜誌（週刊），出十餘期後被禁止。
523

《中国现代出版史料》丙编收录《瞿秋白同志年表》

《年表》编写者原名王辛垦，亦名辛民、王光潜，曾主持 1931 年 9 月秘密成立的中共地下党出版机构——北方人民出版社，在北方（保定、北平等处）反动统治下顽强生存。该出版社主要继承或吸收了地下党先后创办的上海人民出版社、新青年社、平民书社、中国青年社、上海书店等革命出版物，加以重新校订和编排，秘密或伪装出版。另外，也编印了一些新的书刊，总计各种出版书籍约有 50 多种，分为左翼文化丛书、人民文化丛书等，其中包括瞿秋白《社会科学概论》等译著。因此，王辛垦的视野比较开阔，便于收集有关瞿秋白的资料，这为他编写《年表》打下了良好的基础。

《年表》初稿发表于 1951 年 6 月 15 日天津《进步日报 · 史学周刊》第 23 期，以及同年 6 月 22 日上海《大公报 · 史学周刊》第 23 期。该周刊第 55 期（1952 年 1 月 25 日）刊登《瞿秋白同志年表初稿补遗》。1955 年 7 月，经作者修订，改题为《瞿秋白同志年表》（修订稿，以著作、译文为主），附录于《中国现代出版史料》丙编（中华书局 1956 年 3 月出版）。

《中国现代出版史料》分为 4 卷，即甲编、乙编、丙编、丁编（上、下卷），由张静庐辑注，正文均为竖排。其封面均为黄色底纹，书名竖排，没有任何装饰图案，封底白色，左下角印着上下两行小字：“书号 26600”，“定价二元七角七分”。其中丙编收录 1937 年到 1949 年 9 月的各种出版资料，如文化出版工作者对国民党当局的抗争和反动派查禁书刊等。扉页照片多达 28 页，有各种书刊报纸的照片和手迹，包括瞿秋白主编的《热血日报》，鲁迅编校的瞿秋白译文集《海上述林》上卷，以及鲁迅亲手写的该书上卷广告墨迹等。其目录前面的“编例”特地说明“书末附录：辛民同志最近增补修订的《瞿秋白同志年表》”。《年表》最后落款的时间为“一九五五年七月旧稿修订”。

《年表》有 6000 多字，列出 120 多条目，大多比较简短，文后附录瞿秋白的 17 个笔名、别名，以及 1936 年至 1955 年发表 26 篇纪念瞿秋白文章的目录，这是编写《年表》的主要资料来源之一。《年表》正文内容大致可以分为 3 个部分，大多数基本上对的，但是由于种种原因，也出现了一些差错和笔误。

首先，1899 年 1 月 29 日（瞿秋白出生）至 1919 年下半年，共列出 9 个条目。如第 1 条瞿秋白“生于江苏常州市，家庭极贫苦。初名双（后改为爽、霜），以后称秋白”。接着列出“在私立冠英小学读书”，“在常州中学读书（差半年未毕业）；成立诗社，酷爱文艺”；“在无锡乡间任小学教员”；“入武昌外国语专门学校学习英文”；“在北京大学旁听半年”；“入北京俄文专修馆文科，免费学习俄文（并学法文）。这期间，曾翻译托尔斯泰的短篇作品”；“‘五四运动’时，领导俄文专修馆同学反日斗争（曾被捕一次），并积极参加全国爱国运动及新文化运动”；“下半年，与郑振铎、耿济之、许地山等合办《新社会》杂志（周刊），出十余期后被禁止。加入李大钊同志领导的‘社会主义研究小组’。”

新中国成立初，有关瞿秋白早年事情，仅出现在杨之华、萧三等人写的少数文章里，加之搜集以前纪念瞿秋白的文章比较困难，因此《年表》第一部分的条目比较少，内容略显单薄，并且瞿秋白上小学、中学和到无锡小学任教的时间和年龄有些误差。他在北大旁听半年的时间、五四运动时被捕等史料，主要是依据他人的回忆或写的有关文章，其实这些迄今仍未找到确凿证据，各方有不同看法。

《年表》首次提及瞿秋白早年“曾翻译托尔斯泰的短篇作品”一事，但未找到有关资料，无法具体说明。况且《年表》开头就多算瞿秋白1岁（也许是按照虚岁推算），如此依次推算，凡是条目里出现的年龄都要大1岁，因此瞿秋白牺牲时则为37岁，而不是36岁。

其次，1920年至1926年底，共列出50多条目。若与第1部分条目相比，显然所列的条目数量有所增加，每年条目里分为若干的某月条目，甚至某月里再分为某日的条目，有时出现四五条，而且条目的内容也逐渐多了。

1921年瞿秋白“发表译述续文《社会之社会化》”，“发表译述《共产主义与文化》”，“发表译述《校外教育及无产阶级文化运动》”等。1924年“发表《新经济政策》（上海夏令营讲学会讲稿之一）”；1925年“发表论文《列宁主义与托尔茨基主义》”，“发表论文《帝国主义之五卅屠杀与中国的国民革命》”等。编写者均注明这些译文的原出处（全文都是如此），这说明编写者查找了大量旧刊物，花费了许多时间和精力，做了许多摘要笔记或卡片，这是如今许多浮夸学风追随者应感到羞愧的，当然厚颜无耻者、颠倒黑白者例外。不过《年表》也出现一些笔误，如发表文章的时间、出处等。

《年表》还列出瞿秋白工作经历、生活等条目，如“编辑过《新青年》及《向导》，主编过《前锋》等刊物”；“与杨之华同志结婚于上海”；“主编上海《热血日报》（五卅时期）”等。

不过也有误作之处，如“代表中国的革命组织，参加在莫斯科召开的‘远东民族代表大会’的工作，此时会见了列宁”。瞿秋白作为中国记者采访共产国际“三大”时，在会场的走廊里见到列宁，而不是1922年“远东大会”期间。又如“参加在广州召开的中共第三次全国代表大会，起草《党纲草案》，被选为中央委员。之后，直至殉难，历任党中央委员”。这个条目的大部分内容是对的，但是瞿秋白并没有在中共三大上选为中央委员，而是在中共四大上才被选上，并进入五人中央局。此条目有这种说法，是当时流传的，并不是编写者杜撰的。

又如“一九二二年（二四岁），二月，由张太雷介绍在莫斯科正式介绍加入中国共产党”。曾一度有此说，不足为奇。曾在东方大学中国班学习的萧劲光回忆时也透露此时间，即旅莫支部讨论举手通过瞿秋白正式入党。1955年

6 月 18 日，中共中央宣传部长陆定一作报告时，认为瞿秋白入党是 1922 年，未说明哪个月。温济泽撰写的《瞿秋白同志战斗的一生》（1957 年出版的《红旗飘飘》第5 辑）也持有此说。现在依据瞿秋白《多余的话·记忆中的日期》，即为 1921 年 5 月。但是，其中还有一些疑问，比较复杂，尚无档案史料佐证，在此不赘述。

再次，1927 年至 1930 年底，共列出 60 多条目，不仅继续展现了第 2 部分的特点，并有了新的内容。如“译毕《无产阶级之哲学——唯物论》一书（哥列夫著，新青年社出版）。该书后经修订，于一九三〇年三月明日书店出版，改名《唯物史观的哲学》，署名屈章译”。编写者知道或曾看到两种版本译作，这是难能可贵的。

瞿秋白曾写过大量的政论文，大多不为世人所知。鲁迅编印的《海上述林》主要收录瞿秋白的译著。1953 年 10 月至 1954 年 2 月，冯雪峰主编的第一套 200 多万文字 4 册 8 卷《瞿秋白文集》由人民文学出版社出版，其中主要是瞿秋白在文学方面的创作评论和译文（包括原先《海上述林》的内容），并收录他的《新中国文草案》。但没有收录他的政治论述，因牵涉到大量党内敏感的争论问题，“将另行处理”。直到“文革”后才正式出版了 14 卷《瞿秋白文集》，包括政论文等。

早在新中国成立初《年表》编写者已做了这方面可喜的搜集工作，并展现了部分成果。“在大革命失败后的这一期间，秋白同志的著作除上述以外，尚有:《共产国际当前问题》，《反对国际机会主义》，《反对陈独秀与机会主义》，《反对汪精卫与改组派》，《三民主义批判》（一九二八年），《反对黄色工会》，《职工运动的问题》，《中国革命与共产党》”等等，编写者一口气列举了几十种。又如瞿秋白“写《中国的工农革命》（载《共产国际月刊》第一卷第一期）”。编写者能查找到此出处，这在当时是鲜为人知的。

“发表《中国革命中之争论问题即第三国际还是第零国际》小册子，严正批评陈独秀等机会主义的错误。”瞿秋白写的这本小册子很有名，但是之前很少有人公开提出，编写者却大胆地做到了，并指明批评陈独秀等人机会主义，而不是仅仅专指一人。

《年表》还明确指出瞿秋白曾担任的重要职务，“出席党的第六次全国代表大会做政治报告，继续被选为中央委员。八月，出席共产国际第六次大会，被选为共产国际执行委员会委员和政治局委员及大会主席团之一”。这里说的

“政治局委员”应是“政治秘书处（政治书记处）成员”。不过编写者还是有一些差错，如“主持召开中央的‘八七紧急会议’，被当选为中共中央书记”。其实，主持八七会议的是李维汉，新出版的党史则改写为瞿秋白、李维汉两人主持会议。瞿秋白并没有当选为“中共中央书记”，却是公认的继陈独秀之后的中央主要负责人。

综上所述，《年表》是新中国成立后首次公开亮相，依据有限资料，尝试性梳理了瞿秋白的年表，起到抛砖引玉的重要作用。《年表》发表了3年后，丁景唐和方行（文操）合编《瞿秋白著译系年目录》（上海人民出版社1959年1月初版）已拥有比较完整的资料，填补了大量的空白，如1919年瞿秋白发表的一篇译文和早期政论文等。

《年表》“以著作、译文为主”，也折射出瞿秋白的一些“生平活动”，这是暂缺大量具体材料的“折衷”可行的办法。直到“文革”后，才陆续出现了周永祥《瞿秋白年谱新编》（学林出版社1992年版），姚守中、马光仁、耿易《瞿秋白年谱长编》（江苏人民出版社1993年版），刘小中、丁言模《瞿秋白年谱详编》（中央文献出版社2008年版）等，逐渐增加了条目，不断补充新内容，纠正新旧错误，旨在提高质量，甚至编写年谱的体例和形式也得到合理的发展。但是，不能忘记前人所做出艰难的探索工作，《年表》就是其中一个“首创者”。

《中央老根据地印象记》追记瞿秋白烈士

《中央老根据地印象记》

资深老作家唐铁海[1]撰写的纪实散文集《中央老根据地印象记》（以下简称《印象》），华东人民出版社（上海绍兴路54号）1953年6月初版（次年1月再版），其中有《长汀纪事·凭吊瞿秋白烈士》等内容。

（一）

《印象》32开，铅字竖排，新华书店华东总分店发行（南京西路1号），新华印刷厂（上海大连路130号）印刷。封面大红底，书名下一张照片——南方老根据地人民热烈欢迎中央访问团。题词页上印着毛泽东主席为老根据地人民所作的题词（手迹）："发扬革命传统，争取更大的光荣。"

内封四周为花边围框，左边为作者竖写的钢笔字体："丁景唐同志指正，唐铁海，一九五四年九月上海。"居中为丁景唐用钢笔竖写的一段文字说明："这已是卅年前的赠书了，今日从阁楼小柜内偶然从一束书中找到。"其下盖有蓝色胶印时间："1993年12月10日。"一旁为"景唐"长圆形钤印。

封底白色，右上角为该书内容简介："一九五一年七月，中央人民政府南方老根据地访问团带了毛主席的关怀和全国人民的敬仰，到南方老根据地访问。……读者看了这本书以后，能深刻了解南方老根据地人民英勇斗争的史实。”

封底左下角为版权内容，最下端有一则小字说明：“本书自一九五三年六月起由劳动出版社移转本社出版。”1949年6月，劳动出版社在上海成立，隶属上海总工会，主要出版适合广大工人阅读的各类通俗读物，1953年初该社结束，因此《中央老根据地印象记》书稿转交给华东人民出版社。华东人民出版社于1951年3月在上海成立，由新华书店华东总分店的编辑出版部门改组而成，1955年1月起改称为上海人民出版社。

《印象》首篇“代序”，即中央访问总团团长谢觉哉所作的《中央人民政府南方老根据地访问团工作报告》，在政务院第115次会议上通过（1951年12月14日）。该报告刊登于此书时，删去第1小节，保留后面3个小节内容，主要讲述新中国成立前后南方老根据地有关情况。其中谈到新中国成立初南方老根据地的经济恢复、卫生问题、文教问题、优抚问题、烈属军属等问题。

正文分为9章：《向光荣的老根据地前进》、《中国人民军队的诞生》、《方志敏烈士永垂不朽》、《红都瑞金的女英雄黄秀英》、《长汀纪事》、《苏维埃政权下的幸福生活》、《坚持不屈的斗争》、《郑俊义的光荣旗》、《三个剿匪立功的小英雄》。书末为“后记”。

书中有许多插页照片，很珍贵，半个多世纪后依然比较清晰，其中有一张照片为长汀城内秋白路上的“秋白播音台”（详见下文）。

1951年国庆节期间，唐铁海撰写了此书初稿，次年2月15日定稿。该书整体构思依顺作者随南方老根据地访问团的行踪，“穿越”时空，生动地描述了当年老根据地人民的英勇斗争事迹。唐铁海在后记中写道：

> 回到上海，我整理了在中央老根据地的所见所闻，加上自己的思索和体会，写成了这个《印象记》，先后在劳动报、解放日报、人民文学、文艺新地等报纸刊物上发表。在访问中，要感谢福建省张鼎丞主席，江西省邵式平主席、方志纯副主席的帮助，他们为本书提供了许多重要的情况和材料。同时，也要感谢和作者在一起工作的解放日报董为焜同志、华东画报王复遵同志，他们为本书摄制了不少珍贵的照片。至于本书的出版，这和谢觉哉团长的热情鼓舞是分不开的；谢老在中央人民政府繁忙的工作中审阅了全部的原稿，对本书中有关历史记载的文字，作了详细的考据和指正，使我有最后修改重写的机会。并且遵照谢老的意见，把他在政务院政务会议上通过的《中央人

民政府南方老根据地访问团工作报告》中第二、三、四段（均未公开发表），作为代序发表，以供读者同志们作为阅读时的参考。

（二）

1951年7月，根据中央人民政府的决定，派遣中央访问团访问各个革命老根据地，准备在八一建军节和10月1日国庆节之间的两个月内，对这些中国革命发源地区的烈属、军属和革命群众进行普遍的访问，带去中央人民政府、毛泽东主席和全国人民的关怀，鼓舞他们继续发扬革命传统，争取更大的成绩。同时，邀请各老根据地人民代表团来北京参加国庆观礼。

7月中旬，唐铁海提前接到华东军政委员会的通知，参加中央人民政府南方老根据地访问团的工作。不久，华东军政委员会特地召开一个欢送晚会，欢送参加南方老根据地访问团和北方老解放区访问团的全体代表。饶漱石对大家作了指示，明确指出革命根据地推动中国革命所起的重大作用，因此访问团此行有着重大政治意义。

7月25日上午，华东党、政、军代表，以及工、农、青、妇、民主人士代表，还有1个文工团（新旅歌舞剧团），2个电影队，一共有400多人，由李步新（时为华东军政委员会民政部副部长，后担任中央组织部副部长等职务）带领下，从上海乘船溯江而上，到汉口集中，接受总团的统一分配。

乘船赴汉口的3天旅途中，唐铁海与大家一起抓紧时间学习党史，开展小组讨论。李步新参加过赣东北的土地革命战争，讲起方志敏的故事。龙跃（时为江西省农村工委副书记，后为上海汽轮机厂、上海柴油机厂党委书记）、魏金水（时为福建省农村工委书记，后为福建省委副书记、副省长）等老同志纷纷谈起艰苦奋斗的革命斗争，使大家更多地了解南方老根据地的革命传统。

7月29日，政务院委员兼内务部长谢觉哉率领中央访问团抵达汉口，召集各分团团长及负责人开会，细心地讲述了访问团的宗旨、任务和工作方法。谢觉哉为访问总团团长，下设9个分团，共有8400多人，其中有63个文工团和剧团，以及44个电影队、5个幻灯队、2个摄影队、8个曲艺队和50个医疗队。

在汉口度过了八一建军节，华东各界代表大多被编入中央老根据地分团，由李步新、魏金水率领，途经南昌、瑞金等地。

访问团来到长汀，从县、区、乡到每个革命基点村，不论男女老小，都喜欢万分；买鞭炮，做旗子，搭彩楼，忙着欢迎。妇女自卫队舞起十八年前的马刀，光荣残废的老红军唱起十八年前的红军军歌，七八十岁的红军老妈妈，听说毛主席派人来访问，乐得眼也亮了，耳也清了，走路也有精神了，按十八年前慰劳红军的老规矩，日夜赶做布草鞋。因为毛主席派来了访问团，长汀人民真是人人都变得年青（轻）了。

总团谢觉哉团长于八月二十日从瑞金亲自来长汀访问。中央苏区分团各个分队二十二日就分别出发。我们一个分队分四个组在长汀进行普遍访问。

在唐铁海的笔下出现了长汀民众热烈欢迎访问团的生动场景，也透露了访问总团团长谢觉哉亲自来长汀一事。

谢觉哉是湖南宁乡人，清末最后一科秀才，曾与毛泽东等人发起新民学会。1925 年经老乡何叔衡、姜梦周介绍，谢觉哉加入共产党。1927 年大革命失败后，谢觉哉辗转到上海，主编中央机关刊物《红旗》，与瞿秋白有间接工作关系。在中央苏区时期，谢觉哉担任中央政府秘书长，协助中央政府主席毛泽东的工作，与教育部长瞿秋白等人时常见面，一起开会讨论有关问题。

在延安时期，谢觉哉被称为中央“五老”之一（另 4 人为董必武、林伯渠、徐特立、吴玉章），曾担任中央党校副校长、陕甘宁边区中央局副书记等职务。在他的日记中时常出现各种学习心得，用毛笔字写得端端正正。其中有抄录《高尔基创作选集》（瞿秋白翻译）一些段落，如高尔基写的《坟场》、《同志》、《笑话》、《不平常的故事》等富有哲理性的文句，多达六七百字。他抄完后，特地注明“上面抄‘选集’中几段警句”。由于工作很忙，时间紧张，他看完此译作后，觉得“看得太快，没大了解，有功夫看第二次”[2]。

1948 年 8 月 11 日，谢觉哉在日记中写道：“某君携扇书秋白同志临难作《浣溪沙》：廿载浮沉事业（万事）空，年华如（似）水水流东，枉抛心力作英雄。湖海栖迟芳草梦，江城辜负落花风，黄昏已近夕阳红。（此词见秋白写的《多余的话》)。”[3]但是，谢觉哉未作任何评价。对于瞿秋白《多余的话》和监狱诗词，当时在延安已有传闻，因而谢觉哉笔下出现这些并不令人意外。

但是，谢觉哉将此词误为是在瞿秋白《多余的话》长文里。其实，此词最初是瞿秋白抄录给国民党三十六师军医陈炎冰（另有两首）。此后《福建民报》记者李克长前去采访瞿秋白时，瞿秋白还在李克长的采写本上抄录3首诗词《浣溪沙》、《梦回口占》、《狱中忆内·集唐人句》。李克长回去后写出《瞿秋白访问记》，附有《浣溪沙》等3首诗词。其中《浣溪沙》已有标点，与谢觉哉日记中引录“某君”扇面上的《浣溪沙》有些相似，但与瞿秋白抄录给陈炎冰的《浣溪沙》略有不同。其实，《浣溪沙》并不完全是瞿秋白原创，有的出自清代诗人黄仲则、唐代诗人李商隐的诗句，瞿秋白加以改动。

新中国成立初，年过花甲的谢觉哉故地重游，再次来到瑞金等地，受到空前规模的热烈欢迎。

谢觉哉特地赶到长汀还负有一个重要任务，受中央委托查清瞿秋白的墓穴和遗骸。经多方调查询问，证实瞿秋白就是在长汀牺牲的。谢觉哉见到了一位60多岁的农民罗仁发，由他带领谢觉哉到瞿秋白就义的现场，述说了瞿秋白从容就义的经过。经谢觉哉回忆，当年报上刊登的消息和罗仁发述说的情况基本一致。为了进一步证实此事，谢觉哉又找来一位掩埋瞿秋白遗骸的张永福，在张永福的指点下，谢觉哉来到坟场察看。瞿秋白牺牲已经十几年了，埋葬的遗骸和衣服早已在土中腐烂，但是瞿秋白就义前穿的上衣的纽扣却完整地呈现。瞿秋白的遗骨，最后由福建省委宣传部文艺处副处长聂光辉（后任上海文艺出版社副总编）护送到北京。

现存有一张珍贵图片，谢觉哉与3男1女低头察看瞿秋白的墓穴，谢觉哉胡须花白，穿着一套灰布衣服，佩戴访问团臂章，右手指着墓穴，述说事情。他的左手拿着扇子等，被一名戴眼镜的男同志搀扶着。

瞿秋白生前好友曹靖华（著名翻译家）也参加了这次南方根据地访问团，但是访问的范围是以瑞金为中心的赣东南几个县。他闻讯后，立即向访问总团长谢觉哉请假，驱车前往长汀。游荣长县长不在，由秘书朱其昌出面接待，找来了张仁福（与谢觉哉所说的张永福可能是一人），以及另一位见证瞿秋白牺牲的刘玉堂。曹靖华也去察看了瞿秋白的墓穴，并请朱秘书转达，建议长汀县人民政府将墓穴填起，修一个衣冠墓，竖立石碑，留作纪念。回北京后，曹靖华首次公开发表有关瞿秋白烈士就义现场的调查之文《罗汉岭前吊秋白》。

（三）

长汀县属福建省的龙岩专区，在闽赣边境。在土地革命时期，这里是福建省苏维埃政府的所在地。长汀离瑞金四十公里，中间只隔开一座牛岭大山，它是中央苏区的腹地，也是中华苏维埃共和国的经济中心。当年因为红军干部常常来此开会，来往客商也川流不息，所以长汀贸易很是繁荣，在苏区有红色的上海之称。

长汀县城内“秋白播音台”

唐铁海绘声绘色地描写了长汀民众长期艰苦卓绝的革命斗争，留下大量可歌可泣的英勇事迹。全县 22 万人口中，烈属、军属就有 5898 户，凡是 30 岁以上的人，差不多都参加过革命工作。

访问团到了长汀，县政府召开了烈属、军属、荣誉军人和各界人民代表座谈会，谢觉哉代表党中央、中央人民政府和毛主席向土地革命时期参加革命有功的人员进行慰问。当地民众献出他们冒着生命危险保存的苏维埃时期的文件、布告、书籍、证件、印信、铜银币、武器等。其中有一面 3 尺见方的红绸锦旗，已经褪色，边上的滚花也磨烂了，上面用缎子缝制的黑字大都烂掉了，但是依着字体的缝线，仍然可以清楚地看出字迹：“扩大红军奖旗送给中坊乡，为保卫苏区而战！福建军区司令员叶剑英。”这是 1934 年红军主力长征后，老贫农郑俊义保存下来的。他用一层层的油纸把锦旗包起来，放到一个瓮里，上面盖着麦种，封得牢牢的。每年偷偷拿出来晒晒，防止虫咬霉烂。

对于瞿秋白烈士的生平事迹，各种报道已经很多了，但是唐铁海等人还想知道瞿秋白就义及其后的事情，并要去烈士就义现场凭吊烈士。他们找到游县长，听取了有关介绍，得知长汀人民为了纪念瞿秋白烈士，已把县城里的水东街改为秋白路，并在秋白路上建筑了一座“秋白播音台”。

随同访问的摄影师拍摄了“秋白播音台”的照片，留下一则珍贵的资料。该建筑呈四方形状，高约四五层楼，分为3个部分，逐渐缩小，犹如宝塔。其底层比较高，有一面墙上镶嵌着一块黑石碑，刻写着“秋白播音台”的来历。外墙四周为1米多的空地，四角各建起方柱子，撑起第2层阳台（其四周有水泥镂空栏杆）。第2部分有两层，中间有简短的外挑檐口，顶端是中国传统的飞檐翘角，盖有琉璃瓦，其下的墙上写着“秋白播音台”5个白色大字。第3部分是个小亭子（钟楼），四面各有拱形小门。整个建筑的每个细节都具有鲜明的象征意义，既是纪念塔的建筑，又有播音台的功能。可惜此建筑未能保存下来，如今荡然无存，只能在《中央老根据地印象记》插页照片上一睹其风采。

该书第5章《长汀纪事》，细分3个小节：“长汀——红色的上海”，“张赤男和罗化成”，“凭吊瞿秋白烈士”。最后一个小节写道：

长汀西门外的北山罗汉岭，是一座荒凉的乱坟山，岭前有一片小草坪，相传是古代蛇王宫旧址。十六年前，著名的共产党人瞿秋白烈士，就在这草坪正中光荣就义。

……

一九三四年十月，红军主力北上抗日。那时候，秋白同志是中央苏维埃政府的教育部长。他因为患着严重的肺病，不能随行，奉命和红（军）二十四师转移到长汀、武平、会昌交接的四都山区。十一月五日，敌占长汀后，以宋匪希濂、李匪延平一万兵力围攻四都。秋白同志带领一部分红军，决定分散到龙岩。一九三五年二月二十三日过汀江，到濯田，在水口乡羊角溪地方，不幸被武平的伪保安团长钟绍葵所俘，送到长汀，押在宋匪希濂的伪三十六师师部。

秋白同志被俘后，在法庭上表现了共产党人坚强不屈的英雄气概。敌人威胁利诱，用尽酷刑，丝毫不能动摇他的革命意志。蒋匪介石就下了个杀害他的密令给宋匪。临刑前，万恶的反动派还不肯放过他，六月十八那天早晨，宋匪将秋白同志押到（原）列宁公园，在列宁台上和他摆酒对饮，叫他吃刑餐。吃了一半，宋匪就拿出蒋匪的密令电报对瞿秋白同志说：“先生（宋匪曾经是秋白烈士的学生），对不起，这是衡阳的命令。”秋白同志面不改色道：

“没有问题！”宋匪道：“先生，只要你把共产党和红军的事说出来，悔过自新还来得及。”秋白同志痛骂道：“你是个无耻的反动派，谁是你的先生，我们共产党人头可断，志不可屈，我能为中国革命而牺牲，这是我平生最大的光荣！”十时许，匪军押秋白同志到刑场。据刘玉堂说，他亲见秋白同志穿灰布短褂、短裤、布鞋，谈笑如常，走到罗汉岭前，就盘腿坐在草坪上，慷慨就义。下午二时许，伪三十六师叫张永福去收殓，把尸体抬到一里外的盘龙岗埋葬。

这一段描写不尽完整，与后来挖掘、整理的有关材料有不少出入，但是真实地反映了当时所能了解的有关情况，也是瞿秋白研究史上不可多得的资料之一。

1952年6月18日《解放日报》发表《罗汉岭万古长青——访瞿秋白同志殉难的场所》（署名“本报记者秦秋谷”），可以补充以上唐铁海述说的有关内容。刊登文章时，还刊有2幅照片：其一，年轻时的瞿秋白，西装革履，右手拿着一顶有宽檐边的西式呢礼帽。其二，瞿秋白牺牲之地福建长汀县西门外罗汉岭前草坪，署名“本报摄”。

［注］

［1］唐铁海，原名柴之英，1928年出生于浙江鄞海，曾就读上海之江大学文学专科学校，1948年参加解放军，担任苏北军区政治部战士画报社记者、编辑等。新中国成立后，在《劳动报》《萌芽》《收获》《上海文学》等报刊工作，以及担任中国作家协会上海分会创联室主任、中国作家协会上海分会理事、上海大众文学学会副会长、上海影视文学研究会副会长等职务。先后出版散文集《中央老根据地印象记》、《东华风情录》和评论集《工人写作杂谈》、《试炼集》等。

［2］［3］《谢觉哉日记》上卷，人民出版社1984年版，第421页；下卷，第1240—1241页。

附录一：名人手迹

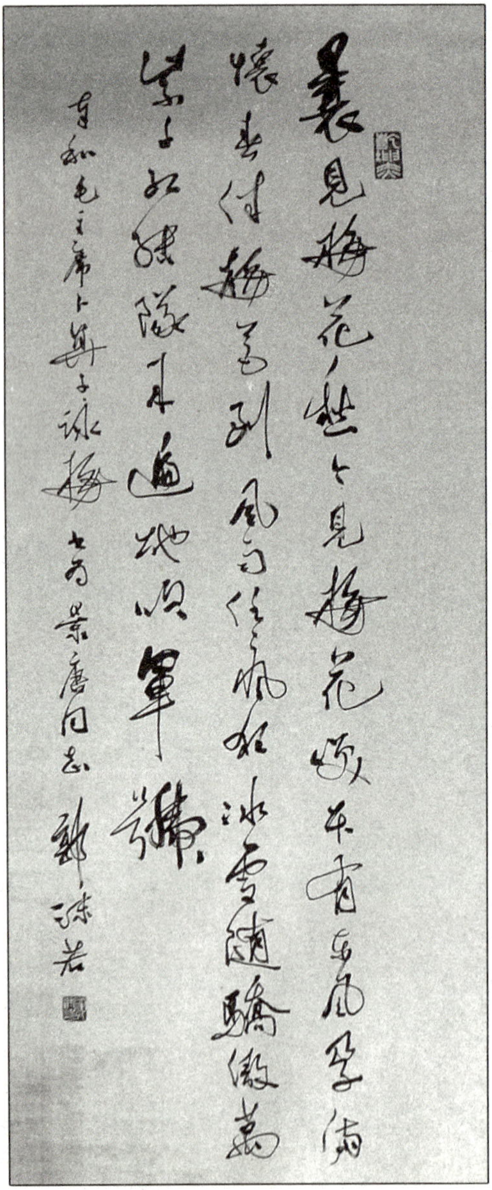

郭沫若手书《卜算子·咏梅》赠丁景唐

囊见梅花愁，今见梅花笑。本有东风孕满怀，春伴梅花到。

风雨任疯狂，冰雪随骄傲。万紫千红结队来，遍地吹军号。

奉和毛主席卜算子咏梅

书为景唐同志

郭沫若

1965年秋天，陈同生约丁景唐前往上海文史馆，郭沫若、于立群夫妇已分别挥毫作书。陈同生为丁景唐代求一张4尺宣纸的字幅，丁景唐帮着把宣纸铺平，郭沫若迅即落笔书写《卜算子·咏梅》。此词原作于1962年1月30日海南岛崖县鹿回头。

郭沫若字幅右端盖有“乾坤赤”阴文长方印，郭沫若签名后，盖有白文姓名章。“乾坤赤”三字，取自郭沫若《满江红·一九六三年元旦书怀》结句：“迎春风革命展红旗，乾坤赤。”为此，丁景唐写了《记郭沫若赠我的〈咏梅〉词字幅》一文，收录他的《六十年文集——犹恋风流纸墨香》（上海文艺出版社 2004 年版）。

茅盾七绝《赠丁景唐》

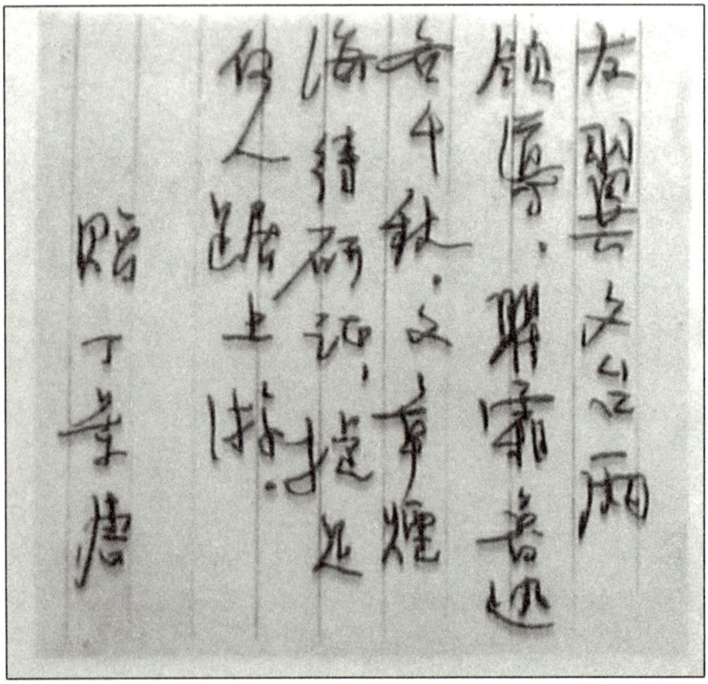

左翼文台两领导，瞿霜鲁迅各千秋。
文章烟海待研证，捷足何人踞上游。

赠丁景唐

20 世纪 40 年代，丁景唐曾拜访茅盾。1980 年 11 月 2 日，丁景唐为解决瞿秋白、鲁迅研究中的几个问题专程去请教茅盾。请教之后，丁景唐请茅盾在方便时，写一首关于纪念瞿秋白的诗，作为永久的纪念。茅盾欣然同意。1981 年 3 月茅盾不幸病逝，韦韬整理父亲遗物时，意外发现这首七绝手稿，寄给丁景唐。以上情况，丁景唐写了《茅盾关心文学青年——记三十五年前的一次会见》、《论茅盾对瞿秋白的崇高评价》两文，收录他的《六十年文集——犹恋风流纸墨香》（上海文艺出版社 2004 年版）。

夏衍写给丁景唐的便笺

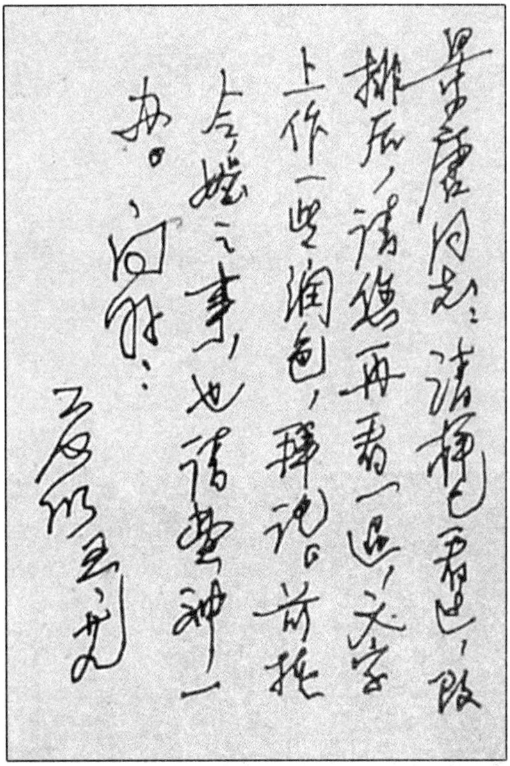

景唐同志：清样已看过，改排后，请您再看一遍，文字上作一些润色，拜托。前托令侄之事，也请费神一办。问好！

夏衍 五、廿九

景唐同志：

清样已看过，改排后，请您再看一遍，文字作一些润色，拜托。前托令侄之事，也请费神一办。问好！

夏衍　五、廿九

新中国成立初，丁景唐到上海市委宣传部工作，夏衍担任市委常委、宣传部长。“文革”前，丁景唐撰写有关左联等文章，送请夏衍审阅，也收到夏衍写的几封信。“文革”后，夏衍撰写《懒寻旧梦录》时，委托丁景唐收集和核对有关资料。纪念上海文艺出版社成立30周年之前，丁景唐专程到北京，拜访夏衍等人。丁景唐主持编纂《新文学大系》第2辑（1927—1937）时，请夏衍为《新文学大系·电影集》撰写序言。夏衍改好序言清样后，写了以上的便笺。对于这些往事，丁景唐撰写《懒寻旧梦二三事——忆念夏衍同志》一文，收录他的《六十年文集——犹恋风流纸墨香》（上海文艺出版社2004年版）。

附录二：书海结缘惜文字　往事倍亲茶未凉

——丁景唐与巴老

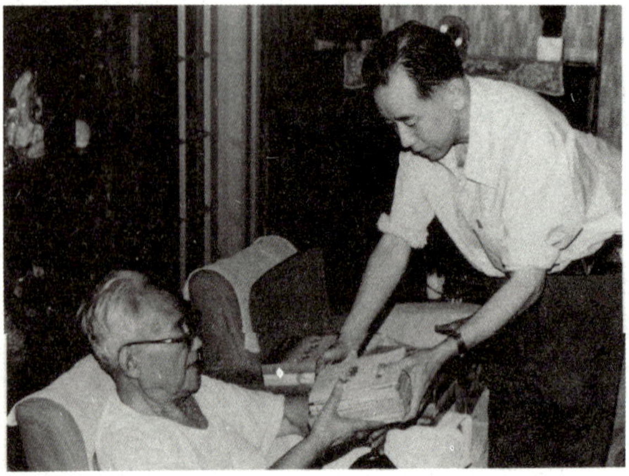

1986 年 8 月丁景唐与巴金

2005 年 10 月 16 日，晚饭前，我的父亲丁景唐（以下简称“老丁”）翻检出一套《巴金译文选集》，让来访的两位老友的女儿欣赏。这套书中的《草原故事及其他》扉页上，有巴老用钢笔题写的几行字，“赠丁景唐同志 巴金 九〇年九月七日”。老丁与巴老是多年的老朋友，“文革”后巴老出版的各种文集，几乎都会送给老丁。北京媒体记者曾为了撰写有关巴老的专题报道，在上海采访老丁，得出一个结论：巴老对老丁是“有求必应”。

第二天晚饭后，老丁看电视时，电视的屏幕下方打出了百岁巴老不幸病逝的消息，老丁愣住了。昨天翻检出《巴金译文选集》，便成了一种巧合，更是一种思念，丝丝缕缕，穿越时空，绵延不绝。

10 月 21 日早上，老丁赶到上海文艺出版总社，几代出版人聚集在一起，追思巴老，一旁的墙上贴着鲜红的大字“把心交给读者——”（巴老的名言）。老丁坐在巴老的弟弟李济生的旁边，他拿出当年巴老为《文艺日记》的题词，深情地说：巴金先生一生都在用自己的作品和言行为广大出版人树立榜样和楷模，他在中国现代出版史上所取得的突出成就，特别是“把心交给读者”的文学创作和出版编辑思想，影响了几代出版人，留下了宝贵的精神财富，值得我们认真加以总结，并在今后的出版实践中发扬光大。

（一）

景唐同志：

来信收到。邢铁华同志（提）的问题我一时无法解答，过些时候找出旧作查看才能解决。请把这个情况转告他。将来我直接给他写信。

匆覆。祝好！

巴金

卅日

此信写于 1978 年 7 月 30 日（以信封上的邮戳为证），巴老使用当时市上出售的横式标准信封，右下角署名为“文联金缄”。他用的信笺上有“上海文艺编辑部”的字样。

自粉碎“四人帮”后，1977 年 5 月 25 日《文汇报》副刊发表了巴老的第一篇文章《一封信》，激起了广大读者的心波，老朋友也以不同方式慰问巴老。巴老家里原来被封的房间也已启封，他又回到楼上居住，开始思考和准备写作。第二年春天来了，家里开始热闹起来，来访的新老朋友增多，儿子李小棠考进复旦中文系。7 月初，他的女儿、女婿也调回上海，一家人终于团聚了。但是，随着各种杂事纷至沓来，巴老感到力不从心。他写给友人信中说：“我上星期六检查身体……没有什么大问题。需要休息，至今仍感到疲劳。许多事情找上门来，很难应付。”

这时，复出工作的老丁也很忙，担任了上海文艺出版社社长兼总编、党组书记，除了要思考和处理出版社的各种纷杂事务之外，他作为中国现代文学史专家还要解答慕名前来请教的难点、疑点和热点问题。1978 年 6 月，在厦门大学召开北京大学、南京大学、厦门大学、华师大等校编写《中国现代文学史》教材讨论会，老丁也应邀参加。安徽师范大学阜阳分校（后改为阜阳师专）年轻教师邢铁华慕名请教老丁的同时，请老丁转信给巴金，提出关于巴金作品的一些问题。

老丁回沪后，委托上海文艺出版社的同事李济生（巴老的弟弟）把信转交给巴老。巴老看到转来的信后，于7月30日写信给老丁。不久，办事认真的巴老在百忙之中抽出时间查看了自己的旧作后，9月2日、25日分别两次写信给邢铁华，答复了有关问题，并在邢铁华编的“巴金创作顺序表”上写了补充意见。邢铁华也把巴老的两次复信抄了一份给老丁，不过他未把巴老写的补充意见抄给老丁。

20世纪80年代，四川文友龚明德写信给老丁，说是要编辑巴老的书信集，请老丁回想一下是否有巴老的信件。老丁一时想不起，写给龚明德的回信中作了说明，自己虽与巴老有交往，请巴老为上海文艺出版社出书、题词等，但都是面谈，或是委托李济生兄转办，所以未留下巴老写给的书信。不过老丁提供了一个线索，邢铁华与巴老有书信来往，并写了介绍信，让龚明德直接与邢铁华联系。但是，龚明德和邢铁华都没有回音，1987年9月四川文艺出版社出版的《巴金书简》中也未见到巴老写给邢铁华的两封信。其实，巴老主编的《巴金书信集》和其他出版社出版的有关巴老书信集中都未收录巴老写给老丁的回信。

1990年10月中旬，老丁整理一大堆书信、草稿、笔记时，竟翻找出1978年7月30日巴老写的回信，上面还有老丁当时写的“备忘录”，说明了这封信的来龙去脉，于是就有了以上这些文字。

（二）

不久前一位在上海文艺出版社主持工作的朋友来看我。他知道我有病，坐下来就说明来意：希望我为出版社成立三十年讲几句话。我道歉说，我行动不便，少出门，不能到会祝贺。他便说你写三五百字鼓励鼓励吧。

这是79岁的巴老撰写《上海文艺出版社三十年——随感录八十八》里的一段话，落款为“1982年5月27日写完”。文中开头提及的“朋友”，即老丁。

早在1938年11月初，老丁加入共产党，任青年会中学支部书记。1942

年9月，转学沪江大学中文系三年级，开始了他的治学之路，看了巴老的一些小说，很有感触，撰写了《论巴金作品的文法研究》等论文。上海解放后，老丁曾任上海市委宣传部文艺处处长、宣传处处长、新闻出版处处长和上海出版局副局长等，因此，他对于上海新闻出版今昔情况很熟悉。

上海文艺出版社前身为上海新文艺出版社，由郭沫若题写社名，最初由多家出版单位组成，其中有巴老主持过工作的文化生活出版社、平明出版社。当老丁向巴老介绍情况时，敲开了巴老的记忆大门，“交谈起来我才想起……有一个时期我还是这两家出版社的总编辑（我为平明出版社工作的时间短，还不到两年），虽然没有拿过工资，印过‘名片’，但实际上我却做了十几年编辑和校对的工作，所以朋友一提到这件事，我就明白他的意思：这里面也有十几年的甘苦和心血，你总得讲两句。”

老丁拜访巴老之前，巴老刚到医院动过手术，排除了右背囊肿处脓毒，加上“文革”中遭受折磨的后遗症，连续3个晚上，处于烦躁、恐惧之中，甚至“忽然怀疑自己会不会发狂”。巴老的心情稍稍平静下来时，老丁出现了，因此，巴老抱歉地解释一番，想推辞。但是，老丁一番真挚劝说，巴老顿时觉得老丁的话“像榔头一样打中了我的要害，我本来决定不写什么，但是想到了自己过去的工作就有点坐立不安，不能沉默下去了。那么想到什么就写点什么吧”。

老丁告辞后，巴老思考了一下，花费了几天功夫，激情喷发难以遏制，竟然写了3000多字，远远超出了老丁当初说的三五百字。巴老语重心长地说：

> 没有过去的文化积累，没有新的文化积累，没有出色的学术著作，没有优秀的文艺作品，所谓精神文明只是一句空话。要提供和“社会主义精神文明”相适应的充实的内容，出版工作者也有一部分的责任。我相信他们今后会满足人民群众更大的希望和更高的要求。……对编辑同志，对那些默默无闻、辛勤工作的人，除了表示极大的敬意外，我没有别的话可说了。

这席话至今仍然具有强烈的“穿越感”，令人深思。

上海文艺出版社建社30周年纪念大会上，老丁讲话时特地作了一段说明：“巴金同志在背上的囊肿动了手术以后，不顾病后身体虚弱，为我社三十周年纪念，写了热情洋溢的文章。他回忆了自己在我社初创时的组成单位——上海文化生活出版社的十四年总编辑和平明出版社两年负责人的经历，感情真挚地谈到编辑工作的甘苦及所耗费的心血，深深地懂得做一个编辑的责任，总结了如何做好编辑工作的宝贵经验。”

老丁主持上海文艺出版社工作后，着手恢复了深受国内外文化学术界关注的中国现代文学期刊的影印工作，恢复了《中国现代文艺资料丛刊》，恢复了“中国现代文学研究丛书”，并创办了“中国现代作家论创作丛书”，组成了一整套规模较大的中国现代文学的书系。随着改革开放，思想解放，恢复了瞿秋白、张闻天、潘汉年以及冯雪峰、王任叔、丁玲等人名誉，特别是纪念上海文艺出版社建社 30 周年，老丁觉得出版社应当下大功夫，组织力量，克服困难，在业已影印出版第一个 10 年（1917—1927 年）《新文学大系》10 卷本的基础上，续编第 2 个 10 年（1927—1937 年）《大系》。老丁在京沪两地访问了叶圣陶、夏衍、周扬等，征求意见。

1983 年春，上海文艺出版社的重点工程第 2 个 10 年《大系》20 卷本开始编撰，由老丁主编、赵家璧任顾问。

同年 10 月上旬，在黄源等陪同下，巴老前去绍兴参观鲁迅故居，又拖着病腿坚持游览大禹陵，“挣扎着爬到树有大禹陵的碑亭前面。这是几年来难得的一段平静舒心的日子”。

中旬，巴老返沪，老丁闻讯前来访见，说明来意，想请巴老为《新文学大系·小说卷》作序，巴老起初婉言推辞，以后他在序言里也不隐瞒，实话实说：

> 我没有精力，也没有时间，重读当时的许多作品，对入选的作家作出符合实际的评价；也写不出那样精彩的导言；何况我又是一个病人。我一再推辞都得不到谅解，编者说：“并不要求你写完整的序文，写一点感想也可以，长短都行。”好，我就写点感想吧。我被说服了，便答应下来。

80 岁的巴老答应下来的事情，即使身体不适（已患有帕金森氏症），也要坚持做完。大约花费了近一周时间，巴老终于写完序言，落款时写道：“一九八三年十月二十二日住院前一天。”第二天，身体虚弱的巴老果真住进华东医院北楼 717 室。巴老在序言中写道：

我和无数的青年一样，如饥似渴地从新文学作品中汲取养料，一篇接一篇，一本接一本，它们像一盏长明灯照亮了我的心，让我不断地看到理想的光辉。……我亲眼看见大批青年在抗战初期，不顾危险，不怕困难，奔赴革命圣地。一批人在血泊中倒了下去，另一批人接过旗帜站了出来，革命思想传播得那样快，新文学也有不小的功劳。……以上是我的一点感想，作为序文也许不适当，但感想毕竟是感想，而且它还是我几十年阅读和写作的经验的总结。

（三）

1982 年 7 月 23 日上午，天气炎热，武康路梧桐树绿荫浓密，拂去都市喧嚣和浮华，静声之处传来几声蝉鸣。巴老家里一下子来了 4 个“老宁波”，年龄相仿，说着宁波式沪语，有时夹着南腔北调，与巴老的川音交融在一起，不时发出会心的笑声，原来老丁带来董氏兄弟：董鼎山、董乐山，一个是著名的美籍华裔作家，一个是著名的美国问题专家和杰出的翻译家。还有一位先到巴金家里——《新民晚报》副刊资深创办人之一沈毓刚，与董氏兄弟相熟，很有水平，交际甚广。他们早在 40 年前上海沦为“孤岛”时期，分别就读光华大学、圣约翰大学和之江大学，作为朝气蓬勃的文艺青年崭露才华，走上不同的人生道路。

那时，老丁负责中共地下党学委系统的宣传调研工作，注意公开工作与秘密工作相结合，他的任务之一是组织董氏兄弟（董乐山曾加入地下党组织）等进步文艺青年向其他有关刊物投稿，写一些既不暴露又有内容的作品，结识了许多进步青年学生，其间有许多鲜为人知的故事。

中国改革开放后，1979 年久别故土的董鼎山首次返回祖国，见到分散多年的亲人。1982 年夏天，他获得纽约市立大学资助回国考察文艺界情况，见到许多老朋友。老丁见到老友董氏兄弟，自然有一番交谈，得知他俩要来拜访巴老，老丁早早安排车子，陪同他俩一起前来。

见到巴金，寒暄之后，我的第一句话就是：“在十三岁初读您的《电》后，我就成了您忠实的读者。那是四十多年的事了。现在能与您当面交谈，我感情的激动难以形容。”巴金以谦虚作答。老先生何必谦虚？可是他的下一句话就使我受宠若惊：“我刚在（香港）《大公报》看到你的《与金山告别》。”……在我一生所敬佩的大作家面前，我一时想不出应该说些什么话。但他一提到我纪念金山的那篇短文，就立刻使我自在许多，再也没有局促之感。

这是董鼎山写的《拜访巴金——实现了四十年的愿望》片段，实现了多年夙愿，激动心情跃然纸上。

那天，巴老的精神很好，问起董乐山（时任中国社会科学院研究生院美国系主任等职务）两年前写信一事，那是为了提倡组织一个翻译家协会。董乐山很惊讶巴老的记忆力，这时该协会已成立，他还担任理事。董乐山在家排行老三，年轻时自比巴老笔下《家》中的觉慧。他才华横溢，耿直、孤傲，一生经历坎坷，具有强烈的爱国热情。老丁到北京开会时曾去看望他，聊聊各自近况。

董鼎山问起巴老最近有什么创作计划，巴老介绍说，在撰写反映“文革”时期的小说。认为自己多年没有创作，觉得动笔有点生疏。董鼎山欣喜地说，很想在期刊中先睹为快。巴老摇摇头，说是过去写小说，边写边载，这次要全部完成后，好好整理一下，随后一起发表。

关于建立现代文学馆一事，最初由巴老于1981年倡议。现在面对老丁等4个“老宁波”，巴老再次谈起此话题，说是他的一件心事，认为这个文学馆建立后，可以保留大量现代文学资料，作为一份珍贵文学遗产留给后代。1985年，文学馆宣告建立。1993年初，巴老作为名誉馆长提笔写信给中央领导人，提议建立新馆，几个月后获悉重要批示“同意建立”。巴老还为文学馆捐出巨款和大量藏书等，让文学馆同人们钦佩不已。

老丁等4个“老宁波”与巴老告辞，祝愿他健康长寿。

次日早晨，董鼎山一口气写完《拜访巴金》一文（发表于1982年8月4日香港《大公报·大公园》），随后，应老丁邀请到上海文艺出版社，向文艺翻译界朋友作报告，谈谈有关美国出版界与文学界的情况。老丁与董氏兄弟还驱车一起去参观香山路孙中山故居、淮海中路宋庆龄故居等。

7月底，董鼎山离沪之前，著名作家柯灵在西藏中路一家宁波饭店做东，老丁、董氏兄弟、沈毓刚、沈寂应邀出席，几乎都是“老宁波”。大家吃着宁波菜，说宁波话，谈文学，话旧友。当年上海“孤岛”时期，柯灵编辑综合性文学月刊《万象》等，吸引了董鼎山、何为、徐开垒等许多文艺青年。这次董鼎山到上海，也是先拜访柯灵，原并不想打扰患病的巴老。不料隔了几天，巴老同意会见董氏兄弟，便有了以上拜访巴老的场景。

1984 年晚春，老丁把《中国新文学大系（1927—1937）》说明手册寄给大洋彼岸的董鼎山，令他感慨不已，回想起“1982 年夏间我访上海时曾蒙他殷勤招待”，以及 40 多年前上海“孤岛”时期的许多往事，欣然提笔写下《新文学大系第二个十年》短文。

（四）

人为什么需要文学？需要它来扫除我们心灵中的垃圾，需要它给我们带来希望，带来勇气，带来力量，让我们看见更多的光明。我五十几年的文学生活可以说明：我不曾玩弄人生，不曾装饰人生，也不曾美化人生，我是在作品中生活，在作品中奋斗。

巴金

一九八五年二月十七日

巴老的题词精辟、隽永，含义丰富，完全可以作为世人的座右铭。同时，也表达了他的肺腑之言——“把心交给读者”。巴老仙逝的第 2 年，上海文艺出版社出版的《巴金纪念集》封底正是影印了这个题词，蓝底银字，庄重素雅，犹如铸刻在现代文学史碑上。

《文艺日记》的形式和内容可以追溯到 20 世纪 30 年代生活书店的策划，其中摘有鲁迅、茅盾、郁达夫、叶圣陶等著名文学家的日记和言论片段。现代策划者则推陈出新，新型的《文艺日记》集收藏、实用、查阅功能为一体，既有 13 位现代著名文学家的题词、照片和古今中外文学家名言、名画等，又可以满足广大读者写日记的需求，并且附有古今中外著名文学家等 11 种目录，可供查阅。

1985 年初，老丁受委托，分别请巴老、艾青、曹禺、王蒙、谌容、茹志娟等为《文艺日记》题词。老丁与巴老有多年书缘交情，因此提出请求后，巴老一口答应题词。巴老题词的落款正是春节除夕前，即农历十二月二十八日，窗外刺骨的寒风呼呼吹着，街上已有一些春节的热闹气氛了。

1986 年 4 月，《文艺日记》由上海书店出版，其后注明文字编辑：丁景唐、郝铭鉴；美术编辑：陶雪华。巴老、朱光潜的题词分别为第 1 页、第 2 页，并附有两人的照片。老丁拿到散发书墨香的《文艺日记》后，爱不释手。当晚，写下了第 1 篇日记，时间：1986 年 8 月 28 日；内容：前往巴老家送《文艺日记》。

那天下午 4 时 30 分，酷暑的威力还未完全消去，老丁和女儿丁言昭、周忠麟如约先去武康路 113 号巴老家，随后上海书店的俞子林、林国华、刘华庭和钱厚祥（阿英之子）等也赶到。在客厅里，巴老穿着浅色短袖衣，精神很好，热情地迎接大家的到来。他看见后赶来的上海书店同志在擦汗，就让他们打开电扇，吹吹凉，但他自己也不避电扇之风，完全和大家融合在一起。

巴老坐在沙发上，翻看装帧精美的《文艺日记》，当他看到自己的题词和其他作家的题词时，面露笑容，感叹地说："长远没有看到这样精美的日记本了。"书店的同志说："你一年写 1 本，可以写 10 本。"巴老哈哈大笑，说："写不了这么多。"老丁说："最近有新开的书店，你想去看看吗？"巴老答道："到书店看书是高兴的事，但自己的身体不好，身体好的话，我一定去。""那是否叫你女儿去代买？""不行。"巴老摇摇头说，"书一定要自己去买，自己买书有味道。"

老丁拿出几本《文艺日记》，请巴老分别签名。又请巴老在《新文学大系・小说卷》（详见本文第 2 小节）上签名。

巴老告诉大家，这几年他正在做一件事，就是整理各种版本的藏书，包括各种版本的自己旧作，分门别类整理后，捐献给中国现代文学馆。老丁连忙说："我家里还有你的一些版本书，其中有萧珊翻译的屠格涅夫《初恋》，都送给你作纪念，好吗？"萧珊是巴老的夫人，已在"文革"中不幸病逝。现在巴老听到夫人的译书名，不由得动了感情说："我收下来看看，将来还是要捐献出去。"

老丁回家取版本书时，外孙女听说去巴老家，立即表示要跟着去拜访仰慕已久的巴老。匆匆赶到巴老家后，老丁双手将捆扎整齐的版本书赠送给巴老，其中还有巴老的《寒夜》、《雾・雨・电》、《第四病室》等 8 种。这时钱厚祥手中照相机的闪光灯一亮，此场景成为永恒的记忆（见本文开头照片）。

老丁还介绍外孙女给巴老，巴老笑眯眯地点点头，并拿起笔签名题词。坐在一旁的外孙女歪着头观看时，眼明手快的摄影师立即按下照相机的快门，这张照片和一篇绘声绘色的通讯报道刊登在当时的《新民晚报》上。

晚上，老丁翻开《文艺日记》扉页，上面有巴老的亲笔签名："景唐同志 巴金 八六年八月廿八日"。随后，老丁取出一方钱君匋的刻章"景唐藏书"，蘸蘸红泥，小心翼翼地盖在巴老签名的下方。

（五）

老丁的铁盒子里存放着不少的巴老照片，其中有一张是老丁、徐开垒和88岁的巴老合影，那是1992年12月28日在巴老家里拍摄的。

那天上午，按照事先预定，已离休的老丁作为韬奋基金会理事，由韬奋基金会的邹嘉骊（邹韬奋的女儿）、陈理达邀请，同去巴老家，巴老是韬奋基金会的倡议人和名誉理事。由于寒潮刚过去，路上有较浓的冬雾，在一家花店买花时，一位工作人员得知鲜花是送给巴老的，便精心挑选了玫瑰、菖蒲、康乃馨、文竹，搭配成一束色彩和谐的鲜花。

10时30分左右，老丁一行进入巴老的客厅，巴老正在和徐开垒谈话。巴老坐在靠窗的小书桌前，桌上堆着书和文具。他的手中抱着一只小小的暖手盒，屋里没有生火。邹嘉骊代表韬奋基金会和母亲沈粹缜向巴老致以问候，她和陈理达献上鲜花和一盒蛋糕，祝巴老健康长寿。巴老接过鲜花，对邹嘉骊说，"问你母亲好，问候大家好。过去我住在华东医院时，恰好你母亲也住在那里，常常见面。"邹嘉骊说："谢谢巴老，好久没有来看你了。"并向巴老汇报了韬奋基金会的工作情况。陈理达向巴老递上韬奋基金会新建楼房的照片，也把照片分送给老丁和徐开垒。巴老拿着照片，端详一会儿说："这楼房造得好，是座优雅的小洋房。"邹嘉骊和陈理达介绍说：这楼房还在装修，需要花许多钱，现正设法筹集。将来装修好了，可以让新闻单位召开讨论会和聚会，也可以接待外宾。巴老边听边点头，满意地笑了。

老丁与徐开垒（曾任文汇报"笔会"主编）是老朋友，知道他在写《巴金传》，就说："你们在谈《巴金传》吧，打断了你们的谈话，很抱歉。"徐开垒笑笑说："《巴金传》上卷已经出版了，续卷在《小说界》连载后，又作了不少的修改，准备让你们文艺出版社出版。现在修改稿正请巴老审阅，主要是核对事实。”他还介绍说：“巴老的身体还健，思路清楚，听觉也不差，只是体质弱，多说话有困难。”

老丁说：“今天在巴老家中相聚真巧。巴老是上海文艺出版社的前身——文化出版社、平明出版社的老前辈。他帮我们文艺出版社出了不少的好书，如《第四病室》、《寒夜》、《还魂草》、《雾·雨·电》等，还有《巴金六十年文选》、《巴金论创作》。去年巴老搁笔后，还专为我社的《文化老人话人生》写了一篇《向托尔斯泰学习》的散文。我还记得1982年文艺社成立三十周年时，我特地请巴老写了一篇纪念文章，由黄宗英在纪念会上朗诵，后来收录《随想录》和《巴金六十年文选》。”

老丁停顿一下，转个话题说：“开垒兄是上海文艺出版社的老作者，我们是结交近半个世纪的老朋友了。”徐开垒开玩笑地说：“老丁很早就是中共地下党员，四十年代我们就相识时，他对我一直保密，现在想起来，你真不够朋友啊！”大家不由得都笑了。

这时，老丁看了看大家，接着说：“巴老的令妹李瑞珏同志也在座，她和弟弟李济生也都是文艺出版社的同人，嘉骊是‘老文艺’，理达是文艺社的‘媳妇’（她的先生在文艺社工作），我们都是在一个大家庭里啊！”巴老点头说：“是呀，是呀。”这时屋里充满了欢声笑语，巴老也笑了，额上的皱纹舒展开了。

巴老对老丁说：“你还常常去旧书店吧。可惜我行动不便，不能和你在旧书店碰面了。”老丁说：“上海的交通太挤，我也难得出门，书店里也很难淘到好书。”“文革”前，老丁逛书店时，经常遇到巴老也在挑选书籍，他上巴老家做客时，话题也常常围绕着“淘书乐”。

巴老手中捧着鲜花，大家轮流与巴老合影留念。告别时，巴老坚持要站起来送客，大家异口同声劝说，邹嘉骊和陈理达急忙上前搀扶。老丁说：“1982年，我去华东医院北楼看望巴老，巴老站起来要送我，一个转身，倒在床上，幸好没有出事，现在想想真有点后怕。”徐开垒笑道：“巴老如果再一次摔跤，我们可不放过你了！”巴老也笑着说：“没事，没事。”

大家出门后，不约而同地说道：“巴老，请留步，祝你健康长寿！”

如今，老丁年逾九旬，住在华东医院，颐养天年的同时，仍然笔耕不已，关注报刊上研究巴金等人的新动向。

后　记

冬季雾霾袭击申城，校对繁难的书稿不敢懈怠，只得让剧烈咳嗽声入侵电脑键盘，窗外响起此起彼伏的春节鞭炮声。

经父亲丁景唐的长期教诲，我的知识范围一圈圈扩大，接触到无数的陌生知识星球，自己却犹如太空里的肉眼无法分辨的一尘埃。

我小时候家里藏书不断增加，从书橱里逐渐扩散到衣柜顶上、箱子里、床下、桌椅周围，最后钻进阁楼里，甚至楼梯上都堆着各种书刊，塞满了家里的每个角落。有时楼梯上也暂且堆放着，每有客人上楼来，家人都要提醒一句："当心脚下！"我们7个孩子从小都睡在书堆里，睡觉前随手抽一本翻看，伴随着进入梦乡。"文革"初期，我家烧毁了许多书刊，也因众所周知的原因丢失了大量藏书。以后又慢慢累积起来，家里四处又塞满了各种书刊。进入21世纪的网络时代，每时每刻产生大量信息，却根本无法取代我家藏书的一个标点符号。这是不学无术的浮夸名士根本无法理解，也是他们从未想过"1+1等于几"的简单又深奥的问题。

父亲大量的藏书，现在成为我撰写此书得天独厚的条件，工作之余全身心钻在里面，哪顾得上双手沾满多年灰尘，看书就是休息，休息就是看书。历史在书中鲜活地流动，形形色色的文坛大家向我走来，指点我走向精彩纷呈的文史天地。

新中国成立初期，父亲研究鲁迅、瞿秋白，不仅搜集了大量资料，还作了具有开拓性的研究，这是世人大多不了解，也不愿意追源问根的，即使转引了我父亲的早期研究成果，却不知道来自何方。有的甚至口出狂言，自作聪明，好耍把戏，有损于阿Q后代的形象。父亲为人处世很低调，甘愿默默无闻"为他人作嫁衣"，提供各种线索和研究思路，如今许多成名成家的著名学者都曾得到父亲不同形式的指点。我根据多年研究瞿秋白等人的一些经验，重新翻看父亲早期的文章和专著，感触颇多。现将部分想法写入本书里，希望能够“抛砖引玉”，得到诸位指教。

父亲多次提起谢旦如（新中国成立后担任主持工作的鲁迅纪念馆副馆长）的名字，认为他是一个非同寻常的人物，他不仅为我父亲热情地提供了大量的第一手资料，并赠送瞿秋白生前使用过的英文版《鲁尔的袭击》，这些都成为我父亲研究瞿秋白、鲁迅的新起点，也是我撰写此书稿的基础和强大的动力。我小时候和父母、谢旦如等人曾在虹口鲁迅纪念馆大门前集体合影，多年后这位尊敬的谢旦如先生却出现在我的笔下。遗憾的是至今未见到谢旦如传记和年谱，虽然我也曾有这个不成熟的打算。

父亲曾送给著名翻译家戈宝权一本《瞿秋白著译系年目录》。几年后戈宝权回赠《殉国烈士瞿秋白》纪念册，并在扉页上题写说明，至今读来倍感亲切。中国知识分子之间礼尚往来的传统，彼此交换书籍，犹如敞开心扉，品茗畅谈。我受到感染，设法找了一些资料，撰写关于戈宝权的叔叔——中国新闻学先驱戈公振等文，发表在某报上，以此纪念。父亲一直珍藏着那本纪念册，如今国内存世极少，具有重要的历史价值，这次成为我撰写书稿的重点之一。

1959 年父亲和方行（文操）合编的《瞿秋白著译系年目录》，成为我撰写书稿的主要指导书籍之一，特别是再版本，老父亲留下当年用钢笔或毛笔（红墨水或蓝墨水）修改的众多之处，或增或删或改或点评。更重要的是还有王关兴（上海师范大学教授）当年细心地粘贴的许多纸条，或者半页、整页纸，整齐地折叠，上面记载着他四处认真查找的各种新资料，我曾去请教他，证实了此事。他的无私奉献和严谨学风、执着精神，以及曾给予我大量的帮助，我一直铭刻在心。他和其他师友无数次伸出的援手，激励着我努力完成许多不可能完成的研究课题。

手头的书稿分为 4 个部分：老父亲 3 部专著（有两部书与他人合作）；关于一些瞿秋白著译版本和发表文章的刊物；悼念瞿秋白文章和编印他的遗文集的版本。附录一文叙述父亲与巴金之间的友情，以及郭沫若、茅盾（沈雁冰）、夏衍手迹，这是父亲与众多名人交往之一斑。

书稿中有我和刘小中合作的两文和其他几篇发表过的文章，现修改后辑入。其他大部分内容都是我赶写的，以老父亲藏书和大量资料为基础，并根据其中各种线索再去查找，这是费时费精力的事情，一旦有意外的惊喜收获，一切劳累顿时都忘却。

十几年前，我受瞿秋白侄子瞿兴华的委托，花费了一些时间和精力找到了瞿秋白译作《战术与策略》再版本，复印一份。并按照瞿兴华的要求，对该书中某些问题作了一些注解，加上原来瞿秋白的原注，以及他人的注解，我和妻子一起整理、粘贴。瞿兴华希望能进一步寻找有关资料，但是我因故未能继续。此后，郑惠、瞿兴华（瞿勃）编辑的《瞿秋白译文集》（译林出版社 1999 年版）下卷收录《战术与策略》再版本，并在后记里提及我协助查找一事。这更让我感到很愧疚，总觉得欠了他俩一笔沉重的人情债——郑惠曾大力推荐我去中央某研究室工作（郑惠《程门立雪忆胡绳》，中央民族大学出版社 2003 年版），我因故未能前往；瞿兴华曾多次慷慨提供大量资料和线索，为我撰写瞿秋白研究系列丛书提供了他人无法取代的重要帮助。

去年 2 月，重病的瞿兴华委托我前往河北省武安市烈士陵园，祭扫瞿秋白小弟瞿坚白烈士之墓，以了却多年的夙愿。陵园的工作人员及时提供了各方面的帮助，体现了可敬可亲的工作精神。当我带着陵园赠送的画册和照片赶到北京时，瞿兴华已于前一天（2012 年 2 月 29 日凌晨 3 时 30 分）与世长辞，令人嘘唏不已。

这次撰写书稿时，我幸运地又查到《战术与策略》另一种版本，其中有原来版本没有的资料，便草拟一文（详见本书《瞿秋白译作〈无产阶级斗争的战术与策略〉》），弥补《瞿秋白译文集》的缺憾，谨以纪念郑惠、瞿兴华两位先生。

书稿的最后一个字显示在电脑屏幕上，高速运转的脑子无法停下，从大年初一忙到除夕，无名无利无掌声，家人也一直受牵连，受苦受累图个啥？

我与刘小中共同策划的瞿秋白研究系列丛书，已经历了 7 个年头，平均每年完成一本，准备撰写 10 本。其中第 6 本是去年春节我撰写的《瞿秋白与名人往事》（中国社会出版社 2012 年 12 月出版），第 7 本便是这本书稿。我们“草台二人转”决定了这套丛书的命运，没有什么雄厚的基金，没有广告商轰炸式的大肆吆喝，更没有什么指鹿为马的权贵撑腰，我们只有两个字：苦干。我们得到许多好心人的热情支持和无私帮助，生动故事经常发生，他（她）还不愿意声张，认为这是“以秋白精神宣传秋白”的义务和责任。

同时，又酿成了“你方唱罢我登台”的精彩剧情一幕幕，犹如当代《儒林外史》的连台唱本，猜疑、嫉恨、嘲讽、苛责、刁难、冷漠、愚昧、欺诈等演绎的曲折故事并不为奇，“法海你不懂爱，雷峰塔会倒下来。……”

我在校对本书时，突然接到父亲的电话，要我马上赶到医院。原来他的“忘年交”金峰在网上购得一本油印小册子《瞿秋白文学著作翻译书目》，并送到我父亲的手中。1955年4月1日，上海市人民图书馆（今上海市图书馆）仅油印了50份这个小册子，如今存世绝少。父亲很激动，脸上洋溢着惊喜的神色，他没有想到半个多世纪后，还能看到自己早年编写的第一本专题研究瞿秋白的小册子——留下了那个意气风发年月的踪迹。

本书如有遗珠之憾或有误之处，敬请有识者指正。撰写过程中，王观泉、侯涤、刘小中、钱听涛、冯海龙、瞿虹、郭娟、曹力奋、吴启蒸、刘子健、黄穗生、江良德、李桃、郭艳丽、高永宏、吴扬、王锡荣、陈福康、何瑛、李良倬、李良吾、张秋实、亚男等人提供各种热情帮助，书稿得到中国社会出版社陈贵红等同人的认真校改，在此表示由衷的感谢。

作者

2013年初春

丁景唐、王汉玉夫妇全家

[作者简介]

丁言模，上海作家协会会员，主要著作：《鲍罗廷与中国大革命》《米凯朗琪罗》《肖邦》《达·芬奇》《曹靖华》《百年商旅——宁波帮》《左儒右贾——安徽帮》《天下晋商——山西帮》《齐鲁商雄——山东帮》《杨之华评传》（与陈福康合作）、《瞿秋白年谱详编》（与刘小中合作）、《张太雷传》《张太雷年谱新编》（与黄明彦、张浩典合作）、《瞿秋白与名人往事》等等。